月刊 広報会議
MASTER SERIES

実例を見て学ぶ 新 プレスリリース道場

井上戦略PRコンサルティング
井上岳久 著

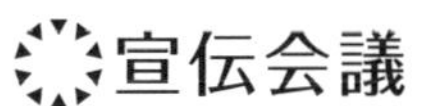

はじめに

井上岳久

今、企業の経営戦略として「広報PR」が必要不可欠な時代に突入しています。なぜなら世の中には情報があふれており、いくら良い商品を生み出しても存在が知られなければ売れないからです。逆にいえば、情報を上手に発信できさえすれば、決して一部上場企業や大企業ではなくても成功を手に入れられるということです。その基本にして最大のツールが「プレスリリース」です。

多くの広報担当者から、リリースの書き方を具体的に学びたいけれど学ぶ機会がないという嘆きの声を聞きます。テキストやセミナーはあるものの、理論に偏って実践性に乏しいものが多く、結局は独学で作成している人が多いようです。私のセミナーは、実際に広報を務めて大きな成果をあげた経験を踏まえて、実例をもとに指導しているので、非常に実践的だと好評を博しています。

それを誌面で表現できないかと考えたのが、本書の元になった広報・PRの専門誌『広報会議』の連載「実践！プレスリリース道場」です。企業が実際に配信したリリースをテキストにして、広報担当者に取材しながらノウハウを学んでいく内容で、2007年4月に始まりました。リニューアルなども経ながら、14年にわたって続く長寿連載になっています。その間、約170社のリリースを掲載してきました。これだけの数のリリースを扱っている企画は、他にはちょっと見当たらないのではないでしょうか。

リリースの選定には毎月かなり苦心しています。優れたリリースを求めて毎日チェックしていますが、私見で合格レベル以上のリリースは20%程度。その中で広報担当者が勉強になるリリースは1～2%といっても過言ではなく、100本探して1本巡り合うかどうか、というのがリアルな実感です。そうしてやっと優れたリリースに出逢えても、会社の方針やノウハウの社外秘などを理由に取材を断られることもよくあります。近年は連載の認知度が上がってきたため、喜んでとおっしゃってくれる取材先も増えてきましたが、連載当初はなんと7割拒否というのが実情でした。そんな中で、ご協力いただいた企業の皆さまには、本当に感謝する次第です。

多くの企業を取材して感じるのは、広報先進企業には多くの共通する特徴があるということです。

1. 広報をPR会社などに丸投げせず、自力で展開している。トライ＆エラーを繰り返しながらノウハウを蓄積し、自社に合った広報を確立している。
2. 企業の戦略として広報を推進していくことが、会社全体でオーソライズされている。
3. 広報担当者にバイタリティーがあり活動的。周りを巻き込んで強力に推進している。
4. 戦略を持ち、長期継続的に一歩一歩遂行している。
5. そして、リリースが上手!!

本書に再録した37社は、いずれも広報先進企業であり、中でも特に学ぶべきところが多いベストオブベストのリリースばかりです。

ところで、私にはマーケティングコンサルタント以外にもうひとつ、カレーの専門家という顔があります。テレビに出演してカレーのうんちくを披露することもあり、一体何者なのかと聞かれることがよくあるので、ここで自己紹介をしておきたいと思います。

私はかつて横浜伊勢佐木町にあったカレーミュージアムに、広報マンとして6年間在籍しました。その時代に、多いときで年間200～300本のリリースを配信し、イベントを年100回開催するなど、ハードな実践を通じて鍛錬した経験が、現在の活動の下地になっています。2006年に独立して以降は、マーケティングコンサルタントのかたわら、カレー総合研究所を設立し、カレーのプロフェッショナルとして「カレー大學」を主宰するなど、精力的に活動を続けています。こちらでは今も定期的にリリースを配信して成果をあげており、現役の広報マンでもあります。今も現場に立ち続けているからこそ、視点が古びないのだと自負しています。

本書は、2016年に発刊した『実践！プレスリリース道場 完全版』の続編です。前作から5年が経ち、その間の時代背景の変化を織り込み、事例も一新して第2弾を発行する運びとなりました。読者の皆さんがこの本を最大限に活用して、広報やマーケティング、ひいては会社経営が順調にいくことを望みます。

CONTENTS

Amazing

『新 プレスリリース道場』
事例ページの見方

本書では、計37点の優れたプレスリリース事例が登場。
いずれも4ページにわたって解説しています。
このページでは、事例ページの見方を詳しく紹介します。

リリースの実物をそのまま掲載

どのリリースも、極力全てのページを掲載することで、ページ構成やレイアウト（文字の大きさ、ビジュアルの使い方など）の参考にできるようになっています。

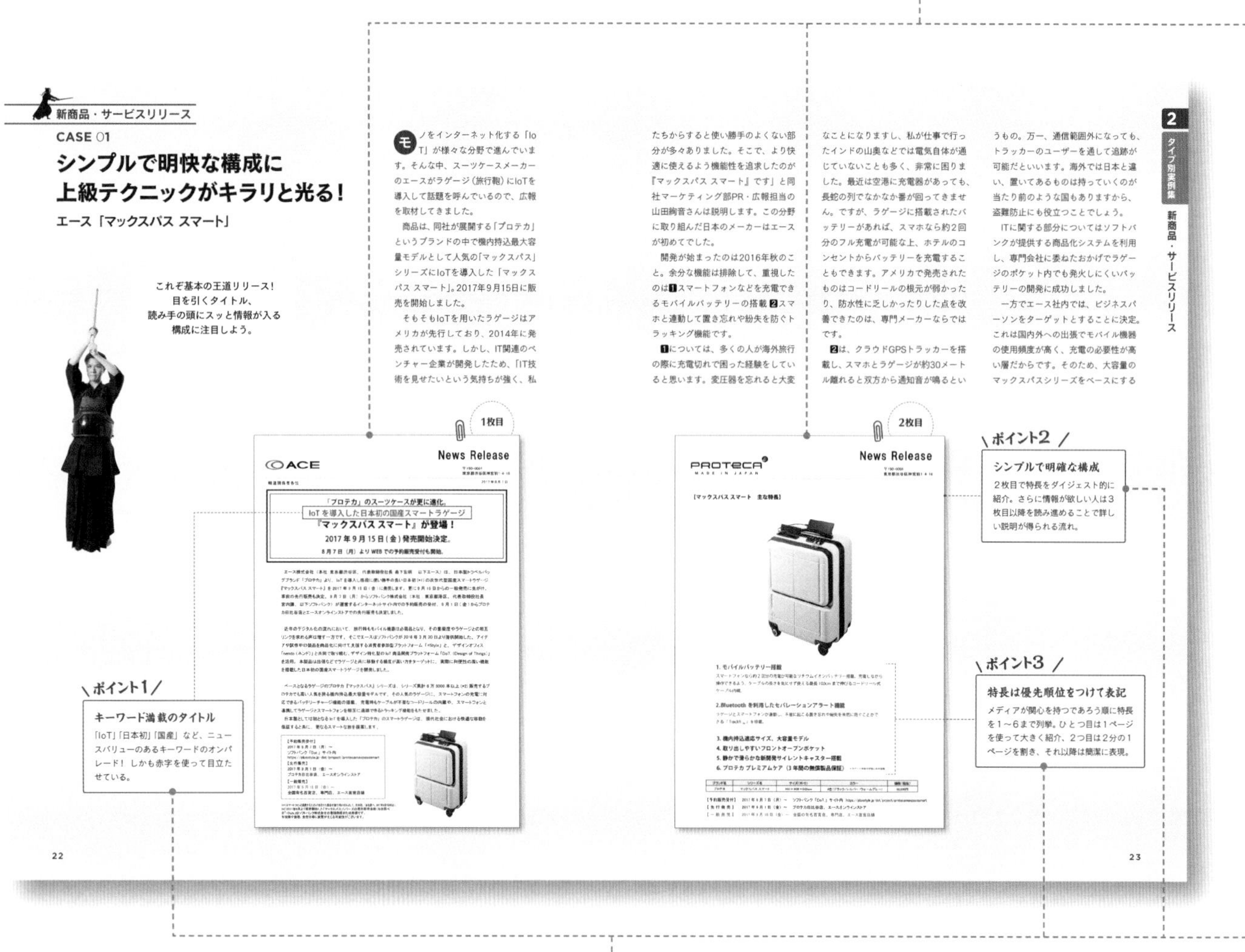

新商品・サービスリリース

CASE 01

シンプルで明快な構成に上級テクニックがキラリと光る！

エース「マックスパス スマート」

これぞ基本の王道リリース！
目を引くタイトル、
読み手の頭にスッと情報が入る
構成に注目しよう。

モノをインターネット化する「IoT」が様々な分野で進んでいます。そんな中、スーツケースメーカーのエースがラゲージ（旅行鞄）にIoTを導入して話題を呼んでいるので、広報を取材してきました。

商品は、同社が展開する「プロテカ」というブランドの中で機内持込最大容量モデルとして人気の「マックスパス」シリーズにIoTを導入した「マックスパス スマート」。2017年9月15日に販売を開始しました。

そもそもIoTを用いたラゲージはアメリカが先行しており、2014年に発売されています。しかし、IT関連のベンチャー企業が開発したため、「IT技術を見せたいという気持ちが強く、私たちからすると使い勝手のよくない部分が多々ありました。そこで、より快適に使えるよう機能性を追求したのが『マックスパス スマート』です」と同社マーケティング部PR・広報担当の山田絢音さんは説明します。この分野に取り組んだ日本のメーカーはエースが初めてでした。

開発が始まったのは2016年秋のこと。余分な機能は排除して、重視したのは❶スマートフォンなどを充電できるモバイルバッテリーの搭載 ❷スマホと連動して置き忘れや紛失を防ぐトラッキング機能です。

❶については、多くの人が海外旅行の際に充電切れで困った経験をしていると思います。変圧器を忘れると大変なことになりますし、私が仕事で行ったインドの山奥などでは電気自体が通じていないことも多く、非常に困りました。最近は空港に充電器があっても、長蛇の列でなかなか番が回ってきません。ですが、ラゲージに搭載されたバッテリーがあれば、スマホなら約2回分のフル充電が可能な上、ホテルのコンセントからバッテリーを充電することもできます。アメリカで発売されたものはコードリールの根元が弱かったり、防水性に乏しかったりした点を改善できたのは、専門メーカーならではです。

❷は、クラウドGPSトラッカーを搭載し、スマホとラゲージが約30メートル離れると双方から通知音が鳴るというもの。万一、通信範囲外になっても、トラッカーのユーザーを通して追跡が可能だといいます。海外では日本と違い、置いてあるものは持っていくのが当たり前のような国もありますから、盗難防止にも役立つことでしょう。

ITに関する部分についてはソフトバンクが提供する商品化システムを利用し、専門会社に委ねたおかげでラゲージのポケット内でも発火しにくいバッテリーの開発に成功しました。

一方でエース社内では、ビジネスパーソンをターゲットとすることに決定。これは国内外への出張でモバイル機器の使用頻度が高く、充電の必要性が高い層だからです。そのため、大容量のマックスパスシリーズをベースにする

2 タイプ別実例集 新商品・サービスリリース

1枚目

ACE　News Release

「プロテカ」のスーツケースが更に進化。
IoT を導入した日本初の国産スマートラゲージ
『マックスパス スマート』が登場！
2017年9月15日(金)発売開始決定。
8月7日（月）より WEB での予約販売受付も開始。

2枚目

PROTECA MADE IN JAPAN　News Release

【マックスパス スマート　主な特長】

1. モバイルバッテリー搭載
2.Bluetooth を利用したセパレーションアラート機能
3. 機内持込適応サイズ、大容量モデル
4. 取り出しやすいフロントオープンポケット
5. 静かで滑らかな新開発サイレントキャスター搭載
6. プロテカ プレミアムケア（3年間の無償製品保証）

＼ポイント1／
キーワード満載のタイトル
「IoT」「日本初」「国産」など、ニュースバリューのあるキーワードのオンパレード！ しかも赤字を使って目立たせている。

＼ポイント2／
シンプルで明確な構成
2枚目で特長をダイジェスト的に紹介。さらに情報が欲しい人は3枚目以降を読み進めることで詳しい説明が得られる流れ。

＼ポイント3／
特長は優先順位をつけて表記
メディアが関心を持つであろう順に特長を1～6まで列挙。ひとつ目は1ページを使って大きく紹介、2つ目は2分の1ページを割き、それ以降は簡潔に表現。

22　23

それぞれのリリースの注目ポイントを解説

リリースの中で特に注目してほしい優れた点を、ポイントとして解説しています。そのリリースから何を学ぶべきかが分かります。

リリースは、「真似して学ぶ」が上達の近道！
優れた事例をたくさん見て、
自社のリリースに応用してみよう。

本文で紹介しきれなかったエピソードや関連する話題を紹介しています。

ことを決めました。この商品には❶と❷のほかにも4つほどセールスポイントがありますが、中でも私がよいと思ったのはモバイル関連の機能は本体外側につくられた「フロントオープンポケット」に集約できること。アメリカ製の先行商品はバッテリーがラゲージの内側にあるため、空港での手荷物検査の際にいちいち開けて荷物を取り出しているうちに床にお店を広げてしまう……なんてことも起こり得ます。そうならないための気配りがエースの製品らしいところです。

同社はこうしたIoT導入のラゲージである「スマートラゲージ」の開発に本格着手。「ラゲージは長年にわたり、さほど大きな進化のない商品でした。しかし、IoTの導入はガラケーがスマホに変化したのと同じくらい画期的と捉え、ラゲージ自体の信頼性と実用性が高いスマートラゲージの開発を目指しました」と山田さん。スーツケースの大手メーカーとして、これから新しい市場を開拓していく意気込みが感じられます。

9月の正式発売に先駆け8月7日からはソフトバンクが運営するインターネットサイト内での予約販売の受付を開始。その日に合わせてニュースリリースを配信しました。ここからはそのリリースを見ながら話を進めましょう。

まず ポイント1 タイトルにはニュースバリューのあるキーワードが並んでいて目を引きます。「IoT」といえば感度の高い人たちが今、飛びつく話題のひとつですし、おなじみの「日本初」はマスコミ好きのする言葉。さらに「国産」というのも、日本企業を応援したい気持ちを呼び覚まします。先述の通り、すでにアメリカで先行商品があったものを日本ならではの技術で改良したものですが、言葉の選び方によってこれだけ商品価値を高めることができるわけです。表現がよく練られているなと思います。

全体的な運びは、ポイント2 2枚目で特長をダイジェストで示し、3～4枚目で詳しく説明するシンプルな構成。私が勧める王道の2段階構成です。2枚目を見ただけで全体像を把握でき、それ以上知りたい人は先へ進むというのが、リリースには一番適した流れといえます。

ポイント3 特長を説明する際も、優先順位が明確なのが、読む側にとっては助かります。特に重要なのは最初に説明した2点であって、ほか4点はやや優先度は下がります。順番だけでなくスペースの大きさでもそのことが伝わる配分になっています。こう書くと当たり前のことのようですが、案外優先順位の整理ができていないリリースが多く、説明を受けると「特に4番目と6番目がウリです」なんて言われることもあります。開発部の優先事項と広報の優先事項の齟齬が原因にあるのかもしれませんが、あくまで読み手の立場で順位づけをしたいものです。

全体的に写真やイラストが多いのも特徴で、ポイント4 まずビジュアルありきで、それを文章で補足しているのも見やすくてよいです。特にバッテリーのポケット収納やコードリール内蔵の様子は写真があれば一目瞭然ですし、トラッキング機能も図解があると非常にイメージしやすいです。販促物などのビジュアルを広報に有効活用している例です。

また ポイント5 小見出しに、黒帯に白抜き文字や赤文字を使っているのも、他社ではあまり見ませんが読みやすさのポイント。簡単なのに、案外使われていないテクニックのひとつです。ただし白抜き文字はファクスで送るとつぶれて分からなくなってしまう可能性があるので、一度自分宛てに送って確認した方がよいでしょう。

強いて言えば、同じ機能を「セパレーションアラート機能」「トラッキング機能」と別の言葉で表現している箇所がある点は気になりました。あまり一般的でない用語でもあり、統一した方が望ましいと思います。けれども全般的に多くのテクニックを駆使した上級者のリリースだと感じました。

このリリースにより、テレビ東京の『ゆうがたサテライト』で紹介されたほか、『MEN'S EX』（世界文化社）、日経BP社『日経デザイン』「日経トレンディネット」などに掲載されました。売り場担当者からは「メディアを見ているせいか、機能を理解して来るお客さまが多い」との声も聞かれ、来店のきっかけにつながっているようです。

スーツケースの世界では「2万台売れれば大ヒット」と言われるように、決して数が多く売れる商品ではありません。ただ「昔は家族で1台を共有していたのが、最近は細分化が進んでいます。女性は鞄としての軽さを、男性のビジネスパーソンは機能性の高さを求めています。その需要を喚起できるよう広報をしていきたい」と山田さん。同チーフの森川泉さんも、「例えばスマホの普及で鞄の中身は大きく変わったと言われます。そうした社会動向にも関心を持ちながら生活者に響くPRをしていきたい」と話していました。

\ポイント4/
写真などビジュアルが中心
写真やイラストなどのビジュアルをメインに使うことで内容を即座に把握できるようにしている。文字はあくまで補足的な役割。

\ポイント5/
黒帯の白抜き文字でアイキャッチ
リリースの中でもより強調したい部分は、黒帯に白抜きの文字のアイキャッチにすることでアピール。

3枚目

PROTECA MADE IN JAPAN
News Release
【マックスパス スマート 主な特長の詳細】

4枚目

PROTECA MADE IN JAPAN
News Release
【マックスパス スマート 主な特長の詳細】
2. ラゲージとスマートフォンが Bluetooth で連動

ポイント3

あふれる熱意にテクニックが加わると相乗効果の高いリリースに

今回の教訓 現物持参のキャラバンも有効

プロテカの「マックスパス スマート」はエースにとっても注力商品だったため、現物を持って編集部などを回るメディアキャラバンを実施しました。対象は、ファッション誌やモノ系の雑誌などで、先方の都合に合わせながら数日かけて回ったそうです。一般にメディアキャラバンというと敷居が高く感じる人もいるようですが、エースでは以前の担当者から実施していたスタイルを受け継いだため、特別なことという感覚はない様子。「使ったら絶対に便利ですよ。直に見てください！」など、フランクな言葉で気軽にアポを取っているといいます。実物を目にすると「今、スーツケースってこんなに便利になっているんだ」と興味を示してくれる記者も多かったそうで、見せるのと見せないのとでは大違いです。もちろん相手も忙しいので断られることもありますが「その場合、だいぶ先の予定を聞いてみます」と森川さんがアポイントを取るコツを教えてくれました。

[DATA]
企業名：エース株式会社
資本金：14億1000万円
所在地：東京都渋谷区神宮前1-4-16 神宮前M-SQUARE
代表者：代表取締役社長　森下宏明
売上高：328億円（2016年度・連結）
純利益：非公表
従業員数：1489人（2016年12月21日現在・連結）
沿革：1940年に大阪市天王寺区でカバン製造卸業「新川商店」として創業。1954年には日本初となるナイロンバッグの新作発表会を開催し、その後もマジソンバッグや縦型スーツケースといったエポックメイキングな製品を開発。1963年、社名を「エース株式会社」に変更。
[広報戦略]
広報人員は3人。リリース配信は年間80回程度、広報イベントは7回程度、年間の掲載数は約1400件。

2 タイプ別実例集 新商品・サービスリリース

24

＊2018年3月号『広報会議』掲載（情報は取材当時のもの）　25

リリースの背景や成果が分かる取材記事
本文では、リリースの背景にある企業の戦略や、配信の工夫も丁寧に紹介しています。また、広報部の体制や、担当者が日頃どんな工夫を重ねているかも取材しています。自分の仕事にも取り入れられるポイントがないか探してみてください。

『広報会議』での記事の初出月号。

Part 1

リリースの書き方の基本

新任の広報担当者や、広報の初心者はまずはここから。プレスリリースの制作にあたって前提となる知識を学びましょう。

リリースの書き方の基本は
いつの時代も不変。
私が現場で毎回お話している
内容をコンパクトに
まとめました。

教えて、井上さん!

プレスリリース「基本のキ」

プレスリリースって一体どんなもの? どうやってつくるの?
予備知識ゼロでも分かる、リリースの基礎知識をQ&A形式で解説します。

Q リリースって何のためにつくるの?

リリースは企業とメディアを結ぶ、最も有効なコミュニケーションツールです

企業にとってPRしたい案件があるとき、いきなり放送局や出版社などのメディアを訪ねたり電話したりしてもらちが明きません。まずはPRしたい内容を紙にまとめてメディアに配信し、興味を持った記者にその媒体で紹介してもらうのがリリースの役割です。そこから取材に発展することもあり、非常にベーシックな方法でありながら効果は絶大。企業とメディアを結ぶ最も有効なコミュニケーションツールがリリースなのです。

ただし情報が多すぎたり、複雑だったり、難解だったりすると、伝えたい内容がきちんとメディアに伝わりません。そのためには見栄えよくレイアウトしたり、情報の整理・加工をしたりすることが大切です。

マーケティングの世界では、消費者の購買に至るプロセスを表した「AIDMA」「AISAS」などが有名ですが、これはそのままリリースを手に取るメディアの記者たちの心理にも当てはめることができます。AIDMAはAttention(注意)→Interest(興味)→Desire(欲求)→Memory(記憶)→Action(行動)の5段階の頭文字です。

まずリリースではタイトルに織り込んだキーワードで“注意”を引きます。“興味”を抱いた人はタイトル全体とリードを読み、知りたい“欲求”が高まった人は本文に目を通します。そしてニュースとして発信する価値ありと判断されれば、記者の頭に“記憶”されます。そして情報を整理して取材するなどの“行動”を起こし、記事や番組として晴れて消費者の目に触れるわけです。

Q リリースにはどんな種類があるの?

この本ではPRする内容別に10種類のベーシックリリースを解説しています

リリースはPRする内容によって、いくつかにジャンル分けすることができます。基本の〈ベーシックリリース〉として、本書では次の10種類を解説しています。

新商品やサービスの発売、新店オープン、商品リニューアルなどに際して出す「新商品・サービスリリース」「開業リリース」「リニューアルリリース」。商品やサービスの展開に合わせて出す「キャンペーン・イベントリリース」「高業績リリース」「達成リリース」。ここで言うイベントとは、記者を招いて取材してもらうことが狙いのメディア向けイベントのこと。高業績リリースや達成リリースは、売上好調な商品をアピールしたり、入場者数○万人などキリのいい数字に達成した際に告知するリリースのことですね。

そして商品リリースの流れの脇を固める存在として「経営戦略リリース」「マーケティング戦略リリース」、「広報企画リリース」や「人事リリース」があります。これらベーシックリリースについては、P20でさらに詳しく解説しています。

さらに、通常のニュースリリースとは形態の異なる〈応用リリース〉として、「調査リリース」(自社の事業に関わる事項のアンケート調査結果やランキングを公開するリリース)、「共同リリース」(複数社で同時に出す共同事業のリリース)、「ニュースレター」(数カ月ごとの企業活動をまとめて発信するリリース)の3つを本書では紹介しています。

➡ベーシックリリースの詳しい解説と事例は、P18からの2章へ

➡応用リリースの詳しい解説と事例は、P160からの4章へ

Q リリースには決まった書式があるのでしょうか？

押さえておくべき基本書式を紹介しましょう

私がリリースの2大原則と考えるのは、「A4サイズ1枚」「1リリース1テーマ」です。メディア関係者は多忙なので、あまり枚数が多いとそれだけで読む気が失せてしまいます。また、1つのリリースに2つ以上の訴求事項を入れると焦点がぼやけてしまいます。あれもこれもと欲張らずに、1回のリリースで1テーマという原則を守るようにしましょう。

また、リリースには、必要な情報を効率よく盛り込める基本的な形態（レイアウト）があります。大きさはA4サイズで横書きです。まず冒頭に、自分がどこの会社であるかを名乗る「レターヘッド」を載せます。これはデザイン化して目につきやすくしている企業が多いです。そして「タイトル」「リード」「本文」と続き、最後に「所在地・連絡先」を掲載します。ここまでは1枚に収め、他に添付したほうが効果的な資料があれば、2枚目、3枚目を添付するようにしましょう。

内容には5W1Hを必ず入れましょう。「日本“初”」や「業界“ナンバーワン”」など、インパクトのある言葉を入れるといいですが、根拠を明確にすることが大切です。もしそれが虚偽だったとなると、あなたが送るリリースは今後一切取り上げてもらえなくなるので慎重を期し、はっきりした統計はないけれど自社で調べたという場合は「当社調べ」と注意書きを添えます。

まずは基本の書式をしっかり押さえてマスターし、慣れてきたら発展形にも挑戦してみましょう。

➡リリースの基本書式の解説は、
P13へ

Q 書く上で、どんなことに気をつければいいですか？

タイトルとリードで目立つことが大事！時事性を織り込むことも有効です

まずは15秒で、“あっ”と言わせるものを目指しましょう。そのためにも「タイトル」と「リード」で目立つことが重要です。

次にやや精神論になりますが、リリースには気持ちをこめて、一生懸命伝えたいことを書きましょう。メディアの人たちは職業上、行間を読むのが得意です。PRする案件に対する愛情が感じられなければ、取り上げる気も失せてしまうのです。書きあがったら同僚などの第三者に一読してもらうといいかもしれません。

また時事的キーワードや社会との接点を感じさせるワード、例えば「CSR」「食育」「少子高齢化」「環境」などを織り込むことも有効です。メディアは、今世の中の関心が高いことを掲載したいのですから、それに関連していれば取り上げられる可能性は高くなります。また記者はそれぞれ自分のテーマを持っていますから、それに合致するキーワードが入っていれば目を留めるでしょう。

次の章からは、実際に企業が配信したリリースを見ていきますが、実例に入る前に、このあとのページで基本のポイント解説を加えていきます。この章を参考にして、まだリリースを書いたことがない会社はぜひ第1作を。すでにリリースを配信している会社も、自社のリリースをぜひ見直してみてください。リリースが充実すればメディアに取り上げられる回数となって返ってきます。着実に成果の上がる、手応えのある楽しい仕事であると実感できるはずです。

➡リリースの検証ポイントは、
P14、15へ

Lesson 1

売上からリクルートまで！
リリースが生む４つの広報効果を知ろう

マーケティング効果

露出が増えることで商品や企業に注目が集まり、売上に結びつくプロモーション上の効果。

財務効果

メディアに出ることで金融機関からの信頼度が上がり、資金調達がしやすくなる、株価が上がるなど財務面で現れる効果。

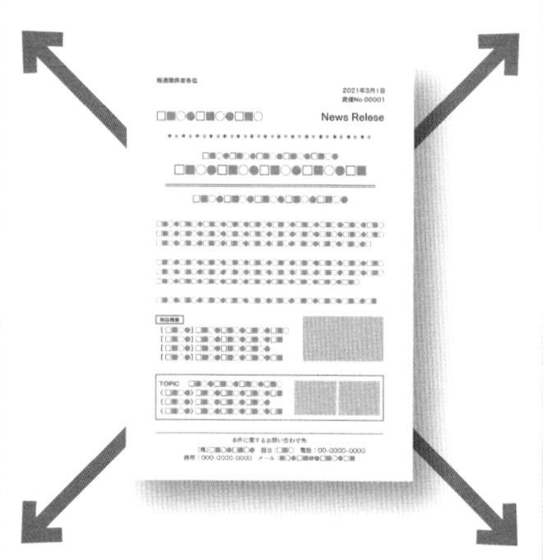

News Relese

組織活性化効果

トップがメディアに登場し発言することで、社員の士気が高まるなど、インナーコミュニケーション上の効果。

リクルート効果

メディアで見聞きすることで知名度が上がり、安心感が生まれて入社希望者が増加、優れた社員の採用につながる効果。

かつてプロモーションの花形はテレビや新聞などのマス広告であり絶大な影響力を持っていましたが、ウェブの隆盛でマス媒体の力が低下したと言われています。

近年、それに替わるプロモーション手法として注目されているのが「PR」で、広報以外の部門であってもPR視点が求められる場面が増えています。その基本にして最大の武器であるのが「ニュースリリース」です。リリースの制作に必要なのは1枚の紙とペン、そしてわずかなファクスや郵便の通信費だけです。また、最近ではメールでの配信や有料でリリース配信プラットフォームを通じてメディアに送付するケースも増えています。

ひとたびそれがテレビや新聞に取り上げられれば、数千万円、数億円の広告費を払ったのと同じ効果が期待できます。「小さな費用で大きな広報効果を生む」、それがニュースリリースの役割といえます。

この「ニュースリリース」を活用しメディアに紹介されれば、上図の４つの効果があります。

「マーケティング効果」は言わずと知れたプロモーション効果です。露出が多くなれば、当然商品や企業に注目が集まります。

「組織活性化効果」はどういうことでしょうか。社長が取材を受けたりしてメディアで発言すると、「うちの会社は注目されているんだ」と、社員の士気が高まります。同じ社長の発言でも、朝礼や会議などで発言するより、社員の心に響くのです。メディアに出演した社長がよく「日本一の給料を払える会社にしたい」と話しますが、これも社員を発奮させる、心理的な作用を狙っている場合もあります。

「財務効果」は、メディアに取り上げられることで、金融機関の信頼度がアップすることを指します。上場企業なら、株価にも影響しますし、資金を調達しやすくなるでしょう。

「リクルート効果」はメディアに取り上げられることで新規入社の希望者が増え、より優れた社員を採用できるという効果です。毎年、「学生が就職したい企業ランキング」にランクインするのは、どこもメディアに頻出する企業ばかり。よく名前を見聞きする企業は学生にとっても安心感があり、就職したいと思う大きな動機のひとつになっているのです。

このようにPRには単なるプロモーション効果以外にも様々な効果があり、企業としてはPRをしない手はありません。そのPRの第一歩が「ニュースリリース」の作成なのです。さあ、PRパーソンの皆さん、優れたニュースリリースを書いてわが企業を発展させていこうではありませんか！

Lesson 2

リリースを構成する5つの要素とは？ 基本書式をマスターしよう

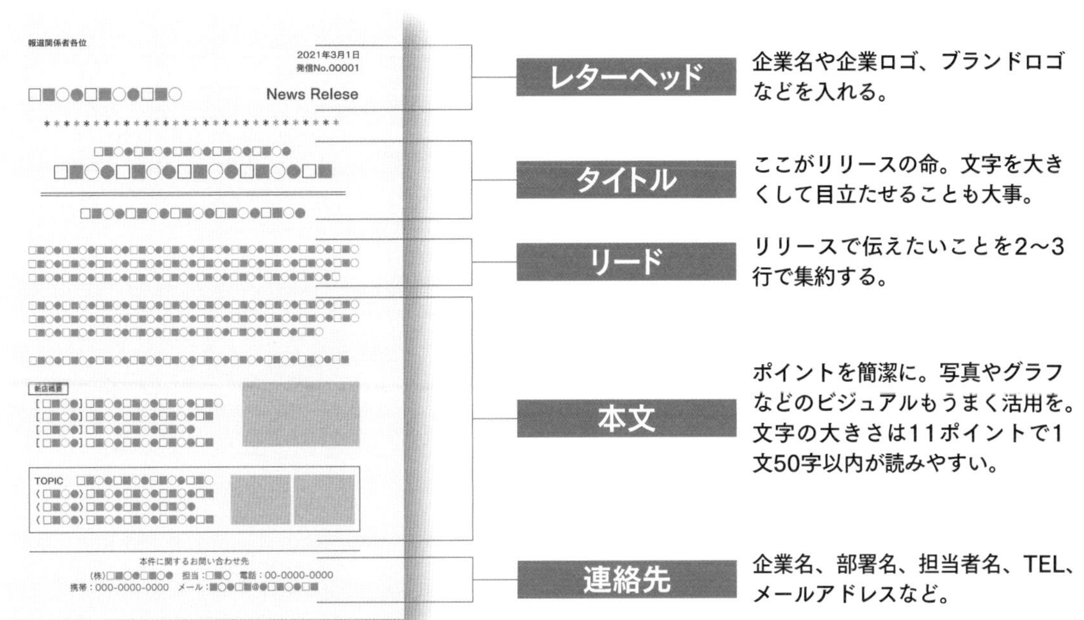
報道関係者各位
2021年3月1日
発信No.00001
News Relese
TOPIC
本件に関するお問い合わせ先
レターヘッド
企業名や企業ロゴ、ブランドロゴなどを入れる。
タイトル
ここがリリースの命。文字を大きくして目立たせることも大事。
リード
リリースで伝えたいことを2〜3行で集約する。
本文
ポイントを簡潔に。写真やグラフなどのビジュアルもうまく活用を。文字の大きさは11ポイントで1文50字以内が読みやすい。
連絡先
企業名、部署名、担当者名、TEL、メールアドレスなど。

続いて、実際にリリースを作成する作業に入っていきます。まずは、リリースの基本書式について詳しく見ていきましょう。

先に書いた通り、リリースは「A4サイズ横書き」が基本です。そして、リリースは上図の5つの構成要素から成り立っています。

「レターヘッド」は、企業名や企業ロゴや商品・ブランドロゴなどを入れた、リリースの顔となる部分です。きちんと形を決め、毎回定型化し、受け取った相手が「あ、あの会社からだな」と見てすぐ分かるようにしましょう。

「タイトル」はリリースの命ともいうべきもので、メディアに興味を持ってもらえるかどうかは、このタイトルにかかっています。読み手に最も刺さるコピーの力が重要であると同時に、文字を大きく太くしたりしてデザインとしても目立たせることが大切です。

「リード」は、リリースで伝えたいことを2〜3行で要約します。忙しいメディアの人たちは本文まで読まず、リードだけで内容を把握しようとするので、簡潔に中身を伝える文章が必要です。

「本文」もスペースが限られているので、ポイントのみを書きましょう。シンプルな箇条書きに写真やグラフなどのビジュアルを付けるくらいの簡潔さが望ましいです。もしそれ以上に付け加えたい内容があれば、2〜3枚目に添付資料として加えます。

本文の文字の大きさは、11ポイントで1文50字以内が読みやすいです。メールでのリリース送信の機会が増えており、カラーが主流の現在、他社のリリースに埋もれてしまわぬようモノクロは避けたほうがいいでしょう（ファクスで送信するときはモノクロになったとしても、ベースはカラーで作成しておくのがベストです）。読み手がメモできるように適度な余白を空けておくことも必要です。

「連絡先」は、リリースを読んで関心を持ったメディアが発信元にアクセスするための基本情報です。企業名、部署名、担当者名、TEL、ファクス、企業所在地、自社サイトのURLは必須です。それにプラスして、担当者のメールアドレスや携帯電話の番号も書かれていると、「この広報はいつでも対応してくれそう、連絡がつきやすそう」と、安心感を与えるでしょう。

今後経験を積み、いくつもリリースを作成するうちに、基本を応用した発展形に挑むことも出てくるかもしれません。しかしどんな場合でも、ここで示した基本がベースになるので、しっかり書式をマスターしてほしいと思います。

Lesson 3

書きはじめたけれどうまくいかない？ そんな時はここを見直そう

イマイチなリリースのよくある問題点

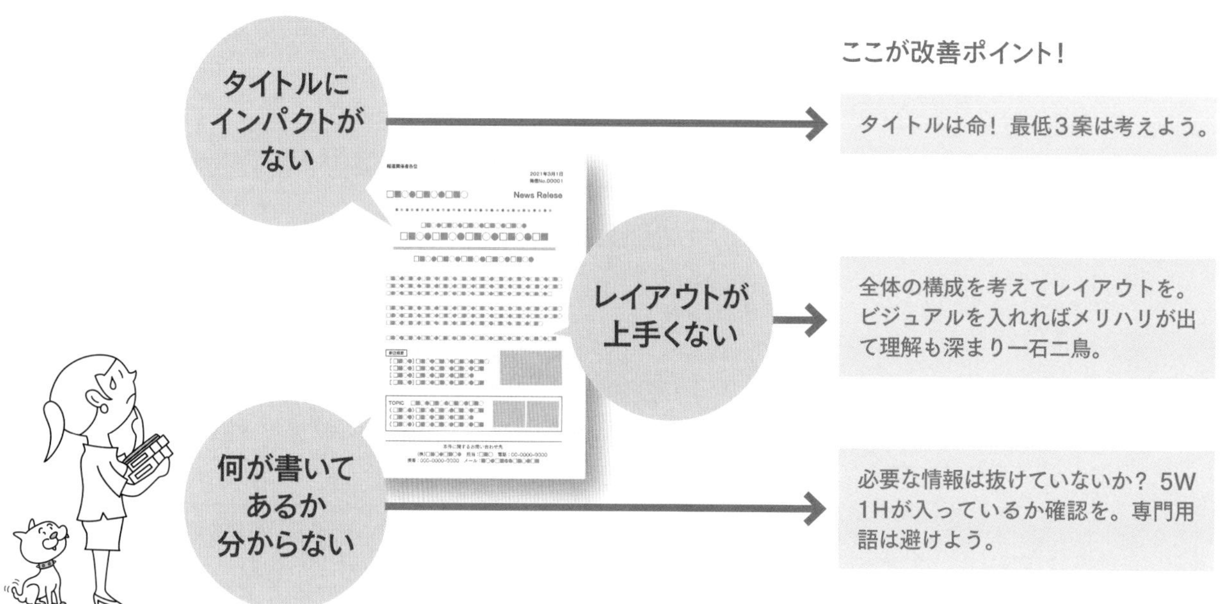

タイトルに
インパクトが
ない
ここが改善ポイント！
タイトルは命！ 最低3案は考えよう。
News Release
レイアウトが
上手くない
全体の構成を考えてレイアウトを。ビジュアルを入れればメリハリが出て理解も深まり一石二鳥。
何が書いて
あるか
分からない
必要な情報は抜けていないか？ 5W1Hが入っているか確認を。専門用語は避けよう。

多くの企業からリリースの添削指導やアドバイスを依頼される中で、指摘する率が高いのは次の3点です。

A タイトルにインパクトがない

B レイアウトが上手くない

C 何が書いてあるか分からない

これらを解決するのが以下の5つのポイントです。

まずAですが、タイトルを見ても読む気が起こらないリリースが多いのです。そこでポイント1は「タイトルが命！」。タイトルはリリースの導入口で、中身を読んでもらえるかもらえないかの分岐点ですから、全力を注いでください。私がよく言うのは“最低3案は考えろ”ということですが、1つで満足せずに、いくつか案を考えて比較するうちに、本当に伝えたい大事なことが絞り込まれていくのです。

続いてB。文字が詰め込まれすぎていたり、切れ目が分からなかったりと、どこが一番伝えたい部分なのかが分からないレイアウト下手なリリースも多いです。上からレターヘッド、タイトル、リード、本文、連絡先のメリハリがきっちりとついているのがいいリリースの条件。よってポイント2は「全体の構成を考えてレイアウトする」。盛り込みたい内容を配置したら、一度少し離れて、客観的にリリース全体を見ましょう。ぎっしり要素を詰め込みすぎず、適度な余白を作るのも（もったいないと思うかもしれませんが）大事なことです。

ポイント3は「ビジュアルを入れる」。商品の写真やグラフを入れると文字だけに比べてメリハリが出ますし、目が休まります。百聞は一見に如かずというのは本当で、読み手の理解もぐっと深まります。

Cは、単純に文章が下手という問題ではなく、必要な情報が抜けていたり難解な用語を使っていたりする不親切なリリースのことです。あいまいな情報をもらっても記事は書けませんから、読み手に伝わる文章にすることが重要。ポイント4は「5W1Hをきちんと入れる」。中学の英語の授業で習った通り、だれが、いつ、どこで、なぜ、どんなふうに、何をしたかを、基本的すぎると思わずに意識して書くことが、「伝わる文章」への近道です。

ポイント5は「専門用語は避ける」。リリースを受け取るメディアの人は、あなたの業界の人ではありません。そのことを肝に銘じ、まったく業界に関して無知な人が読んでも通じる言葉で書くことが大事です。やむを得ず専門用語を使う場合は注釈をつけるようにしましょう。

以上、たった5つのポイントを心がけるだけで、あなたのリリースは見違えるほど向上するはずです。

Lesson 4

そこにニュースバリューはあるか？記者の視点で検証しよう

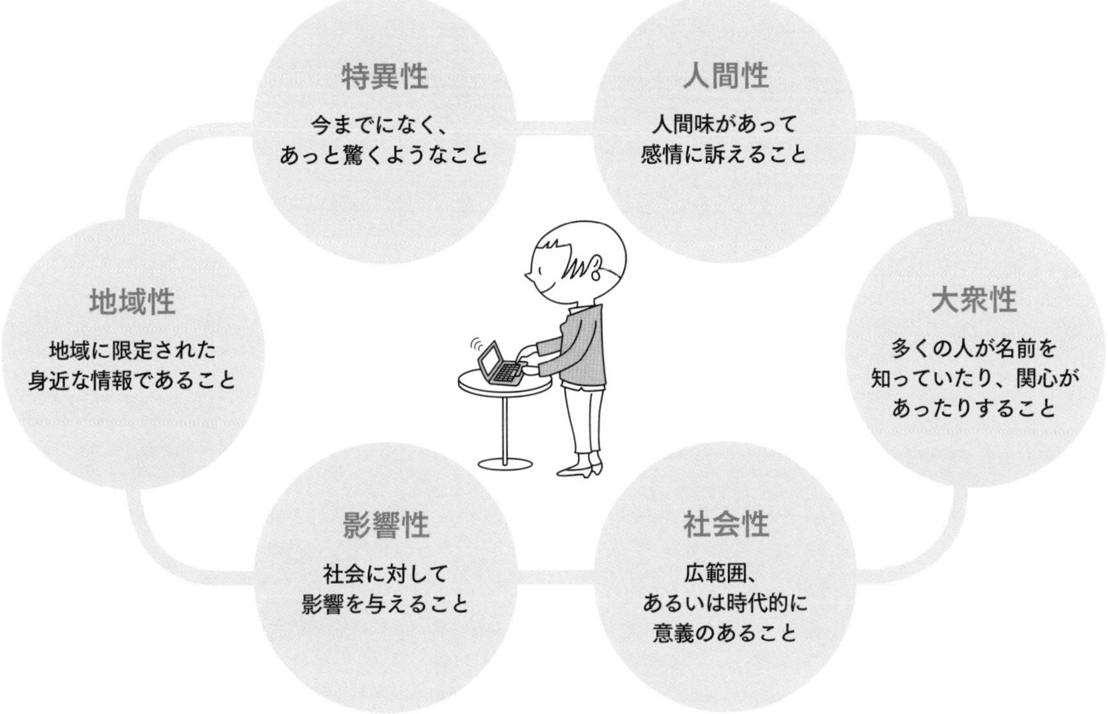

特異性
今までになく、あっと驚くようなこと

人間性
人間味があって感情に訴えること

地域性
地域に限定された身近な情報であること

大衆性
多くの人が名前を知っていたり、関心があったりすること

影響性
社会に対して影響を与えること

社会性
広範囲、あるいは時代的に意義のあること

プレスリリースとは“記者に読んでもらい、記事にしてもらうための道具”です。何を今さらと突っ込まれそうですが、「ではどんな内容だったら記事にしたくなるのか?」と記者の視点に立って考えてみるのは大事なことです。古くからマスコミ業界で言われていることですが、ニュースバリューには上図の6つのポイントがあります。この6つは、時代が変わっても普遍的に人々の興味を集める鍵であるようです。

多くの記者が記事にしたくなる商品は、好調な売れ行きにもつながっていきます。あなたの会社の商品やサービスは、この6つのポイントに当てはまっていますか? ひとつでも多く該当するポイントを見つけ出し、そこを前面に押し出してリリースを書くことを心がけましょう。

リリースはネタの「切り口」と、この「ニュースバリュー」の掛け合わせです。次のページの「見える化マップ」はその組み合わせを一覧にしたものです。

ニュースリリースの切り口は「新商品くらいしかない」と思っている人は多いものです。しかし、新規事業、新工場建設、新技術の発見、人事…etc. リリースを出すタイミングは至るところにあります。それを知ってもらうため作ったのが、「切り口」の体系図です。

右側には、経営戦略をはじめとする経営視点での切り口が、左側には新事業・新商品を筆頭とする事業面での切り口が整理してあります。こうした切り口でのニュースがないか常に意識して社内動向をチェックし、情報を集めましょう。そうすれば、「会社がリリースのネタを渡してくれない」なんて悩む必要はありません。自分で「これはニュースになる！」と発見すればいいのです。よく見る周年記念のリリースなどは、広報担当者が自分で発見して作っていることがほとんどだと思います。書く機会は山のようにあるのだとうことをぜひ意識してください。

この切り口の体系図は広報の年間計画づくりにも使えます。この項目を横軸にし、縦軸に1年間のタイムラインを引いてチェックリストのように活用するといいでしょう。

それぞれの項目がニュースになり得るかは、下段の「ニュースバリュー」で検証しましょう。例えば「経営計画30億を目標」だけではニュースになりませんが、「コロナ対策の新規事業を立ち上げ30億円を目標」なら、社会性を持ったニュースになります。「切り口」と「ニュースバリュー」を掛け合わせれば、リリースのバリエーションは無限に広がります。

➡「見える化マップ」は次のページに！

広報会議 オリジナル

ニュースになる切り口「見える化」マップ 保存版

切り口

あるメーカーを例に、「経営全般」「事業」に分けてそれぞれニュースとなる切り口を整理した。

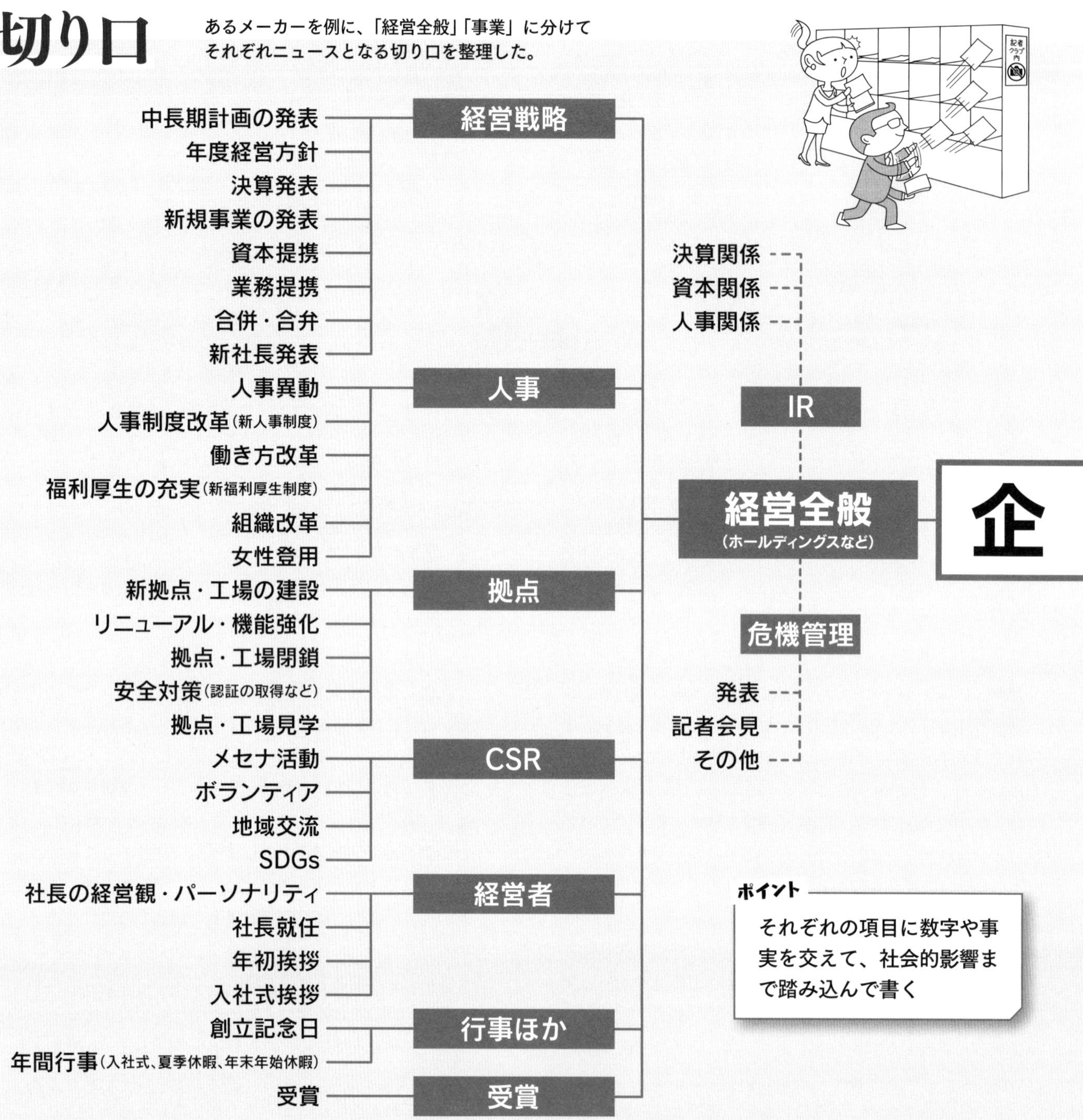

ニュースバリュー

メディアが記事にしたくなる切り口を6つに分類した。
社会に何かを訴えようとする発信者の情熱も忘れずに。

特異性
今までになく、あっと驚くようなこと

人間性
人間味があって感情に訴えること

大衆性
多くの人が名前を知っていたり、関心があったりすること

社会性
広範囲、あるいは時代的に意義のあること

リリースは「(ネタの) 切り口」と「ニュースバリュー」の掛け合わせ。
「社内にニュースになりそうな話題がない!」と思ったら、
この切り口の体系図を使ってネタ出ししてみよう。
そして、「ニュースバリュー」視点でニュースになり得るかを検証しよう。

ポイント
単発や短期的なお知らせではなく、数カ月～数年のスパンの背景も盛り込もう

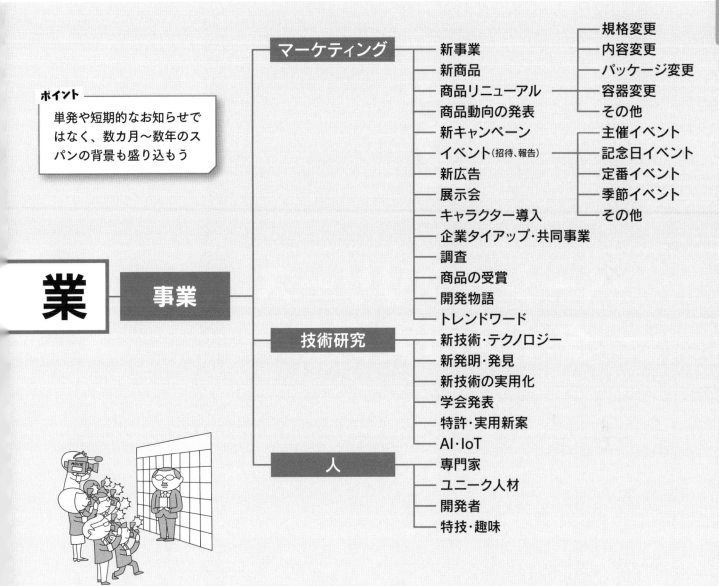

業

- 事業
  - マーケティング
    - 新事業
    - 新商品
    - 商品リニューアル
      - 規格変更
      - 内容変更
      - パッケージ変更
      - 容器変更
      - その他
    - 商品動向の発表
    - 新キャンペーン
    - イベント(招待、報告)
      - 主催イベント
      - 記念日イベント
      - 定番イベント
      - 季節イベント
      - その他
    - 新広告
    - 展示会
    - キャラクター導入
    - 企業タイアップ・共同事業
    - 調査
    - 商品の受賞
    - 開発物語
    - トレンドワード
  - 技術研究
    - 新技術・テクノロジー
    - 新発明・発見
    - 新技術の実用化
    - 学会発表
    - 特許・実用新案
    - AI・IoT
  - 人
    - 専門家
    - ユニーク人材
    - 開発者
    - 特技・趣味

組み合わせは無限大∞!

影響性
社会に対して
影響を与えること

地域性
地域に限定された
身近な情報であること

切り口とニュースバリューのポイントを掛け合わせれば、リリースのバリエーションが無限に広がる!

Part 2

ベーシックリリース タイプ別実例集

ベーシックリリースの10のタイプ別に、優れたリリース事例を選りすぐりました。事例をお手本にしながら、早速リリース作りに取り組んでみましょう!

リリースの上達には、
優れた実例をたくさん見て
目を養うことが一番!
タイプ別のポイントも
解説していますので、
参考にしてください。

＊編集部注
●各原稿は原則的に『広報会議』に掲載当時のまま転載しており、現在の状況と異なる場合があります。
●書籍化にあたり、一部加筆・修正した箇所もあります。
●出所となっている掲載号については、各事例の最終ページに記載。

リリースを打つタイミングは、商品を発売した時のみだと思っている人は多いですが、そんなことはありません。同じ商品でリリースを出すタイミングは何度もあります。時系列でリリースの展開の流れが分かるようにしたのがこのページの図です。順を追って見ていきましょう。

同じ商品で複数回リリースを

一番左の「新商品・サービスリリース」は基本であり、起点となるリリースです。お店であれば開業リリースが該当します。リニューアルもこの分類に入ります。飲食店であればメニュー刷新などもここに当たります。

ここで1点注意したいのは、新商品とイベントなど、2つの要素をひとつのリリースに書かないことです。新商品とイベントのリリースは分けましょう。時期もできれば空けましょう。

新商品リリースからしばらくして話題が落ち着いてきたら「キャンペーンリリース」や「イベントリリース」を打つ。売上げが伸びてきたら、それを「高業績リリース」として発信する。さらに、目標数値を達成したら「達成リリース」を出すというように、リリース発信のタイミングを逃すことなく、話題を絶やさないことが大事です。

脇を固める「戦略系リリース」

そして、商品リリースの流れの脇を固める存在が「経営戦略リリース」と「マーケティング戦略リリース」です。経営戦略リリースとは、先の「見える

時系列で理解する ベーシックリリース体系図

広報活動において、新商品の発売から展開される一連のリリースを、時系列にまとめたのが下記の図だ。ここで挙げた10種類は、いわばニュースリリースの基本となる「ベーシックリリース」。それぞれの打ち出すべきポイントをしっかり押さえ、書き分けよう。

ベーシックリリース（展開シーン別）の体系図

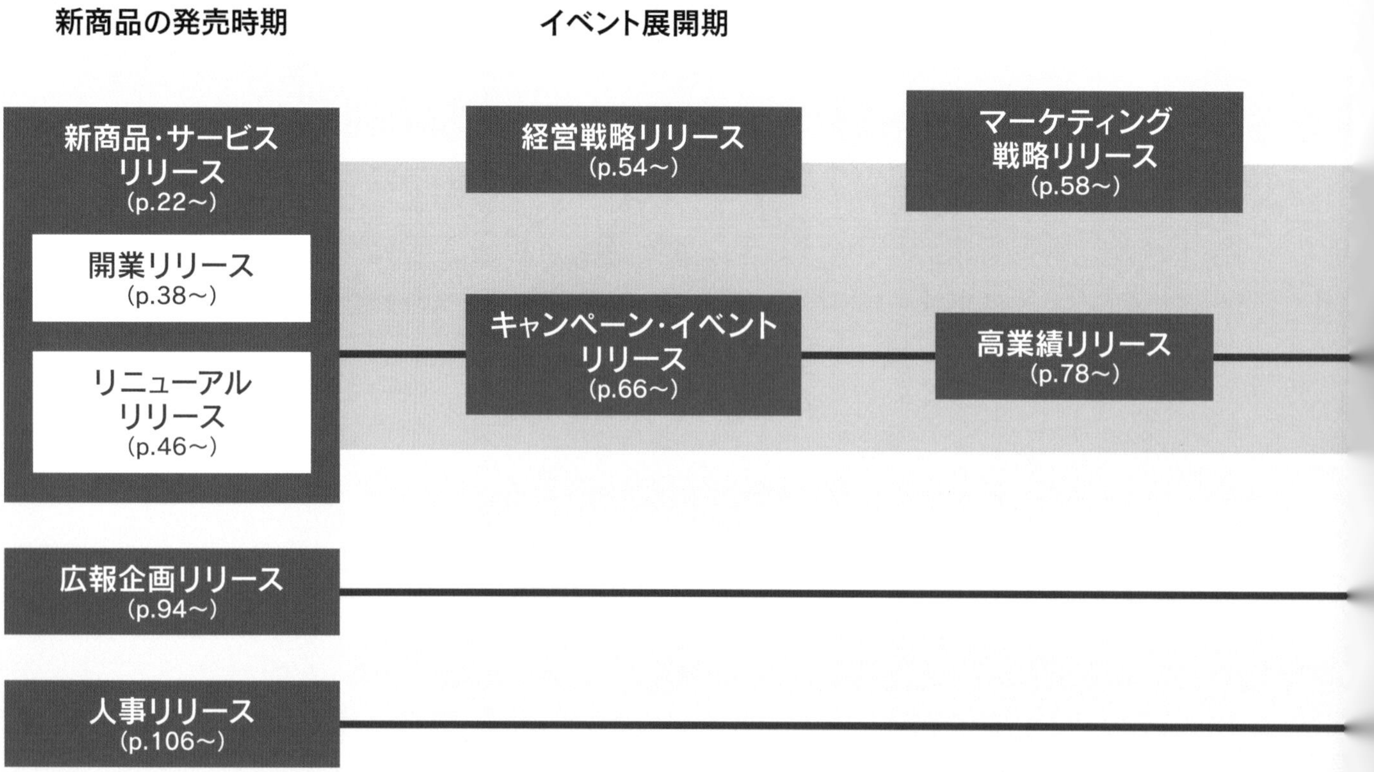

新商品の発売時期

- 新商品・サービスリリース（p.22〜）
  - 開業リリース（p.38〜）
  - リニューアルリリース（p.46〜）
- 広報企画リリース（p.94〜）
- 人事リリース（p.106〜）

イベント展開期

- 経営戦略リリース（p.54〜）
- マーケティング戦略リリース（p.58〜）
- キャンペーン・イベントリリース（p.66〜）
- 高業績リリース（p.78〜）

化マップ」に詳説した通り、中長期計画の発表や年度経営方針、決算発表などが当たります。

一方、マーケティング戦略リリースは、商品などのマーケティング戦略自体を発信するものです。例えば、P62で紹介するゼブラの「ハイマッキー復刻版」のリリース。この場合、「復刻版を出す」ということ自体が広報的戦略に当たります。「復刻版」ネタはPRでは有効な常套手段ですから、「復刻版」をフックに話題を創出し、結果的に既存のロングセラー商品である「ハイマッキー」に再び脚光を当てる狙いです。言い換えれば、このリリースを出すこと自体がマーケティング戦略であり、復刻版は既存商品の話題化を目的に作られた商品ということになります。

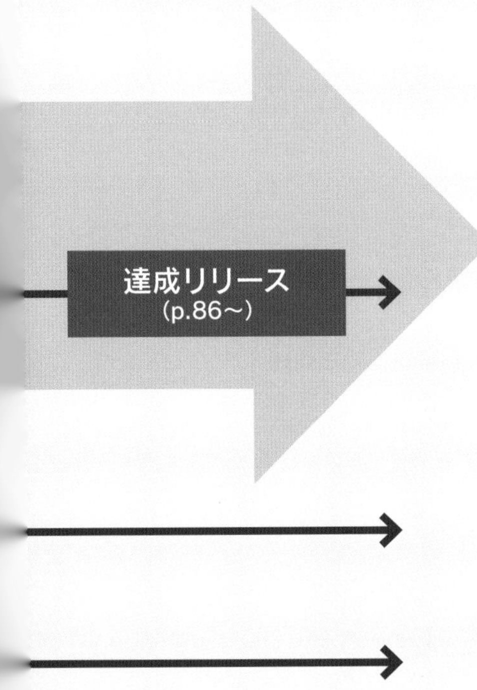

タイプ別書き方のポイント❶

新商品リリース～達成リリース

この図ではベーシックリリースを10のタイプに整理しています。それぞれのリリースで、打ち出すべきポイントは異なってきます。

まず「新商品サービスリリース」は当然ながら、新規性をどう打ち出せるかが最大のポイントです。2020年にサントリーの緑茶「伊右衛門」がラベルレス商品を発売しましたが、この商品は一目で新規性が明らかですよね。何が新しくなったのか、どこに注目してもらいたいか明確に発信しましょう。

「キャンペーン・イベントリリース」はたくさん出ていますので、世の中に数多ある他社のそれとは何が違うのか？ 差別化のポイントをはっきりさせることが重要です。

「高業績リリース」「達成リリース」は、数字ですごさを明確に伝えること。売上げだけでなく、そのスピードも数値にして伝えることでアピールポイントになります。右肩上がりのグラフなどを載せればさらに効果的です。そして、達成リリースの場合は、達成した理由を書くのがポイントです。メディア報道で引用されるような納得感のあるストーリーを記載しましょう。

タイプ別書き方のポイント❷

経営戦略リリースや人事リリース

「経営戦略リリース」のポイントは、会社の大きな流れが伝わるように書くことと、それが上昇していると感じさせることです。ここでも他社との違いが伝わることを意識してください。

「マーケティング戦略リリース」では、色々な仕掛けをしていることが伝わるように施策を細かく書き出しましょう。それらを通じ「この商品は伸びていきそうだな」と印象を与えることがポイントになります。施策自体に驚きがあるほど目を引きますし、採用の確率も高まります。

「広報企画リリース」は、イベント・キャンペーンと似ていますが、違いは主体が広報だということにあります。ありていに言えば、「予算がなくてもできる企画」ということです。広報ならではの発想を持って、話題づくりを仕掛けていきましょう。この本は広報企画のアイデア事例集としても使えますので、ぜひ活用してください。

最後に「人事リリース」。人事は社会的な要素を持ったネタです。例えば、P106で紹介するアサヒロジスティクスの「女性ドライバーのための専用トラックを作った」というリリースには「女性活躍」の要素もありますし、背景に「トラックの運転手不足」という問題があることも伝えられます。人事を切り口に、会社が社会的課題にどう向き合って解決したかを伝えることができるのです。また、人事と言えば毎年メディアが報道する入社式の話題もありますね。ぜひ、社会的な視点で自社の人事の話題を伝えられないか考えてみてください。

ベーシックリリースは「戦術」

まとめると、P16で紹介した「見える化」マップはニュースリリースの「戦略」であり、ベーシックリリースは「戦術」だと言うことができます。両者を適切に組み合わせれば、発信するネタも、その書き方も自ずと見えてくるはずです。

次ページからは、10タイプのリリース作成の具体例な事例をお見せしていきます。ここでお伝えしたポイントがどう表現されているかという視点で、参考にしてみてください。

CASE 01

シンプルで明快な構成に上級テクニックがキラリと光る！

エース「マックスパス スマート」

これぞ基本の王道リリース！
目を引くタイトル、
読み手の頭にスッと情報が入る
構成に注目しよう。

モノをインターネット化する「IoT」が様々な分野で進んでいます。そんな中、スーツケースメーカーのエースがラゲージ（旅行鞄）にIoTを導入して話題を呼んでいるので、広報を取材してきました。

商品は、同社が展開する「プロテカ」というブランドの中で機内持込最大容量モデルとして人気の「マックスパス」シリーズにIoTを導入した「マックスパス スマート」。2017年9月15日に販売を開始しました。

そもそもIoTを用いたラゲージはアメリカが先行しており、2014年に発売されています。しかし、IT関連のベンチャー企業が開発したため、「IT技術を見せたいという気持ちが強く、私

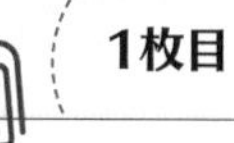

News Release

ACE

〒150-0001
東京都渋谷区神宮前1-4-16

報道関係者各位

2017年8月7日

「プロテカ」のスーツケースが更に進化。
IoTを導入した日本初の国産スマートラゲージ
『マックスパス スマート』が登場！
2017年9月15日(金)発売開始決定。
8月7日（月）よりWEBでの予約販売受付も開始。

エース株式会社（本社:東京都渋谷区、代表取締役社長:森下宏明　以下エース）は、日本製トラベルバッグブランド「プロテカ」より、IoTを導入し格段に使い勝手の良い日本初(*1)の次世代型国産スマートラゲージ『マックスパス スマート』を2017年9月15日(金)に発売します。更に9月15日からの一般発売に先がけ、事前の先行販売も決定。8月7日（月）からソフトバンク株式会社（本社：東京都港区、代表取締役社長：宮内謙、以下ソフトバンク）が運営するインターネットサイト内での予約販売の受付、9月1日(金)からプロテカ日比谷店とエースオンラインストアでの先行販売も決定しました。

近年のデジタル化の流れにおいて、旅行時もモバイル機器は必需品となり、その重要度やラゲージとの相互リンクを求める声は増す一方です。そこでエースはソフトバンクが2016年3月30日より提供開始した、アイデアや試作中の製品を商品化に向けて支援する消費者参加型プラットフォーム「+Style」と、デザインオフィス「nendo（ネンド）」と共同で取り組む、デザイン特化型のIoT商品開発プラットフォーム「DoT.（Design of Things）」を活用。本製品は出張などでラゲージと共に移動する頻度が高い方をターゲットに、実際に利便性の高い機能を搭載した日本初の国産スマートラゲージを開発しました。

ベースとなるラゲージのプロテカ『マックスパス』シリーズは、シリーズ累計6万5000本以上(*2)販売するプロテカでも高い人気を誇る機内持込最大容量モデルです。その人気のラゲージに、スマートフォンの充電に対応できるバッテリーチャージ機能の搭載、充電時もケーブルが不要なコードリールの内蔵や、スマートフォンと連携してラゲージとスマートフォンを相互に追跡できるトラッキング機能をもたせました。

日本製としては初となるIoTを導入した「プロテカ」のスマートラゲージは、現代社会における快適な移動を保証すると共に、更なるスマートな旅を提案します。

【予約販売受付】
2017年8月7日（月）～
ソフトバンク「Dot.」サイト内
https://plusstyle.jp/dot/project/protecamaxpasssmart
【先行販売】
2017年9月1日（金）～
プロテカ日比谷店、エースオンラインストア
【一般販売】
2017年9月15日（金）～
全国有名百貨店、専門店、エース直営店舗

(*1)スマートフォンと連携するなどIoT化された国産の旅行用かばんとして、日本初。(当社調べ、2017年8月7日時点)。
(*2)2011年9月より販売開始した「マックスパス」シリーズの累計販売本数(当社調べ)
※「+Style」はソフトバンク株式会社の登録商標または商標です。
※仕様や価格、発売日等に変更が生じる可能性がございます。

＼ポイント1／

キーワード満載のタイトル

「IoT」「日本初」「国産」など、ニュースバリューのあるキーワードのオンパレード！ しかも赤字を使って目立たせている。

たちからすると使い勝手のよくない部分が多々ありました。そこで、より快適に使えるよう機能性を追求したのが『マックスパス スマート』です」と同社マーケティング部PR・広報担当の山田絢音さんは説明します。この分野に取り組んだ日本のメーカーはエースが初めてでした。

開発が始まったのは2016年秋のこと。余分な機能は排除して、重視したのは❶スマートフォンなどを充電できるモバイルバッテリーの搭載 ❷スマホと連動して置き忘れや紛失を防ぐトラッキング機能です。

❶については、多くの人が海外旅行の際に充電切れで困った経験をしていると思います。変圧器を忘れると大変なことになりますし、私が仕事で行ったインドの山奥などでは電気自体が通じていないことも多く、非常に困りました。最近は空港に充電器があっても、長蛇の列でなかなか番が回ってきません。ですが、ラゲージに搭載されたバッテリーがあれば、スマホなら約2回分のフル充電が可能な上、ホテルのコンセントからバッテリーを充電することもできます。アメリカで発売されたものはコードリールの根元が弱かったり、防水性に乏しかったりした点を改善できたのは、専門メーカーならではです。

❷は、クラウドGPSトラッカーを搭載し、スマホとラゲージが約30メートル離れると双方から通知音が鳴るというもの。万一、通信範囲外になっても、トラッカーのユーザーを通して追跡が可能だといいます。海外では日本と違い、置いてあるものは持っていくのが当たり前のような国もありますから、盗難防止にも役立つことでしょう。

ITに関する部分についてはソフトバンクが提供する商品化システムを利用し、専門会社に委ねたおかげでラゲージのポケット内でも発火しにくいバッテリーの開発に成功しました。

一方でエース社内では、ビジネスパーソンをターゲットとすることに決定。これは国内外への出張でモバイル機器の使用頻度が高く、充電の必要性が高い層だからです。そのため、大容量のマックスパスシリーズをベースにする

PROTeCA
MADE IN JAPAN

News Release

〒150-0001
東京都渋谷区神宮前1-4-16

【マックスパス スマート　主な特長】

1. モバイルバッテリー搭載

スマートフォンなら約2回分の充電が可能なリチウムイオンバッテリー搭載。充電しながら操作できるよう、ケーブルの長さを気にせず使える最長100cmまで伸びるコードリール式ケーブル内蔵。

2.Bluetoothを利用したセパレーションアラート機能

ラゲージとスマートフォンが連動し、不意に起こる置き忘れや紛失を未然に防ぐことができる『TrackR TM』を搭載。

3. 機内持込適応サイズ、大容量モデル
4. 取り出しやすいフロントオープンポケット
5. 静かで滑らかな新開発サイレントキャスター搭載
6. プロテカ プレミアムケア（3年間の無償製品保証） ＊ラゲージ本体の修理にのみ適用

ブランド名	シリーズ名	サイズ(外寸)	カラー	価格(税抜)
プロテカ	マックスパス スマート	H51×W39×D25cm	3色(ブラック/シルバー/ウォームグレー)	66,000円

【予約販売受付】　2017年8月7日（月）～　ソフトバンク「DoT.」サイト内 https://plusstyle.jp/dot/project/protecamaxpasssmart
【先行発売】　2017年9月1日（金）～　プロテカ日比谷店、エースオンラインストア
【一般発売】　2017年9月15日（金）～　全国の有名百貨店、専門店、エース直営店舗

ポイント2

シンプルで明確な構成

2枚目で特長をダイジェスト的に紹介。さらに情報が欲しい人は3枚目以降を読み進めることで詳しい説明が得られる流れ。

ポイント3

特長は優先順位をつけて表記

メディアが関心を持つであろう順に特長を1～6まで列挙。ひとつ目は1ページを使って大きく紹介、2つ目は2分の1ページを割き、それ以降は簡潔に表現。

ことを決めました。この商品には❶と❷のほかにも4つほどセールスポイントがありますが、中でも私がよいと思ったのはモバイル関連の機能は本体外側につくられた「フロントオープンポケット」に集約できること。アメリカ製の先行商品はバッテリーがラゲージの内側にあるため、空港での手荷物検査の際にいちいち開けて荷物を取り出しているうちに床にお店を広げてしまう……なんてことも起こり得ます。そうならないための気配りがエースの製品らしいところです。

同社はこうしたIoT導入のラゲージである「スマートラゲージ」の開発に本格着手。「ラゲージは長年にわたり、さほど大きな進化のない商品でした。しかし、IoTの導入はガラケーがスマホに変化したのと同じくらい画期的と捉え、ラゲージ自体の信頼性と実用性が高いスマートラゲージの開発を目指しました」と山田さん。スーツケースの大手メーカーとして、これから新しい市場を開拓していく意気込みが感じられます。

9月の正式発売に先駆け8月7日からはソフトバンクが運営するインターネットサイト内での予約販売の受付を開始。その日に合わせてニュースリリースを配信しました。ここからはそのリリースを見ながら話を進めましょう。

まず **ポイント1** タイトルにはニュースバリューのあるキーワードが並んでいて目を引きます。「IoT」といえば感度の高い人たちが今、飛びつく話題のひとつですし、おなじみの「日本初」はマスコミ好きのする言葉。さらに「国産」というのも、日本企業を応援したい気持ちを呼び覚まします。先述の通り、すでにアメリカで先行商品があったものを日本ならではの技術で改良したものですが、言葉の選び方によってこれだけ商品価値を高めることができるわけです。表現がよく練られているなと思います。

全体的な運びは、**ポイント2** 2枚目で特長をダイジェストで示し、3〜4枚目で詳しく説明するシンプルな構成。

＼ポイント4／

写真などビジュアルが中心

写真やイラストなどのビジュアルをメインに使うことで内容を即座に把握できるようにしている。文字はあくまで補足的な役割。

＼ポイント5／

黒帯の白抜き文字でアイキャッチ

リリースの中でもより強調したい部分は、黒帯に白抜きの文字のアイキャッチにすることでアピール。

3枚目

PROTECA MADE IN JAPAN

News Release

〒150-0001
東京都渋谷区神宮前1-4-16

【マックスパス スマート 主な特長の詳細】

1. デジタル社会の必需品「モバイルバッテリー」搭載

もう充電を心配する必要はありません！

⇒スマートフォンなら約2回分のフル充電可能。
空港の電源コンセントがどこも使われていて、
充電したい時に必ずしも電源を確保できるとは
限りません。そんな不安を解消します。

スマホなら約2回 フル充電が可能

フロントオープンポケット内の専用ポケットにリチウムイオンバッテリーを搭載し、いざという時の充電切れを防ぎます。バッテリーは取り外しができる構造なので、空港での手荷物検査時の準備もスムーズ。またフリーの出力ケーブル（USBポート）も1本ついており、利便性の高い設計です。

＊IATA（国際航空運輸協会）が定める機内持込規定にのっとり、スーツケースを預け入れる場合は必ずバッテリーを取り外し、手荷物検査を通したうえで機内への持込をして下さい。

コードリール内蔵

別途充電ケーブルを用意せずとも充電可能な、最長100cmまで伸びるコードリールを内臓しています。充電中はLED表示灯が点灯されます。防水キャップでカバーされているので、雨の日も安心な仕様構造です。

＊出力ケーブルはmicroUSBにつき、お使いの端末によってはLightning変換アダプターを使用して下さい。（別売）

空港や駅で・・・
いつでもどこでも充電可能。最長約100cmのコードリールを搭載しているので、スマートフォンを操作しながらの充電が可能。またスマートフォンを立て掛けられるスタンド機能も搭載し、待ち時間にデバイスを活用し、思う存分旅を楽しめます。

滞在先のホテルで・・・
本体のリチウムイオンバッテリーはコンセントから直接充電が可能。翌日分のバッテリーを就寝中に容易に蓄電することができます。

4枚目

PROTECA MADE IN JAPAN

News Release

〒150-0001
東京都渋谷区神宮前1-4-16

【マックスパス スマート 主な特長の詳細】

2. ラゲージとスマートフォンが Bluetooth で連動

ラゲージの紛失防止やスマホの置き忘れを防ぎます

⇒ラゲージの居場所が分かる『TrackR™』搭載。
余計な盗難防止グッズは買わなくてOK！

マックスパス スマートに搭載したクラウドGPSトラッカーの『TrackR™』をBluetoothでペアリングさせることにより、ラゲージとスマートフォンが連動。それにより不意に起こる置き忘れや紛失を未然に防ぐことができます。

≪TrackR™ 機能詳細≫

セパレーションアラート機能
Bluetoothを利用したうえで、ラゲージとスマートフォンが一定の距離より離れると、双方からアラートが鳴るので、不意に起こる紛失や置き忘れを未然に防ぎます。

Crowd Locate で検索
Bluetooth通信範囲外に置き忘れた場合でも、Crowd Locateを利用し、何万人にも及ぶ他のTrackRユーザーを通して、無くしたラゲージの最新のロケーションを確認することができます。

アイテムリンガー
スマートフォンから簡単にスーツケースのアラートを鳴らすことができるので、瞬時に居場所が分ります。

3. 機内持込適応サイズ、大容量モデル
スムーズな移動が求められる出張や、
国内・海外問わず短期の旅行で使いやすい大容量モデル。
コンパクトなのに39ℓの大容量を確保しています。

4. 取り出しやすいフロントオープンポケット
利便性の高いフロントオープンポケットにはモバイルバッテリーを収納する専用スペースに加え、13インチのPC収納対応ポケットを備えます。

5. 静かで滑らかな新開発サイレントキャスター搭載
［滑らかさ］
摩擦抵抗を極限まで抑えた、高耐久性クロム鋼ベアリングを採用した「ベアロンホイール」を搭載。
⇒従来より軽い力で進み、すべるように滑らかな走行が可能
［静かさ］
体感音量を大幅に軽減した独自開発の「サイレントキャスター®」。タイヤに溝を入れることにより、さらに静音性を向上。
⇒静かな走行音なので、早朝や深夜の時間帯も周囲を気にせず使用できます

6. プロテカ プレミアムケア（3年間の無償製品保証）
素材から組立まで一貫して国内で製造する世界で唯一の日本製スーツケース「プロテカ」は、厳しいテストに裏付けされた安心と信頼のメイドインジャパン製品です。末永くご愛用頂けるよう、3年間の製品保証を備えています。航空会社の破損も保証の対象内とするのは、ラゲージ業界初の保証内容です。

ポイント3

私が勧める王道の2段階構成です。2枚目を見ただけで全体像を把握でき、それ以上知りたい人は先へ進むというのが、リリースには一番適した流れといえます。

ポイント3 特長を説明する際も、優先順位が明確なのが、読む側にとっては助かります。特に重要なのは最初に説明した2点であって、ほか4点はやや優先度は下がります。順番だけでなくスペースの大きさでもそのことが伝わる配分になっています。こう書くと当たり前のことのようですが、案外優先順位の整理ができていないリリースが多く、説明を受けると「特に4番目と6番目がウリです」なんて言われることもあります。開発部の優先事項と広報の優先事項の齟齬が原因にあるのかもしれませんが、あくまで読み手の立場で順位づけをしたいものです。

全体的に写真やイラストが多いのも特徴で、**ポイント4** まずビジュアルありきで、それを文章で補足しているのも見やすくてよいです。特にバッテリーのポケット収納やコードリール内蔵の様子は写真があれば一目瞭然ですし、トラッキング機能も図解があると非常にイメージしやすいです。販促物などのビジュアルを広報に有効活用している例です。

また **ポイント5** 小見出しに、黒帯に白抜き文字や赤文字を使っているのも、他社ではあまり見ませんが読みやすさのポイント。簡単なのに、案外使われていないテクニックのひとつです。ただし白抜き文字はファクスで送るとつぶれて分からなくなってしまう可能性があるので、一度自分宛てに送って確認した方がよいでしょう。

強いて言えば、同じ機能を「セパレーションアラート機能」「トラッキング機能」と別の言葉で表現している箇所がある点は気になりました。あまり一般的でない用語でもあり、統一した方が望ましいと思います。けれども全般的に多くのテクニックを駆使した上級者のリリースだと感じました。

このリリースにより、テレビ東京の『ゆうがたサテライト』で紹介されたほか、『MEN'S EX』(世界文化社)、日経BP社『日経デザイン』「日経トレンディネット」などに掲載されました。売り場担当者からは「メディアを見ているせいか、機能を理解して来るお客さまが多い」との声も聞かれ、来店のきっかけにつながっているようです。

スーツケースの世界では「2万台売れれば大ヒット」と言われるように、決して数が多く売れる商品ではありません。ただ「昔は家族で1台を共有していたのが、最近は細分化が進んでいます。女性は鞄としての軽さを、男性のビジネスパーソンは機能性の高さを求めています。その需要を喚起できるよう広報をしていきたい」と山田さん。同チーフの森川泉さんも、「例えばスマホの普及で鞄の中身は大きく変わったと言われます。そうした社会動向にも関心を持ちながら生活者に響くPRをしていきたい」と話していました。

あふれる熱意にテクニックが加わると相乗効果の高いリリースに

今回の教訓　現物持参のキャラバンも有効

プロテカの「マックスパス スマート」はエースにとっても注力商品だったため、現物を持って編集部などを回るメディアキャラバンを実施しました。対象は、ファッション誌やモノ系の雑誌などで、先方の都合に合わせながら数日かけて回ったそうです。一般にメディアキャラバンというと敷居が高く感じる人もいるようですが、エースでは以前の担当者から実施していたスタイルを受け継いだため、特別なことという感覚はない様子。「使ったら絶対に便利ですよ。直に見てください!」など、フランクな言葉で気軽にアポを取っているといいます。実物を目にすると「今、スーツケースってこんなに便利になっているんだ」と興味を示してくれる記者も多かったそうで、見せるのと見せないのとでは大違いです。もちろん相手も忙しいので断られることもありますが「その場合、だいぶ先の予定を聞いてみます」と森川さんがアポイントを取るコツを教えてくれました。

[DATA]
企業名：エース株式会社
資本金：14億1000万円
所在地：東京都渋谷区神宮前1-4-16 神宮前M-SQUARE
代表者：代表取締役社長　森下宏明
売上高：328億円（2016年度・連結）
純利益：非公表
従業員数：1489人（2016年12月21日現在・連結）
沿革：1940年に大阪市天王寺区でカバン製造卸業「新川商店」として創業。1954年には日本初となるナイロンバッグの新作発表会を開催し、その後もマジソンバッグや縦型スーツケースといったエポックメイキングな製品を開発。1963年、社名を「エース株式会社」に変更。
[広報戦略]
広報人員は3人。リリース配信は年間80回程度、広報イベントは7回程度、年間の掲載数は約1400件。

＊2018年3月号『広報会議』掲載（情報は取材当時のもの）

CASE 02

たった1行のタイトルで商品特性を完璧に伝える

マーナ「トーストスチーマー」ほか

タイトルで説明しきれば
訴求力UP！
一目で使い方が分かる
ビジュアルづかいも秀逸。

1 斤1000円近くもする食パンが飛ぶように売れるなど、パンブームが続いています。

そんな中、陶器を水に濡らして食パンと一緒にトースターに入れるだけで外側はサクッと、内側はフワッとしたトーストが焼けるアイデアグッズ「トーストスチーマー」(2019年1月発売)が人気を呼んでいます。そこで、商品の製造販売をしているマーナを取材しました。

生活雑貨全般を扱い、「おさかなスポンジ」など数々のロングセラーを生み出してきた同社が目をつけたのが、パンブームでした。特に朝食は、ご飯よりもパンで手軽に済ませたいという人が増え、高級食パンのほかスチームトースターも人気を呼んでいます。

\ポイント1/

商品機能をタイトルで端的に表現

1行で商品特徴を完璧に伝えている。小林製薬並みに分かりやすいネーミングもPR上の強みであり、メディアへの訴求力も高い。

\ポイント2/

ビジュアル使いがとにかく秀逸！

一目で商品や使い方が分かるビジュアル。タイトルとビジュアルを見るだけで商品の特性が一瞬で伝わる。

「トーストスチーマー」発売リリース

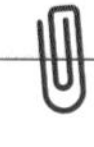

Press Release

MARNA
SINCE 1872

2019年1月15日
株式会社マーナ

新発想！ 水に浸してパンと一緒にトースターで焼くだけ。
「外はサクッ、中はふわっ」とした食感を実現する『トーストスチーマー』が新発売！
スチーム効果で、いつものトーストがもっと美味しく。

生活雑貨メーカー株式会社マーナ（東京都墨田区、代表取締役 名児耶 美樹[なごや よしき]）は、『トーストスチーマー』を2019年1月中旬より新発売いたします。

スチーム機能がついたトースターや、高級食パン店がオープンし話題になるなど、パン食の人気が続いています。弊社は「いつものパンをもっと美味しく」をコンセプトに、歴史あるパン・料理教室「ホームメイドクッキング」と共同でパン関連のアイテムを企画しました。

『トーストスチーマー』は、ご家庭にスチーム機能付きトースターがなくても、手軽に美味しいトーストが楽しめるアイテムです。試作品の段階から、「ホームメイドクッキング」のカリスマ講師にトーストの焼き上がりや食感などについて専門的なアドバイスをいただきながら完成しました。

使い方は、『トーストスチーマー』を20秒程度水に浸し、パンと一緒にトースターに入れて焼くだけです。素材に、素早く水分を吸収し、蒸発させる性質を持つ素焼きの陶器を採用。それにより、トースター内に蒸気が発生し、パンの水分が保たれるので、外側はサクッと内側はふわっとした食感の、美味しいトーストが焼きあがります。かわいいミニ食パン型で、使用しない時もトースターにそのまま入れておけます。

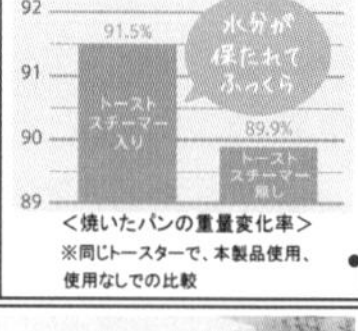

＜焼いたパンの重量変化率＞
※同じトースターで、本製品使用、使用なしでの比較

希望小売価格は1,080円（税抜）。専門店、量販店、マーナ公式オンラインショップ（https://shop.marna-inc.co.jp）などで販売いたします。

製品概要
品名：トーストスチーマー
希望小売価格：1,080円＋税
材質：陶磁器
サイズ：約36×46×97mm

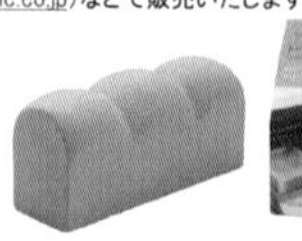

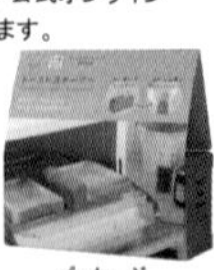
パッケージ

マーナとホームメイドクッキングが共同で企画したパン関連のアイテムは、
「トーストスチーマー」のほか、同日リリースの「マッシュスプーン」、「トースターブラシ」の3製品です。

＜お問い合わせ先＞
■報道関係者様　株式会社マーナ
■お客様

一方で、硬くなったパンに霧吹きで水を吹きかけて焼くとふっくらするという裏ワザは昔から行われていました。ただし、ほどよくまんべんなく水分を行き渡らせるのはなかなか難しいもの。同社開発部プロダクトデザイナーの岩崎有里子さんはそこに着目しました。

岩崎さん自身が大学で陶芸を学んでいたこともあり、素材は吸水性のよい陶器を採用。同社はプラスチック製品が多いため、流通に新たな配慮が必要になるなど開発上の苦労もありました。

形も当初は跳び箱のような形状でしたが、使うときの楽しさを考えて食パン型へと変更。料理教室のカリスマ講師からも専門的なアドバイスを受けたといいます。水分量を調整しながら1日に何度もパンを焼いては食べ続け、1年の開発期間を経てようやく完成に至りました。

同社の年度の区切りは7月〜翌年6月。営業部広報担当の菊池わか奈さんの元に年間の大まかな新商品情報が届くのは年度初めだそうです。営業部に所属しているため、具体的な情報が入ってくるのは取引先との商談が始まるタイミング。トーストスチーマーのリリースを書き始めたのは、配信の1カ月ほど前でした。

リリースは、ご覧のように1枚きりの極めてシンプルなもの。菊池さんはシリーズ商品の添付資料をつける以外は、基本的に1枚で完結させています。リリースの下段には、ほかに2品のパン関連アイテムを同日リリースしたことが注記してあります。

これらをひとつのリリースにまとめる人もいるかもしれませんが、菊池さんは「1商品1リリース」でいくことに決めているそうです。特にトーストスチーマーは商品が際立っていたこともあり、なおさらでした。あれこれ情報を詰め込みすぎるより、正しい判断だったと思います。

タイトルで商品特性を伝える

タイトルでは「水に浸してパンと一緒にトースターで焼くだけ」と、商品機能を端的に1行で伝えています。最近、私が考えていることのひとつに、**ポイント1** タイトルでどういう商品かをきちんと説明しきることの重要性があります。

これまで伝えてきたように、数字や

「マウスウォッシュコップ」発売リリース

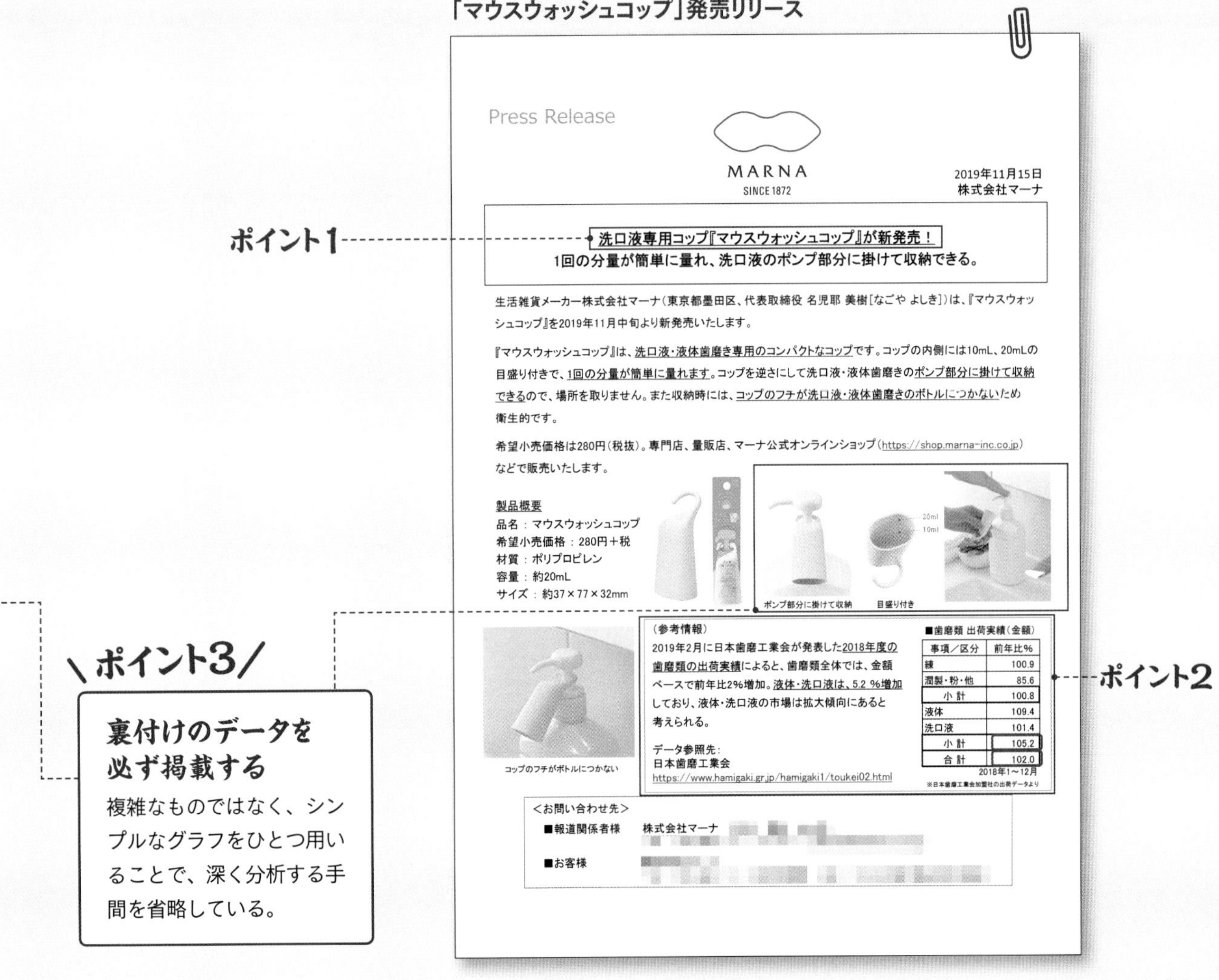

ポイント1
ポイント2
ポイント3
裏付けのデータを必ず掲載する
複雑なものではなく、シンプルなグラフをひとつ用いることで、深く分析する手間を省略している。

Press Release

MARNA
SINCE 1872

2019年11月15日
株式会社マーナ

洗口液専用コップ『マウスウォッシュコップ』が新発売！
1回の分量が簡単に量れ、洗口液のポンプ部分に掛けて収納できる。

生活雑貨メーカー株式会社マーナ（東京都墨田区、代表取締役 名児耶 美樹[なごや よしき]）は、『マウスウォッシュコップ』を2019年11月中旬より新発売いたします。

『マウスウォッシュコップ』は、洗口液・液体歯磨き専用のコンパクトなコップです。コップの内側には10mL、20mLの目盛り付きで、1回の分量が簡単に量れます。コップを逆さにして洗口液・液体歯磨きのポンプ部分に掛けて収納できるので、場所を取りません。また収納時には、コップのフチが洗口液・液体歯磨きのボトルにつかないため衛生的です。

希望小売価格は280円（税抜）。専門店、量販店、マーナ公式オンラインショップ（https://shop.marna-inc.co.jp）などで販売いたします。

製品概要
品名：マウスウォッシュコップ
希望小売価格：280円＋税
材質：ポリプロピレン
容量：約20mL
サイズ：約37×77×32mm

20ml
10ml
ポンプ部分に掛けて収納　目盛り付き

コップのフチがボトルにつかない

（参考情報）
2019年2月に日本歯磨工業会が発表した2018年度の歯磨類の出荷実績によると、歯磨類全体では、金額ベースで前年比2%増加。液体・洗口液は、5.2 %増加しており、液体・洗口液の市場は拡大傾向にあると考えられる。

データ参照先：
日本歯磨工業会
https://www.hamigaki.gr.jp/hamigaki1/toukei02.html

■歯磨類 出荷実績（金額）

事項／区分	前年比%
練	100.9
潤製・粉・他	85.6
小 計	100.8
液体	109.4
洗口液	101.4
小 計	105.2
合 計	102.0

2018年1〜12月
※日本歯磨工業会加盟社の出荷データより

<お問い合わせ先>
■報道関係者様　株式会社マーナ
■お客様

時事性などメディアが好むキーワードは確かにタイトルに必要ですが、そうした修飾要素に気を配るあまり、どんな商品なのかが分からないタイトルを多く見かけます。まず、どんな商品なのか、そのことだけはしっかり明記するべきでしょう。

ポイント2 画像では、山型食パンの可愛らしい形状や、パンと一緒にトースターに入れる使用方法がよく分かります。読み手はタイトルと画像を見れば、たった5秒で商品を理解できます。同社では新商品の写真を撮る際、広報に「ほかにどんな画像がほしいですか?」と確認してくれるのだそう。菊池さんは使用シーンや、どんなものがつくれるのか分かる写真を中心に、多めにリクエストするそうです。リリースには全部載せなくても、配信する際に素材として添付しておくと、特にウェブメディアでは重宝します。

この商品を使った場合と使わない場合とを比較した重量のグラフも掲載しています。**ポイント3**「おいしい」や「やわらかい」は主観なのでリリースには不向きですが、焼いたときの重量変化は水分が残っていることを客観的に示せるデータなので効果的です。

このデータは開発部がずっと意識してきたポイントだったそうで、こうしたグラフをひとつ入れることで、ストレスなく読むことができます。

東商記者クラブや付き合いのあるメディアに約100通配信したほか、ニュース配信サイトも利用。2019年1月15日に配信すると、25日には『日経MJ』に掲載。消費者からの問い合わせも予想以上に多く、29日に『ワールドビジネスサテライト』(テレビ東京)、2月4日に『ヒルナンデス!』(日本テレビ)、19日に『おはよう日本』(NHK)とテレビでの露出が相次ぎ、25日には早くも欠品のお詫びをホームページに掲載したほどです。

当初、製品のカラーは茶色だけでしたが白色も製造して増産体制を整え、ようやく再販売できるようになったのが2019年6月ごろ。その間に取材申し込みも殺到しましたが、断らざるを得ない状況でした。そこで役立ったのが、同じタイミングで発売したパン関連アイテムです。菊池さんは「代わりにこちらはいかがですか?」と勧めて掲載してもらうこともありました。

「ザクザク切れる 離乳食カッター」発売リリース

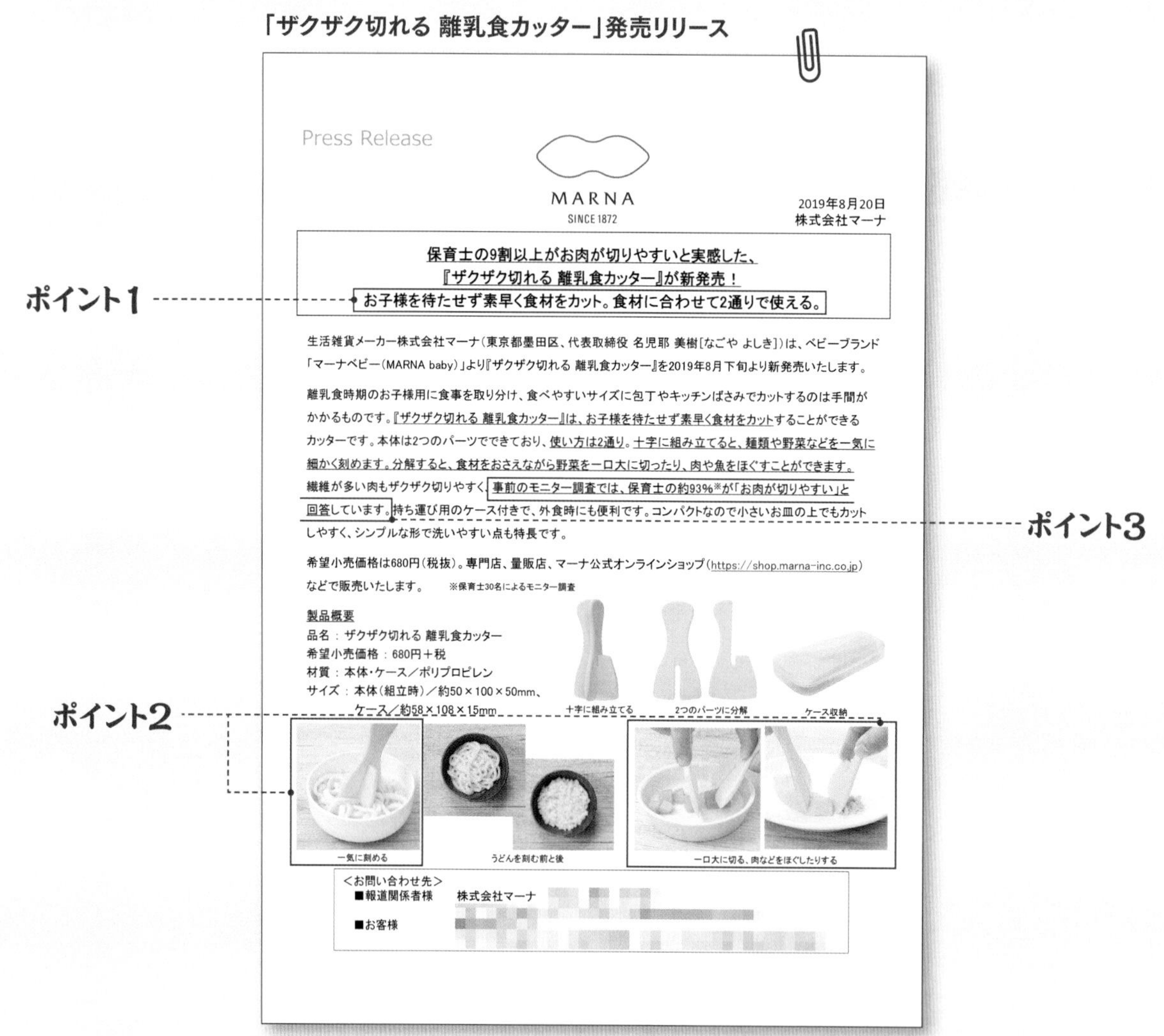

Press Release

MARNA
SINCE 1872

2019年8月20日
株式会社マーナ

保育士の9割以上がお肉が切りやすいと実感した、
『ザクザク切れる 離乳食カッター』が新発売!
お子様を待たせず素早く食材をカット。食材に合わせて2通りで使える。

生活雑貨メーカー株式会社マーナ(東京都墨田区、代表取締役 名児耶 美樹[なごや よしき])は、ベビーブランド「マーナベビー(MARNA baby)」より『ザクザク切れる 離乳食カッター』を2019年8月下旬より新発売いたします。

離乳食時期のお子様用に食事を取り分け、食べやすいサイズに包丁やキッチンばさみでカットするのは手間がかかるものです。『ザクザク切れる 離乳食カッター』は、お子様を待たせず素早く食材をカットすることができるカッターです。本体は2つのパーツでできており、使い方は2通り。十字に組み立てると、麺類や野菜などを一気に細かく刻めます。分解すると、食材をおさえながら野菜を一口大に切ったり、肉や魚をほぐすことができます。繊維が多い肉もザクザク切りやすく、事前のモニター調査では、保育士の約93%※が「お肉が切りやすい」と回答しています。持ち運び用のケース付きで、外食時にも便利です。コンパクトなので小さいお皿の上でもカットしやすく、シンプルな形で洗いやすい点も特長です。

希望小売価格は680円(税抜)。専門店、量販店、マーナ公式オンラインショップ(https://shop.marna-inc.co.jp)などで販売いたします。　※保育士30名によるモニター調査

製品概要
品名 : ザクザク切れる 離乳食カッター
希望小売価格 : 680円+税
材質 : 本体・ケース/ポリプロピレン
サイズ : 本体(組立時)/約50×100×50mm、ケース/約58×108×15mm

十字に組み立てる　2つのパーツに分解　ケース収納

一気に刻める　うどんを刻む前と後　一口大に切る、肉などをほぐしたりする

<お問い合わせ先>
■報道関係者様　株式会社マーナ
■お客様

その後、増産体制ができてから取材申し込みを受けていたメディアに再度連絡を取ったそうです。「待っていただいている間に情報の鮮度が落ちてしまうのではないかと心配しましたが、幸いパンブームも長期的に続いており、取材に来ていただけました」。

年間を通じて露出を獲得

9月からメディアへの露出が再開し、2020年2月までにテレビ21件、新聞9件、雑誌19件、ウェブ35件、ラジオ2件の計86件掲載されています。販売数も1年間で24万個に達し、ビッグヒットとなりました。

高価なスチーム機能つきトースターは躊躇しますが、1000円ちょっとでスチームを試せる手軽さが購買心を刺激したのでしょう。

ここまでに配信したのは新商品リリース1本だけ。それで1年間メディア露出が続いているのですから、極めて恵まれたケースといえるでしょう。

東急ハンズやロフトなどが「売れた商品」に挙げてくれたこともあり年末にも盛り上がりを見せ、『日経MJ』のヒット商品番付でも前頭に選抜。欠品で取材を断った期間があったものの、広報で上手にフォローできた功績も大きかったと思います。

同社のホームページを見ていて感じるのは、読み物の充実です。若手社員が自社製品を使って苦手なことに挑戦したり、ママ社員が製品の便利な使い方を伝授したりするのに加えて、開発者の秘話も見受けられます。

菊池さんが他業界の広報から3年前に転職してきた当時、開発者をあまりメディアに出さない傾向があったそうですが、「開発経緯が入ると記事にも厚みが出て、消費者の反響も大きい」と説得し、少しずつ社内の意識を変えていきました。

実際、ホームページの履歴を見ると、読み物への滞留時間が長く、読んでからオンラインショップで購入に到る消費者が多いそうです。

生活雑貨は真似しやすく、トーストスチーマーの類似商品もすでに他社から数種類出ているため情報を発信するタイミングには気を遣います。そんな中で同社の強みは「マーナらしい商品」だと菊池さんは話します。

「一般的なアイテムでも、マーナだからつけ加えられることを意識して商品開発をしています。女性の比率が高く、全員が生活雑貨の消費者なので、ちょっとした意識調査は社内でできるし、しょっちゅうアンケートも回ってきます。自分たちの感性が製品に反映されるのは社員としても嬉しいです」と菊池さん。そんなアットホームな社風が広報にも反映されています。

情報をひとつの商品に絞ったコンテンツ力ある発信がビッグヒットに結びつく

今回の教訓 “新発想”のキーワードを生み出そう

私がリリースのタイトルで推奨している言葉に「初」や「最」などがあります。「世界初」「日本初」「業界初」や「日本最大」「地域最多」などは、メディアが好んで取材したがるキーワードです。今回紹介した「トーストスチーマー」のリリースでは、これらに代わり「新発想」を使っています。広報担当の菊池さんによれば「これまでなかった商品ですが、“初”という言葉を使うのは勇気がいりました。何かいい言葉がないかと考えていたときに “新発想” という言葉が目につき、必要に応じて使っています」とのこと。

確かに「初」や「最」を使うときは、「※当社調べ」の注意書きが欠かせません。メディアも新発想という単語に価値を見出しているようで、非常に使い勝手のいい言葉だといえます。しかし、この記事を読んだからといって、すぐに “新発想” を流用するのではあまりにも安直すぎます。皆さんならではの、新しいキーワードを生み出してみてください。

[DATA]
企業名：株式会社マーナ
資本金：5000万円
所在地：東京都墨田区東駒形1-3-15
代表者：名児耶美樹
売上高：非公開
利益：非公開
従業員数：160人
沿革：1872年、初代名児耶寅松が新潟県長岡にて刷毛・刷子の製造を開始。1894年、東京・浅草に進出。1950年、法人設立。1968年、取り扱い商品を家庭用品全般に拡大。1983年、社名を現在の株式会社マーナに変更。
[広報戦略]
広報担当者は1人。2017年から広報を開始。2018年度は39本のリリースを配信し、年間で471件の掲載があった。今期の広報目標は「営業活動への貢献、認知度をあげてファンをつくること」。

*2020年6月号『広報会議』掲載（情報は取材当時のもの）

CASE 03

「世界一」「ギネス」が生む インパクトと信頼感でアプローチ

東洋「滑らない合格祈願キャッチャー」ほか

ギネス認定をうまく使えば
費用を超える効果あり。
ゲームセンターの話題だから
楽しく伝える姿勢も◎

ゲームセンターの中でも不動の人気を誇るクレーンゲーム。その多くは専門の景品業者が供給している中、「滑らない合格祈願キャッチャー」や「宝石キャッチャー」など異色の景品を自分たちで開拓し、テレビで話題となっているのが、ゲームセンター「エブリデイ」を展開する東洋です。

1987年に埼玉県北本市に創業した同社はアミューズメントのほか、リサイクルやITなど複数の事業を手がけてきました。娯楽の多様化で2011年には一度、クレーンゲームから撤退を余儀なくされましたが、代表取締役である中村秀夫さんの「100円玉ワンコインで楽しめること」に対する強いこだわりで、エブリデイ行田店を再開。20

2016年12月 発売リリース

1枚目

News Release

ギネス認定! クレーンゲーム台数 世界一のゲームセンター

2016/12/20
株式会社東洋

EVERYDAY UFO CATCHER AMUSEMENT　EVERYDAY UFO CATCHER AMUSEMENT　EVERYDAY UFO CATCHER AMUSEMENT

1

受験シーズン目前！ 受験生とその家族を応援!!
これで合格も掴みとれ！ 百発百中クレーンゲーム

滑らない！
「合格祈願キャッチャー」登場!!

2

↑滑らない合格祈願キャッチャーの写真

↑景品の画像

↑滑らない合格祈願キャッチャーのポスター

株式会社東洋（埼玉県北本市/代表取締役　中村秀夫）が経営する、1店舗当たりのクレーンゲーム設置台数が240台でギネス世界記録に認定されている「世界一のゲームセンター　エブリデイ行田店（埼玉県行田市）」は、12月17日（土）から、【滑らない合格祈願キャッチャー】を、登場させました。

滑らない合格祈願キャッチャーは、受験生と、受験生を抱える家族の方を応援するために設置したクレーンゲームです。アームと呼ばれる景品をつかむ部分の先端に、通常であればツメやネイルなどと呼ばれる金属製のパーツが付くところ、滑らない合格祈願キャッチャーは、ゴムが付いており、その名の通り、滑らないクレーンゲームとなっております。**景品は、縁起物として、広く親しまれている『ダルマ』のパッケージをしたトイレットペーパー**となっており、

3

①（トイレットペーパーなので水に） すぐとける ⇒ （問題が）すぐ解ける
②神に祈る ⇒ （紙）に祈る　（※トイレットペーパーなので『紙』）
③（トイレットペーパーは）拭く紙 ⇒ （福）（神）

など、合格祈願や縁起の良い言葉などが、色々とかかっており、**単に「景品を掴んで滑らない。」というだけのクレーンゲームとは一線を画しており**、登場した12月17日から早くも人気を博す台となっております。

滑らない合格祈願キャッチャーは、同店舗スタッフが実際にプレイした所、景品の中央の辺り（トイレットペーパーの一番太い辺り）を掴み、掴む場所さえクレーンの操作を誤らなければ、**百発百中で景品が獲得出来るクレーンゲーム**となっております。

UFO CATCHER AMUSEMENT　EVERYDAY UFO CATCHER AMUSEMENT　EVERYDAY UFO CATCHER AMUSEMENT　EVERYDAY UFO CATCHER AMUSEMENT

【ご連絡・お問い合わせはこちら】
会社名：株式会社東洋

＼ポイント1／

インパクトと信用力を訴求

「世界一のゲームセンター＝ギネス認定」という表現で、単なるゲームセンターでなく最高峰にあることを強調。メディアに取材のきっかけと安心感を与えている。

くすっと笑えるように文章を工夫している。

12年にはクレーンゲームの台数が世界で最も多い店舗としてギネス世界記録に認定（当時240台、現在は約350台に増加）されるなど、社長自らがPRに対する意識を高く持って営業を進めてきました。

それでも業界全体が右肩下がりの中、転機となったのが2014年4月に『月曜から夜ふかし』（日本テレビ）で紹介されたこと。当時、ゲームセンター部門の統括責任者だった緑川裕一さんが、藁をもつかむ思いで番組にメールをしたところ、「何もなさそうな埼玉にギネス記録のゲームセンターがある」と話題に。ゴールデンウィーク直前だったこともあり、「翌日は開業以来初めて駐車場が満車になりました」。このことでPRの重要性が認識され、緑川さんは後に広報・販促責任者に。現場を熟知しているため、現在も自身で新たな企画を考え、リリースを書いて配信までワンストップで実行しています。早い案件だと企画決定から1週間で配信するフットワークのよさです。

そんな緑川さんの最近のヒット作が「滑らない合格祈願キャッチャー」。景品は縁起物であるダルマをパッケージに描いたトイレットペーパーで、クレーンのアーム部分にゴムが付いており、つかむ場所さえ間違えなければ百発百中で取ることができます。当初はお守りを景品に考えましたが、さすがに神社の授与品をゲームの景品にするのは難しく、次に目をつけたのがこのトイレットペーパー。「水にすぐ溶ける→問題がすぐ解ける」「アームが滑らない→試験に滑らない」などのかけ言葉も利用してリリースを配信したところ、すぐに地元の情報サイト「そうだ埼玉.com」などに掲載され、順番待ちができるほどの人気ゲームになりました。

原価計算では百発百中で取られると赤字になってしまう設定で、気になるプレイ結果を見てみると、約3週間で1731回プレイされ、景品獲得数が871個と、約1.98回に1個の割合で獲得されています。「本当はもうちょっと出費を覚悟していたのですが、年末年始はライトユーザーの来店も多く、こういう結果になりました。ワンコインで楽しんでいただけることを大切にした

2017年1月 絶好調リリース

ポイント1

2枚目

EveryDay News Release

ギネス認定! クレーンゲーム台数 世界一のゲームセンター

2017/01/10
株式会社東洋

EVERYDAY UFO CATCHER AMUSEMENT　EVERYDAY UFO CATCHER AMUSEMENT　EVERYDAY UFO CATCHER AMUSEMENT

大学入試センター試験直前！受験生応援のための

滑らない合格祈願キャッチャー!!

～順番待ちの行列が出来る程の大人気クレーンゲーム～

受験生のみならず、ゲーム業界にも桜を咲かせる『明るいデータ』

↑滑らない合格祈願キャッチャーの写真

↑滑らない合格祈願キャッチャーのポスター

↑今年のお正月期間の店内の様子

株式会社東洋（埼玉県北本市/代表取締役　中村秀夫）が経営する、1店舗当たりのクレーンゲーム設置台数が240台でギネス世界記録に認定されている「世界一のゲームセンター　エブリデイ行田店（埼玉県行田市）」に、2016年12月17日（土）から登場した、【滑らない合格祈願キャッチャー】が、順番待ちが出来る程の大人気クレーンゲーム台となっております。

【滑らない合格祈願キャッチャー】は、受験生と、受験生を抱える家族の方を応援するために設置した、エブリデイ行田店オリジナルの面白クレーンゲームで、『アーム』と呼ばれる景品をつかむパーツ部分の先端に、すべり止めのゴムが付いており、その名の通り、滑らないクレーンゲームとなっております。

滑らない合格祈願キャッチャーは、2016年12月17日（土）の登場から、お正月期間が一段落した2017年1月9日の営業終了までの間、計871個の景品獲得されました。一方、871個の景品獲得に対し、同期間の、総プレイ回数は1731回にのぼり、約1．98回に1個の景品獲得割合というデータでした。

滑らない合格祈願キャッチャーは、景品の中央付近の太い辺りを掴み、掴む場所さえ誤らなければ、百発百中で景品獲得出来るクレーンゲームになっております。この為、クレーンゲームをやり慣れたプレイヤーであれば、1プレイ（1回）で景品1個獲得出来ますが、この『約1．98回のプレイで1個の景品獲得』というデータは、『年末年始の期間、普段クレーンゲームをやりなれないライトユーザーがクレーンゲームをやりにゲームセンターに足を運んだ。』というデータとも読み解けます。この【滑らない合格祈願キャッチャー】は、受験生に桜が咲くよう応援するのみならず、スマートフォン向けゲームの台頭や娯楽の多様化などで、年々ゲームセンター店舗数を減らし続けているアミューズメントゲーム業界にとっても、明るいニュースをもたらしてくれております。

UFO CATCHER AMUSEMENT　EVERYDAY UFO CATCHER AMUSEMENT　EVERYDAY UFO CATCHER AMUSEMENT　EVERYDAY UFO CATCHER AMUSEMENT

【ご連絡・お問い合わせはこちら】
会社名：株式会社東洋

ポイント2

構成は3点アイキャッチ方式

リリースを一目見て分かるよう、①タイトル、②3つのポイント（またはビジュアル）、③ビジュアル（またはポイント）と3つの視点で大まかな内容を理解させ、詳細に興味のある人は本文へ誘導する。

ポイント3

ひとつのネタで複数回の配信

機械の登場→好調（大人気）→記録達成と、ひとつのネタで複数回のリリースを配信し、粘り強く訴求している。

いのと、この機械単体では採算を考えておらず、これを目当てに来てほかの機械でも楽しんでいただくことを考えれば、たとえ赤字になっても構わなかったんです」。もともと店内に「クレーンゲームの達人」がいて、取り方を指導してくれるなどお客さんに優しい店舗なのです。

7年越しの企画が大ヒット

もうひとつ、同店史上に残るヒット企画が、なんとダイヤモンドやルビーなど本物の天然石が取れてしまう「宝石キャッチャー」です。企画したのは2015年当時、リサイクルショップ「エブリデイゴールドラッシュ」の統括マネージャーだった天沼慎五さん（現・営業部統括マネージャー）。1店舗の店長だった2008年にも同じ提案をしましたが、まだ権限がなく実現には至りませんでした。「店には指輪などに加工しないと値段が付かないような天然石も多数持ち込まれます。そのころは石の種類も分かりませんでしたが、宝石の勉強をすると種類や価値が分かるようになり、ぜひゲームにしたいと思いました」。そして7年間で集めた1万点以上の天然石をもとに、温めていた企画を実現したのです。

ゲームで本物の宝石が取れるというインパクトは絶大で、『中居正広の身になる図書館』『スーパーJチャンネル』（ともにテレビ朝日）、『ぶらり途中下車の旅』（日本テレビ）、『Nスタ』（TBSテレビ）など数多くの番組に取り上げられました。その結果、同店の機械でひと月あたりの最高売上である27万円を大幅に更新し、48万円を記録。我々の取材時点では設置から2年1カ月で4500万円を売り上げるメガヒットになっています。クレーンゲームの景品は入れ替わりが早く、2年も続くことは異例中の異例。さらにこの人気を見て海外で宝石を調達する景品業者が現れ、全国に類似キャッチャーが現れるという業界トレンドまで生み出したのです。けれども景品業者が用意できる天然石は10種類程度に限られ、80種類ほどを揃えているエブリデイには遠く及ばないようです。

「ギネス認定」という言葉の威力

ではそのヒットを生み出したリリースを見てみましょう。まず **ポイント1** レ

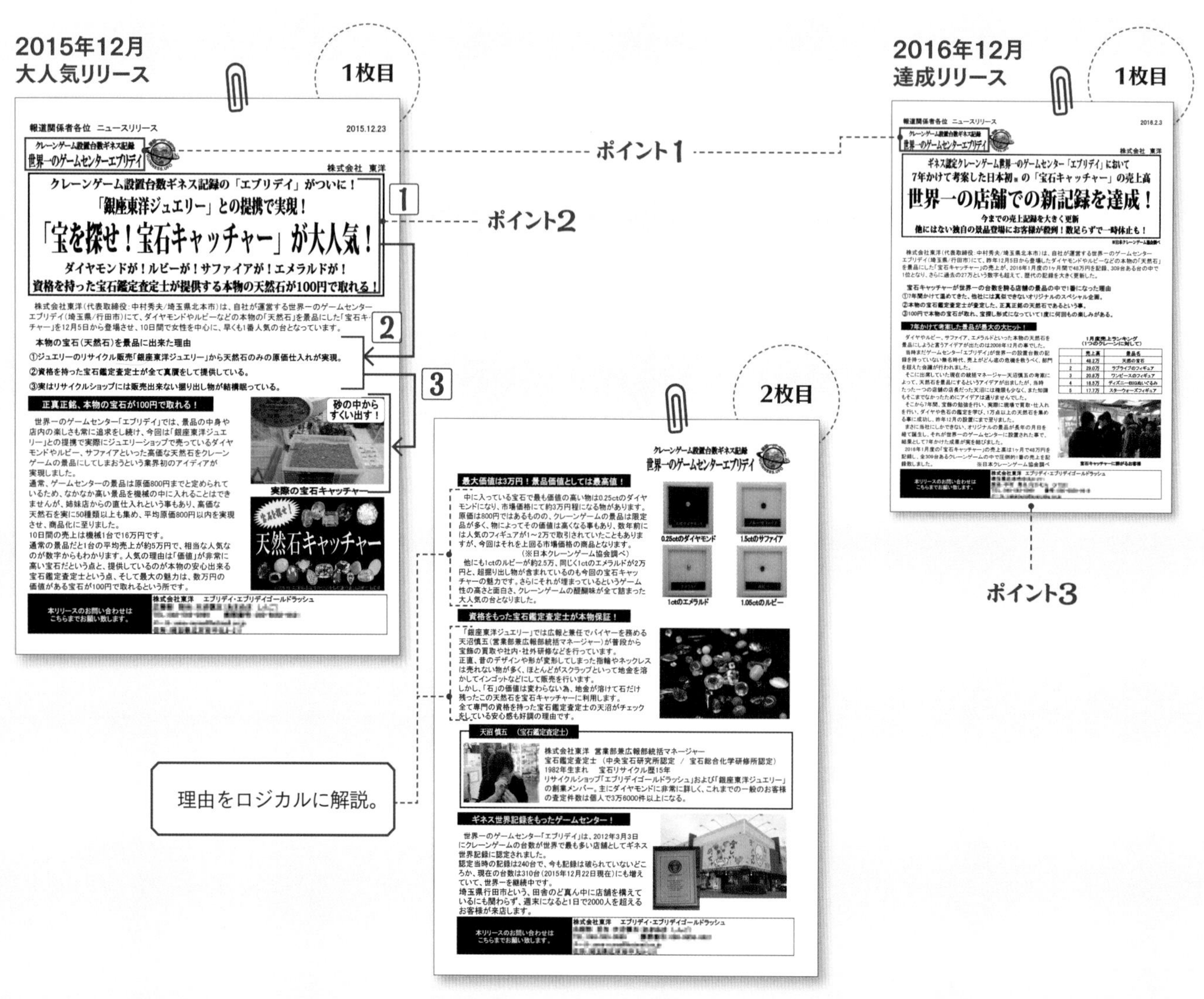

報道関係者各位　ニュースリリース　2015.12.23

クレーンゲーム設置台数ギネス記録
世界一のゲームセンターエブリデイ

株式会社　東洋

クレーンゲーム設置台数ギネス記録の「エブリデイ」がついに！
「銀座東洋ジュエリー」との提携で実現！
「宝を探せ！宝石キャッチャー」が大人気！
ダイヤモンドが！ルビーが！サファイアが！エメラルドが！
資格を持った宝石鑑定査定士が提供する本物の天然石が100円で取れる！

株式会社東洋（代表取締役：中村秀夫/埼玉県北本市）は、自社が運営する世界一のゲームセンターエブリデイ（埼玉県/行田市）にて、ダイヤモンドやルビーなどの本物の「天然石」を景品にした「宝石キャッチャー」を12月5日から登場させ、10日間で女性を中心に、早くも1番人気の台となっています。

本物の宝石（天然石）を景品に出来た理由
①ジュエリーのリサイクル販売「銀座東洋ジュエリー」から天然石のみの原価仕入れが実現。
②資格を持った宝石鑑定査定士が全て真贋をして提供している。
③実はリサイクルショップには販売出来ない掘り出し物が結構眠っている。

正真正銘、本物の宝石が100円で取れる！

世界一のゲームセンター「エブリデイ」では、景品の中身や店内の楽しさも常に追求をし続け、今回は「銀座東洋ジュエリー」との提携で実際にジュエリーショップで売っているダイヤモンドやルビー、サファイアといった高価な天然石をクレーンゲームの景品にしてしまおうという業界初のアイディアが実現しました。
通常、ゲームセンターの景品は原価800円までと定められているため、なかなか高い景品を機械の中に入れることはできませんが、姉妹店からの直仕入れという事もあり、高価な天然石を実に50種類以上も集め、平均原価800円以内を実現させ、商品化に至りました。
10日間の売上は機械1台で16万円です。
通常の景品だと1台の平均売上が約5万円で、相当な人気なのが数字からもわかります。人気の理由は「価値」が非常に高い宝石だという点と、提供しているのが本物の安心出来る宝石鑑定査定士という点、そして最大の魅力は、数万円の価値がある宝石が100円で取れるという所です。

砂の中から
すくい出す！

実際の宝石キャッチャー

天然石キャッチャー

本リリースのお問い合わせはこちらまでお願い致します。　株式会社東洋　エブリデイ・エブリデイゴールドラッシュ

クレーンゲーム設置台数ギネス記録
世界一のゲームセンターエブリデイ

最大価値は3万円！景品価値としては最高値！

中に入っている宝石で最も価値の高い物は0.25ctのダイヤモンドになり、市場価格にて約3万円程になる物があります。原価は800円ではあるものの、クレーンゲームの景品は限定品が多く、物によってその価値は高くなる事もあり、数年前には人気のフィギュアが1～2万で取引されていたこともありますが、今回はそれを上回る市場価格の商品となります。
（※日本クレーンゲーム協会調べ）
他にも1ctのルビーが約2.5万、同じく1ctのエメラルドが2万円と、超掘り出し物が含まれているのも今回の宝石キャッチャーの魅力です。さらにそれが埋まっているというゲーム性の高さと面白さ、クレーンゲームの醍醐味が全て詰まった大人気の台となりました。

0.25ctのダイヤモンド　1.5ctのサファイア　1ctのエメラルド　1.05ctのルビー

資格をもった宝石鑑定査定士が本物保証！

「銀座東洋ジュエリー」では広報と兼任でバイヤーを務める天沼慎五（営業部兼広報部統括マネージャー）が普段から宝飾の買取や社内・社外研修などを行っています。
正直、昔のデザインや形が変形してしまった指輪やネックレスは売れない物が多く、ほとんどがスクラップといって地金を溶かしてインゴットなどにして販売を行います。
しかし、「石」の価値は変わらない為、地金が溶けて石だけ残ったこの天然石を宝石キャッチャーに利用します。
全て専門の資格を持った宝石鑑定査定士の天沼がチェックをしている安心感も好調の理由です。

天沼 慎五　（宝石鑑定査定士）
株式会社東洋　営業部兼広報部統括マネージャー
宝石鑑定査定士　（中央宝石研究所認定　/　宝石総合化学研修所認定）
1982年生まれ　宝石リサイクル歴15年
リサイクルショップ「エブリデイゴールドラッシュ」および「銀座東洋ジュエリー」の創業メンバー。主にダイヤモンドに非常に詳しく、これまでの一般のお客様の査定件数は個人で3万6000件以上になる。

ギネス世界記録をもったゲームセンター！

世界一のゲームセンター「エブリデイ」は、2012年3月3日にクレーンゲームの台数が世界で最も多い店舗としてギネス世界記録に認定されました。
認定当時の記録は240台で、今も記録は破られていないどころか、現在の台数は310台（2015年12月22日現在）にも増えていて、世界一を継続中です。
埼玉県行田市という、田舎のど真ん中に店舗を構えているにも関わらず、週末になると1日で2000人を超えるお客様が来店します。

本リリースのお問い合わせはこちらまでお願い致します。　株式会社東洋　エブリデイ・エブリデイゴールドラッシュ

報道関係者各位　ニュースリリース　2016.2.3

クレーンゲーム設置台数ギネス記録
世界一のゲームセンターエブリデイ

株式会社　東洋

ギネス認定クレーンゲーム世界一のゲームセンター「エブリデイ」において
7年かけて考案した日本初※の「宝石キャッチャー」の売上高
世界一の店舗での新記録を達成！
今までの売上記録を大きく更新
他にはない独自の景品登場にお客様が殺到！数足らずで一時休止も！

※日本クレーンゲーム協会調べ

株式会社東洋（代表取締役：中村秀夫/埼玉県北本市）は、自社が運営する世界一のゲームセンターエブリデイ（埼玉県/行田市）にて、昨年12月5日から登場したダイヤモンドやルビーなどの本物の「天然石」を景品にした「宝石キャッチャー」の売上が、2016年1月度の1ヶ月間で48万円を記録、309台ある台の中で1位となり、さらに過去の27万という数字も超えて、歴代の記録を大きく更新した。

宝石キャッチャーが世界一の台数を誇る店舗の景品の中で1番になった理由
①7年間かけて温めてきた、他社には真似できないオリジナルのスペシャル企画。
②本物の宝石鑑定査定士が査定した、正真正銘の天然石であるという事。
③100円で本物の宝石が取れ、宝探し形式になっていて1度に何回もの楽しみがある。

7年かけて考案した景品が最大の大ヒット！

ダイヤやルビー、サファイア、エメラルドといった本物の天然石を景品にしようと言うアイデアが出たのは2008年12月の事でした。
当時まだゲームセンター「エブリデイ」が世界一の設置台数の記録を持っていない無名時代、売上がどん底の危機を救うべく、部門を超えた会議が行われました。
そこに出席していた現在の統括マネージャー天沼慎五の考案によって、天然石を景品にするというアイデアが出ましたが、当時たった一つの店舗の店長だった天沼には権限も少なく、また知識もそこまでなかったためにアイデアは通りませんでした。
そこから7年間、宝飾の勉強を行い、実際に現場で買取・仕入れを行い、ダイヤや色石の鑑定を学び、1万点以上の天然石を集める事に成功し、昨年12月の設置にまで至りました。
まさに当社にしかできない、オリジナルの景品が長年の月日を経て誕生し、それが世界一のゲームセンターに設置された事で、結果として7年かけた成果が実を結びました。
2016年1月度の「宝石キャッチャー」の売上高は1ヶ月で48万円を記録し、全309台あるクレーンゲームの中で圧倒的1番の売上を記録致しました。　※日本クレーンゲーム協会調べ

1月度売上ランキング
（1つのクレーンに対して）

	売上高	景品名
1	48.2万	天然の宝石
2	29.0万	ラブライブのフィギュア
3	20.8万	ワンピースのフィギュア
4	18.5万	ディズニーBIGぬいぐるみ
5	17.7万	スターウォーズフィギュア

宝石キャッチャーに群がるお客様

本リリースのお問い合わせはこちらまでお願い致します。　株式会社東洋　エブリデイ・エブリデイゴールドラッシュ

ターヘッドに「ギネス認定!」「世界一」の文字が躍って、インパクトと信用を与えています。以前も取り上げましたが、ギネス認定には想像以上に費用がかかります。しかしメディアの目を引きますし、もしゲームセンターのどこかを取材しようとなったら、確実に「ギネス認定」を持っている会社を選ぶでしょう。「ギネス認定」の文字にはそういう効果があるのです。正直、いまだゲームセンターにはネガティブなイメージを持っている人もいる中で、この「ギネス認定」は費用を補って余りある効果があります。

また、**ポイント2** どのリリースも、3点アイキャッチが効いています。タイトルや写真に加えて、ポイントを枠線で囲んだりすることで、その3点に自然と目が行き、リリースの概要が把握できます。緑川さんは学生のノートのように重点を枠で囲んだり、マーカーを引いたりするそうで、基本的すぎてあまりやらない企業が多い中で有効な手段です。「ゲームセンターのことをあまり硬く伝えても仕方がないので」と、文章にユーモアがあるのもいいところ。

新商品は1回リリースを出して終わることが多いですが、**ポイント3** 好調なときは進んで達成リリースも出しましょう。メディアが最初のリリースで取り上げようと思っていても、別のネタが入って弾き出されてしまうことはよくあります。もう一度届けば復活する可能性は高まりますし、1回目で迷っていたメディアにはダメ押しになるからです。

もちろん1回だけの露出では数日間のブームで終わってしまいますが、同社の場合、ほぼ月替わりで新しいクレーンゲームのリリースを配信しており、その積み重ねで今のポジションを築いています。元来、ゲームセンターは通りすがりに入るもので、特定の店舗を目指して行くようなものではありませんでした。けれどもエブリデイ行田店には、夏休みなどには駐車場に北から南まで全国のナンバープレートが並びます。YouTubeを見て海外からやって来るファンもいるそうです。「ここだけにしかない」という差別化を上手に情報発信していることが勝利の鍵といえそうです。

通いつめるお客さんも多く、パートをしながら月に20万円分のクレーンゲームを楽しむ70代の女性も。ご主人を亡くしてふさぎ込んでいるときに息子さん夫婦に誘われ、景品が取れたことで明るさを取り戻せたそう。「きっとここに来ることが生きがいになっているのでしょうね」と言います。緑川さんも「最近やっと、クレーンゲームのテーマパークだと認識してもらえるようになってきました」と話しており、今後も業界全体のイメージアップを含めて、奮闘してくれそうです。

今回の教訓 アプローチ先を吟味し効果アップ

クレーンゲームは、動いて景品が取れるところを見てもらえる映像向きの素材です。中でも『月曜から夜ふかし』をはじめとする深夜番組との相性が抜群で、おもしろいことにゴールデンタイムに取り上げられるよりも売上に直結するといいます。これは、視聴者層とゲームセンターに行く層がぴったりマッチしているからで、制作サイドもゴールデンタイムより内容面で冒険をするので、ゲームセンターなどの遊興施設も積極的に取り上げる傾向があります。また、広報担当者は一度取り上げてもらえると次も同じメディアをあてにしがちですが、緑川さんは記者クラブに配信にいくとき、「前回はA社に載せてもらったので、今回はまだ付き合いのないB社に」などアプローチ先を変えてアタックするそうです。メディアとしては続けて同じ会社を取り上げるのは難しい面もあるので、理に適っています。アプローチ先を吟味することで効果も変わります。

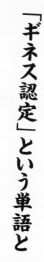

「ギネス認定」という単語と“ここにしかない”という差別化が露出拡大と集客に直結

[DATA]
企業名：株式会社東洋
資本金：9670万円
所在地：埼玉県北本市中丸9丁目211番地
代表者：取締役社長　中村秀夫
売上高：15億6500万円（2016年度）
純利益：非公開
従業員数：107人（2017年4月末現在）
沿革：1987年創業。1990年に家電ディスカウント店を開店。1992年にクレーンゲームを導入。2001年ごろよりクレーンゲーム専門店を開店。一時撤退を経て、2011年に行田店、2014年に太田店を再開。
[広報戦略]
広報人員は3人。元カメラマンも採用しており、今後はYouTubeなどにも力を入れていく予定。年間のリリースの配信数は30～50件。専門用語を使わず、誰にでも分かりやすい表現を心がけている。

*2018年5月号『広報会議』掲載（情報は取材当時のもの）

CASE 04

「日本初上陸ブランド」を前面に押し出しアピール

ウエニ貿易「スピニカー」

最優先メディアを絞り込んで
重点アタック。
密なコミュニケーションが
成果につながっている！

ウエニ貿易は、事業部ごとに広報担当者がおり、それぞれ広報のやり方もまったく異なります。コスメティック事業部はブランドマネージャーがブランディング施策の合間に頑張っていますが、今回の時計事業部は質の高いリリースが武器になっています。

同事業部はドイツの「ツェッペリン」やイギリスの「ヘンリーロンドン」など、世界的に人気の時計ブランドの日本総代理店を務めるほか、「エンジェルハート」や「ペッレモルビダ」などオリジナルブランドも手がけています。そして2019年10月に日本で初めて販売したのが、イタリア発の人気ブランド「スピニカー」です。

腕時計の世界では数年ごとにトレンドがあり、現在はリバイバル風なデザ

1枚目

UENI TRADING CO.,LTD.
News Release
Spinnaker

2019年9月17日
告知解禁日：2019年9月25日

世界流行中のイタリア発カジュアルシティダイバー時計ブランド
“スピニカー(SPINNAKER)”、日本に10月1日(火)初上陸！
これから日本で大ブレイク必至のヴィンテージ×ダイバーの最新トレンドデザイン!!

『ヴェルサーチェウォッチ』『ツェッペリン』『ヘンリーロンドン』の日本総代理店を務める株式会社ウエニ貿易（本社：東京都台東区、代表取締役社長:宮上光弘）は、イタリア発の腕時計ブランド『スピニカー（SPINNAKER）』を、10月1日(火)から日本で初めて正規輸入発売します。

日本上陸　企画意図

カジュアル時計市場に求められる新ジャンル。
“ヴィンテージデザイン”×“ダイバーズデザイン”が融合したコストパフォーマンスの高い時計を、いち早く日本へ導入。

時計事業部
統括部長
時計プロデューサー
進藤昭宏

ウエニ貿易が2016年から日本総代理店を務めるイギリスの時計ブランド『ヘンリーロンドン』は、毎年120%以上の推移で成長を続けています。これは、ヴィンテージルックな時計を求められている事を意味します。そして今、高額時計市場では世界的にダイバーズ時計が流行しています。その流れを受けてカジュアルに要素を持ち込み参入し、成功するメーカーが表面化してきました。その代表的なブランドが、『スピニカー』です。私たちウエニ貿易は時代に求められる『ヴィンテージ×カジュアルシティダイバー』というジャンルをトレンドリーダーとして日本へ導入し、新たなライフスタイルを提案します。

発売概要

■ブランド名：SPINNAKER（スピニカー）
■価格帯：3万円台
■特徴：①機械式 ②ヴィンテージデザイン ③ダイバーズデザイン
■ジャンル：カジュアルシティダイバー ウォッチ
■発売日：2019年10月1日（火）
■日本総輸入代理店・発売会社：ウエニ貿易
■販売場所：全国の時計売場・セレクトショップ
■公式サイト：www.spinnaker-watches.jp/　※9月25日公開予定

『スピニカー』ブランドの特徴

1 世界で大注目！カジュアルでデザイン性の高いヴィンテージダイバーズ時計

世界的なブームを巻き起こす『ダイバーズ時計ブーム』と『ヴィンテージ時計ブーム』。両ブームの要素を取り入れた味のあるフォルムが人気を集め、スピニカーは世界で注目され、2019年には日本、ドイツ、台湾、韓国でも販売が開始されます。

2 10万円以上の価格が多い中、3万円台で楽しめる、手頃で豪華仕様の自動巻ダイバーズ

自動巻きで蓄光を完備した本格時計でありながら3万円台を維持。手頃に楽しめるシティ派カジュアルウォッチとして、30~40代に向けて展開します。
■自動巻き（日本製駆動装置）
■蓄光（スーパールミノバ）
■ねじこみリューズ

3 ありそうで珍しい！ウォータープルーフ加工の特殊な革ベルト

時計本体に18～20気圧防水の耐水性を持たせるだけでなく、腕時計としてはめずらしく革ベルトにもウォータープルーフ加工を施しています。長時間には推奨していませんが、シャワー等の接触においては使用が可能。こだわりが込められています。

プレスリリースに関するお問い合わせ
株式会社ウエニ貿易

＼ポイント1／

責任ある立場の人から導入意図を伝える

時計事業部の統括部長が専門家として初上陸の意図を語ることで説得力を高めた。本文最上段の目立つ場所で一目で分かるように訴求。

1枚目の中で、ビジュアルと文章を駆使して3つのポイントにまとめているのも特徴。

インで機能性にも富んだヴィンテージダイバーズウォッチが人気。中でも世界的にブームなのが、このスピニカーなのです。

ダイバーズウォッチはこれまで、スイスのメーカーの機械式駆動装置を搭載した１台20～30万円という高価なものが主流でした。しかし、他国製の駆動装置が普及し、５万円以下で購入できるようになったことも人気の理由のひとつです。

時計事業部では2019年７月ごろにメーカーからスピニカーを提案されました。社内で高評価だったのに加え、セレクトショップでのヒアリングも非常に好感触だったため８月に導入を決定。10月１日を発売日とし、９月17日にはリリース配信という早業でした。

マーケティング&コミュニケーションズスーパーバイザーでPRなどを担当する中田俊介さんらは、公式サイトと同時進行でリリースづくりを進めました。時計事業部の広報担当はコスメのように営業戦略までは担当しないものの、広告や販促、ホームページなどと合わせて業務を遂行しています。

苦労したのは情報収集です。先方から届いた資料が十分ではないため、提供してほしい情報や画像をリクエストする必要がありました。海外企業だと何度もやり取りができないため、求める回答をスムーズに得られるように広報と貿易部、営業とで内容を検討してから質問集を送ったといいます。

特に求めたのは、スピニカーというブランドが持つ特性や歴史、日本でも人気を呼びそうだというポテンシャルが伝わる事実などです。

「日本初上陸ブランド」を柱に

そうして集めた素材を駆使してできたのが今回のリリースです。最大のセールスポイントは「日本初上陸」であり、その理由や狙いが最も大切な要素となります。**ポイント1** それを時計事業部の統括部長という責任ある人物の言葉でまとめています。社内とはいえ時計の専門家ですから説得力がありますし、顔が出ることで親近感も湧きます。

ポイント2 そして２枚目を丸々使い、ブランドについて詳しく解説しています。伝えるべき要素はたくさんありますが、全部入れると煩雑になりがちです。そこで、「コンセプト」「名称」「変

ブランド概要

『スピニカー』は、**「海を越え、海と生きる時計」**をコンセプトに、**ヨットやフリーダイビング等の海のスポーツに関わる人々の腕時計としてデザインされました。**

ブランド名の『スピニカー』の由来は、ヨットのマストの前方にはり、追い風の時に使用する半球形の大きな帆。
人間を海へ駆り立てる"アドベンチャー精神"を表すために、ブランド名に採用しました。
これにより、人が舵を取り、航海していくことをシンボル化しています。スピニカーのイラストはロゴにも表現され、駆動装置のローターにもしっかりとその優雅なイメージを刻んでいます。

『スピニカー』は2016年にヴィンテージコレクションを発表し、2018年にはパリで最も有名なデパートとされる『ギャラリー・ラファイエット』で販売を開始し、多くの名声を集めました。

さらに、2019年に広まった「ヴィンテージデザインブーム」と「ダイバーズデザインブーム」を背景にその名は更に広がり、現在ではイタリア・イギリス、フランス、アメリカ、香港で展開。年間4万本以上を販売する人気ブランドに成長しました。

*そして10月1日(火)、世界が注目する腕時計『スピニカー』は**日本に初上陸**し、日本全国の**セレクトショットップ**や**時計売場**で販売開始します。*

【ヴィンテージデザインとは】
「ヴィンテージデザイン」の時計とは、昔の時計のデザインを踏襲した時計です。実際には新品ですが、使い込んだような味のあるデザインと風貌が魅力。最近では「ヴィンテージ顔」「レトロデザイン」として親しまれ、老若男女に人気を博してます。

×

【ダイバーズデザインとは】
「ダイバーズ時計」は、潜水をする用途のために開発された時計。最近では操作性を高める水中時間を測る回転ベゼル「●▲■」等で構成された視野性を高める大きな蓄光の目盛の要素を取り入れた、ダイバーズデザインの時計が人気を博しています。

【ヒットの要因】
①2019年、高額時計市場で各社がヴィンテージ・ダイバーズを多数発表。
②シンプル薄型の時計トレンドからの反動
＝腕時計の多機能が伝わる玄人っぽさが人気に

➡ ***カジュアルなヴィンテージ×ダイバーズデザイン時計を導入***

『スピニカー』名前の由来

「SPINNAKER＝追い風を操るヨットの帆」
ヨットのメインセイルの前に張り、追い風の時に使用する三角形の帆です。
人間を海へ駆り立てるアドベンチャー精神を表すために、ブランドの名前として採用しました。これにより、人が舵を取り航海していくことをシンボル化しました。

スピニカー（スピネイカー）

メーカーがヨットやダイビングに情熱をかける理由

ヨットは、人間が海を制するための試みとして生まれたものです。
人間が抱く、冒険に対する純粋な欲求を表現したものであり、
機械ではなく風という自然の動力を利用する点に魅力を感じます。
一方でダイビングは人間が海を理解するために培った技術であり、
その技術のおかげで、私たちは海の素晴らしい自然に感謝することができるのです。

年表

2014	**-イタリアとUKで発売開始**
2017	-ヨット49erクラスの公式計時として発表 -ヴィンテージコレクションを発表 -DUMAS の初期モデルを発売 -バーゼルワールドに出展 -USのセレクトショップで販売開始 -BRADNERの初期モデルを発表 -ブランドの露出が増える
2018	-フランスで販売開始 -パリのGaleries Lafayetteで販売開始
2019	**-日本初上陸**

49er
OFFICIAL TIMEKEEPING PARTNER 2017

49erとは？
49erは 海のF1と言われる、
五輪種目最速のハイスピードヨットです。
シドニー五輪でオリンピック種目として採用。

プレスリリースに関するお問い合わせ
株式会社ウエニ貿易

＼ポイント2／

1ページを使ってブランドを十分に解説

２枚目を丸々１ページ使ってブランドを説明。しかも、メディアが関心を持つ「コンセプト」「名称の由来」「変遷」の３点に絞り、簡潔にまとめている。

遷」というメディアが関心を持ち、記事が書きやすくなる点に絞っています。

ポイント3 また、時計などのメカニックな製品では、リリース1枚目にスペックを載せるのが慣例ですが、それを3枚目に回しています。

時計マニアだけが対象なら1枚目でもいいかもしれませんが、幅広いメディアや消費者には「世界的に人気のあるブランドが日本初上陸」という切り口が最も響くので、それを前面に押し出すべきなのです。

9月17日の配信に対し、「告知解禁日」を9月25日に設定している点も目に留まります。これは機密事案や芸能関係の発表時によくある手法で、情報が世に出るタイミングをコントロールする働きがあります。

今回は25日から消費者の目に触れるまでに、公式サイトなどの受け皿を万全に整えるための猶予期間を設けています。また、25日に一斉に世間の目に触れることで露出のピークをつくる狙いもあります。ニュース配信サイトやウェブメディアの場合、配信すると即日掲載されるため、「すでにウェブに載っているならウチには載せない」という媒体もあることから、今後も情報解禁日をコントロールする企業が増えていくかもしれません。

最優先メディアを決める

リリース自体よくできていますが、特筆すべきはメディアへのアプローチ方法です。中田さんは500ほどのメディアに配信する中で、掲載したいメディアを「新聞」「時計」「モノ」「ファッション」「カルチャー（ヨット）」とカテゴリーで分け、それぞれ最優先メディアを決めて重点的にあたっていきました。その結果、「目標としていたメディアはすべて掲載いただけた」と言います。

新聞の経済記事では『日経MJ』と「日経電子版」の掲載に成功。時計の専門メディアは「Watch LIFE NEWS」（シーズ・ファクトリー）というサイトに重点を置きました。同サイトは「Yahoo！ JAPAN」と提携しており、時計ファンと一般消費者の両方にアピールできるからです。モノ関連のメディアは紙もウェブも多数ありますが、「&GP」（徳間書店）というサイトを選びました。こちらは「SmartNews」と

3枚目

代表商品のご案内

BRADNER（ブラッドナー）

蓄光機能を備えた『コンプレッサー※』。インナーベゼルが回転する、ヴィンテージスタイルのスピニカー代表モデル

信頼性の高い **日本製自動巻駆動装置**

内部のベゼルが回る **コンプレッサーケースとインナーベゼル**

強度が高く、傷つきにくい **サファイアガラス**

水濡れも安心 **18気圧防水**

ウォータープルーフレザーストラップ

暗闇でもよく見える蓄光 **スーパールミノバ**

日本人の腕元に愛される **42mm径サイズ**

1960年代のコンプレッサーダイバーズへのオマージュとして制作したい意図から開発。コンプレッサースタイルに蓄光機能を加え、ビンテージスタイルに現代的なデザインを取り入れた逸品です。

SP-5062-01 ¥32,000+税　SP-5062-03 ¥32,000+税　SP-5062-04 ¥32,000+税

※『コンプレッサー』ケースとは

回転式スケールをガラスの内側に設け、2時位置のリューズで操作する仕様。1950~1960年頃にブームになり、ダイバーズ時計の礎を築きました。現代では珍しい仕様です。

【画像URL】
https://drive.google.com/open?id=1bEyfSHrqNQ2XUjqBYI4XQD5w8vvs9vtW

インナーベゼルが回転するギミックは愛好家納得の面白さ!!

株式会社ウエニ貿易

時計、ファッション雑貨、フレグランス等のブランドを取り扱う専門商社です。海外ブランド品の輸入卸において業界ナンバーワンのシェア（※）を持っています。

輸入卸として培ってきた実績とノウハウを礎に、日本正規代理店・オリジナルブランドの事業を拡大。ヴェルサーチェウォッチやヘンリーロンドンの日本総代理店を務める一方、メーカーとしてエンジェルクローバーやペッレ モルビダを開発する等、幅広いビジネスモデルで多数のブランドを展開しています。

※当社調べ

プレスリリースに関するお問い合わせ　株式会社ウエニ貿易

＼ポイント3／

規格などの概要は3枚目に配置

「上陸」の切り口で訴求しているため、狙いやブランド全体像をメインでアピール。それ以上のことを知りたいメディアに向けて、スペックを3枚目で知らせている。

連携しており、今までも大きな反響があったからです。

最近はこのように、大手サイトに情報を提供している専門サイトを狙うのが効果的な方法で、スピニカーは別々のメディアから合計4回も「Yahoo!ニュース」に転載されたそうです。

ファッションは『WWD JAPAN』(INFASパブリケーションズ)という週刊業界情報紙とウェブサイト。世界中のトレンドを集約しながら発信しており、ファッション関係者で読んでいない人はいないといわれるほど影響力のある媒体だといいます。

中田さんは約1カ月にわたって消費動向や時計のスペック、ムーブメント(時計の動力となる駆動装置)の生産国など、詳細まで取材に応じ、海外の情報や市場のトレンドなども含めてやり取りを続けました。密なコミュニケーションの結果、2020年の春夏トレンド号で丸々1ページにわたる大きな写真と記事の掲載につながりました。

紙面とウェブサイトに載ったことで多くの人から「見たよ」と言われるだけでなく商品が売れたり、新しい取材の機会が生まれたりしたそうです。

カルチャーの視点からは、「ヨット」の切り口で情報を整理しました。ブランド名の「スピニカー」は追い風を操るヨットの帆を表しており、ブランドにも帆のマークが入ったロゴを使っています。さらに、ヨットの49erクラスの公式時計でもあり、ヨットファンには響くキーワード。ヨット好きの社員から情報を得て『Kazi』(舵社)という専門誌に紹介したところ、編集部も興味を持ち、快く取り上げてもらいました。こうして、全方位での掲載が成功したのです。

中田さんはメディアに掲載されるたび、セールスシートという速報資料を作成し、営業や販売員に配布することで販売促進につなげています。こうした地道な活動の結果、自社ECサイトだけでも1週間で100本、1カ月で200本の売れ行きを達成。この価格帯の時計としては驚異的な数字です。

同事業部にはメーカーはもちろん、売り場の販売員やバイヤーなど、腕時計業界全体の情報が入ってくるのが強みです。スマホが普及した現在、若者や女性を中心に腕時計離れが起きていますが、同事業部は今後、この強みを活かして腕時計業界のリーディングカンパニーになっていくのが目標だといいます。日本には大手腕時計メーカーはいくつかありますが、腕時計のファッション文化について発信している企業は少ないようなので、今後の展開に期待したいと思います。

掲載メディアの狙いを定め重点的にあたることで届けたい層にアプローチ

今回の教訓 自ら高い目標を設定しよう!

今回取材した中田さんは元ジャーナリスト志望で、文章やコピーの勉強をしたこともあるそう。そのため「ジャーナリストの味方」を自認し、「記者の方が記事を書きやすいようにリリースを書き、情報を提供しながらよい記事を一緒につくっていきたい」と話しています。

そんな中田さんが、個人的に目標にしていたのがステータスのあるファッション業界情報紙『WWD JAPAN』のトレンド特集でした。高い目標を抱くことは広報担当者にとって大きなモチベーションになります。

私も横濱カレーミュージアムでプロデューサーをしていたころは、「毎週必ず『横浜ウォーカー』と『東京ウォーカー』に記事を載せる」ことを目標にしていました。そのおかげで毎週リリースを配信し続けることができたのです。皆さんも自分が掲載したいと思う目標の媒体をつくり、一つひとつクリアしてみてはいかがでしょうか。

[DATA]
企業名：ウエニ貿易グループ
資本金：8800万円
所在地：東京都台東区池之端1-6-17
代表者：代表取締役社長　宮上光弘
売上高：482億円（2019年8月期）
利益：非公開
従業員数：297人（2019年8月現在）
沿革：1950年、上野で創業。1989年、株式会社ウエニ貿易を浅草に設立。1999年、全部署を現在地に移転。

[広報戦略]
時計事業部の広報担当者は6人。2004年からメディアに商品を貸し出すアタッシュドプレスを行っていたが、戦略広報を始めたのは2017年から。広報の基本方針は「語れる時計」。腕時計が持つ“ファッション”“家電”“ブランドのロマン”という多角的な観点から、最新情報を詳しく伝えている。

＊2020年4月号『広報会議』掲載（情報は取材当時のもの）

CASE 05

タピオカブームの火付け役が銀座店オープンを堂々謳う

春水堂「春水堂 銀座店」

**タピオカ店が乱立していても、
業界を代表する企業だと
思ってもらえれば、
メディアは取材にやってくる！**

街で行列を見かけると、まずタピオカドリンクと思って間違いないほどの盛り上がりを見せている「タピオカミルクティー」。

今回は、そんなタピオカブームの火付け役ともいえる「春水堂（チュンスイタン）」のリリースに注目します。

タピオカミルクティー発祥の地は台湾。ついタピオカばかりに目が行ってしまいがちですが、メインはお茶なのです。春水堂の創業は1983年。温かいお茶を提供する台湾カフェとして誕生したものの、台湾では若者のお茶離れが進んでいました。そこで若者にもウケるような、冷たくて甘いアレンジティーを開発する中で生まれたのがタピオカミルクティーなのです。

これが人気を呼び、台湾全土で現在

1枚目

春水堂

報道関係者各位

2019年6月13日
株式会社オアシスティーラウンジ

タピオカミルクティー発祥の台湾カフェ「春水堂」日本上陸6周年

7/2(火)銀座の中心に旗艦店『春水堂 銀座店』をオープン

大人も#タピる！"銀座のタピオカミルクティー"誕生

株式会社オアシスティーラウンジ(東京都港区、代表取締役　木川瑞季)が運営する台湾カフェ「春水堂(チュンスイタン)」は、2019年7月2日(火)に、旗艦店となる『春水堂 銀座店』をオープンいたします。また、銀座店限定のドリンク『"銀座のタピオカミルクティー" タピオカ白桃鉄観音ミルクティー』を新発売いたします。オープン初日には先着300名様に記念オリジナルラバーコースターをプレゼントいたします。

▼タピオカミルクティー発祥の店「春水堂」日本上陸6周年を記念し、銀座の中心に旗艦店をオープン

「#タピる」「#タピ活」など新たなトレンドワードを生み出し、根強い人気の「タピオカ」。現在のタピオカブームの火付け役とも言える「春水堂」は1983年に台湾で創業した台湾カフェです。タピオカミルクティー発祥の店として人気を博し、台湾全土で50店舗を展開しております。2013年7月には春水堂の初の海外展開となる日本の代官山店がオープンし、台湾産の茶葉を使用し、品質にこだわった上質なドリンクやスイーツは、日本各地で愛されてきました。タピオカのみならず、"台湾ブーム"の先駆け的存在である春水堂が、この度日本上陸6周年を記念し旗艦店となる『春水堂 銀座店』を7月2日（火）にオープンいたします。

この度、銀座店がオープンする商業施設「GINZA PLACE（銀座プレイス）」は、銀座中央通りと晴海通りが交差する銀座の中心「銀座四丁目交差点」に面し、地下1階の店舗へは東京メトロ銀座駅A4出口の接続通路に直結します。店内は台湾春水堂に倣い、本物の木や石など自然素材を贅沢に使用し、アジアンモダンなインテリアの30席で、ゆったりとおくつろぎいただけます。また、銀座名物歩行者天国のお共にぴったり、もちもちのタピオカドリンクをテイクアウトでも提供させていただきます。

▼大人も#タピる！？銀座店限定『銀座のタピオカミルクティー』

この度、銀座店限定として新発売する『"銀座のタピオカミルクティー" タピオカ白桃鉄観音ミルクティー』は、台湾産の鉄観音を使用したミルクティーに、香りさわやかな白桃果汁や果実を贅沢使用。白桃と手作りのきび砂糖シロップがバランス良く鉄観音の香ばしさを引き立てる、上品に仕上げたミルクティー。たっぷりクリームと桃の果実のトッピングは、まさに銀座にふさわしい豪華バージョンです。

本件に関するお問い合わせ窓口：

＼ポイント1／

メディアが注目するワードをタイトルに配置

「6周年」「銀座」「旗艦店」「タピオカミルクティー」など、新規店舗に対してメディアが注目しそうなキーワードを、タイトルに散りばめて訴求している。

52店舗を展開。「台湾茶の救世主」とも呼ばれるほどの存在になっています。日本では15年ほど前にも一度、タピオカブームがありましたが、そのときは、ごく短期的なブームで終わってしまいました。

春水堂が日本に初出店したのは2013年の代官山店。当時は3時間待ちの行列ができたといいますが、並んだのは新しいものに敏感なごく一部の人たちだと思います。

それが広まったきっかけは、「2015年にLCCで台湾便が増えた影響が大きい」と、日本で春水堂を運営するオアシスティーラウンジの経営企画部広報マネージャー・工藤芽生さん。

現地を訪れておいしいタピオカミルクティーを飲み、日本でも味わいたいと思う人が増えたこと。そして皆さんもご存じの通り、SNSの台頭。“インスタ映え”を探し求める若者（特に女性）にとって、タピオカミルクティーは格好の対象でした。

じわじわと来ていた人気が一気に爆発したのが2017〜18年のこと。様々なタピオカミルクティーの店が誕生したばかりでなく、ファミリーレストランやカフェでも提供していて、今はまさにカオスの状態です。

この一大ブームは春水堂にとっても勝負の時期。現在ティースタンドも含めて22店舗に増え（2019年11月現在）、それぞれ店舗をつくりこみながら出店攻勢をかけているところです。そんな中、満を持して7月2日にオープンしたのが、今回取り上げる銀座店。同社では旗艦店と位置づけています。

取材で訪ねた銀座店は、GINZA PLACEという商業ビルで銀座四丁目交差点の地下という超一等地。よくこんな場所にテナントが出せたなと驚く立地で、会社の勢いがうかがえます。

店内も本物の木や石などの自然素材を贅沢に使用したアジアンモダンの洒落た雰囲気で、落ち着いてティータイムが楽しめます。店内に飾った花もすべて店員が自らの手で生けたもの。つまり女子高生を中心に行列をなしている一般的なタピオカ店とは異なったイメージなのです。

春水堂では新店をオープンするたびに、その店限定のメニューを販売しており、銀座店は白桃果汁と桃をぜいたくに使った「タピオカ白桃鉄観音ミル

2枚目

春水堂

▼こだわりのお茶ドリンクや台湾フードが勢揃い

春水堂のドリンクは無添加・香料不使用、認定を受けた『お茶マイスター』のみが作ることができます。注文ごとに淹れるドリンクは、フレッシュで自然な素材の美味しさが堪能できます。香り高いお茶ともちもちのタピオカのハーモニーが絶妙な『タピオカミルクティー』のほか、鉄観音ラテやタピオカ抹茶ミルクなど30種類以上のお茶ドリンク、台湾スイーツの『豆花（トウファ）』、ローカルフード『牛肉麺』などの台湾ヌードル・点心が勢揃いしており、ランチやディナーもお楽しみいただけます。

新発売フード＆ドリンクのご紹介

（左）『“銀座のタピオカミルクティー”タピオカ白桃鉄観音ミルクティー』750円（税抜）
鉄観音を使用したミルクティーに、香りさわやかな白桃果汁や果実を贅沢使用した銀座限定ドリンク。白桃と手作りのきび砂糖シロップがバランス良く鉄観音の香ばしさを引き立てる上品に仕上げたミルクティー。銀座にふさわしい、たっぷりクリームと桃の果実の豪華トッピング。＊銀座店限定・通年販売

（右）「タピオカ白桃ミルクティー」650円（税抜）
白桃の風味が豊かな紅茶ベースのミルクティーに、たっぷりのクリームと白桃の果実のトッピング。
＊全店舗、夏季限定販売

（左）『温玉豆乳チーズ涼麺』850円（税抜）
マイルドな豆乳とチーズのコクが効いたソースに、特製の肉味噌や半熟温玉をからめながら味変も楽しめる涼麺。トマトやたっぷりのかいわれで野菜も満足な一品。

（右）『夏野菜とシラスの涼麺』800円（税抜）
鶏のうま味が詰まったあっさり鶏白湯スープに、彩り豊かな夏野菜のトマトやオクラ、かいわれなど贅沢に乗せた野菜がサラダ感覚で頂ける涼麺。シラスの塩味と食べる直前にかけるレモンがさっぱりと、暑い夏に食欲をそそります。

本件に関するお問い合わせ窓口：

ポイント2

ブームの牽引役であることを書き出しで訴求

タピオカブームの火付け役であることを上手に訴求している。台湾で50店舗という情報もインパクト大。代表企業として取材しなければという気にさせる。

1枚目では他店舗との違いをアピール。2枚目で店舗のコンセプトなど基本概要を記述。「無添加」「お茶マイスター」など、グルメ記者に響くワードも押さえながら丁寧に説明している。

ポイント3

クティー」。銀座店のオープンは年度初めには決まっており、限定メニューが決まりビジュアルができるのを待って、6月13日にリリースを配信。配信会社を中心に約600のメディアに送ったそうです。

かなり多い数にも思えますが、工藤さんは「銀座の中心地なら、地方でもニュースになる」と考えて、強気に配信しました。その読みが当たって地方メディアでも取り上げられたほか、テレビでも『ZIP!』や『news every.』(ともに日本テレビ)のタピオカ特集などで10本ほど放映がありました。

ではそのリリースを見ていきましょう。**ポイント1** まず大切なのはタイトル。「6周年」「銀座」「旗艦店」「#タピる」など、メディアの目に留まるキーワードを多数配置しています。店のイメージカラーであり、台湾をイメージさせる赤の二重枠も目を引きます。そしてリリースの一番目につく場所に、見栄えのいいオリジナルメニューの写真を載せています。

牽引役であることを印象づける

ポイント2 本文の書き出しでは、春水堂がタピオカミルクティー「発祥の店」であり、ブームの牽引役であることを強くアピールしています。今はテレビや雑誌など、様々なメディアでタピオカ特集を組んでいます。けれど、いざ取り上げようとしても、どこに取材すればいいのか分からないほど多くの店が存在します。そんな中、タピオカミルクティー発祥の店で、タピオカ業界の代表企業であることを印象づけておけば、「この会社に取材しなければ」という気にさせられます。

春水堂ではタピオカミルクティーだけでなく、豆花(トウファ)などのスイーツや麺類などの食事メニューも提供して、台湾フードをトータルで楽しめるようにしています。

ポイント3 このリリースは1枚目が「銀座店オープン」、2枚目では「新メニューの紹介」、3枚目に「銀座店と春水堂の概要」と、ページごとに構成が分かれているのも見やすいところです。

こうした丁寧な広報のかいもあって、銀座店にはスーツ姿の男性が連れだってやってくる姿も見られるそうです。女子高生に混じって並ぶのは恥ずかしいけれど、一度飲んでみたかったとい

3枚目

春水堂

▼先着300名様に銀座店オープン記念コースターをプレゼント
日本上陸6周年を記念してオープンする「春水堂 銀座店」では、
7月2日（火）オープン当日にお越しの先着300名様に6周年を
記念して作成したオリジナルのラバー製コースターを差し上げます。
＊ご飲食をされた方に限ります
また、7月1日より春水堂全店舗で、6周年記念デザインのアイスカップと
コースターでドリンクを提供しております。

▼ 銀座店概要
■ 店名：春水堂（チュンスイタン）銀座店
■ 所在地：東京都中央区銀座5-8-1 GINZA PLACE B1
■ 営業時間：11:00～21:00
（フードL.0 20:30　ドリンクL.0 20:45）
■ 定休日：不定休
■ TEL/FAX：
■ 席数：30席・テイクアウト可
■ オープン日：2019年7月2日（火）
■ HP:

【春水堂（チュンスイタン）】とは
春水堂は台湾・台中で1983年に創業した台湾カフェ。時代に合わせた革新的なお茶の飲み方を開発する中、伝統のホットティーをアイススイートティーとして広く定着させたほか、台湾ローカルスイーツのタピオカミルクティー発祥の店として人気を博し、台湾全土で50店舗を展開する国民的人気カフェ。2013年に東京・代官山へ日本初出店した際には3時間待ちの行列ができる店となり、ヘルシーで素材感たっぷりのお茶ドリンクやスイーツで"台湾スイーツブーム"を巻き起こしました。東京、大阪、福岡など全国に14店舗を展開。2018年7月にはグループブランドのテイクアウト専門ティースタンド『TP TEA』も日本初上陸し、東京都内並びに大阪梅田に4店舗を展開中。

本件に関するお問い合わせ窓口：

＼ポイント3／

構成がシンプルで分かりやすい

1枚目は新店舗の特長、2枚目で店舗のコンセプトやメニューなどの基本情報、3枚目はオープニングキャンペーンについて紹介。新店舗は情報量が多いため分かりづらくなりがちだが、ポイントを押さえてシンプルにまとめている。

う男性も多いのでしょう。

取材時には私も銀座店限定の「タピオカ白桃鉄観音ミルクティー」をごちそうになりました。個人的に、タピオカドリンク全般に対して甘ったるい飲み物なのかなという思い込みがあったのですが、春水堂のドリンクはさっぱりした中に深いお茶の味わいがあって、実に美味。

同店では新たなメニューをつくるたびに、台湾の春水堂から監修者がやってきて厳しく味をチェック。店舗でも「お茶マイスター」の認定を受けた店員だけがドリンクをつくれるというこだわりよう。どうやら世間のイメージとはだいぶ異なるようです。

しかし残念ながら、ブームでタピオカを求めてくる人は、その違いまでは意識していない場合がほとんど。だからこそ、本格派であることをより周知できる広報を進めているのです。

工藤さんは、これまで玩具メーカーやアパレルなどで広報を経験してきました。商品をヒットさせるための広報は十分に経験したことから、新しい市場をつくる広報を通じて、ひとつの分野のプロフェッショナルになりたいと考えていました。それも、せっかくなら、自身が一番好きな飲食の分野で。

そんなときに、社長から春水堂の広報のオファーを受けたそうです。本場のタピオカミルクティーがどんなものか知りたいと思った彼女は、個人的に台湾を訪ね、春水堂のタピオカミルクティーが本当においしいものだと確信を得て入社したとのこと。大きな熱意を持って仕事に取り組んでおり、この会社が大好きだということが話していても伝わってきました。

見据えるのは、ブームの先

現在の過熱し過ぎたタピオカブームがいずれ収束するであろうことは、誰しもが予想できます。春水堂や工藤さんが見据えているのは、その先です。「今、『ちょっとお茶しよう』と言って飲みに行くのはほとんどがコーヒーです。そうじゃなくて、『ちょっとお茶しよう』と言ったときに茶葉で淹れたお茶をイメージしてもらえるような、“お茶市場”を日本につくることが目標です」と工藤さんは話します。

そのために必要なのは継続的な広報でしょう。春水堂では、少しずつ期間を置いて新店舗をオープン。それを基軸に新メニューも加えるなど、話題を途切れさせないように広報を展開しています。加えて、春水堂がタピオカミルクティーの代表企業であるというブランドの確立。この両者がうまく絡み合った先に、「日本での新たなお茶市場の確立」も待っていると思います。

ブームの牽引役だからこそその継続的な広報で存在感をアピール

今回の教訓　ご当地愛に訴える戦略は効果大

春水堂では新店をオープンするごとに、その店限定のメニューを開発・提供していることは本文で触れた通りです。例えばekie広島店は、赤が印象的な「タピオカトリプルベリージャスミンティー」。そう、広島カープをイメージした赤色です。食材の制限があるので、いつもドンピシャではまるメニューを開発できるわけではありませんが、ご当地愛に訴える戦略は有効です。

私は以前、山形県庄内地域の自治体でカレーによるまちおこしを支援した際、地域のシンボルである「鳥海山」をモチーフに商品をつくったところ、異様なほどの吸引力に驚かされたものです。地元の人たちが誇りに思い愛しているもの、そのご当地愛に訴えかけるのは、商品づくりでもPRでも大きな効果を生みます。

また、ご当地メニューは「すべて制覇したい」という欲も起こさせます。いずれ、全国の店舗限定メニューをめぐる“タピラー”も現れるかもしれません。

[DATA]
企業名：株式会社オアシスティーラウンジ
資本金：5000万円
所在地：東京都港区北青山1-2-3青山ビル2F
代表者：木川瑞季
売上高：非公表
利益：非公表
従業員数：80人
沿革：春水堂は台湾・台中で1983年に創業。日本ではオアシスティーラウンジがジョイントベンチャーとして2013年に東京・代官山へ初出店。現在は東京、大阪、福岡など全国に15店舗を展開するほか、ティースタンド「TP TEA」も7店舗展開中。
[広報戦略]
広報担当者は1人。年間に15本程度のリリースを配信。リリースを書く上で心がけている点は「時流」「ブームの布石」「発祥ブランド」。今後の目標はセカンドステージとして日本のお茶市場を拡大すること。

*2020年2月号『広報会議』掲載（情報は取材当時のもの）

CASE 06

「うんこ×カワイイ」のテーマを1枚目で強烈プッシュ！

アカツキライブエンターテインメント「うんこミュージアムTOKYO」

カラフルでポップな
メインビジュアルがとにかく秀逸。
ネーミングの強烈さと相まって、
インパクト抜群!

テレビなどで「うんこミュージアム」の名前を聞いてギョッとなった人もいるのではないでしょうか。

実は私もそのひとりです。今回の取材のために息子を連れて行ったところ、入り口で待っている段階で中から「うんこー」「うんこー」と叫ぶ声が聞こえてきます。

入場すると我々もまず、その3文字を叫ばされ、続いて便器に座るとカラフルな「マイうんこ」が出てきました。それを手に持って館内を歩き、様々なゲームや買い物を楽しむという趣向。

誘ったときは「そんなところへ行くのは嫌だ」と言っていた息子も意外と楽しんでおり、お土産のうんこグッズは家族にも好評でした。

うんこミュージアムが最初にオープ

1枚目

報道関係者各位

2019年7月12日
株式会社アカツキライブエンターテインメント
株式会社カヤック

MAXうんこカワイイ、最先端アミューズメント空間がお台場に登場。
「うんこミュージアム TOKYO」
8月9日(金)、ダイバーシティ東京プラザ 2階にオープン決定！

株式会社アカツキライブエンターテインメント（本社：東京都品川区、代表取締役CEO：香田哲朗／代表取締役CPO：小林肇、以下アカツキライブエンターテインメント）と株式会社カヤック（本社：神奈川県鎌倉市、代表取締役CEO：柳澤大輔、以下面白法人カヤック）は、2019年8月9日(金)、ダイバーシティ東京 プラザ 2階に「うんこミュージアム TOKYO」をオープンすることをお知らせいたします。

「うんこミュージアム TOKYO」公式サイト：https://unkomuseum.com/tokyo

POOP
UNKO MUSEUM
うんこミュージアム TOKYO

「うんこミュージアム TOKYO」は、うんこをテーマにした最先端アミューズメント空間です。
横浜駅前「アソビル」2階にて期間限定で開催されている「うんこミュージアム YOKOHAMA」に続く第二弾として、**「MAXうんこカワイイ」をコンセプト**に大進化して**ダイバーシティ東京 プラザ 2階にオープン**いたします。本ミュージアムは、すべての「うんこミュージアム」の総本山として、国籍や年齢に関係なく全世界のウンカー（うんこを出す人々）に、うんこを通じた新しい体験を提供いたします。

■触って、撮って、遊んで！ウンターテイメント体験がパワーアップ！
「うんこミュージアム TOKYO」は、巨大オブジェから小さなうんこが飛び出すうんこボルケーノのある「大広場」、可愛くてキラキラしたうんこが並ぶ「ウンスタジェニックエリア」、世界のうんこグッズを知ることができる「ウンテリジェンスエリア」、うんこのゲームが楽しめる「ウンタラクティブエリア」の4エリアで構成されています。

ポイント1

インパクトのある施設名を全面的に訴求

「うんこミュージアム」というユニークな施設のネーミングを、リリースの全面で強力にアピールしている。

ンしたのは2019年3月。場所はアカツキライブエンターテインメントが運営する横浜駅東口の「アソビル」。ビル全体が「モノ」でなく「コト」体験ができる企画を期間限定で展開していくコンセプトです。

同社がアソビルを始めるにあたり、鎌倉を拠点にユニークな事業を展開している面白法人カヤックに声をかけたところ、提案されたのがうんこミュージアムでした。

カヤックは他社の「うんこドリル」がヒットする以前から「うんこ演算」などのコンテンツを運営してきた「うんこのリーディングカンパニー」を自任しており、リアル業態にも拡大したいと考えていました。うんこは世界中の人が知っていて、誰もが関心のある最強のIP（知的財産）だというのがカヤックの持論です。

ターゲット設定は若年層女性

とはいえキワモノ感の強いコンテンツ。「本来なら、どこかの段階で待ったがかかりそうですが、企画書を見た当社の代表取締役CEOも『これは面白い』とすぐにOKを出しました。2社の企業風土が近く、相性がよかったのだと思います」と、アカツキのASOBUILD事業部広報である田代絢美さん。

ただ、そのままではただの下ネタで広い層に受け入れられるものではないため、若い女性たちに好まれるよう、「カワイイ」に舵を切ることにしました。

館内のコンテンツを考えるにあたり、事業部のメンバーはアメリカ・ロサンゼルスの体験型施設を視察。日本人はアメリカ人と比べて能動的に参加することが苦手なため、没入して参加してもらうためには入り口の仕掛けやテーマ音楽が必要なことなど、様々なノウハウを学び、落とし込んだようです。

「クソゲーコーナー」では、うんこをサッカーボールの代わりにシュートするなどのオリジナルゲームを開発。「世界のうんこグッズ」コーナーでは有名なジャコウネコの糞から取り出したコーヒー豆やボードゲームなどを紹介。世界中に、こんなにもうんこグッズがあるとは思いませんでした。

うんこのお土産を買えるコーナーでは、触って楽しむ「スクイーズ」やグミ、Tシャツなどのオリジナル商品を販売しており、一番人気は公式キャラ

2枚目

「うんこミュージアム YOKOHAMA」でも人気を博したコンテンツたちが、新しいフォトスポットやゲームを追加したり、デザインを刷新するなどアップデートして登場。さらに、「うんこミュージアム TOKYO」でしか楽しめない「ウンベルトの間」、「うんこファクトリー」、「うんコンビニ UNKO MART」、「うんこ白刃どり」が新コンテンツとして登場いたします。
「YOKOHAMA」に比べ、拡大した空間に広がるうんこの世界をお楽しみください。

1. 可愛くてキラキラしたうんこが彩る「ウンスタジェニックエリア」を規模拡大し、新しいフォトエリア「うんコンビニ UNKO MART」が登場。

「うんコンビニ UNKO MART」は、様々なうんこグッズが陳列されているウンスタジェニックなコンビニ風フォトエリアです。グッズを使った撮影はもちろん、一部のうんこグッズは購入してミュージアム内で活用することができます。

2. クソゲーコーナーが、「クソゲーセンター」に大進化！クソみたいなゲームが7つ登場！

クソゲーセンターの他にも、ウンタラクティブエリアには新ゲーム「うんこ白刃どり」が追加。落ちてくるうんこを両手で受け止める、シンプルながら難易度の高いゲームです。

3. 公式キャラクター・ウンベルトによる「ウンベルトの間」が新登場。便器の中には宇宙が広がる

4. 物販エリア「うんこファクトリー」では、ここだけでしか手に入らない限定うんこグッズを販売

＼ポイント2／

メインビジュアルがとにかく秀逸！

施設イメージとアミューズメントの楽しさをビジュアルひとつで効果的に伝えている。メインビジュアルの重要性を再認識した好事例。

＼ポイント3／

形式を統一して分かりやすく構成

２枚目の施設紹介は、小見出し、イメージ図、簡単な説明という形式に統一。一目で分かる構成にすることでネットでも読まれやすい。

クターである「ウンベルト」をデザインしたクッキーだそうです。

こうした趣向を凝らした結果、横浜では2019年3月15日のオープンから6カ月で入場者数は20万人と、予想の2倍を記録。当初、7月末までだった会期も9月末まで延長しました。

カラフルでキラキラしたうんこと一緒に写真が撮れる「ウンスタジェニックエリア」などを用意し、狙い通り若い女性にも好評のようです。

同社では広報もうんこミュージアムの運営チームに属しているので、開発と同時進行で情報収集できます。アソビル全体としてリリースを出すほかに、パワーのあるうんこミュージアムだけで配信することを決定しました。

2018年11月に一報目を配信し、翌年2月には内覧会への誘導をしました。内覧会はアソビル全体で開催し、約100社が集まりました。「やはり『うんこミュージアム』というキーコンテンツがあったことで、注目度の高さがまったく違ったと思います」。

一方で「お昼の番組など、うんこというキーワード自体がNGのメディアには、アソビルのほかの施設を取材していただきました」と田代さん。3月1日から4月1日までの1カ月間で、テレビの露出は実に23番組。目標としていたメディアへの露出はほとんど獲得できたといいます。

こうして横浜で大きな成功を収め、次に仕掛けたのが、8月9日にお台場にオープンした「うんこミュージアムTOKYO」です。リリースを見ながら話を進めていきましょう。

ポイント1 まず当然のことながら、「うんこミュージアム」という名前を全面に押し出しています。

ネーミングそのものが強烈なので、横浜のときは「うんこミュージアム」という名称を発表しただけでもSNSでバズったそうです。一人歩きするくらいの名前をつけたときは、その名前に目いっぱい働いてもらいましょう。

メインビジュアルも秀逸です。やはり「うんこ」と聞くと、反射的に抵抗感を覚えてしまう人もいるはずですが、**ポイント2** カラフルでポップなメインビジュアルを1枚目に大きく出すことで、「汚い」「臭い」とは別物の施設だというのが端的に伝わります。

横浜では「うんこに対する固定観念

3枚目

■東京の新体験スポットとして、お台場から「MAXうんこカワイイ」日本文化を発信！

「うんこミュージアム YOKOHAMA」はオープン後、約2ヶ月半で**来場者数が10万人を突破**、デベロッパー様や地方自治体様からの**お問合せも殺到**し、大きな反響をいただきました。結果、ご来場いただいた皆様の「うんこに対する固定観念を水に流す」ことができたのではないかと考えております。

この度、「うんこミュージアム」の「うんこはカワイイ」という新たな価値観をより多くの人に知ってもらうために、日本の中心地である東京・お台場に出展をすることにいたしました。お台場は、国内のみならず世界中から人が集まる、日本を代表する観光地です。**「MAXうんこカワイイ」という日本発の新しいコンセプトを発信する場所としてふさわしい**と考えました。

十分なスペースをとって、横浜での実績を訴求している。

■人気音楽プロデューサー「tofubeats」が「うんこミュージアム TOKYO」公式テーマソングを制作決定！

ネット世代の音楽家として同年代から圧倒的支持を受ける人気アーティストであり、有名アーティストと多数コラボなどを行う音楽プロデューサーでもある「**tofubeats**」が、「うんこミュージアム TOKYO」**公式テーマソングを完全書き下ろしにて制作**することが決定いたしました。新進気鋭のアーティストによる「うんこ」をテーマにしたオリジナル楽曲を聴きに、ぜひお越し下さい。

【tofubeats プロフィール】
1990年生まれ神戸出身。中学時代から音楽活動を開始し、高校3年生の時に国内最大のテクノイベントWIREに史上最年少で出演する。その後、「水星 feat.オノマトペ大臣」がiTunes Storeシングル総合チャートで1位を獲得。
メジャーデビュー以降は、森高千里、の子(神聖かまってちゃん)、藤井隆ら人気アーティストと数々のコラボをおこない注目を集め、3枚のアルバムをリリース。
2018年は、テレビ東京系ドラマ「電影少女-VIDEO GIRL AI 2018-」や映画『寝ても覚めても』の主題歌・劇伴を担当するなど活躍の場を広げ、10月には4thアルバム「RUN」を発売。

2019年はデジタルシングル第1弾として1月に竹内まりや「PLASTIC LOVE」のカバーをリリース。そして、デジタルシングル第2弾として「Keep on Lovin' You」を5月24日(金)にリリースした。

【tofubeats コメント】
世界の誰もが知っているうんこという存在をモチーフに曲を書くなんてとても楽しそうな仕事です。
おしりから世界に開かれたメッセージを曲にしてみました。
ぜひミュージアムとともに体験してみてください。

■チケット販売開始！夏休みのウンターテイメント体験は早い者勝ち！

本日より、うんこミュージアム公式サイトにて先行事前予約チケット販売を予定しております。

チケット予約サイト：https://reserve.ale-box.com/reserve/169

今後は各種プレイガイド等にて先行事前予約チケット販売を予定しております。

4枚目

■「うんこミュージアム TOKYO」開催概要

正式名称：うんこミュージアム TOKYO
住　所　：東京都江東区青海1-1-10 ダイバーシティ東京 プラザ 2階
オープン日：2019年8月9日(金)
営業時間：10:00～21:00　※最終入場受付 20:00
定休日　：施設に準ずる
入場方法：事前予約によるチケット制（※空き状況次第では当日券もあり）
入場料金：
＜事前予約チケット＞
大人(中学生以上) ¥1,600(税込)／子供(小学生)¥900(税込)／小学生未満 無料
＜当日購入チケット＞
大人(中学生以上) ¥1,800(税込)／子供(小学生)¥1,000(税込)／小学生未満 無料
施設面積：200.64坪
URL　：https://unkomuseum.com/tokyo
Twitter　：https://twitter.com/unko_museum2019/　@unko_museum2019
運営会社：株式会社アカツキライブエンターテインメント／株式会社カヤック

■株式会社アカツキライブエンターテインメント会社概要

アカツキライブエンターテインメントは『世界をもっとカラフルに』をミッションに、五感を総動員できる「リアルな体験」にフォーカスしたライブエンターテインメント事業を展開しております。

社名：株式会社アカツキライブエンターテインメント
URL：https://ale.tokyo/
設立：2013年9月（2017年12月21日に株式会社ASOBIBAから株式会社アカツキライブエンターテインメントに商号変更）
代表者：代表取締役CEO 香田哲朗
代表取締役CPO 小林肇　※CPO：Chief Produce Officerの略
所在地　：東京都品川区上大崎2-13-30 oak meguro 8階
事業内容：複合商業施設事業、サバイバルゲーム事業、イベント事業、パーティ事業、飲食店・ケータリング事業

■面白法人カヤック会社概要

社名：株式会社カヤック
URL：http://www.kayac.com/
所在地：神奈川県鎌倉市御成町11-8
設立：2005年1月21日
代表取締役：柳澤大輔 貝畑政徳 久場智喜
事業内容：日本的面白コンテンツ事業

＜本件に関するお問い合わせ＞

を水に流す」がキーワードでしたが、お台場ではさらに一歩進めて「MAXうんこカワイイ」をキーワードにし、今まで以上に女子高生や女子大生をターゲットにしています。

ネット転載を意識した構成

そして、このリリースで私が着目したのは、お台場の魅力を項目表示した2枚目です。**ポイント3** 項目と写真に簡単な説明文がつくだけのスタイルで統一しています。昨今ではリリースがそのままネットに転載されるケースも増え、ネットでは紙媒体以上に文章が読まれないという特性を意識した構成だと感じます。

また、エンターテインメントのことを「ウンターテインメント」と表現するなど、くすっと笑える箇所がいくつかあるのも、ネット上で消費者に読まれることを意識してのものです。

3枚目では横浜の入場者数だけでなく、不動産のデベロッパーや地方自治体からの問い合わせが殺到したことなどの実績をきちんと載せています。これは新聞対策や、キワモノに抵抗感があるメディアの意識を改善する働きが期待できます。テーマ音楽の制作が新進気鋭のミュージシャン・tofubeatsであると載せたことで、音楽雑誌にも掲載があったそうです。

配信はPR TIMESを利用した以外に自社から100通ほど。カヤックからも配信されました。ただ、今回のリリースで難しかったのは、横浜に次ぐ第2弾なので第1弾に比べてインパクトが欠けることに加え、内覧会がお盆に重なっていたことです。

それでも内覧会には80人ほどのメディア関係者が来場し、施設の開発プロデューサーへの囲み取材では「昨今のうんこブームについて」など、より深い質問がなされました。

フジテレビの『とくダネ！』では17分間も生中継が入り「うんこボルケーノ」という火山が噴火して、小さなうんこが飛び出す瞬間をリポーターに体験してもらうなど、インパクトのあるPRができました。半年で35万人と設定した入場者目標も、順調に推移しているようです。

今後は、入場者数の節目の達成リリースを出すほか、新グッズやイベントなど、定期的に話題を提供することでメディアへの露出を続けていくことが目標だと田代さんは話します。

日本の主要都市だけでなく、海外での展開も計画しているそうで、この奇想天外なミュージアムがどこまで広がっていくのか、私も楽しみにしたいと思います。

今回の教訓 チケット配布作戦も有効手段

今回、「取材する前に一度施設を見ておきたい」と告げると、チケットを提供いただきました。施設自体は入り口に長蛇の列ができるほどの人気でしたが、チケットを持っていくとすぐに入って見学することができました。

施設の場合、メディアに入場券を配るのは、PRに有効な手段のひとつです。マスコミ向けの内覧会を開催しても、その日は都合が悪く、「ほかの日だったら見に行きたかったのに」という記者もいるはず。そういう人にとって都合のいいときに行けるチケットは大助かりです。

入り口では媒体名や氏名のチェックを受けます。そうすることで事業主はどの媒体が取材に来たかを把握でき、記者もせっかく見学したのだから記事にしようという気になります。

私が横濱カレーミュージアムを運営していたときも、この方法はよく利用しました。お得感があるためか、いい記事を書いてもらえることが多かったです。

ユニークなネーミングは大きな強み！強烈なビジュアルで相乗効果を狙え

[DATA]
企業名：
株式会社アカツキライブエンターテインメント
資本金：5300万円（2019年3月末時点）
所在地：東京都品川区上大崎2-13-30
oak meguro 8階
代表者：代表取締役CEO　香田哲朗、
代表取締役CPO　小林 肇
沿革：2013年9月創業、サバイバルゲームフィールドの運営を開始。2017年11月にデジタル事業を行う株式会社アカツキを子会社化、12月に現在の商号に変更。パーティ、レストラン、ケータリング、イベント事業も展開。「世界をもっとカラフルに」をミッションに、五感を総動員できるライブエンターテインメント事業を展開している。
[広報戦略]
広報人員数は5人。年間のリリース配信数は2018年が20本、2019年は8月時点で41本。年間掲載数はテレビ40、新聞9など計171（2019年8月まで）。

＊2019年12月号『広報会議』掲載（情報は取材当時のもの）

CASE 07

リニューアルだからできた実績と進化のダブルアピール

Francfranc「フレ 2WAY ハンディファン」

新商品と比べインパクトが
弱いと思われがちなリニューアル。
“2年目の壁”の乗り越え方が
参考になる!

夏に小型扇風機を持ち歩く人を目にするようになったのは2018年ごろからでしょうか。それが爆発的に増えたのは2019年だと思います。

今回は、ブームの牽引役となったインテリアショップ「Francfranc（フランフラン）」による、「フレ 2WAY ハンディファン」リニューアルのリリースを紹介します。

もともとハンディファンブームの発信地は韓国や中国。近年の韓流ブーム再来にのった若い女性たちが、韓国旅行の際に購入して使うようになったのが日本で広まるきっかけだといいます。

フランフランの開発担当者は海外出張が多く、2017年に中国でハンディファンを目撃。日本にあったおもちゃレベルのものに対し、風力も強く十分実用に足るものだったことから、日本

1枚目

2019.3.29 Francfranc Press Release 1 / 4

Francfranc

昨年大ヒットを生んだ持ち運べるミニ扇風機
「フレ 2WAY ハンディファン」が
更に進化して今年も登場

株式会社 Francfranc（本社：東京都渋谷区、代表取締役 社長執行役員 髙島郁夫）が展開するインテリアショップ『Francfranc（フランフラン）』は、昨年ご好評をいただいた小型扇風機「フレ 2WAY ハンディファン」を昨年より更に進化させて、2019 年 4 月 5 日（金）より全国の Francfranc 店舗※1 および Francfranc オンラインショップにて販売いたします。（※1 Francfranc BAZAR 店は除く）

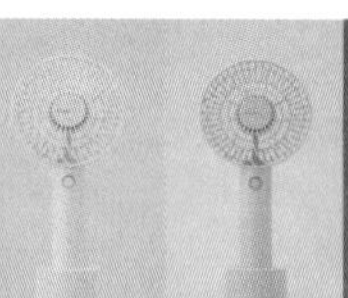

「フレ 2WAY ハンディファン」は、シンプルでスタイリッシュなデザインに加え、充電式のコードレス仕様で、卓上と持ち歩きの両方で使用できる2WAYタイプのコンパクトサイズの扇風機です。5段階の風量調整も可能で、利便性の良さと優れた機能性で昨年お客様から大変ご好評をいただきました。

過熱する近年のアウトドアやフェスブーム、ライフスタイルの多様化、パーソナルスペースの快適環境へのニーズの高まりなどを背景に、今年は更に進化させ、様々なオケージョンに対応した「フレ 2WAY ハンディファン」を展開いたします。

■お客様のお声
・この夏買って良かったものグランプリ堂々の第1位。
・小さいのにしっかり涼しくて、シンプルで持ちやすい。
・旅行中やプール、遊ぶ時に大活躍だった。
・メイクするときに涼しくて快適。
・家用と会社用に2個購入。めちゃくちゃ重宝しています。
※Francfranc Instagramアカウントへ寄せられたコメントより抜粋

〔報道関係のお問い合わせ〕 株式会社 Francfranc

\ポイント1/

「大ヒット」の単語をタイトル左上で目立たせる

リリースのタイトル部分、左上に「昨年大ヒット」というキーワードを入れている。目立つ場所に印象的なワードを配置することで目を引くように考えられている。

でも商品化を検討しました。

とはいえ、日本でのニーズは未知数。2018年は低めの数字で生産したところ、ちょうど5月の猛暑で需要が高まり一時は欠品になったそうです。結果的に、初年度は10万台を販売するに至りました。

露出が減少する2年目の壁

商品のヒットから2年目となる2019年3月末に配信し、爆発的な大ヒットに結びついたのが今回のリリースです。広報担当者なら誰でも分かるように、メディア露出における最大のチャンスは新商品発売時です。ところが、商品リニューアルとなると、残念ながらほとんど取り上げてもらえません。フランフランはそんな2年目の壁をどう乗り越えたのでしょうか。

リニューアルの開発は2018年秋に始まりました。初年度の経験から見えてきたのは、屋外で持ち歩くだけでなく、屋内や車中での需要もあること。例えば自動車のドリンクホルダーに持ち手を立てて使う人も多く、首振り機能をつけてほしいという要望も多かったそうです。そこで2019年度は「回転スタンド」を別売で販売することにしました。また、カバンの中で勝手に電源が入ってしまうのを防ぐため、スイッチを2秒間長押ししないと電源が入らないようにするなど、実用面を中心に改良していきました。

ここからは実際のリリ―スを見ていきましょう。まず、「昨年大ヒットした」商品であることを伝えたくても、それだけでは過去のものになってしまうので **ポイント1**「さらに進化して登場する」ことを、タイトルでしっかり訴求しています。

時代に即した表現の手法

注目すべき点は、**ポイント2** 発売1年目の好調ぶりを数字やグラフではなく、Instagramに寄せられたコメントで表していること。これはSNSが盛んな時代ならではの表現といえます。

リリースへの引用を考えたのはマーケティングコミュニケーション部PR担当の深沢綾さん。投稿者一人ひとりに引用許可の連絡を取ると、みな快諾してくれたそうです。リリースは配信する側の主観でなく、客観的要素だけで構成するべきですが、SNSならその

2枚目

2019.3.29 Francfranc Press Release 2 / 4

■改良した点
- 3色展開から、6色展開へカラーバリエーションを増やしました。
- 首振りを実現する回転スタンドを追加。（※別売り ¥1,200）
- 羽の構造変更により風量が増加※2し、体感騒音は低減※3しました。（※当社比）
  - ※2 風量：2018年4.4m/s → 2019年4.8m/s
  - ※3 風音：2018年108.3dB → 2019年 107dB
- 2秒長押しでON/OFFの電源切り替え可能。鞄の中での誤作動や、お子様が誤って電源をONしてしまうことを防げるよう、安全に配慮しました。
- スタンド底の滑り止めの素材を変更し、より滑りにくくなりました。
- 付属のストラップは1色から各本体カラーに合わせたカラーに変更し、よりスタイリッシュに。

商品概要

商品名	：	フレ 2WAY ハンディファン
価格	：	1,980円
商品特徴	：	卓上扇風機と携帯扇風機の両方で使える2WAYタイプ。 充電式の扇風機で、コードレスで持ち運びいただけます。 風量は微弱～最大モードの5段階で簡単に調節が可能。 誤作動防止のため、2秒長押しでON/OFFの電源切り替え。 約4時間で充電完了。風力最大で約2時間、微弱で8時間の連続運転。
展開カラー	：	6色（ホワイト、グレー、ピンク、ライトブルー、ブルー、レッド）
サイズ	：	W10.5 cm × D3.7 cm × H22.0 cm
重量	：	約170 g（本体のみ）
付属品	：	USBコード、スタンド、ストラップ
発売日	：	2019年4月5日（金）（※ライトブルー、ブルー、レッドは4月12日（金）より発売）

商品名	：	フレ 2WAY ハンディファン 回転スタンド
価格	：	1,200円
商品特徴	：	フレ 2WAY ハンディファン専用の回転スタンドです。 90度、180度の2段階から回転を選べ、首振りを実現します。 車のドリンクフォルダーに入るサイズなので、夏場の暑い車内でも活躍します。 コードを挿せる箇所が2つあり、同時にスマホの充電などが可能です。
展開カラー	：	1色（ホワイト）
サイズ	：	W7.0 cm × D7.0 cm × H9.0 cm
重量	：	約130 g
付属品	：	なし（フレ 2WAY ハンディファンに付属しているUSBコードをご使用ください。）
発売日	：	2019年4月中旬

〔報道関係のお問い合わせ〕 株式会社Francfranc

＼ポイント3／

改良した点は箇条書きで一覧に

リニューアルによって改善したポイントを箇条書きで簡潔にまとめている。

＼ポイント2／

今までありそうでなかったSNS活用法

昨年ヒットした要因について、自社の主観や主張ではなく「お客様のお声」として、SNSに寄せられたコメントを紹介することで客観的に訴求している。

点もきちんとクリアしており、ありそうでなかった手法だと思います。

先述のように、2年目は「どこが変わったか?」が重要。**ポイント3** 2枚目の「改良した点」に箇条書きで簡潔にまとめています。開発チームから届く商品情報をまとめる中で、PR担当の下村彩さんたちは売りどころに苦心したといいます。というのも、リニューアルのメインが「風量増加」や「体感騒音の低下」など、実用重視で派手さに乏しい内容だったからです。

実は2018年のヒットを受けて、他社でもハンディファン市場への参入が激増。両手を使えるよう首かけ式にしたり、ミストが出るようにしたり、多彩な商品が登場していました。

そんな中でフランフランが心がけたのは、シンプルに本当に必要な機能だけを残す代わりに価格を抑える、という路線だったのです。下村さんたちは、カラーバリエーションの増加やスタンドの発売など、少しでもメディアや消費者が関心を持ちやすい要素を前面に押し出しました。

カラーバリエーションは3色から6色に増加。私が面白いと思ったのは、6色の製品写真の背景に、ファン本体と同じ色をつけていること。同社のクリエイティブチームがつくったものですが、色がよく分かるだけでなく強いインパクトを与えます。

「ひと目でフランフランだと分かるビジュアルを意識しています。写真にインパクトがあると、メディアでの掲載やTwitterのリツイートも多いんです」と下村さん。一方、4ページ目に扇風機で紙吹雪を飛ばしているような画像が見えますが、これについてはコラム(今回の教訓)で詳しくお伝えします。

3枚目ではベビーカーなどにつけて使えるクリップファンや、最初から置いて使うことを想定した少し大型のデスクファンなど、新たなラインアップも紹介しています。**ポイント4** メーカーのリリースだと商品概要を1枚目に載せがちですが、メディアはあまり見ないので後半に載せるくらいでちょうどいいのです。

リリースは2019年3月29日に配信。既存色が4月5日、新色は4月12日の発売でしたが、ここに"他社より少しでも早く"という意識が見て取れます。多数のメディアで紹介される中、『エ

\ ポイント4 /

商品概要は3枚目に必要な要素のみ記述

リリースの3枚目に商品概要などの情報をまとめている。リリースの1枚目から商品概要を多く載せる企業があるが、メディアにはあまり読まれないと思った方がいい。

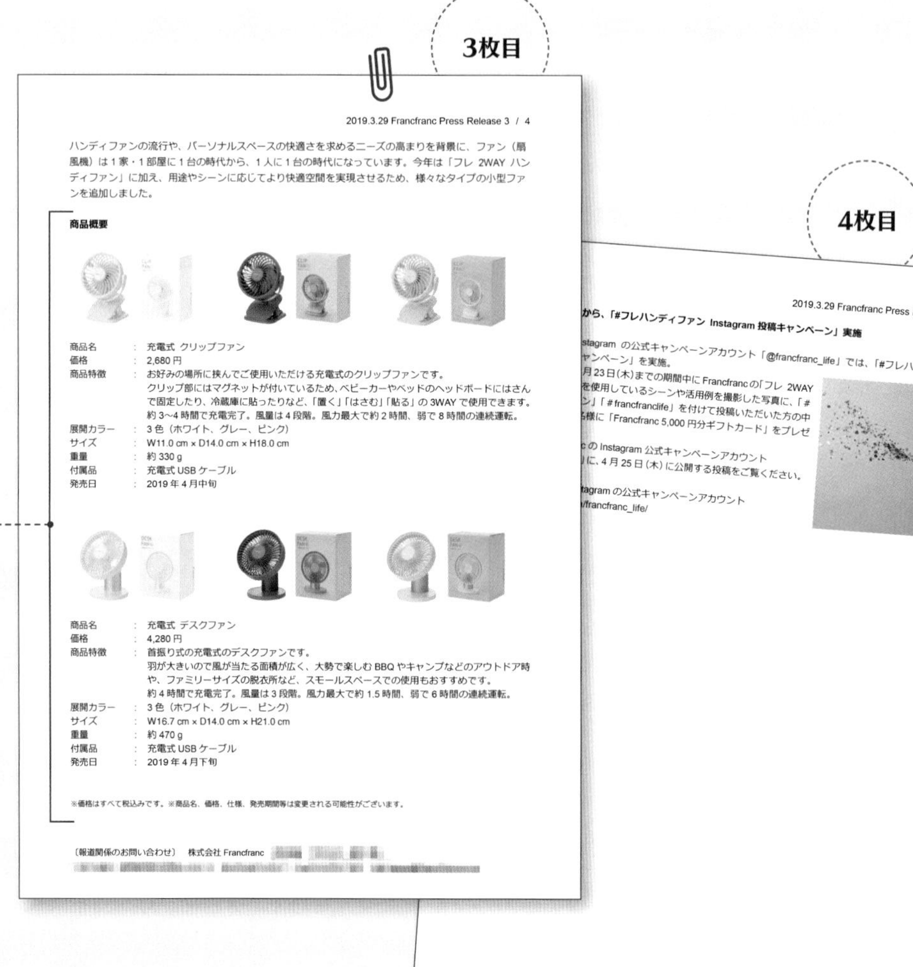

3枚目

2019.3.29 Francfranc Press Release 3 / 4

ハンディファンの流行や、パーソナルスペースの快適さを求めるニーズの高まりを背景に、ファン(扇風機)は1家・1部屋に1台の時代から、1人に1台の時代になっています。今年は「フレ 2WAY ハンディファン」に加え、用途やシーンに応じてより快適空間を実現させるため、様々なタイプの小型ファンを追加しました。

商品概要

商品名 : 充電式 クリップファン
価格 : 2,680円
商品特徴 : お好みの場所に挟んでご使用いただける充電式のクリップファンです。
クリップ部にはマグネットが付いているため、ベビーカーやベッドのヘッドボードにはさんで固定したり、冷蔵庫に貼ったりなど、「置く」「はさむ」「貼る」の3WAYで使用できます。
約3~4時間で充電完了。風量は4段階。風力最大で約2時間、弱で8時間の連続運転。
展開カラー : 3色(ホワイト、グレー、ピンク)
サイズ : W11.0 cm × D14.0 cm × H18.0 cm
重量 : 約330 g
付属品 : 充電式USBケーブル
発売日 : 2019年4月中旬

商品名 : 充電式 デスクファン
価格 : 4,280円
商品特徴 : 首振り式の充電式のデスクファンです。
羽が大きいので風が当たる面積が広く、大勢で楽しむBBQやキャンプなどのアウトドア時や、ファミリーサイズの脱衣所など、スモールスペースでの使用もおすすめです。
約4時間で充電完了。風量は3段階。風力最大で約1.5時間、弱で6時間の連続運転。
展開カラー : 3色(ホワイト、グレー、ピンク)
サイズ : W16.7 cm × D14.0 cm × H21.0 cm
重量 : 約470 g
付属品 : 充電式USBケーブル
発売日 : 2019年4月下旬

※価格はすべて税込みです。※商品名、価格、仕様、発売期間等は変更される可能性がございます。

〔報道関係のお問い合わせ〕 株式会社Francfranc

4枚目

2019.3.29 Francfranc Press Release 4 / 4

から、「#フレハンディファン Instagram 投稿キャンペーン」実施

stagram の公式キャンペーンアカウント「@francfranc_life」では、「#フレハンディファン
ャンペーン」を実施。
月23日(木)までの期間中にFrancfrancの「フレ 2WAY
を使用しているシーンや活用例を撮影した写真に、「#
ン」「#francfranclife」を付けて投稿いただいた方の中
名様に「Francfranc 5,000円分ギフトカード」をプレゼ

cのInstagram 公式キャンペーンアカウント
に、4月25日(木)に公開する投稿をご覧ください。

tagram の公式キャンペーンアカウント
/francfranc_life/

〔報道関係のお問い合わせ〕 株式会社Francfranc

ル・ジャポン』(ハースト婦人画報社)にも夏小物特集の1アイテムとして掲載されました。フランフランの家電アイテムが女性ファッション誌に取り上げられるのは珍しいことで、ひとつの成果といえるでしょう。

コンスタントに話題を提供

売れ行きもひと月半で10万台を突破するなど好調なスタート。2018年末に開催した展示会ではまだ新商品を見せられなかったぶん、5月開催の秋冬商品の展示会でハンディファンを並べてプッシュ。5月には好調リリース、7月にはストラップのプレゼントキャンペーンやハンディファンの涼しさが体験できる施設のリリースを配信し、話題が途切れないようにしました。

今回の教訓 トーン&マナーを統一しよう

リリースの最後にあるハンディファンで紙吹雪を飛ばしているような写真は、広報が独自につくったもの。カラーペーパーにビーズやラメを貼り、製品と合わせたイメージ画像です。「制作費用は200円程度でした」と下村さんと深沢さんは笑いますが、業者に頼めば数十万かかることを考えるとやりくり上手な上、非常にコーポレートイメージと合ったビジュアルです。

こうした画像をはじめ、同社のリリースからは「フランフランらしさ」を強く感じます。余白が多く清潔感があるところや、フェミニンで可愛らしい感じなど、消費者が抱いているイメージを裏切らないように意識しているからです。

誰が書いてもフランフランらしさが表現できるよう、「トーン&マナー」が統一されているのです。広報が複数いる企業では、担当者によってトーンがバラバラになりがちですが、企業のブランド戦略として望ましいものではありません。

これが功を奏し、8月には『めざましテレビ』(フジテレビ)や『羽鳥慎一モーニングショー』(テレビ朝日)などで紹介。9月には『日経MJ』の「くらし逸品」に単体で紹介されるなど露出が続きました。その結果、2019年は約90万台と、前年比約8倍の売れ行きを記録したのです。

中でも回転スタンドが人気で、消費者に行き渡るまで社員には購入禁止令が出たほど。同じ設定温度でも、寒がる人と暑がる人がいるように、近年は「パーソナルスペース」を大切にする意識が高まっているのもハンディファン人気の要因のようです。

そして、11月には見事『日経トレンディ』(日経BP)で2019年ヒット商品ランキングの10位に輝きました。同誌からは「去年も番付に入れようか迷ったが、待つことで大ヒット商品になってよかった」と言われたそうです。

消費者側のブームだけではここまで伸びなかったでしょう。広報が上手に話題づくりをしてメディアへの露出を後押ししたことが、世の中の関心とうまくかみ合った成果に違いありません。

同社には、Instagramのコメントをリリースに引用するなどSNSを上手に活用している印象があります。特にファンクラブは組織していないものの、同社の商品を話題にしているTwitterやInstagramには、SNS担当者ができるだけコメントを残しているそうです。フランフランの公式アカウントから「いいね」がつくだけで喜ぶ消費者もいるそうで、これはもう根強いファンがいると言えるでしょう。

1対1でアプローチするため非常に手はかかりますが、その結びつきは強く、購買にもつながりやすいもの。展示会にコアなファンを招く試みをしてみたところ、九州から夫婦で駆けつけた人もいたとか。今後もSNSを用いた消費者とのコミュニケーションには力を入れていきたいと話していました。

SNS上のコメントは客観的なアピールに最適! PR素材として活用を

[DATA]
企業名:株式会社Francfranc
資本金:1億円
所在地:東京都渋谷区神宮前五丁目53番67号
代表者:髙島郁夫(代表取締役 社長執行役員)
従業員数:1751人(2019年8月末時点、アルバイト従業員含む)
沿革:1990年、輸入家具・インテリアの販売を目的として福井県にバルスを設立。1992年、天王洲アイルにFrancfranc1号店を開店。2013年、セブン&アイ・ホールディングスとの間で資本業務提携契約を締結。2017年、社名をFrancfrancに変更。
[広報戦略]
担当者2人で企業広報および5ブランドのPRを実施。広報目標は「お客さまから愛されるブランドに育てていくこと」「お客さまの態度変容を起こすこと」。

＊2020年3月号『広報会議』掲載(情報は取材当時のもの)

CASE 08

定番商品のデザイン変更も工夫次第でメディアの話題に

大幸薬品「クレベリン」

パッケージのデザイン変更は、定番商品が古びないようにするために欠かせないイベントです。

けれど、新商品の発売でもなかなかニュースにしてもらえない昨今、デザイン変更程度でメディアに取り上げてもらうことは至難の業。気づかれぬ間にひっそり変わっているのが通例です。

そんな中、メディアで紹介されていた事例があったので、その勝因を探ってみたいと取材しました。

商品は、大幸薬品の「クレベリン」シリーズ。オフィスや自宅などに置いて、ウイルスや細菌などへの感染対策をする衛生管理製品で、テレビCMでご存じの方も多いでしょう。私も風邪の季節などには周りからうつされない

著名デザイナーを起用し、人を前面にアピールしたのが◎
使用シーンがイメージできる写真づかいも効果的！

ポイント1

影響力の高さをタイトルや冒頭で訴求

「国内トップブランド」「国内シェア約8割」「3年連続右肩成長」「前年比14％増」など、市場への影響力が高い商品であることを上手にアピール。

1枚目

News Release

大幸薬品

2018年9月3日(月)

衛生管理製品の国内トップブランド[※1]
nendo(代表・佐藤オオキ)デザインで『クレベリン』初の全面リニューアル
2018年9月13日(木)より、全国発売決定！！
『クレベリン 置き型』の専用ケースも新登場

大幸薬品株式会社(本社：大阪市西区、代表取締役社長：柴田高、以下、大幸薬品)は、このたび、二酸化塩素分子のチカラでウイルス、菌を除去する衛生管理製品『クレベリン』シリーズ初の全面リニューアルを行い、2018年9月13日(木)より、全国のドラッグストア、GMS、インターネット通販などで本格販売を開始いたします。

近年、ウイルス感染や除菌に対する意識の高まりを背景に、衛生管理製品市場は、3年連続右肩成長を続け、2017年の店頭販売金額は前年比14%増の成長を遂げています。中でも、『クレベリン』シリーズは、前年比15%増で市場を上回る成長を記録、主力の置き型タイプでは国内シェア約8割を誇り、衛生管理製品のリーディングブランドとして市場を牽引してきました。

このたび、大幸薬品では更なる市場拡大を目的に、2008年の一般向け発売から初めて、ブランドの全面リニューアルを行います。機能や使い方の理解浸透を目的に、パッケージのデザイン、製品名、ブランドロゴを一新。製品本体は空間に馴染むよう、白を基調にしたシンプルなデザインに仕上げました。さらに、新たにブランドアイコン「シードット」を用い、視認性を高めることで、『クレベリン』の認知拡大を目指していきます。

クレベリンのアイコン
「シードット」

また今年10月には、『クレベリン 置き型』の専用ケースを新発売いたします。自宅やオフィス、店舗など様々なシーンにマッチできるデザインが特長で、「使用期限を忘れがち」というお客様からのご意見にお応えし、「使用期限月」を表示する回転ダイヤルを設置しました。専用ケースには、イラストやメッセージを描くことができるので、出産や受験、入学・卒業など、イベント時のギフトとしてもおすすめです。

表面

裏面

専用ケースのイラスト(イメージ)
※実際の販売製品ではございません

※1：2017年4月～2018年3月インテージ社調べ。芳香・消臭剤の中でウイルス除去を謳っている製品全体、及びクレベリン製品全体の販売額をもとに算出。

大幸薬品株式会社

よう、スティックタイプのものを胸ポケットに差して愛用しています。

大幸薬品は"ラッパのマークの正露丸"で有名で、クレベリンと同じ会社なのは意外かもしれません。実は創業者の孫で4代目代表取締役社長の柴田高氏は元外科医です。

2004年、知人から二酸化塩素分子でつくった消臭剤を勧められ、解剖室で試用してみたところ、実際に匂いを消すだけでなく除菌効果も見られたことから本格的に開発を開始。2005年に業務用、2008年に一般用の販売も開始し、正露丸に続く第2の柱に育ててきました。

「幸い、正露丸もクレベリンもカテゴリーリーダーではありますが、競合商品も出てきています。若い人の中には正露丸の匂いを嗅いだことがない人もいて、転換期に来ているのは確かです。中長期的に見てブランドをさらに際立たせ、企業価値を高めていくことが必要と全社的に判断しました」とリニューアルの経緯を説明するのはPRマネージャーの中島杏子さん。

大幸薬品は、2018年3月に佐藤オオキ氏が率いるデザインオフィスnendoとパートナー契約を結びました。その第1弾がクレベリンのデザイン変更だったのです。

大幸薬品は大阪の企業で、最近まで広報機能も大阪のみでしたが、2017年秋に中島さんが入社したタイミングで、メディアに近い東京オフィスにも広報を設置。大阪でコーポレート広報を、東京は製品広報を中心に担当することになりました。

東京オフィスにはマーケティング部隊が拠点を置いているため、このデザイン変更についても中島さんに早い段階から情報が入ってきていました。リリースは8月に入ってから書き始め、商品画像などもギリギリで間に合い、9月13日の発売に対して9月3日にリリースを配信しました。

ニュースバリューを意識

では、そのリリースを見ていきましょう。まず **ポイント1** タイトルや本文の冒頭で「国内トップブランド」であることや、衛生管理製品の「市場自体が

2枚目

News Release

大幸薬品

なお、本製品は世界的デザイナーの佐藤オオキ氏が率いるデザインオフィス「nendo」デザイン第 1 弾です。大幸薬品と「nendo」は、今年 3 月に、弊社製品のマーケティング及びブランディングに関する複数年にわたる包括的パートナー契約を締結しており、今回、『クレベリン』のクリエイティブディレクターとして、新デザインを手掛けていただいています。

大幸薬品は、『クレベリン』シリーズのリニューアルを皮切りに、消費者とのコミュニケーションをより一層深め、衛生管理の大切さの理解浸透に努めてまいります。

佐藤オオキ氏コメント

『クレベリン』のパッケージは既存ユーザーが混乱しないように、ブルーを基調としたこれまでの配色や印象は踏襲しつつ、中央にあったグラデーションは 3 階調の円形にすることで店頭での視認性を高めました。これまでの商品名が英語表記がメインだったのに対し、カタカナ表記を大きくあしらい、「ブランド名→商品分類→機能説明→容量・個数→企業名」という具合に、優先度の高いもの順に、上から並べて整理しました。また、商品分類名も、部屋に置くタイプが「ゲル」という名称だったのを「置き型」にし、持ち運べるスティック状の製品である「パワーセイバー」を「スティック」へと変更することで、よりわかりやすいコミュニケーションを心がけました。アイコンの「シードット」は、「C」がウイルスを食べているような形状のロゴマークを左上にあしらうことで、今後狭くて商品名が記載できないような場所においてもブランド訴求が可能になりました。

■佐藤オオキ氏 プロフィール

デザインオフィス nendo 代表。1977 年カナダ生まれ。2002 年早稲田大学大学院建築学専攻修了、同年、デザインオフィス nendo 設立。Newsweek 誌「世界が尊敬する日本人 100 人」に選出され、世界的なデザイン賞で数々の「Designer of the Year」を受賞。代表的な作品は、ニューヨーク近代美術館(米)など世界中の美術館に収蔵されています。2023 年の稼働を予定している、フランス国鉄が運行する高速鉄道 TGV 新型車両の内外装デザインを手掛けています。これまで出演したテレビ番組は、「プロフェッショナル 仕事の流儀(NHK)」、「アナザースカイ」(日本テレビ系)など。主な著書に「ネンドノカンド 脱力デザイン論」(小学館)、「問題解決ラボ」(ダイヤモンド社)、「佐藤オオキのスピード仕事術」(幻冬舎)、「佐藤オオキのボツ本」(日経 BP)、「コップってなんだっけ？」(ダイヤモンド社)があります。

■デザインについて

	旧	新
ロゴ	クレベリン® Cleverin	クレベリン cleverin

大幸薬品株式会社

＼ポイント2／

2枚目は"人"を前面にアピール

有名デザイナーを紹介し、著名性でクオリティの高さをアピール。プロフィールは『Newsweek』への掲載や受賞歴、テレビ出演などの実績を中心に。

企業側の目的とは別の切り口として、デザイン側から変更の意味を伝えている。

拡大中」であることなど、消費者に与える影響度の大きさをアピールしています。

中島さん自身、デザイン変更だけではニュースバリューが弱いことを意識しており、❶市場が伸びていること、❷なぜ変えるのかという理由を1枚目に入れたそうです。

ポイント2 2枚目は「人」を前面に押し出しています。この連載で以前から「人は人の顔があると目が引きつけられる」と話している通り、顔が入るのと入らないのではインパクトが大きく異なります。

ここでクローズアップしたのは、デザイナーの佐藤オオキ氏。大幸薬品では、デザインが素晴らしいだけでなく、マーケティング的な視点や裏づけも優れていることから佐藤氏を選んだといいます。確かに、ここに引用した氏のコメントを読むと、商品の名称を消費者に伝わりやすくしたことや、ロゴマークの「C」のアイコンがウイルスを食べているような形状をしていることなど、非常に分かりやすい説明だと感じます。

本リリースは**ポイント3** デザイン変更がメインテーマなので、製品情報は3～4枚目、ブランドや会社情報は5枚目というように、優先順位も明確にしています。多くの要素を盛り込むために掲載の順番を何度か入れ替えたそうですが、結果的にこれが正解だったと私も思います。

クレベリンについては大きな2つの課題がありました。ひとつは、購入者からよく「家では写真立ての裏に隠している」と言われるように、生活感やおしゃれでないイメージがあったこと。これをリビングなどにも置けるよう、清潔感があるシンプルなデザインにすることが必須の命題でした。今回、初めて置き型タイプを収納できる専用ケースを発売しましたが、可愛らしいだるま形で、白が基調なのでイラストやメッセージを書いてプレゼントすることも可能です。

もうひとつは「空間除菌」といっても使用場面が分かりづらいこと。例えば受験生や妊婦など、感染に特に注意すべき人を具体的に想起させることが必要でした。そこで、リリース1枚目には受験生向けのメッセージを書いた専用ケースの写真を掲載しています。また、3枚目以降の使用シーンは、広報が主導してnendoのオフィスで撮影したもの。クレベリンの活用シーンが

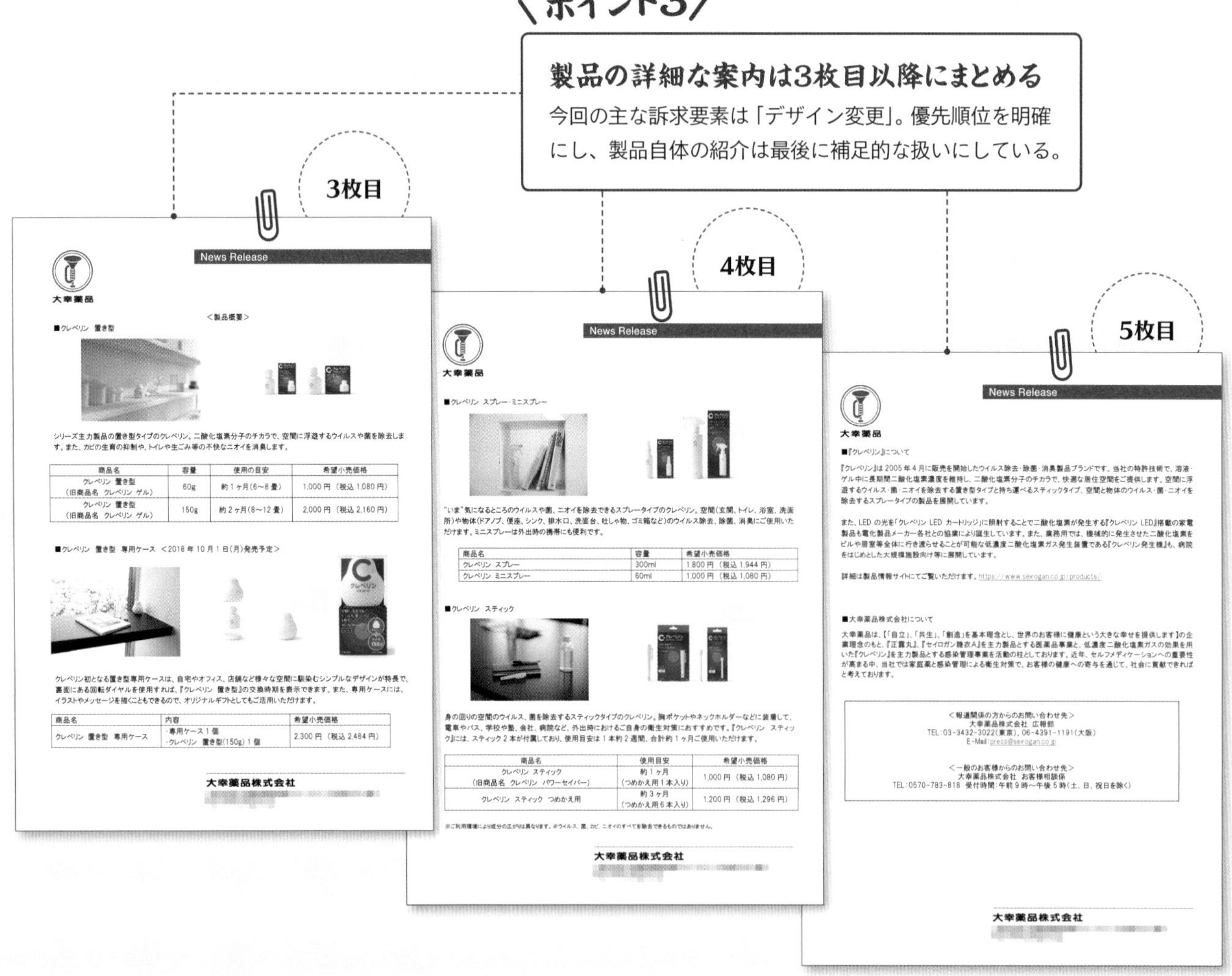

\ポイント3/

製品の詳細な案内は3枚目以降にまとめる

今回の主な訴求要素は「デザイン変更」。優先順位を明確にし、製品自体の紹介は最後に補足的な扱いにしている。

3枚目

News Release

大幸薬品

＜製品概要＞

■クレベリン 置き型

シリーズ主力製品の置き型タイプのクレベリン。二酸化塩素分子のチカラで、空間に浮遊するウイルスや菌を除去します。また、カビの生育の抑制や、トイレや生ごみ等の不快なニオイを消臭します。

商品名	容量	使用の目安	希望小売価格
クレベリン 置き型（旧商品名 クレベリン ゲル）	60g	約1ヶ月(6～8畳)	1,000円（税込 1,080円）
クレベリン 置き型（旧商品名 クレベリン ゲル）	150g	約2ヶ月(8～12畳)	2,000円（税込 2,160円）

■クレベリン 置き型 専用ケース ＜2018年10月1日(月)発売予定＞

クレベリン初となる置き型専用ケースは、自宅やオフィス、店舗など様々な空間に馴染むシンプルなデザインが特長で、裏面にある回転ダイヤルを使用すれば、『クレベリン 置き型』の交換時期を表示できます。また、専用ケースには、イラストやメッセージを描くこともできるので、オリジナルギフトとしてもご活用いただけます。

商品名	内容	希望小売価格
クレベリン 置き型 専用ケース	・専用ケース1個 ・クレベリン 置き型(150g) 1個	2,300円（税込 2,484円）

大幸薬品株式会社

4枚目

News Release

大幸薬品

■クレベリン スプレー・ミニスプレー

"いま"気になるところのウイルスや菌、ニオイを除去できるスプレータイプのクレベリン。空間（玄関、トイレ、浴室、洗面所）や物体（ドアノブ、便座、シンク、排水口、洗面台、吐しゃ物、ゴミ箱など）のウイルス除去、除菌、消臭にご使用いただけます。ミニスプレーは外出時の携帯にも便利です。

商品名	容量	希望小売価格
クレベリン スプレー	300ml	1,800円（税込 1,944円）
クレベリン ミニスプレー	60ml	1,000円（税込 1,080円）

■クレベリン スティック

身の回りの空間のウイルス、菌を除去するスティックタイプのクレベリン。胸ポケットやネックホルダーなどに装着して、電車やバス、学校や塾、会社、病院など、外出時におけるご自身の衛生対策におすすめです。『クレベリン スティック』には、スティック2本が付属しており、使用目安は1本約2週間、合計約1ヶ月ご使用いただけます。

商品名	使用目安	希望小売価格
クレベリン スティック（旧商品名 クレベリン パワーセイバー）	約1ヶ月（つめかえ用1本入り）	1,000円（税込 1,080円）
クレベリン スティック つめかえ用	約3ヶ月（つめかえ用6本入り）	1,200円（税込 1,296円）

※ご利用環境により成分の広がりは異なります。※ウイルス、菌、カビ、ニオイのすべてを除去できるものではありません。

大幸薬品株式会社

5枚目

News Release

大幸薬品

■『クレベリン』について

『クレベリン』は2005年4月に販売を開始したウイルス除去・除菌・消臭製品ブランドです。当社の特許技術で、溶液・ゲル中に長期間二酸化塩素濃度を維持し、二酸化塩素分子のチカラで、快適な居住空間をご提供します。空間に浮遊するウイルス・菌・ニオイを除去する置き型タイプと持ち運べるスティックタイプ、空間と物体のウイルス・菌・ニオイを除去するスプレータイプの製品を展開しています。

また、LEDの光を「クレベリン LED カートリッジ」に照射することで二酸化塩素が発生する『クレベリン LED』搭載の家電製品も電化製品メーカー各社との協業により誕生しています。また、業務用では、機械的に発生させた二酸化塩素をビルや居室等全体に行き渡らせることが可能な低濃度二酸化塩素ガス発生装置である『クレベリン発生機』も、病院をはじめとした大規模施設向け等に展開しています。

詳細は製品情報サイトにてご覧いただけます。https://www.seirogan.co.jp/products/

■大幸薬品株式会社について

大幸薬品は、【「自立」、「共生」、「創造」を基本理念とし、世界のお客様に健康という大きな幸せを提供します】の企業理念のもと、『正露丸』、『セイロガン糖衣A』を主力製品とする医薬品事業と、低濃度二酸化塩素ガスの効果を用いた『クレベリン』を主力製品とする感染管理事業を活動の柱としております。近年、セルフメディケーションへの重要性が高まる中、当社では家庭薬と感染管理による衛生対策で、お客様の健康への寄与を通じて、社会に貢献できればと考えております。

＜報道関係の方からのお問い合わせ先＞
大幸薬品株式会社 広報部
TEL：03-3432-3022（東京）、06-4391-1191（大阪）
E-Mail：press@seirogan.co.jp

＜一般のお客様からのお問い合わせ先＞
大幸薬品株式会社 お客様相談係
TEL：0570-783-818 受付時間：午前9時～午後5時（土、日、祝日を除く）

大幸薬品株式会社

具体的にイメージできて効果的です。

ゴールを明確にして逆算

また中島さんがリリースを出す際にいつも意識しているのが、「どの媒体にどんな記事で載りたいか」というゴールを明確にイメージすること。今回のリリースでいえば、❶マーケティング的な視点で新聞やビジネス誌などに載ること ❷普段からあまり付き合いのなかった女性誌に取り上げられることが、大きな課題でした。

そこから逆算して、❶ならば市場規模の拡大やリニューアルの経緯を中心に、❷ならおしゃれなデザインと使い道、といったようにターゲットメディアが必要としそうな要素を抽出してリリースを書いたと言います。非常に理にかなった構成法です。どうやらこの辺りに、デザイン変更だけで掲載を勝ち取った秘訣がありそうです。目標を定めて要素を提供すれば、掲載される可能性は十分にあるのです。

配信数は、配信会社と独自のリストを合わせて300社ほど。マーケティング視点の内容に力を入れた甲斐があって『日経MJ』に大きめの掲載があったほか、『日経産業新聞』などでも紹介されました。

女性誌には、配信から２週間の取材時点では掲載に結びついていませんでしたが、これまではなかったインテリア系のウェブ媒体に掲載されるなど、おしゃれ雑貨としてのアピールも効果が出始めています。

本来、家庭や職場での衛生対策が本格化するのは10月以降なので、第2弾として家庭内の同時感染に関する調査レポートも配信して、さらに掲載拡大を図っていく意向です。

正露丸は1902年に大阪の中島佐一薬房が「忠勇征露丸」として開発し、1946年に大幸薬品が製造・販売権を取得。以来、家庭常備薬の代表的な存在として全国に浸透してきました。

少数のブランドを大事に守ってきた老舗の典型で、次々と新商品を出す食品メーカーなどとは違った工夫が広報にも求められます。中島さんも、シーズンごとにトレンドネタをつくってリリースを配信したり、人気キャラクターとのコラボ商品で話題をつくったりと「攻める」広報を標榜しています。こうした企業にとってはデザイン変更も貴重なPR機会なので、逃さないようにしたいものです。

「究極のゴールは、『世界のお客様に健康という大きな幸せを提供します』という企業理念を広めることだと思っています。衛生対策に関心を持っていただくことで、より健康で幸せな方が増えるよう、いろいろな手法を使って消費者の意識に働きかけていきたいと考えています」。

今回の教訓

紹介は一般の人に響く要素を

マーケティングの世界では有名なクリエイターでも、一般的にはどのくらいすごい人なのか伝わりづらいものです。それは相手が記者でも大差はありません。ですから、プロフィール欄ではメディアの人に響く要素を盛り込むことが大切です。よく△△高校出身とか、制作に対する信念などを書いたものも見受けられますが、それらはあまり意味がありません。受賞歴も、外の人が知らないような実績が多数羅列されていても読み飛ばしてしまいます。佐藤氏のプロフィールの中では「ニューヨーク近代美術館などに作品が収蔵されていること」と『プロフェッショナル 仕事の流儀』(NHK) や『アナザースカイ』(日本テレビ) などに出演した点が目を引きます。有名なテレビ番組への出演は、俗っぽくても圧倒的な力があります。また、ルイ・ヴィトンやケンゾーなどの商品も手がけているので、そうしたネームバリューのあるブランドの作品を入れてもいいと思います。

既存ブランドの商品リリースでもゴールを明確に定めれば注目度の高いニュースになる！

[DATA]
企業名：大幸薬品株式会社
資本金：6億8313万円
所在地：大阪府大阪市西区西本町1-4-1
代表者：代表取締役社長　柴田 高
売上高：94億5936万6000円（2018年3月期）
利益：10億9495万9000円（当期純利益）
従業員数：218人
沿革：1946年11月、大幸薬品株式会社を設立し、「忠勇征露丸（現『正露丸』）」の販売開始。2005年4月、「クレベリン」発売、2009年3月、東証二部上場、2010年4月東証一部上場。
[広報戦略]
年間配信は12本程度。リリースを書く上では、「掲載記事を具体的にイメージして構成に反映させること」や、「実績要素を加えて企業やブランド、製品のイメージアップにつなげること」を心がけている。

＊2019年1月号『広報会議』掲載（情報は取材当時のもの）

CASE 09

企業の勢いを数字で伝える絶好調企業ならではのリリース

ワークマン 出店計画

好調ぶりを印象づける、
絶好のタイミングでの配信。
会社の成長がストレートに伝わり、
株価の押し上げ効果も！

労働現場などで着用され「作業着」と呼ばれていた衣類が、近年はアウトドアやスポーツ用のウェアとして愛用されているのをご存じですか？ このムーブメントをほぼ単独でけん引しているのが全国800店以上を展開する作業服のワークマン（群馬・伊勢崎）。今月はこの企業に注目します。「出店計画リリース」という、かなり珍しい内容ですが、一体どんな狙いがあるのでしょう？

そもそも作業着のスタイリッシュ化が始まったのは、リーマン・ショックがきっかけです。経営の悪化で会社からの支給が減り、「個人で買うなら格好いいものを」という動きが起こりました。そんな中、ワークマンはアウト

1枚目

2018年12月18日
株式会社　ワークマン

News Release

「WORKMAN Plus」の今後の出店計画：　4号店等々力店は12月20日開店
19年9月までに35店舗を出店する予定（SC5店、路面新店20店、既存店改装10店）

作業服・作業用品のフランチャイズ小売店を全国に831店展開する株式会社ワークマン（本社：群馬県伊勢崎市、代表取締役社長：栗山清治）は新業態店の「WORKMAN Plus」を現在3店出店しています。Shopping Center に出店した1号店と3号店の「ららぽーと立川店」と「ららぽーと富士見店」は入場制限がでるほどの大盛況で、これまでの開店時の売上記録（坪当たり売上）を3倍以上更新しました。2号店の「川崎中野島店」は路面店ですが、SC店をも上回まわるほどの売上があります。4号店として12月20日に環八・目黒通りの交差点の近くに路面新店の「等々力店」を開店しますが、大混雑を見越してチラシ配布部数を通常の半分以下にしました。

当社は19年3月期末までに「WORKMAN Plus」を10店（SC店3店、路面新店5店、既存店改装2店）にします。20年3月期上期は更に25店(SC2店、路面新店13店、既存店改装10店)を出店する予定です。その結果、20年3月期上期末には累計で35店の体制にして、20年3月期末には累計で65店舗を達成する計画です。

神奈川県　ワークマンプラス川崎中野島店（路面の2号

埼玉県　ワークマンプラスららぽーと富士見店（3号

1．出店方針

★ 路面新店もSC店並みの売上になる可能性があるので、今後はワークマンの新店を全て「WORKMAN Plus」で出店します。路面新店はプロ顧客と一般客の比率を50:50の前提で出店していきます。但し時間の経過でプロ顧客の比率が高くなれば、作業服・作業用品の売場を拡張します。

★ SC店の当初の「旗艦店」的役割は路面店の成功で多少薄れましたが、広告塔としては各拠点にあった方が良いので、20年3月期末までに10店を出店します。それ以降も路面店並みの利益率が確保できる大型SCへの出店を続けます。

★ 既存路面店は「WORKMAN Plus」に改装すれば確実に売上が上がりますが、先ずは改装作業の標準化と改装工事（休業）期間の短縮を進め、改装作業の完全アウトソーシング化ができた段階で、既存路面店の改装を加速化します。

＼ポイント1／

具体的な数字を前面に出して訴求

タイトルやリードを中心に、数字を強く訴求している。メディアに対して具体的な数字を主張するのは有効な手段。

ドア市場に可能性を見出していきます。本格的に一般ユーザーが増えたのは、ここ3〜4年ほどのこと。

それまでの来店客は現場作業員ばかりで、店内にカラフルな衣装はなく、マネキンや姿見さえなかったと言います。しかし丈夫さと機能性に着目したアウトドアファンたちの間で口コミが広まり、まさにユーザー先導で拡大してきた市場なのです。

ワークマンは2016年にアウトドアブランド「フィールドコア」、スポーツブランドの「ファインドアウト」、レインウェアの「イージス」の3ブランドを同時期に立ち上げ、売上も倍々で急伸長。『日経トレンディ』（日経BP社）の2019年ヒット予測ランキングでは、なんと「改元」を押しのけて「デカトロン＆ワークマンプラス」で1位に。「デカトロン」はフランスの競合企業ですが、2社とも安価で高機能なウェアを送り出しています。一躍、日本中が注目する企業に躍り出たのです。

ワークマンが初めてプレスリリースを作成したのは2年半前の「フィールドコア」ブランド発表のとき。広報を積極的に取り入れているのが、常務取締役の土屋哲雄さんです。前職で商社の経営企画にも携わり、その重要性を感じていたそうです。

ブロガーとの深い信頼関係

ワークマンの広報で特徴的なのは、ブロガーを非常に大切にしていること。商品発表会は加盟店向け、マスコミ向け、ブロガー（インフルエンサー）向けの3回に分けて開催しているほどです。ブロガーが書いた記事を読んで買いに訪れるお客さんが多く、特に発表会後の反響は大きいとのこと。

しかし、そもそもブロガーはどうやって集めるのでしょうか。最初は社員が検索をして、ワークマンの商品について熱く書き込んでいる人たちにアポイントを取っていき、中には直接会いに行ったケースもあったそうです。部長クラスの社員がこうした作業を厭わずに取り組む姿勢が素晴らしく、土屋さんも常務取締役でありながら、会社宛にメールを送ってきたユーザーに1通ずつ返事を書いているというから頭

2枚目

2．出店形態別の計画

①SC 店

3 月 21 日に「ららぽーと甲子園」、4 月初旬に「ららぽーと平塚」への出店が決まっていますが、9 月末までにあと 1 店舗を大型 SC に出店すべく交渉をしています。20 年 3 月期上期末までに累計 5 店舗体制、20 年 3 月期末までに累計 10 店舗体制にすることが目標です。現状の SC 店の売上が好調なため、SC 各店の年間売上目標を当初の 1.2 億円から 3 億円に上方修正しました。

②路面新店

19 年 3 月期末までに営業中の川崎中野島店に加え、等々力・福岡和白・鳥栖・練馬石神井店の 4 店を出店して 5 店舗体制にします。20 年 3 月期上期末までに日田・沼田蓮根・西那須野・豊橋北岩田・直江津・白山・鹿児島中山・旭川旭町・南仙台・安曇野穂高・大野城仲畑・熊本平田・堺豊田に出店します。その他広島市・福岡県に各 1 店を予定して計 15 店出店して、累計で 20 店にします。20 年 3 月期末までに累計で 35 店にすることが目標です。

路面新店は半分が一般客向けのアウドドアウェア中心の「WORKMAN Plus」売場で、残り半分はプロ顧客向けにスタイリッシュな作業服を売る「Stylish WORKMAN」との複合店になります。路面新店の初年度売上目標は立地により 1.0~1.5 億円です。

これまでの既存店はホワイトカラーの多い地域を避けてきましたが、今後は立地条件が拡大されます。特に都心部では従来の 100 坪の標準店舗に拘らず、小型店や居抜きの物件にも出店します。

③既存店改装店（路面）

19 年 3 月期末までに 2 店舗、20 年 3 月期上期末までに累計で 10 店舗、20 年 3 月期末までに累計で 20 店舗を出店する予定です。店舗改装を完全にアウトソーシング化できれば出店速度は更に加速できます。路面改装各店の売上目標は改装前の 50%アップです。

3．重点地域での出店方針

①関東

関東地区は東京、神奈川を除き、一般客向けの販売比率が低めのため、「WORKMAN Plus」出店の最重点地域です。グレード感のある大型 Shopping Center（売上 300 億円以上）にできるだけ多く「WORKMAN Plus」を出店する予定です。東京都・神奈川・埼玉・千葉県で各 2 店の出店が目標です。SC 店舗でイメージを高めて、より多くの一般客を既存店に誘導します。路面新店の出店余地は関東ではあまり残されていませんので既存店改装が中心になります。東京区部は既存店の空白地域が多いため、100 坪の標準店舗だけでなく、50 坪位までの小型路面店を出店します。

②関西

3 月下旬か 4 月上旬に「WORKMAN Plus」の唯一の競合先であるフランス Decathlon 社（売上 1.3 兆円）が大型店を阪急西宮ガーデンズに出店します。当社はこれに先立つ 3 月 21 日にららぽーと甲子園に「WORKMAN Plus」を出店し、同日に路面の大阪水無瀬店を「WORKMAN Plus」に改装して Decathlon 社を迎え撃ちます。両 SC 店の距離はわずか 3km ですが、先手必勝で大規模な販促を行います。2 店舗だけでは Decathlon の大型店にかなわないので、関西地区のワークマン 120 店舗でアウトドア売場を強化して包囲網を作ります。1 対 120 の数の優位で「西宮戦争」を制するつもりです。

ポイント2

「3の法則」で本文をまとめている

多くの情報が混在する中で、3つの切り口を使って重要なポイントを分かりやすく整理してまとめている。

が下がります。

単にブログに書いてほしいというのでなく、愛用者たちから「意見を聞きたい」という姿勢も感じます。例えばオートバイに乗る人から、「運転しているときにズボンの裾がパタついて邪魔だ」というような意見があれば、次の年のモデルでは裾を紐で縛れるようにするなど、きちんと意見を採用しています。ハードユーザーにとっては嬉しいに違いなく、信頼関係は堅固です。

発表会では製品サンプルも提供していますが、「自由に書きたいので、サンプルはもらわずに自分で買います」というブロガーもいるそうで、なかなかに硬派です。本当に深い関係を築いているブロガーは30人ほどおり、2019年3月に初めてマスコミとブロガー向けの発表会を同時に開催しましたが、ユーザーの声が聞けるためマスコミにも好評だったそうです。

珍しい「出店計画リリース」

ワークマンが初めてテレビで本格的に取り上げられたのは、2018年2月の『カンブリア宮殿』（テレビ東京）。ネットを中心にじわじわ伸びていたのが、社会的に認知された瞬間でした。同年9月には一般向けの衣料品をメイン商品に据えた「ワークマンプラス」の1号店を東京・立川市に開店。『ワールドビジネスサテライト』（テレビ東京）、『ゴゴスマ』（CBCテレビ）、『サンデー・ジャポン』（TBSテレビ）、『めざましテレビ』（フジテレビ）、『ガイアの夜明け』（テレビ東京）など名だたる番組に登場します。11月には前述の『日経トレンディ』が追い風に。今回紹介する出店計画リリースは12月に配信したものです。その内容は「ワークマンプラス」を2020年3月期末には65店舗にまで拡大するという出店攻勢を明確にしたものでした。

土屋さんは配信理由を「顧客からの問い合わせが多かったから」と説明していましたが、好調ぶりを世の中に印象づける、絶好のタイミングでの配信でした。

では、そのリリースを見ていきましょう。正直、これだけ多くのリリースを見ている私も、「出店計画リリース」の現物を見るのは初めてでした。

ポイント1 まずタイトルやリードを中心に出店計画数の数字を前面に押し出しています。1年と3カ月で65店舗まで増やすという数字には強烈なインパクトがありますし、会社の成長をリア

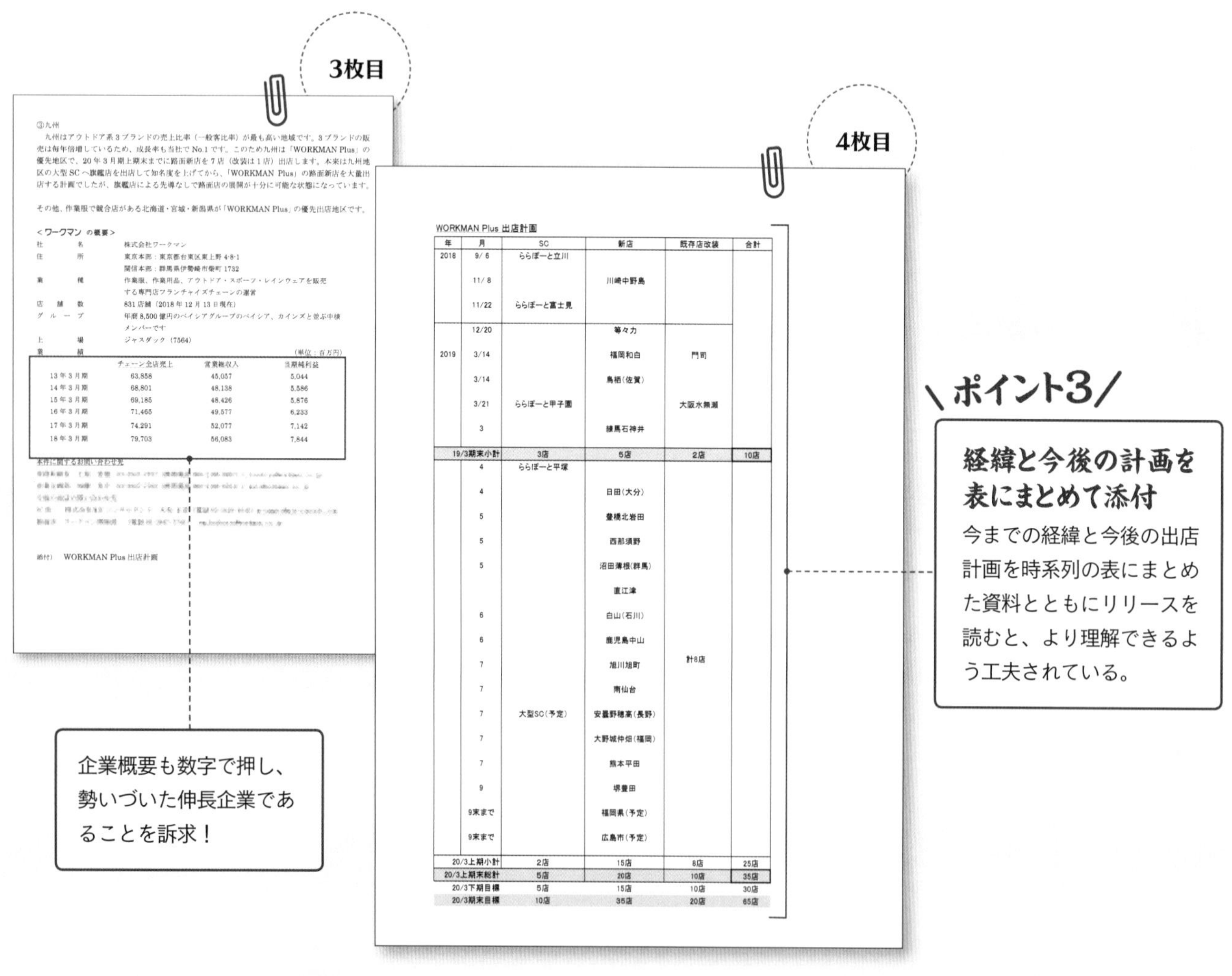

③九州

九州はアウトドア系3ブランドの売上比率（一般客比率）が最も高い地域です。3ブランドの販売は毎年倍増しているため、成長率も当社でNo.1です。このため九州は「WORKMAN Plus」の優先地区で、20年3月期上期末までに路面新店を7店（改装は1店）出店します。本来は九州地区の大型SCへ旗艦店を出店して知名度を上げてから、「WORKMAN Plus」の路面新店を大量出店する計画でしたが、旗艦店による先導なしで路面店の展開が十分に可能な状態になっています。

その他、作業服で競合店がある北海道・宮城・新潟県が「WORKMAN Plus」の優先出店地区です。

<ワークマン の概要>

社　名　株式会社ワークマン
住　所　東京本部：東京都台東区東上野4-8-1
　　　　開信本部：群馬県伊勢崎市柴町1732
業　種　作業服、作業用品、アウトドア・スポーツ・レインウェアを販売する専門店フランチャイズチェーンの運営
店舗数　831店舗（2018年12月13日現在）
グループ　年商8,500億円のベイシアグループのベイシア、カインズと並ぶ中核メンバーです
上　場　ジャスダック（7564）
業　績　（単位：百万円）

	チェーン全店売上	営業総収入	当期純利益
13年3月期	63,858	45,057	5,044
14年3月期	68,801	48,138	5,586
15年3月期	69,185	48,426	5,876
16年3月期	71,465	49,577	6,233
17年3月期	74,291	52,077	7,142
18年3月期	79,703	56,083	7,844

本件に関するお問い合わせ先

添付）WORKMAN Plus 出店計画

WORKMAN Plus 出店計画

年	月	SC	新店	既存店改装	合計
2018	9/6	ららぽーと立川			
	11/8		川崎中野島		
	11/22	ららぽーと富士見			
	12/20		等々力		
2019	3/14		福岡和白	門司	
	3/14		鳥栖（佐賀）		
	3/21	ららぽーと甲子園		大阪水無瀬	
	3		練馬石神井		
19/3期末小計		3店	5店	2店	10店
	4	ららぽーと平塚			
	4		日田（大分）		
	5		豊橋北岩田		
	5		西那須野		
	5		沼田薄根(群馬)		
			直江津		
	6		白山（石川）		
	6		鹿児島中山		
	7		旭川旭町	計8店	
	7		南仙台		
	7	大型SC（予定）	安曇野穂高（長野）		
	7		大野城仲畑（福岡）		
	7		熊本平田		
	9		堺豊田		
	9末まで		福岡県（予定）		
	9末まで		広島市（予定）		
20/3上期小計		2店	15店	8店	25店
20/3上期末総計		5店	20店	10店	35店
20/3下期目標		5店	15店	10店	30店
20/3期末目標		10店	35店	20店	65店

企業概要も数字で押し、勢いづいた伸長企業であることを訴求！
＼ポイント3／
経緯と今後の計画を表にまとめて添付
今までの経緯と今後の出店計画を時系列の表にまとめた資料とともにリリースを読むと、より理解できるよう工夫されている。

ルに伝えています。**ポイント2** 本文では「3の法則」を用いています。まず全体を「出店方針」「出店形態別の計画」「重点地域での出店方針」の「3パート」に分け、それぞれの章も「3つ」の箇条書きに分けています。大量出店なので情報量は膨大なはずですが、整理されており分かりやすい。情報量は多すぎても少なすぎてもいけませんが、3項目というのは把握しやすくて満足感もある数なのです。

リリースの最後に1枚添付資料があり、**ポイント3** ここまでの経緯とこれからの計画を時系列で掲載しています。これで今後、地元に出店計画がある地域のメディア関係者には、取材を考えるきっかけになります。リリース全体を通して勢いがヒシヒシと伝わり、メディアからも声がかかりやすくなったほか、株価が上昇する効果もあったようです。早めに予定を発表したことで期待感が高まり、2019年3月オープンの甲子園店では1日の売上記録更新を達成しました。

ユニークなのが、出店戦略をあからさまに公開していること。例えば「路面店の成功でショッピングセンター店の旗艦店的役割は多少薄れたけれど、広告塔として各拠点に出店は続ける」など、通常だったら外部には出さないような戦略も載せています。これは「教えても他店には真似できない」という自信があってのこと。実際、作業着市場は業界第1位のワークマンが800以上の店舗を有するのに対し、2～3位は40～50店舗と大きく差が開いており、アウトドア専門店に対しても価格や原価率で圧倒的に優位だと分かっているからです。過去40年間、現場のプロだけが購入するクローズドな業界だったのが、世間が注目したことで、今まさに転換点を迎えているのです。

そういう業界事情もあるとはいえ、ここまで出していいの？とも思えるリリースには土屋さんの哲学がありました。「前職でよく見かけたのが、情報の出し惜しみでした。しかし、内部の人間しか知らない情報を出すくらいでないとメディアは発表会に来てくれません。60の力で来てもらおうなんて甘い話で、最初から100を出して本番までに120や130を考える。未熟な商品やリリースは世に出してはいけないと思っています。1本でもダメなリリースを出したら読んでもらえなくなりますから」。それほどの覚悟でリリースを作成しているのです。

「売上は広報の巧劣でほとんど決まっていて、かつての当社は売り方が悪かった。身の程知らずに注目されても困りますが（笑）、実力に合った注目度は保ち続けられるよう、これからは、発表会も手を替え品を替えながら企画していくつもりです」と話す土屋さん。今後の戦略が楽しみです。

情報を出し惜しみしない 全力投球のリリースで メディアの期待も高まる

今回の教訓 メディアはライバル対決がお好き

ワークマンが『日経トレンディ』に注目された理由のひとつに、フランスの巨大競合企業であるデカトロン社が2019年春に日本へ上陸するタイミングという点もありました。西洋からやってくる黒船に、日本企業がどう対抗するのかという構図が興味を誘ったのです。

こうした対立構造をメディアは好みますし、判官びいきという日本人特有の性質もあります。実は私も「横濱カレーミュージアム」をプロデュースしていたころは、別に仲が悪いわけでもないのに「新横浜ラーメン博物館」とライバル関係として取り上げられたり、やたらに横浜VS横須賀という対立構造で報じられたりしました。この方法だと、相手が取材されれば自動的に自分たちも話題にしてもらえるメリットがあります。

それが分かってからは、ラーメン博物館と協力してわざと対立するような企画を共同で立て、メディアに面白おかしく取り上げてもらったこともありました。

[DATA]
企業名：株式会社ワークマン
資本金：16億2271万8300円（2020年3月末現在）
所在地：群馬県伊勢崎市柴町1732
代表者：小濱英之
売上高：チェーン全店売上高1220億円（2020年3月期）
利益：営業利益191億円、経常利益206億円（2020年3月期）
従業員数：305人（2020年3月末現在）
簡単な沿革：1980年、株式会社いせやの一部門として群馬県伊勢崎市に「職人の店ワークマン」1号店オープン。1982年に株式会社ワークマンを設立。2020年3月末現在、868店舗を46都道府県にて展開。

[広報戦略]
広報の基本方針は「事実を素早く誠実に分かりやすく伝えて、ワークマンを知ってもらいブランド価値を向上させる」。広報目標は「老若男女問わずワークマンの名前を知ってもらう」。

＊2019年7月号『広報会議』掲載（情報は取材当時のもの）

CASE 10

コロナ下の観光PRという課題に「アマビエ」動画で話題創出

大分県「うちフロ」

おカタくなりがちな行政のPRで、以前からユーモアが際立つ大分県。少しでも明るい話題を求める、メディアのニーズにも合致！

新型コロナウイルス感染症（以下、新型コロナ）の影響が長引き、飲食業界と並んで深刻な打撃を受けている観光業界。そんな状況下で、疫病除けのご利益があるといわれる妖怪「アマビエ」を起用したユニークなPR動画で話題を呼んだのが大分県です。

大分県企画振興部広報広聴課では、県内の観光資源にスポットを当て、県外へ向けて魅力をアピールするリリースを毎月配信しています。日本全国の観光地が新型コロナの影響で大きなダメージを受ける中、大分県も4月の観光客数が前年比80.3%減少という深刻な状況でした。そこで2020年5月に配信したのが県内の温泉をPRする「うちフロ」リリースです。

全国で緊急事態宣言が発令されてい

1枚目

本情報の一般情報解禁は2020年5月28日(木)午前11:26(イイフロ)とさせて頂きます。

〈報道関係者各位〉

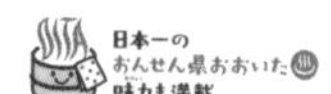

2020年5月28日(木)
大分県企画振興部 広報広聴課

「みんなが自由に行き来できるその日まで、おうちのおフロを楽しもう」
大分県が1,000人の女将たちと新型コロナの早期終息を祈願！
アマビエ×シンフロで終息祈願動画『うちフロ』公開
女将たちの手書きメッセージ付き「湯の花」を1,000名様にプレゼント
「うちフロ」公式サイト：http://onsenkenoita.com

緊急事態宣言は解除になりました。そろそろ「大分県の温泉に行きたい」と言っていただくのは大変ありがたいのですが県境を越える観光については、いましばらく我慢をお願いしなければなりません。そこで今回、新型コロナの終息の祈願と、あと少し自宅のおフロを楽しむためのキャンペーン「まだまだ うちフロ」を5月28日(木)より開始いたします。

こんなに
人類ひとつなら、
その日は必ず
やってくる。
その日まで、
大分の温泉は
冷めません。
まだまだ
うちフロ

「おうちのおフロで免疫力アップ」疫病退散の妖怪アマビエが踊る「シンフロ」動画。

今回の動画では、江戸時代に疫病の到来を予言したとされる妖怪アマビエが大分の温泉や自宅のおフロでシンフロをします。「疫病が流行った時には、自分の姿を絵に描いて人々に見せるように」と伝えたといわれるアマビエの動画をぜひ、お守り代わりにご覧ください。また、入浴にはウイルスの洗浄効果や免疫力を高める効果があると言われており、大分出身の瀧廉太郎作曲の「花」の替え歌でおフロの楽しみ方を訴求します。

シンフロについて

「シンフロ」は2015年に大分県が発表した、県内のさまざまな温泉でシンクロナイズドスイミングをするPR動画です。2020年5月現在で240万回再生されています。その後、ドラマ仕立ての「ゆけ、シンフロ部！」(2016)、働き方改革をテーマにした「プレミアムフロイデー」(2017)と続きました。

＼ポイント1／

タイトルと連動させたメインビジュアルで興味喚起

時事的テーマである「アマビエ」をモチーフにした動画のリリースであることを一瞬で認識させることに成功。ユニークさも伝わりやすく、メディアとして扱いたくなる気持ちにさせている。

た時期、すべての観光地が考えていたのは、「来てほしいのはやまやまだけれど、今は我慢してほしい」ということでした。同時に「この事態が収束したら、ぜひ来てほしい」と、その後の集客につなげることも必須課題だったに違いありません。

さらに「新しい素材が撮影できないという制約もありました」と同課の久井田千晴さんは明かします。確かに自粛が叫ばれている時期、県の職員といえども各地に取材に行くことはできません。そこで制作スタッフから提案されたアイデアが、県内各地の温泉でイラストのアマビエがシンクロナイズドスイミングをしながら「あと少し自宅のおフロを楽しもう」と呼びかける「うちフロ」動画です。

実は大分県では2015年にも、県内各地の温泉で本物の人がシンクロを披露する「シンフロ」動画を公開、240万回再生されるヒットを記録し、シリーズ化していました。

ロケに行けなくても、すでに県が持っている温泉の写真素材とアマビエのイラストを組み合わせればつくることができます。動画の終盤には家庭の浴室が30個ほど映りますが、これはスタッフ関係者が自宅の浴室を撮影して協力したものだといいます。

スタッフは手元にある温泉素材の中から、なるべく背景が美しく、人が映っていないものを選抜。同時進行でアマビエのイラストや、大分県出身の作曲家・瀧廉太郎が作曲した「花」をモチーフに、家のおフロをアピールする歌詞を制作していきました。

「シンフロ」は半年かけて制作しましたが、「うちフロ」は提案が4月下旬で、わずか1カ月後の5月28日には動画とリリースを配信しています。久井田さんは、短期決戦の理由を「制作当時、6月には観光自粛を呼びかける必要がなくなるほど新型コロナが収束している可能性もあったので」と語ります。確かにあのころは1週間先の予測さえつかない状態でしたから、かなり気を揉んだと思います。

替え歌の歌詞も、状況に合わせて書き換えました。企画当初は「もし外出したら すぐお風呂」と外出できることが稀な状況という前提でしたが、徐々に感染者数が減って外出できるようになったことから「家に帰ったら

ポイント2

主題を明確にわけて優先順位をつけている

1枚目では「うちフロ」動画について、2枚目で明礬温泉の湯の花プレゼント企画を紹介する構成。優先順位を明確にすることで、2つの主題を混在させることなく丁寧に紹介している。

2枚目

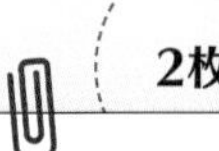

おうちのおフロを楽しんでもらうために、〈湯の花〉を1,000名にプレゼント。

「うちフロ」を楽しんでいただくために、大分県別府市明礬温泉の活発な温泉蒸気を結晶させて作られる天然の入浴剤「湯の花」(7個入り)を1,000名様にプレゼントいたします。自宅のおフロに湯の花を入れるだけで温泉気分が味わえます。

※写真はイメージです。

オリジナルの湯の花パッケージには、世界に一つ、女将たち1,000人の手書きメッセージ付き。

大分県では、4月の観光客が昨年比330,682人から65,020人まで80.3%減少しており、大変厳しい状況に立たされています。そのような中、大分県の旅館、ホテルの女将や従業員のみなさん1,000人に新型コロナの終息や再会を願うメッセージを書いていただきました。一枚一枚、心を込めて書かれたメッセージは、世界に一つの贈り物です。

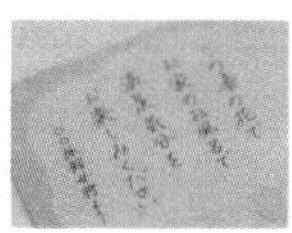

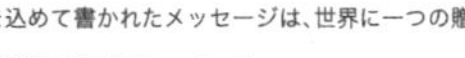

薬用入浴剤〈湯の花〉について

天然の湯の花部屋から作られる「薬用 湯の花」とは、別府 明礬温泉の地表から噴出する温泉ガスから採取した結晶で、薬用効果の高い天然入浴剤です。白く美しい「湯の花」は温泉成分そのもの。ご家庭の湯船を一瞬にして温泉にしてしまいます。一番の特徴は、無機塩類が皮膚のたんぱく質と結合して膜を作り、身体の熱の放散を防ぐため、入浴後の保温効果が高く、湯冷めをしないこと。お風呂に入った後は、からだがぽかぽかとあたたかくなり、1日の疲れが消えたようにさっぱり。心も体もリフレッシュすること間違いなしです。

応募方法

❶Twitterで「うちフロ(@uchifuro)」アカウントをフォロー。
❷「うちフロ(@uchifuro)」の動画のツイートをリツイートしてください。

※抽選は、随時、行います。※上記の応募条件を満たした方の中から抽選の上、当選された方にTwitterのダイレクトメッセージにて当選通知と配送先登録フォームをご連絡させていただきます。「@uchifuro」アカウントのフォローをはずすと当選連絡ができなくなりますのでご注意ください。※Twitterのダイレクトメッセージによるご連絡は事務局からの送信専用となっております。誠に恐れ入りますがご返信はお受けできませんのであらかじめご了承ください。※抽選方法・当落に関するご質問の受付は行っておりません。

〈おんせん県おおいた情報〉

- **おんせん県おおいた うちフロ公式HP〈http://onsenkenoita.com/〉**
- **おんせん県おおいた うちフロ公式Twitter〈https://twitter.com/uchifuro〉**
- **おんせん県おおいた!ちゃんねる〈http://onsenkenoita-ch.com/〉**
- **日本一の「おんせん県」大分県の観光情報公式サイト〈http://visit-oita.jp/〉**
- **おんせん県おおいたTIMES(facebook)〈https://facebook.com/onsenken.oitatimes〉**
- **大分県〈http://pref.oita.jp/〉**

本件に関するお問い合わせ先

すぐお風呂」に変えたといいます。

結果的には、5月25日に全国で緊急事態宣言が解除された3日後の配信となりました。まだ首都圏では県を跨いだ移動は認められていませんでしたし、その後も感染者数が再拡大して旅行控えが続くことを考えると、ちょうどいいタイミングに、ちょうどいい内容で配信できたのではないでしょうか。

ビジュアルを効果的に活用

ではそのリリースを見ていきましょう。この案件の肝は、いうまでもなくアマビエです。**ポイント1** タイトルと画像でアマビエ関連であることが一瞬で認識できます。今までにないユニークな動画がつくられたことも伝わり、メディアに興味を持たせることに成功しています。

ポイント2 リリース1枚目は動画だけに集中し、2枚目にプレゼント企画を書くことで、優先順位を明確にしています。「うちフロ」のキャンペーンでは動画公開に加えて、大分県の旅館やホテルの女将たちがコロナ収束や再会を願うメッセージを書いた別府市明礬(みょうばん)温泉の湯の花を1000人にプレゼントしました。

女将さんたちも手紙を書くことで自分を奮い立たせ、「いつかこのメッセージを見た人が大分に来てくれれば」と、快く協力してくれたそうです。

プレゼントは、大分県のツイッターをフォロー＆リツイートで応募できる形にしており、双方向のコミュニケーションによって大分県をより身近に感じてもらえることも期待できます。

3枚目にはアマビエと合成した様々な温泉の静止画をコマ割りで11点並べています。**ポイント3** メディア関係者にしてみると、動画へのアクセスは何分かかるか分からないことも含めて億劫だったりしますが、これなら見なくても中身が把握できます。この画像は、コロナ収束後の温泉PRにもつながっています。

4枚目は大胆に、替え歌の歌詞だけを掲載。別のページに盛り込むこともできたと思いますが、「じんとくる歌詞ができあがったので、皆さんに文字で読みながら、じっくり味わっていただきたかった」という久井田さんの願いが込められていました。

アマビエ自体は4月下旬からすでに

3枚目

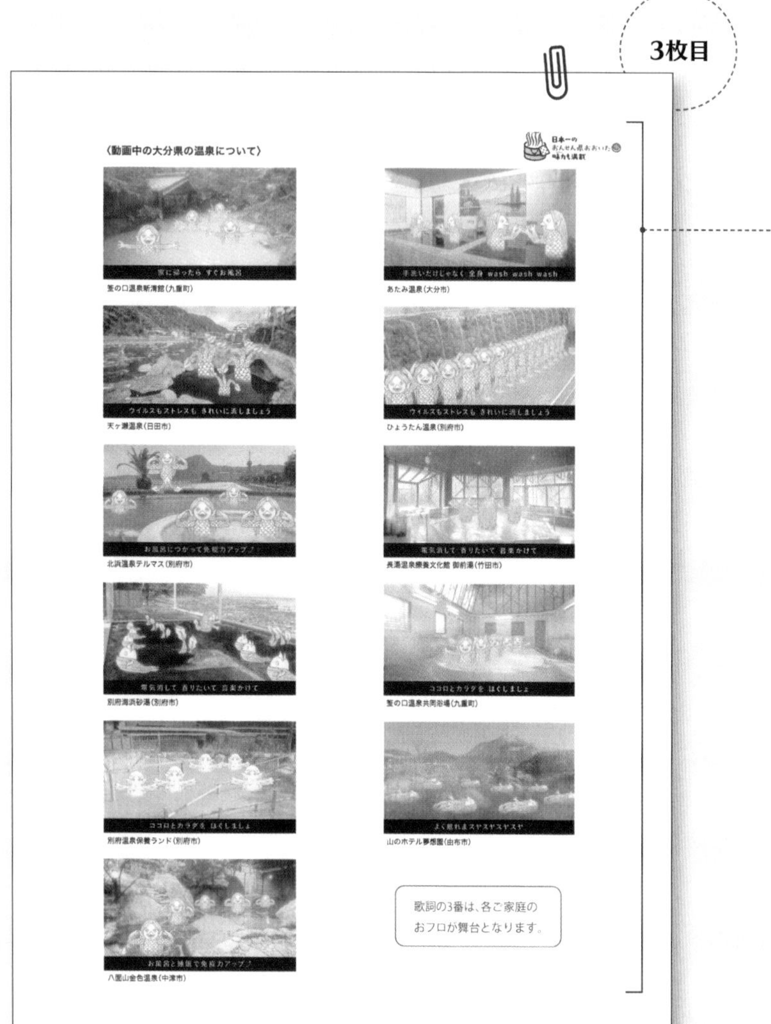

〈動画中の大分県の温泉について〉

日本一のおんせん県おおいた 味力も満載

家に帰ったら すぐお風呂
筌の口温泉新清館(九重町)

手洗いだけじゃなく 全身 wash wash wash
あたみ温泉(大分市)

ウイルスもストレスも きれいに流しましょう
天ヶ瀬温泉(日田市)

ウイルスもストレスも きれいに流しましょう
ひょうたん温泉(別府市)

お風呂につかって免疫力アップ♪
北浜温泉テルマス(別府市)

電気消して 香りたいて 音楽かけて
長湯温泉療養文化館 御前湯(竹田市)

電気消して 香りたいて 音楽かけて
別府海浜砂湯(別府市)

ココロとカラダを ほぐしましょ
筌の口温泉共同浴場(九重町)

ココロとカラダを ほぐしましょ
別府温泉保養ランド(別府市)

よく眠れまスヤスヤスヤスヤ
山のホテル夢想園(由布市)

お風呂と睡眠で免疫力アップ♪
八面山金色温泉(中津市)

歌詞の3番は、各ご家庭のおフロが舞台となります。

＼ポイント3／

連続コマ画で動画の中身を把握できる

3枚目に動画のコマ画を11カット並べて歌詞、撮影スポットとともに紹介。動画を見る時間がなくても、1枚で中身が把握できるように工夫されている。

4枚目

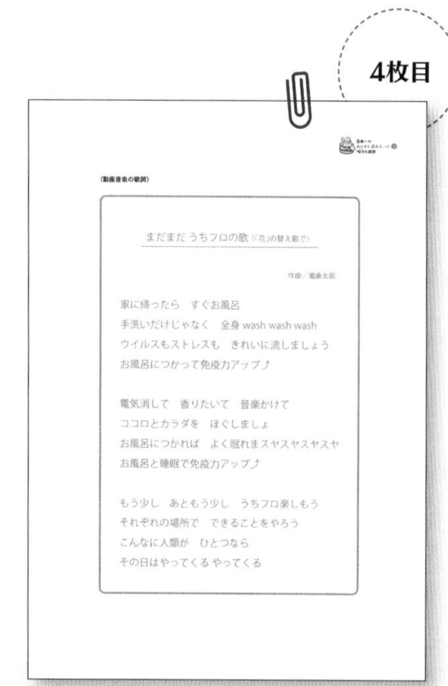

〈動画音楽の歌詞〉

まだまだ うちフロの歌（「花」の替え歌で）

作曲／瀧廉太郎

家に帰ったら　すぐお風呂
手洗いだけじゃなく　全身 wash wash wash
ウイルスもストレスも　きれいに流しましょう
お風呂につかって免疫力アップ♪

電気消して　香りたいて　音楽かけて
ココロとカラダを　ほぐしましょ
お風呂につかれば　よく眠れまスヤスヤスヤスヤ
お風呂と睡眠で免疫力アップ♪

もう少し　あともう少し　うちフロ楽しもう
それぞれの場所で　できることをやろう
こんなに人類が　ひとつなら
その日はやってくる やってくる

ネットで話題になり始めていましたが、経済活動が沈黙していたこともあり、PRに活用できた例として大分県は非常に早かったといえるでしょう。

アマビエを取り入れた企業の多くは小物グッズの販売や参加者に絵を描かせるキャンペーンなど、どれも内容が似通っていてメディアの注目を集めるには至っていません。

とかく行政のリリースはおカタくなりがちです。その点、大分県にはユーモアを認める風土があるようです。そもそも温泉でシンクロをする時点でユニークですが、リリースは「いいフロ」に因んで情報解禁を11時26分にしたり、本文もユーモアのある文章になっていたりします。コロナ下の世の中において、メディアは少しでも明るい話題を求めており、そのニーズにもマッチしました。

そうした要因が重なった結果、テレビでは『ゴゴスマ』(CBC)『Nスタ』『あさチャン!』(ともにTBS)『スーパーJチャンネル』(テレビ朝日)の4番組で全国放送を勝ち取ったほか、「デイリースポーツ」(神戸新聞社)や「スポーツ報知」(報知新聞社)などの新聞、ウェブなど約50件もの掲載へとつながりました。

消費者からの反響もよく、プレゼント応募数は約6000件、動画の再生回数は7月中旬の時点で120万回以上と、目標の50万回を大きく上回りました。「アマビエがかわいい」「動画を見ていたら別府温泉に行きたくなった」などの声も寄せられ、所期の役割は果たしたようです。

動画から広がる可能性

動画は手間がかかりますが、テレビで放映してもらえる可能性があります。今の時代、YouTubeに上げておけば、何かのきっかけで見てもらえる可能性も期待できます。ちなみに「シンフロ」公開翌年の2016年には、地域ブランド調査で大分県が32位から15位にジャンプアップしたそうです。一因とはいえ、威力の大きさに驚かされます。

今回のような手法は、比較的手間と予算をかけずに、面白い動画をつくれるという好例です。皆さんも挑戦する場合には参考にしてみてください。

県によって観光PRには温度差がありますが、大分県は非常に熱心です。地方局のディレクターと関係を築き、いいコンテンツの場合は東京のキー局に上げてもらったり、東京事務所の職員もキー局に直接、働きかけたりしているそうです。

コロナ下が長引く中、観光業界も難しい局面が続きますが、時機を見定めたPRで頑張ってほしいと思います。

アイデアと工夫次第で手元にある素材を活かしたユニークな企画が実現！

今回の教訓

リモート取材の積極的な活用を

新型コロナウイルス感染症によって人々のマインドが変化し、Zoomなどを使った遠隔会議が当たり前になってきています。

今回の取材も、私は東京にいながらにして大分県の久井田さんたちと顔を合わせて取材することができました。まったく異なるのは紙の名刺を直接交換できないことくらいで、それ以外はこれまでと遜色ない取材ができたと思います。

これまでは、たとえ私がアマビエを使った「うちフロ」動画が面白いと感じても、予算的にも時間的にも大分県まで取材に行くのは不可能でした。けれどこれからは、地方にいても簡単に全国からの取材が受けられる時代になります。テレビ出演も、現地にいながら対応できる時代がきたのです。これは、地方の企業や自治体にとって、かつてない大きなチャンスです。

「広報会議」の連載でも積極的に地方の案件を取り上げたいと考えていますので、よいリリースができた方は、気兼ねなく編集部までご連絡ください。

[DATA]
団体名：大分県
所在地：大分市大手町3-1-1
代表者：大分県知事　広瀬勝貞
職員数：約3800人
沿革：1871年、旧豊後国内に置かれていた杵築県、日出県、府内県、臼杵県、日田県、森県、岡県、佐伯県の８県等を併合して成立した。
[広報戦略]
広報の人員は9人。県外広報目標は大分県のブランド力の向上。年間のリリースは首都圏・関西圏に向けたパブリシティ活動として、月1回のペースで大分県内の魅力的な情報を配信するほか、イベントやキャンペーン時には個別にリリースを配信。リリースを書く際は「全国へアピールできるニュースになっているか（ほかの自治体と被っていないか）」、「ニュース性があるか（旬なネタか）」を意識している。

＊2020年10月号『広報会議』掲載（情報は取材当時のもの）

CASE 11

復刻版商品の発売で ロングセラー商品の話題を最大化

ゼブラ「ハイマッキー復刻版」

ゼブラは私も学生時代、蛍光マーカーで大変お世話になった愛着のある筆記具メーカーです。暗記ものには欠かせないアイテムで、読者の中にも愛用していた方は多いのではないでしょうか。今回取り上げるのは、同じく代表的な商品である油性マーカーの「ハイマッキー」。2016年に発売から40周年を記念して製造販売した復刻版のリリースを検証します。

当時の商品を忠実に再現

ハイマッキーは1976年に発売され、日本だけでなくアメリカやアジアなど

「復刻版」はPRにとって
有効なコンテンツ。
既存商品に再び光を当てる
効果があります。

1枚目

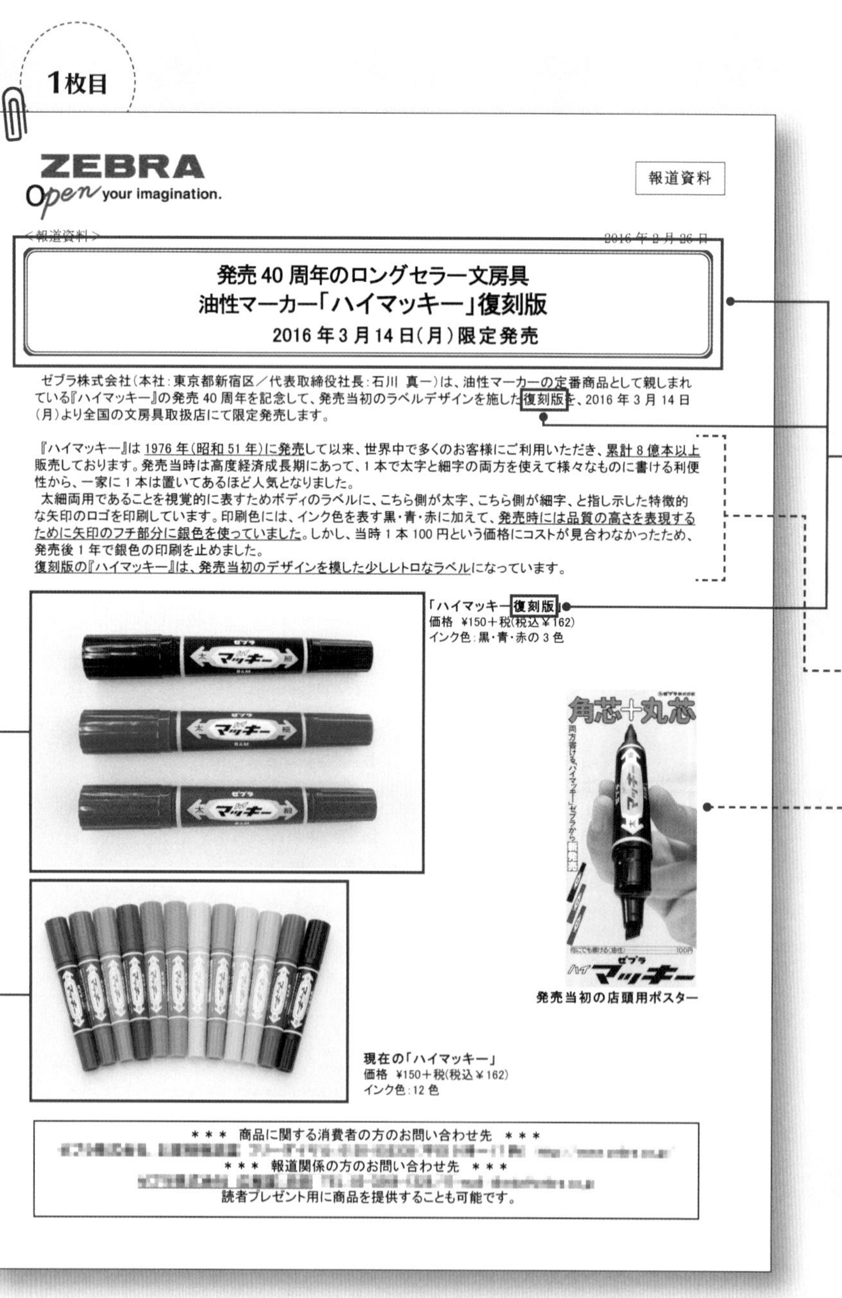

ZEBRA
Open your imagination.

報道資料

~~<報道資料>~~ ~~2016年2月26日~~

発売40周年のロングセラー文房具
油性マーカー「ハイマッキー」復刻版
2016年3月14日(月)限定発売

ゼブラ株式会社(本社:東京都新宿区／代表取締役社長:石川 真一)は、油性マーカーの定番商品として親しまれている『ハイマッキー』の発売40周年を記念して、発売当初のラベルデザインを施した復刻版を、2016年3月14日(月)より全国の文房具取扱店にて限定発売します。

『ハイマッキー』は1976年(昭和51年)に発売して以来、世界中で多くのお客様にご利用いただき、累計8億本以上販売しております。発売当時は高度経済成長期にあって、1本で太字と細字の両方を使えて様々なものに書ける利便性から、一家に1本は置いてあるほど人気となりました。

太細両用であることを視覚的に表すためボディのラベルに、こちら側が太字、こちら側が細字、と指し示した特徴的な矢印のロゴを印刷しています。印刷色には、インク色を表す黒・青・赤に加えて、発売時には品質の高さを表現するために矢印のフチ部分に銀色を使っていました。しかし、当時1本100円という価格にコストが見合わなかったため、発売後1年で銀色の印刷を止めました。
復刻版の『ハイマッキー』は、発売当初のデザインを模した少しレトロなラベルになっています。

「ハイマッキー復刻版」
価格 ¥150＋税(税込¥162)
インク色:黒・青・赤の3色

発売当初の店頭用ポスター

現在の「ハイマッキー」
価格 ¥150＋税(税込¥162)
インク色:12色

＊＊＊ 商品に関する消費者の方のお問い合わせ先 ＊＊＊
＊＊＊ 報道関係の方のお問い合わせ先 ＊＊＊
読者プレゼント用に商品を提供することも可能です。

＼ポイント2／

現在の商品と比較する

復刻版の特徴が分かるように現在の商品と比較する

で累計8億本を販売してきたベストセラー商品。おそらくどこの家庭にも1本はあるのではないでしょうか。2015年12月にせっかく40周年なのだからと営業企画部から企画が発進したのですが、発売当初の企画書など、社内に資料が何も残っていないという問題が。「会社の倉庫に発売時の現物が1本だけ残っていて、それをもとにデザイナーが目視でデザインを再現しました」と営業業務企画部 広報室室長の池田智雄さんが裏話を教えてくれました。

当時は寺西化学の「マジックインキ」(1953年発売)の独占市場でしたので、太字と細字が1本で使い分けでき、キャップを尻に差し込むことで紛失やペン先の乾燥を防げるなど、画期的な工夫を施しました。現行商品との最大の違いはボディラベルの矢印の縁に銀色を使っていることです。

池田さんは聞き取り調査をしようと、40年前にハイマッキーを企画し、数年前に退職した元社員に会いに行きました。当時は思いついた商品はいくつか試作品をつくったらすぐに商品化していたそうで、今とはモノづくりのあり方が大きく異なっていました。銀色のラベルは既存の商品とは異なる品質の高さを示しており、商品に対するプライドの表れとのこと。しかしコストが見合わず途中から白に変わったため、銀ラベルを採用していたのは約1年間だけ。幻の商品なのです。「開発者も現物を持っておらず、復刻版が出ると聞いてとても喜んでいました」。

当時は製品に対する注意書きが今ほど多くなく、POSシステムに対応したJANコードもありませんでした。復刻版ではレトロ感を出すために、忠実に再現。ただし注意書きは不可欠であるため、商品を包むビニール袋に印刷することで解消しました。

2枚目

ZEBRA
Open your imagination.

報道資料

2016年2月26日

■『ハイマッキー』の発売当初からの小さな工夫

○太字と細字の両頭であることが分かるよう、ボディの形も太字の方は太く、細字の方に向かって段々細くなっています。この独特の形は文具業界で初の立体商標を取得し、『ハイマッキー』の形として広く認められています。
○開けたキャップを無くしてペン先が乾かないように、使っていない側のキャップに差し込める設計になっています。
○全て日本国内の自社工場で生産。インクは安全なアルコール系のものを使用しています。
○ネーミングは、「MARK(マーク)」などの単語から愛称のように呼ばれて親しみの持てる造語「Mckee(マッキー)」とし、高品質を表す「ハイ」を付けました。

■進化するマッキーファミリー

『ハイマッキー』の発売から40年、時代とともにお客様のライフスタイルも多様化したため、様々な使用シーンに合わせてより便利に使えるマッキーを開発し、現在では17種類を発売しています。

▼ハイマッキー
価格:¥150+税
発売:1976年

▼マッキー極細
価格:¥120+税
発売:1978年

▼マッキー極太
価格:¥450+税
発売:1989年

▼おなまえマッキー細字/おなまえマッキー両用
価格:¥120+税/¥150+税
発売:2006年

▼マッキーノック細字
価格:¥150+税
発売:2006年

▼紙用マッキー/紙用マッキー極細
価格:¥150+税/¥120+税
発売:2007年

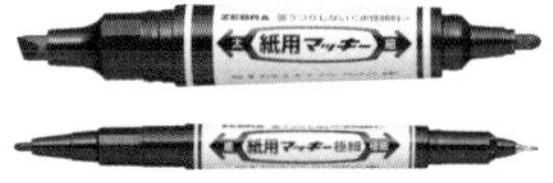

▼マッキーケア超極細
価格:¥120+税
発売:2012年

▼マッキープロ特殊用途DX/
マッキープロ細字特殊用途DX
価格:¥250+税/¥200+税
発売:2012年

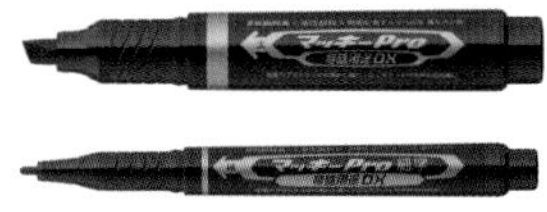

▼水拭きで消せるマッキー
価格:¥180+税/¥150+税
発売:2014年/2015年

\ ポイント1 /

「復刻版」はPRで有効なコンテンツ

リリースでは「復刻」というワードが目立ち、目に入ってくる

※復刻版は限定販売であることが多いので、「限定」の希少性も同時に伝えると効果が高い

復刻版をなぜ出すのか、その理由を必ず載せる

当時のポスターも有効
その当時の時代の雰囲気を感じることができる

\ ポイント3 /

現在販売中の商品を総合的に1枚にまとめて表現する

復刻版で関心を示したメディアに対し、現状商品を改めて伝えることで、次のRR展開につなげる

3月14日の発売に向け、2月26日にリリースを配信。記者クラブへの投函と郵送を中心に、約100通配信しました。同社が広報に力を入れ始めたのは池田さんが担当に就いた3年前からで、書籍などで基礎から学んで一からメディアリストをつくり、案件によって100〜300通配信しています。「ハイマッキー復刻版」は『読売新聞』の「ロングセラーの理由」に大きく取り上げられたほか、『モノ・マガジン』(ワールドフォトプレス)、『日経MJ』などにも掲載されました。文具店でも通常は奥の方に並べられるのが、店頭の前面で展開されて売れ行きも好調。中年世代からは「自分と同い年」、若者からは「レトロな感じがしていい」などの声が寄せられているそうです。

既存商品にも再注目の好機

リリースは全2枚で、非常によくまとまっています。最近、取材に行くと私が担当する講座の受講生によく会うのですが、池田さんも3年前に広報担当になった際にニュースリリース作成講座を受講してくれた一人です。

タイトルや本文で強く押しているように、**ポイント**「復刻版」はPRにとっても有効なコンテンツです。復刻版ということはすなわち誰もが知っている著名な商品で、メディア内でも企画が通りやすいのです。時代とともに商品は変化しており、歴史をたどると興味深い読み物になります。復刻版はデザインに独特のレトロ感があり、限定販売でもあるため「手に入れたい」というマニア心も刺激します。こうした理由から復刻版は商品として有力で、メディアも取り上げたくなるのです。

ポイント 復刻版のリリースでは、現行商品とどう違うかを示すことも重要。両方の写真を並べることで、違いは一目瞭然です。幸運だったのは発売当初の店頭用ポスターが残っていたことで、リリースの良いアクセントになっています。発売時からロングセラーになると分かっている商品などあるわけがなく、こうした販促ツールが残っていることは稀です。

2枚目には現在販売中の商品をまとめて載せています。私も知りませんでしたが、マッキーファミリーは現在17種類もあるそう。「マッキーケア」は詰め替え式のインクや再生材を使ったエコロジー商品で、官公庁などが積極的に採用。「マッキープロ特殊用途DX」は通常品よりインクが落ちにくく、工事現場などで重宝されています。このように**ポイント**復刻版のリリースには、既存商品に再び光を当てる効果があります。バリエーションの豊富さが伝われば、興味を持ったメディアが特集を組んでくれる可能性もあり、ブランド全体の勢いを押し上げるまたとないチャンスなのです。

使用シーンも入れたリリースを

近年は「文房具の専門家」も現れるほど、文房具業界全体が盛り上がっています。文具店で1時間以上商品を眺めている人も少なくなく、多くの人が文具にこだわりを持っています。池田さんによれば「企業が経費削減を進めていて、社員に文具が支給されなくなりました。自費で買うのだったら、使いやすさやデザイン性の高い商品を買おうという意識が文具ブームにつながっているようです」。

ZEBRA
Open your imagination.

報道資料

2015年6月12日

何度も書き直せる便利なマーカー
『水拭きで消せるマッキー』新色&極細
使用シーンを増やして消せる文具の市場拡大
2015年7月6日(月)発売

ゼブラ株式会社(本社:東京都新宿区/代表取締役社長:石川 真一)は、2014年に発売し好評を博している『水拭きで消せるマッキー』の新色5色と極細タイプを2015年7月6日(月)より全国の文具取扱店にて発売します。

○特長――『水拭きで消せるマッキー』は、「間違ったところは消したい」「マッキーが何度も書き直せたらもっと便利なのに」というお客様の声に応えて開発しました。ガラスやプラスチック、金属などのツルツルした面に書くと、濡らした布や紙で水拭きをして消すことができ、何度でも書き直すことができます。

○背景――2014年6月の発売時には黒・青・赤という3色のインクで展開しましたが、「もっと色や太さのバリエーションがほしい」という多数のご要望により、新色と極細タイプを開発し、計16種になりました。

○仕組み――通常のマーカーのインクには、書いた対象物に色材を固定するために樹脂製の固着材が含まれていますが、この商品のインクには水糊が入っています。この商品で書くと、水糊で色材が対象物に固着しますが、水で拭くとすぐに糊が溶けて色材がはがれるようになっています。

○用途――種類が増えたことでさまざまなシーンで使えます。
①収納BOXやオフィスの共有ファイルのラベリング:ラベルを作って貼る手間もなく、直接内容を書いたり、色別にラベリングできます。内容を入れ替えたら簡単に書き直すこともできます。
②毎日情報を変えたいPOP:ラミネートしたPOPやお店のウインドウガラスを簡単に書き換えられるので、手間やコストをかけずに魅力的な店頭販促ができます。
③消しカスが出ないホワイトボードマーカーとして:家族それぞれの予定やメッセージを色別に書いて家族のコミュニケーションに役立ちます。消しても消しカスが散らかりません。
④普段書けない窓ガラスを表現の場に:学校の学園祭や卒業式などで、窓ガラスがメッセージボードやアート表現の場に変身。すぐに消したり、書き直せるので自由に表現できます。

▼『水拭きで消せるマッキー』(太字/極細)
全8色(赤・オレンジ・ピンク・黄・緑・ライトブルー・青・黒)
価格:¥180+税(税込¥194)/¥150+税(税込¥162) インク:水性顔料
(太5.3mm・細1.4mm)/(細0.9mm・極細0.6mm) 8色セットあり

収納BOXの整理やラベリングに

窓ガラスをメッセージボードに

＊＊＊ 商品に関する消費者の方のお問い合わせ先 ＊＊＊
ゼブラ株式会社 お客様相談室 (平日9時〜17時) http://www.zebra.co.jp/
＊＊＊ 報道関係の方のお問い合わせ先 ＊＊＊
ゼブラ株式会社 広報室:池田
商品画像データがご入用の際は右記にご連絡いただければ送付いたします。
読者プレゼント用に商品を提供することも可能です。

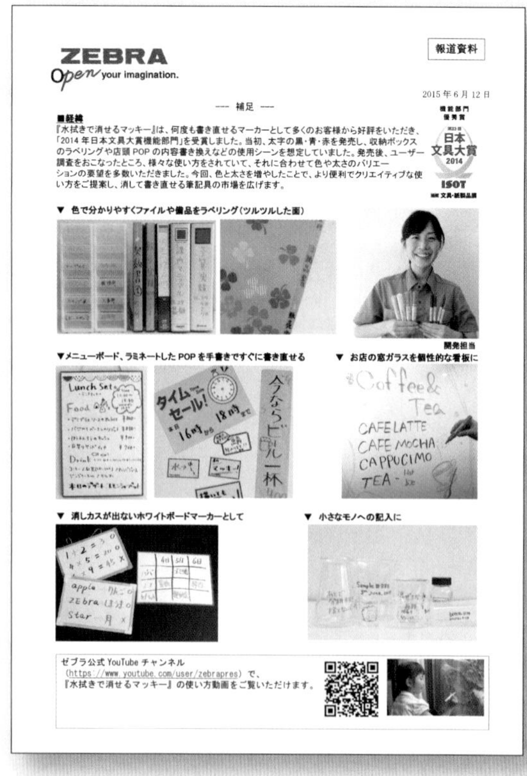

ZEBRA
Open your imagination.

報道資料

2015年6月12日

―― 補足 ――

■経緯
『水拭きで消せるマッキー』は、何度も書き直せるマーカーとして多くのお客様から好評をいただき、「2014年日本文具大賞機能部門」を受賞しました。当初、太字の黒・青・赤を発売し、収納ボックスのラベリングや店頭POPの内容書き換えなどの使用シーンを想定していました。発売後、ユーザー調査をおこなったところ、様々な使い方をされていて、それに合わせて色や太さのバリエーションの要望を多数いただきました。今回、色と太さを増やしたことで、より便利でクリエイティブな使い方をご提案し、消して書き直せる筆記具の市場を広げます。

機能部門 優秀賞 日本文具大賞 2014 ISOT

▼ 色で分かりやすくファイルや備品をラベリング(ツルツルした面)

開発担当

▼メニューボード、ラミネートしたPOPを手書きですぐに書き直せる

▼ お店の窓ガラスを個性的な看板に

▼ 消しカスが出ないホワイトボードマーカーとして

▼ 小さなモノへの記入に

ゼブラ公式YouTubeチャンネル
(https://www.youtube.com/user/zebrapres) で、
『水拭きで消せるマッキー』の使い方動画をご覧いただけます。

子ども時代から誰にとってもなじみが深く、比較的安価で購入できる文房具は、プチ贅沢を楽しみやすいカテゴリーでもあるのでしょう。モノ系の雑誌は一時期よりは減ってきましたが、文具専門のムックなどは今も増えているそうで人気がうかがえます。メーカー間の競争は激しくなりますが、「ひとつの商品が出ただけではニュースになりづらいところ、競合が出ると併せて記事になりやすい。他社と一緒に盛り上がっていければ」と前向きに捉えています。

またターゲットとして外せないのがネットメディアです。一見、アナログな文房具とは相反するようですが、「ニュースサイトの編集者から文具系の記事は人気が高いと言われます。IT系の方も発想を練る時は紙に書いてアイデアを広げるので、文具に愛着のある方が多いようです」。近年は愛用者が使い方を動画にしてYouTubeにアップロードしてくれてるケースもあり、そのサイトからリリースにリンクされ購買につながるなど、予測外の効果があります。

今回の教訓

メディア専用の問い合わせフォームを用意！

ゼブラのホームページにはメディア専用の問い合わせフォームがあります。多くの企業では一般用のフォームしかなく、私も企業に問い合わせをする際にそこから送信することがよくありますが、消費者からの膨大なメールに紛れてしまわないか心配になります。その点、ゼブラのように専用フォームがあれば、メディアとしても「きちんと対応してもらえそうだな」と安心感が持てます。このフォームから届いたメールは池田さんに直接届き、おおむね半日から1日で対応しているそうです。「ここから2〜3日に1件くらいの頻度で問い合わせがあります。メディアからの取材申し込みだけでなく、アーティストの方から何かコラボレーションをしませんかとの連絡をいただき、イベントなどに発展することもあります」と池田さんもメリットを感じている様子。問い合わせフォームはチャンスが飛び込んでくる窓口でもあるので、ぜひ整備していきましょう。

今、池田さんがリリースをつくる上で意識しているのが「スペックを伝えるだけではなく、使用シーンやユーザーにとってのメリットを盛り込むこと」。例えば「水拭きで消せるマッキー」は市販のウエットティッシュなどで消せる商品ですが、元来「消えない」ことがマッキーの特性だったため、消費者には戸惑いもあったようです。それを感じた池田さんは、店舗のメニューボードやガラス窓を日替わりで書き換えるなど使用シーンを提案するリリースを配信しました。こうした細やかなケアが新たな市場を創造していくケースもあります。

今年からは社内報以外にメディア掲載情報だけをまとめたニュースペーパーをつくり、社内に貼り出したり、メールで配信したりしています。3年間で広報の重要性が認知され、2016年からは部員も1人増員されました。広報室として、一歩ずつ着実に進歩している様子がうかがえます。

復刻商品はファンが多数でPRしやすい

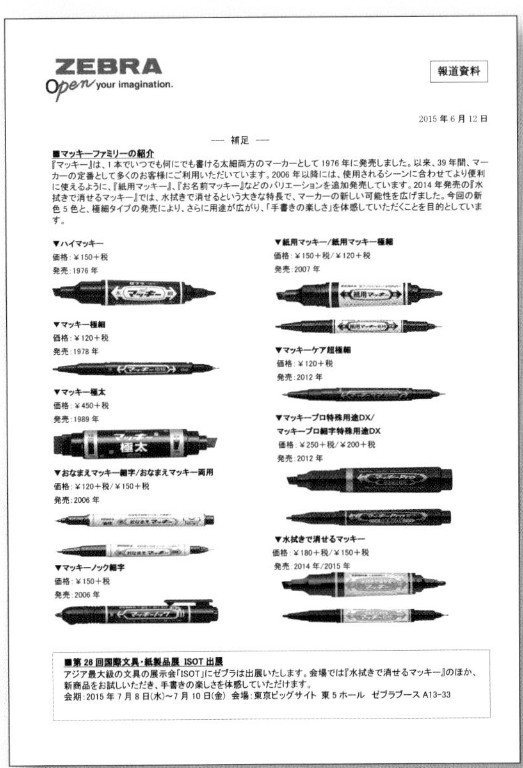

ZEBRA
Open your imagination.

報道資料

2015年6月12日

── 補足 ──

■マッキーファミリーの紹介

『マッキー』は、1本でいつでも何にでも書ける太細両方のマーカーとして1976年に発売しました。以来、39年間、マーカーの定番として多くのお客様にご利用いただいています。2006年以降には、使用されるシーンに合わせてより便利に使えるように、『紙用マッキー』、『お名前マッキー』などのバリエーションを追加発売しています。2014年発売の『水拭きで消せるマッキー』では、水拭きで消せるという大きな特長で、マーカーの新しい可能性を広げました。今回の新色5色と、極細タイプの発売により、さらに用途が広がり、「手書きの楽しさ」を体感していただくことを目的としています。

▼ハイマッキー
価格：¥150＋税
発売：1976年

▼マッキー極細
価格：¥120＋税
発売：1978年

▼マッキー極太
価格：¥450＋税
発売：1989年

▼おなまえマッキー細字/おなまえマッキー両用
価格：¥120＋税/¥150＋税
発売：2006年

▼マッキーノック細字
価格：¥150＋税
発売：2006年

▼紙用マッキー/紙用マッキー極細
価格：¥150＋税/¥120＋税
発売：2007年

▼マッキーケア超極細
価格：¥120＋税
発売：2012年

▼マッキープロ特殊用途DX/マッキープロ細字特殊用途DX
価格：¥250＋税/¥200＋税
発売：2012年

▼水拭きで消せるマッキー
価格：¥180＋税/¥150＋税
発売：2014年/2015年

■第26回国際文具・紙製品展 ISOT出展

アジア最大級の文具の展示会「ISOT」にゼブラは出展いたします。会場では『水拭きで消せるマッキー』のほか、新商品をお試しいただき、手書きの楽しさを体感していただけます。
会期：2015年7月8日(水)〜7月10日(金) 会場：東京ビッグサイト 東5ホール ゼブラブース A13-33

[DATA]
企業名：ゼブラ
資本金：9000万円
所在地：東京都新宿区東五軒町2-9
代表者：代表取締役社長 石川真一
売上高：212.3億円（2016年3月期）
営業利益：非公開
従業員数：861人
沿革：1897年国内初のペン先メーカーとして創業。1976年ハイマッキー、1977年シャーボがヒット。
事業内容：各種筆記具の開発・製造・販売

[広報戦略]
リリースを書く上では「開発者の想いをよく聞き、メディアやユーザーに興味を持ってもらえるように翻訳すること」を心がけている。2015年は22通のリリースを配信し、掲載数は419回。

＊2016年9月号『広報会議』掲載（情報は取材当時のもの）

CASE 12

PR効果の高い要素を絞り込み 成功した展示会リリース

七呂(しちろ)建設「満足度120%の家づくりまるわかりフェスタ」メディアツアー

七呂建設は核シェルターのリリースで話題を呼ぶなど、全国的にみても先端的なPR活動を行う、広報の見本とすべき鹿児島県の企業です。

同社が、当連載ではほとんど取り上げたことがない、展示会のリリースを配信したので紹介したいと思います。

住宅会社の展示会は日本全国で頻繁に催されているため、リリースしてもメディアにはほとんど相手にされない中、同社はテレビや大手新聞の掲載を勝ち取っています。

この「満足度120%の家づくりまるわかりフェスタ」というイベントは、2019年9月に第1弾を開催し、700人以上が来場する盛況でした。そこで早くも2020年2月に第2弾を開催することになったのです。

住宅会社の展示会では珍しく
テレビや新聞掲載を獲得!
「メディアツアー」「5社限定」
などのワードが効いてます。

1枚目

鹿児島県注文戸建住宅年間棟数No.1!

七呂建設 ニュースリリース

SHICHIRO NEWS　2020. 1. 27

前回の来場者数211組700名以上!今回は規模を拡大し1,500名の来場見込み

第2弾『満足度120%の家づくりまるわかりフェスタ』

2/1(土) 9:30～メディア向けツアー開催!!

メディア予約大歓迎!

AI住宅、極上の寝室、シアタールーム、最新の減震装置など最先端の住宅設備が大集結!!!

メディアの皆様から問い合わせ多数につき5社限定で急遽開催します!!!

鹿児島を拠点とするハウスメーカーとして今年で創立60年を迎える株式会社七呂建設(本社：鹿児島市石谷町、代表取締役：七呂恵介)は、七呂建設の家づくりについてご紹介することを目的としたイベント『満足度120%の家づくりまるわかりフェスタ』の第2弾を2/1(土)・2/2(日)10：00～17：00に鹿児島アリーナ(鹿児島市永吉1-30-1)のメインアリーナで開催しますが、メディアの皆様からのご要望にお応えし、急遽5社限定で2/1(土)9:30～全体の詳細を説明する「メディアツアー」を開催します。

前回オロシティホールで開催された同イベントの様子。211組700名以上来場。

① 最先端の住宅設備や住宅関連企業など日本全国から大集結&初上陸!!
ブース数は鹿児島最大規模の46!!最新の住宅関連商品を一挙に紹介!!

② 今回のメインテーマは「オリンピックイヤーならではのスポーツを堪能できるシアタールーム」、「現代人の睡眠不足を改善する極上の寝室」、「今話題のAI住宅」

③ 生涯資金セミナーや箱花作りなど人気講師によるセミナー&ワークショップを開催!!

『家づくりまるわかりフェスタ メディアツアー』概要

企画名：家づくりまるわかりフェスタ メディアツアー
主　催：株式会社 七呂建設
日　時：2月1日(土) 9:30～10:30
場　所：鹿児島アリーナ メインアリーナ(鹿児島市永吉1-30-1)
目　的：会場が広いため見どころが分かりにくく、問い合わせを多数いただいているため、5社限定で急遽開催いたします
内　容：全体を巡回しながら説明
メインテーマについては特に細かく説明
※細かい質疑も別途受け付けます

お問い合わせ先　株式会社七呂建設

-1-

\ ポイント1 /

「展示会開催」ではなく「メディアツアー」と表現

タイトルを単なる「展示会開催」にせず、「メディアツアー」と表現することで関心を高め、強い誘導をはかっている。

\ ポイント2 /

コンテンツを3つに絞ってメディアに訴求

訴求要素の多い展示会ながら、メディアの取材対象となりうるコンテンツを3つに絞っている。訴求要素が多いと焦点がボケてしまい、取材誘致に失敗することが多い。

ポイント3

通常、住宅会社の展示会というと、モデルハウスで自社が販売する物件を中心に数社の住宅関連メーカーを呼び、ファミリー向けの集客策として子供が楽しめる金魚すくいやキャラクターショーなどを実施するイメージですが、七呂建設の企画したイベントはかなり大がかりです。

パナソニックやTOTO、大塚家具などの大手業者もブースを出し、家電や水回り、家具など、会場をくまなく歩けば、家のことが文字通り“まるわかり”できる構成になっています。さらに住宅購入には欠かせないお金や、家庭生活を豊かにする花の専門家がセミナーやワークショップを開き、多角的に「家」を考えられる内容を取り揃えました。

「最大」を意識して準備

さらに同社がこだわったのはイベントの規模。鹿児島アリーナの、大規模なコンサートができるメインアリーナという大会場を使い、46店ものブースを設置しました。これは、第1弾が「県最大」と表示するには微妙な規模だったため、今回ははっきり「最大規模」と表示できる平米数とブース数を意識して準備したのです。何度もお伝えしている通り、「最大」はメディアが取材したくなる要素のひとつです。

PR効果の高い要素を総動員して企画した展示会のリリースを見てみましょう。展示会自体のリリースは事前に出していましたが、今回紹介するリリースはイベントの5日前にメディアを招致するために出したものです。

鹿児島を中心に、福岡、熊本、宮崎の記者クラブと付き合いのあるメディアに配信しました。**ポイント1** まずタイトルに「メディア向けツアー開催」と銘打つことで興味喚起しています。ターゲットは、取材して即記事や番組になる新聞とテレビです。

5社限定としたのは会場の広さと、スタッフがきちんと対応できる人数を考えてのこと。3枚目に出欠の確認票を入れ、「先着順」とすることで呼び込みを図りました。

ポイント2 消費者が興味を持つ要素は多々ありますが、その中でも3つのコンテンツに絞って訴求しています。あまり要素が多すぎると焦点がボケてしまい、取材の誘致に失敗することが多

2枚目

**① 最先端の住宅設備や住宅関連企業など日本全国から大集結＆初上陸！！
ブース数は鹿児島最大規模の46！！最新の住宅関連商品を一挙に紹介！！**

日本を代表する住宅関連機器の企業及び団体が出展します。ブース数は46で、これは鹿児島最大規模となります。企業・コーナーごとにブースを設営し、弊社の住宅に標準装備となっている住宅設備や最新の商品、住宅ローンについて直接説明を受けることができます。

また、今回は弊社の新商品となる「極上の寝室」「シアタールーム」「AI住宅」「最新減震装置」など、実際に体験できるブースも多く設置。今後の家づくりにおいて役立つ情報が満載です。

③ 今回のメインテーマは「オリンピックイヤーならではのスポーツを堪能できるシアタールーム」、「現代人の睡眠不足を改善する極上の寝室」、「今話題のAI住宅」

今回のまるわかりフェスタでは、最先端の住宅を実際に体験していただけるコーナーが大集結！来場いただくお客様全員、ご参加いただけます。

スポーツを堪能できるシアタールーム

大型スクリーンで映像を堪能できる部屋と、プロジェクター付きシーリングライト常設のコンパクトな部屋の２部屋を用意しています。

現代人の睡眠不足を改善する極上の寝室

リラックス効果のある天然素材に包まれた空間＋一流ホテル採用の「サータ」のマットレスで、睡眠不足を改善します。

今話題のAI住宅

今話題のAI・IOT技術を導入した最先端の住宅設備に触れられます！

③ 生涯資金セミナーや箱花作りなど人気講師によるセミナー＆ワークショップを開催！！

世界で活躍する庭園デザイナーの石原和幸氏とファイナンシャルプランナーとして活躍中の岩城みずほ氏を迎えて、生涯資金セミナーや箱花作りのワークショップを開催いたします。セミナー受講は無料、ワークショップは有料（1つ1,000円）で参加でき、メディアの取材も可能となっております。

► 14:00~15:00【定員／90名】
► 参加料／無料
人生にお金はいくら必要か
【講師】岩城 みずほ氏
●ファイナンシャルプランナー
●CFP®認定者
この本の著者が直接 講演します

「人生にお金はいくら必要か」
東洋経済新報社
2019/10/25 発売

► 14:00~15:00【定員／40名】
► 参加料／1,000円
〈バレンタイン〉箱花作り
【講師】石原 和幸氏
●庭園デザイナー
●チェルシーフラワーショー ゴールドメダル11個獲得
◀つくったものはお持ち帰りいただけます！(写真はイメージです)

- 2 -

＼ポイント3／

展示会の規模感を数字とビジュアルでアピール

イラストで会場の全体像を表示し、前回の来場者数と今回の見込み来場者数、ブース数などを数字で明記。規模感を分かりやすくアピールし、期待感をもたせている。

＼その他ポイント／

「スポーツ」「睡眠不足」「AI」など、時事キーワードをリリースの随所にちりばめている。

いのです。

1枚目で3つの項目を箇条書きにし、2枚目でそれぞれの項目を詳しく紹介するという分かりやすい二段構成。項目①は先にも書いた、鹿児島最大規模であることや、鹿児島には初上陸の企業もあることなどを書いています。

②には時事的なメインテーマを設定。オリンピックイヤーに合わせてスポーツを大迫力で見られる「シアタールーム」、現代人特有の悩みだといわれる睡眠不足を解消する「極上の寝室」、消費者はもちろん、メディアが取材したくなる注目の「AI住宅」です。会場にモデルルームを展示し、映像や写真も撮れることが分かります。

③はセミナーとワークショップ。話題を呼んだ『人生にお金はいくら必要か』（東洋経済新報社）という本の著者を東京から招いたほか、九州出身でテレビなどにもよく出演している世界的庭園デザイナー・石原和幸氏をゲストに招き、話題性を加味しています。

ポイント3 2枚目には展示会場の図面を掲載して規模感を示し、読み手の期待感をあおっています。46というブース数や、来場者数は前回の700人強から大幅増の1500人の来場を見込んでいることなど数字で規模感を表しているほか、会場図を掲載することで広さが一目瞭然です。こうした図があるとワクワク感が高まるのは消費者だけでなくメディアの記者も同じ。普段から日常的に物件の図面をつくっているだけあって、こうした会場図もお手のものなのは建築業の強みです。

ひとつ問題だったのが、メディアツアーのタイミング。本来は開催前日の金曜日に実施するつもりが、「設営で会場がゴタゴタしているのと全ブースが揃うのは難しかったため、初日の開場前に時間を取りました」と広報の野久保里奈さんは説明します。

ツアーは9時半から開場直後の10時半まで。やはりAI住宅などが関心を引いたのか、ツアーには狙い通り鹿児島の大手メディアが参加しました。10時半に終われば、早ければその日の昼、それが無理でも夕方や日曜の朝にはニュースや情報番組で放送され、視聴者が来場するのにも間に合います。

以前、地方の記者ほど土日には働きたがらないと書いたことがあります。日曜はほぼ無理ですが、土曜ならギリ

3枚目

株式会社 七呂建設

株式会社七呂建設　主催
『家づくりまるわかりフェスタ　メディアツアー』

2月1日（土）9:30～10:30

ご出席　　ご欠席

※先着順とさせていただきます。ご了承ください。

<開催場所>
鹿児島アリーナ（メインアリーナ）
〒890-0023　鹿児島市永吉 1-30-1
※駐車場あり

貴　社　名：
部　署　名：
電話番号：
ＦＡＸ番号：
ご同伴人数：　　名（合計　　名）
掲載・放映（予定）：　　月　　日
カメラの有無：　　有　　無
備　　考：

※恐れいりますが、1月30日（木）午後17時までにご返送いただけますようお願いいたします。

- 3 -

ギリで稼働してもらえるタイミング。それでも多数集まったのは取材したい魅力的なコンテンツが用意できたということでしょう。

目論見は当たり、日曜日も来場者は増大。目標としていた1500人の2倍となる3000人を記録したというから大成功です。

同社を見ていると、代表取締役の七呂恵介さんが非常に勉強熱心で、そこから出てくるアイデアも豊富なことが伝わってきます。例えば今、日本では「働き方改革」の真っ最中で、住宅会社でもそれをキーワードに、家事が効率的にできる家などを企画しています。

けれど七呂さんはその先を行っています。欧米ではすでに働き方改革は完了しており、その後の生活を視察して考えた住宅を企画しています。勤め先から早く帰った人たちは、家庭でパーティーやバーベキューをしたりして、生活をより楽しむことに時間を使うようになっており、そこに合わせた家を先行して考えているのです。

ほかにも「人生100年時代」に合わせて若年層、中年層、高年層がそれぞれ楽しめる工夫の施された家を考えるなど常に先を見据えています。私が東京で見つけた情報をクリッピングして見せても、ほぼすべて知っているので舌を巻きます。

広報の野久保さんも、非常にプロ意識が高くアグレッシブな人です。同社は年間の記事掲載数の目標を立てていますが、通常、達成できなくても「仕方ない」で終わってしまうところを、月末が近づいて目標に少し足りなそうだと見ると、何をしたらいいか私に相談してくるだけでなく、アドバイスを即実行するのです。ここまで結果へのコミットを重視する姿勢は、多くの広報が見習うべきでしょう。

PRで信頼を築いてNo.1に

2年前、核シェルターで取材したとき、同社は鹿児島県でNo.2のビルダー（工務店）でした。リリースも配信したことがなく、メディアとの縁もありませんでした。それが核シェルターの話題性で取材を招致し、知名度を獲得。その後も定期的にリリースを配信して有用な情報を提供し続けることでメディアの信頼を得て、関係性を築いてきました。その結果、消費者間での知名度も高まり、鹿児島県で着工数No.1のビルダーになったのです。

いまや鹿児島では誰もが知る企業で、消費税増税の際にはどのような影響があるかを、不動産業界代表としてメディアが取材にくるほどです。まさに広報を中心にしたブランド戦略が機能した好例といえるでしょう。

メディアへの興味喚起には訴求したい要素を厳選しビジュアル&数字も活用を！

今回の教訓 コンテンツをストックしておこう!

「満足度120%の家づくりまるわかりフェスタ」のゲストとして招いた石原和幸さんは本場イギリスのフラワーショーで受賞するなど、庭園デザイナーの第一人者。七呂建設は同氏と業務提携をしています。もともとイベントには多くの魅力的なコンテンツを用意していましたが、そこに地元メディアでも顔を知られている石原氏を招くことで、話題性のダメ押しをしたのです。

こんなふうに、何かのときのためのコンテンツをストックしておくことは広報にとっても重要です。私も横濱カレーミュージアムを運営していたときは誘致したいカレー店候補のストックを多数持っていました。たとえミュージアムに店舗を常設できる経営規模や体力がなくても、短期間のイベントなどに出店してもらうのもひとつの手です。例えば1週間程度の期間限定なら小規模の店舗でも運営できますし、「幻の名店が初出店」という広報的な話題性もあります。広報たるもの日ごろからコンテンツのストックをしておくことを心がけたいものです。

[DATA]
企業名：株式会社七呂建設
資本金：8700万円
所在地：鹿児島県鹿児島市石谷町1260-8
代表者：代表取締役社長　七呂恵介
従業員数：112人（2020年2月末現在）
沿革：1960年、七呂組創業。1963年、有限会社へ組織変更。1980年より鹿児島の代表的な建設物に携わる（西本願寺、市民文化ホール、鹿児島アリーナ、県民交流センターなど）。1992年、株式会社七呂建設へ社名変更。2017年、企業内保育所「なないろ保育園」オープン。2019年、七呂建設新社屋竣工。

[広報戦略]
広報担当者は3人。2017年より広報を開始。昨年度は年間28本のリリースを配信し、約60件の掲載があった。広報の基本方針は「迅速・タイムリー・的確を軸に広報活動を展開し、企業イメージを高める」。

＊2020年8月号『広報会議』掲載（情報は取材当時のもの）

CASE 13

新元号発表から30分後！のスピード配信が成果を生んだ

藤田観光「新元号制定 記念キャンペーン」

「令和」にもすっかり慣れましたが、2019年4月1日に新元号が発表されたタイミングには多数の関連リリースが飛び交いました。

そんな中で多くのメディアが取り上げていたのが、藤田観光の新元号制定記念キャンペーンです。同社の「新宿ワシントンホテル」では、名前に「令」または「和」が入っている人は、レストランの料金を1文字につき10%割引に。日帰り温泉施設の「箱根小涌園ユネッサン」は1文字で半額、2文字で無料になるというもの。このリリースを中心に、PR業界での改元関連の動きを総括したいと思います。

同社では各施設の広報担当者がリリースをつくり、本社広報が外部の配信

改元関連のリリースでは
頭ひとつ抜きん出た企画。
発表から数時間内の配信が
勝負を決めた！

＼ポイント2／

4月1日という日付にこだわる
このリリースは鮮度が最重要！ 元号発表直後の4月1日でなければ、ニュース価値が格段に落ちてしまう。

イベントのコンセプトをタイトルで訴求！

＼ポイント1／

「令和」関連であると単刀直入に伝えている
タイトルやリード、本文に「新元号」「令和」というワードを散りばめ、全体を見たときにキーワードが目に飛び込んでくるよう考えられている。

新宿ワシントンホテルのリリース

1枚目

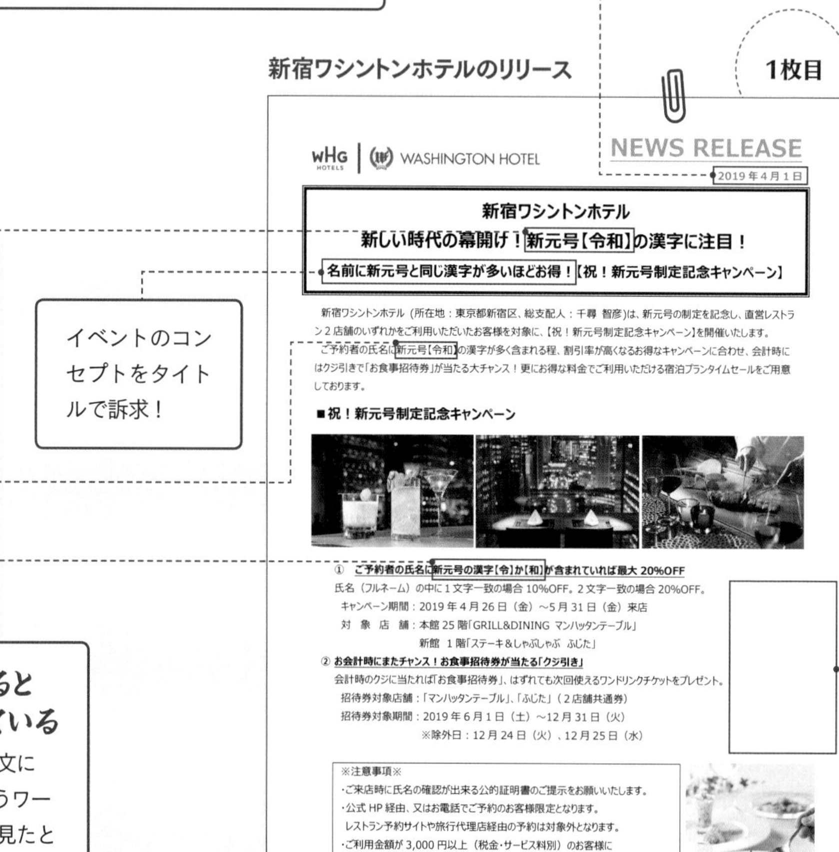

WHG HOTELS | WASHINGTON HOTEL

NEWS RELEASE

2019年4月1日

新宿ワシントンホテル
新しい時代の幕開け！新元号【令和】の漢字に注目！
名前に新元号と同じ漢字が多いほどお得！【祝！新元号制定記念キャンペーン】

新宿ワシントンホテル（所在地：東京都新宿区、総支配人：千尋 智彦)は、新元号の制定を記念し、直営レストラン2店舗のいずれかをご利用いただいたお客様を対象に、【祝！新元号制定記念キャンペーン】を開催いたします。

ご予約者の氏名に新元号【令和】の漢字が多く含まれる程、割引率が高くなるお得なキャンペーンに合わせ、会計時にはクジ引きで「お食事招待券」が当たる大チャンス！更にお得な料金でご利用いただける宿泊プランタイムセールをご用意しております。

■祝！新元号制定記念キャンペーン

① **ご予約者の氏名に新元号の漢字【令】か【和】が含まれていれば最大 20%OFF**
氏名（フルネーム）の中に1文字一致の場合 10%OFF。2文字一致の場合 20%OFF。
キャンペーン期間：2019年4月26日（金）～5月31日（金）来店
対象店舗：本館25階「GRILL&DINING マンハッタンテーブル」
新館 1階「ステーキ＆しゃぶしゃぶ ふじた」

② **お会計時にまたチャンス！お食事招待券が当たる「クジ引き」**
会計時のクジに当たれば「お食事招待券」、はずれても次回使えるワンドリンクチケットをプレゼント。
招待券対象店舗：「マンハッタンテーブル」、「ふじた」（2店舗共通券）
招待券対象期間：2019年6月1日（土）～12月31日（火）
※除外日：12月24日（火）、12月25日（水）

※注意事項※
・ご来店時に氏名の確認が出来る公的証明書のご提示をお願いいたします。
・公式 HP 経由、又はお電話でご予約のお客様限定となります。
レストラン予約サイトや旅行代理店経由の予約は対象外となります。
・ご利用金額が 3,000 円以上（税金・サービス料別）のお客様に限らせていただきます。
・同グループに該当者が複数いる場合でも、適用は1名様の氏名のみとなります。
・ご朝食は割引対象外となります。
・クジ引きでお渡しする招待券やチケットは、次回来店時からご利用いただけます。

サービスを使って配信しています。箱根小涌園ユネッサンでは過去にもお年玉付き年賀はがきの末尾の数字によって入場無料や割引になるキャンペーンなどを積極的に実施しており、ノウハウもありました。一方、新宿ワシントンホテルでは3月にレストラン側から「改元に際して何か仕掛けたい」と声が挙がり、施設の企画課とともに内容を検討しました。

問題は、事前に新元号が分からないこと。ある予想サイトでは「安久」が有力との説も挙がっていました。そこで、施設のレストラン会員のうち名前に「安」と「久」が入る人全員がキャンペーンを利用した場合も想定して企画内容を考えたといいます。

直後の配信は時間との勝負

こうしたリリースは、元号を入れる場所を「〇〇」などにして、当日そこだけ書き換えればいい状態で準備しておきます。私が見た他社の例では、書き換えすべき箇所の一部が仮の「(新元号名)」のまま配信されてしまったケースがありました。慌ただしい状況とはいえ恥ずかしいので、修正部分は赤などで目立たせておくといいでしょう。

4月1日、広報担当者は発表時間の11時半にテレビの前に集まりました。発表が10分ほど遅れ、やきもきしたそうです。11時40分ごろにようやく菅義偉官房長官（当時）の口から「令和」が発表に。急いで「〇〇」部分の書き換えと最終確認を行い、発表から30分後には2件とも配信を済ませたそうです。「持ち込み（投げ込み）は都庁の記者クラブへ行くのですが、当社から近いことも功を奏しました」（新宿ワシントンホテル企画課・百瀬梢さん）。

そのリリースを見てみましょう。

ポイント1 タイトルなどに「令和」の文字を多数盛り込んで、新元号に関するキャンペーンだということをアピールしています。おそらくこれを受け取ったメディア関係者は「おっ、もう『令和』に関連するリリースがきたか！」と思わず手を止めたはずで、効果は絶大だったと思います。

ポイント2 配信日はもちろん「4月1日」。発表当日にこだわることが最重

＼ポイント3／

余白を適度に設けている

適度な余白を設けることで、情報過多にならず必要最小限の要素を伝えている。情報の断捨離が上手な好事例。

2枚目

■新元号制定記念宿泊タイムセール

タイムセールのお得な宿泊料金で、ビジネスからレジャーまで幅広くご利用いただけるお部屋をご提供いたします。

・料　　金：1名6,300円～（税金・サービス料込み）　2名利用時・室料のみ
・予約期間：2019年4月1日（月）～4月30日（火）
・宿泊期間：2019年4月21日（日）～6月30日（日）　※除外日有り
・掲載媒体：公式HP（国内）及び各種インターネット予約サイト
・対　　象：新宿ワシントンホテル本館、新館

【新宿ワシントンホテル　概要】
所在地：東京都新宿区西新宿3-2-9
アクセス：新宿駅各線より徒歩約8分、都営大江戸線都庁前駅より徒歩約5分
客室数：1,617室
ＴＥＬ：
ＵＲＬ：https://www.shinjyuku-wh.com/

本件に関するお問い合わせ先

ポイント1

ポイント2

箱根小涌園 ユネッサンのリリース

NEWS RELEASE

箱根小涌園 ユネッサン
藤田観光グループ　2019年4月1日

ありがとう平成！ようこそ令和

名前に「令」「和」が入った人は入場半額！

「令＆和」、「平＆成」が入った人は入場無料　4月26日(金)まで

全天候型の温泉アミューズメントパーク、箱根小涌園ユネッサン（所在地：神奈川県足柄下郡箱根町二ノ平1297、支配人：慶野　光市）では、新元号「令和」が発表されたことを受け、30年あまり続いた「平成」への感謝と2019年5月1日（水・祝）から始まる「令和」への期待を込め、特別キャンペーンを実施いたします。

氏名（フルネーム）の中に新元号「令和」と同じ「令」もしくは「和」の漢字が入った人が対象の当キャンペーン。入場時にフロントで申告の上、氏名が確認できる公的書類（運転免許証、保険証など）を提示することが適用条件で、対象者1名につき同伴者1名、計2名まで、大人通常3,500円のパスポート※1が半額の1,750円でご利用いただけます。加えて、4月30日（火）で幕を閉じる「平成」への感謝を込め、「平」もしくは「成」の漢字が氏名の中に入っている人も半額にてご利用いただけます。
さらに、「令」と「和」両方、または「平」と「成」両方が氏名に入っている人は、本人に限り同様の適用条件で、パスポートが無料となります。

新しい元号「令和」に期待を込め、あるいは慣れ親しんだ「平成」に思いを馳せ、一足遅く桜の季節を迎える箱根で大切な人と思い出に残る体験をしてみてはいかがでしょうか。

▲ユネッサン「ワイン風呂」

▲森の湯（男湯）

▲開催中の「乙女の PINK FESTIVAL」一例

■詳細：ありがとう平成！ようこそ令和プレキャンペーン

【期間】2019年4月1日（月）～4月26日（金）※除外日なし
【対象】①氏名に「令」「和」のどちらかの漢字が入っている人（例：和田さん、和也さん、令美さんなど）
②氏名に「平」「成」のどちらかの漢字が入っている人（例：平さん、成富さん、波平さん、成子さんなど）
③氏名に「令」「和」両方、または「平」「成」両方が入っている人
【内容】①②同伴者1名、計2名まで、大人通常3,500円のパスポートが半額の1,750円※こどもは900円
③本人に限り、大人通常3,500円のパスポートが無料※こどもも同様
【適用条件】入場時に箱根小涌園ユネッサン総合フロントにて、氏名が確認できる公的書類を提示
【URL】https://www.yunessun.com/ticket/875c9c73c875cf2.html

<リリースに関する報道関係者からのお問合せ>

※1 パスポート＝水着で遊ぶ温泉「ユネッサン」と日帰り温泉「森の湯」、両方の入場

要です。**ポイント3** 余白が適度にあるのも、いいレイアウトです。当初は「改元とは」といった副次的な要素も入れていたそうですが、「1リリース1テーマ」の原則に従っています。特にこうした急ぎ案件ほど、情報はシンプルにした方がいいのです。

おもしろいと感じたのは、来店時に氏名が確認できる公的証明書が必要なことなど詳細な注意事項が明記されていたことです。ここまで詳しく書く必要はない気もしますが、近年は情報サイトにリリースがそのまま転載されるケースがあり、それを見た消費者が直接問い合わせてくることもあるのです。これからの時代は、そこまで意識したリリースづくりが必要かもしれません。

配信数はメディアが180、ライターなどが150程度。翌日の『めざましテレビ』(フジテレビ)で令和にまつわる企業の取り組みのひとつとして紹介されたほか、『日経新聞』やネットでも約80の転載がありました。「予想以上に掲載してもらうことができ、広告費換算で約1000万円の露出がありました」と新宿ワシントンホテル企画課の柴崎貴輝さん。消費者の反響はどうだったのでしょうか。「『令』が入る名前は少ないので、事前に予想していた漢字よりも該当するレストラン会員数はだいぶ減りました。ですが、『令』が入る唯一の会員さまからピンポイントで申し込みがあったので嬉しかったです」(新宿ワシントンホテル企画課・伊藤知穂さん)。

改元キャンペーンのポイント

今回は多くの企業が新元号関連のリリースに取り組みました。その中で話題になったものとならなかったものの差を分けたポイントは3つです。

❶最速スピードでの発信

最も話題になったのが、新元号の発表当日に「超最速配信」したゴールデンボンバーのシングル「令和」です。このほか企業では新元号記念商品の発売、新元号デザインの商品サンプリングなどが話題になりました。

ここから分かるのは、こうしたキャンペーンリリースは、発表から数時間以内での配信が必須条件ということです。テレビが取り上げるのはせいぜい翌日までで、それも配信時間が遅くなると企画会議に間に合いません。

❷PRコンテンツの質

大量のリリースが出る今回のようなタイミングでは、「異常性」が差別化要素になります。例えば「カレーは飲み物。」というカレーチェーンは、一部店舗の店名を期間限定で「カ令和飲み

「令和」発表直後の主な広報施策

企業など主体	内容	切り口	ニュース性	ニュース要因
ゴールデンボンバー	新元号ソング「令和」の配信	新コンテンツ	新奇性	超最速のMV公開と楽曲配信
ザ・リッツ・カールトン大阪	「令和」をイメージしたカクテルを提供	新メニュー	新奇性	最速販売(4/1)
パパブブレ	新元号入りのキャンディ	記念商品	新奇性	最速販売(4/1)
日本コカ・コーラ	新元号を印字した「コカ・コーラ」特別ボトル	サンプリング	新奇性	超最速(発表後、約1時間で配布)
森永製菓	新元号入り「ハイチュウ」特別デザイン	サンプリング	新奇性	超最速(発表後、約6時間で配布)
アサヒビール	改元デザイン商品を5/1から発売	本格製品販売	新奇性×著名性	最速の発表(4/1)
菊正宗酒造	改元記念商品を4/15から発売	本格製品販売	新奇性×著名性	最速の発表(4/1)
日本キャタピラー合同会社	油圧ショベルによる書道パフォーマンス	イベント	新奇性	最速の実施(4/5)
新宿ワシントンホテル	4/26から「令」「和」の名前で割引など	キャンペーン	新奇性	最速の発表(4/1)
タカラトミー	「令和版」人生ゲームを6月発売	新商品	新奇性	最速の発表(4/1)

筆者作成

物。」に変更するという大胆な行動に出ました。カレー業界にいる身としては、ちょっとやられたなという感じでした。

「影響性」も重要で、KADOKAWAでは令和の出典元となった『万葉集』の緊急重版を発表。普段は手に取られにくい古典が1万6000部も重版するという数字の大きさが話題となりました。

「視認性」も大切です。例えば日本コカ・コーラは発表から約1時間後に新橋で特別ラベルのコーラ2000本、森永製菓は約6時間後に渋谷で特別デザインのハイチュウ1000個をサンプリングしました。これは商品自体がビジュアルになるほか、「それを求める人たちの行列」も画になります。両社もおそらくテレビ映りやSNS映えを想定して企画したのでしょう。森永は菓子製品のオリジナルパッケージを作成できるサービス「おかしプリント」の

今回の教訓 広報勉強会でノウハウを共有

取材で印象的だったのは、新宿ワシントンホテルとユネッサンのリリースが、同じ人が作成したような統一感があること。しかし実際には、それぞれ各施設の広報担当者が作成しているのです。なぜ同じクオリティでできるかといえば、同社では年に1回、各地の広報担当者が集まって勉強会を実施しているのだそう。

例えば最近実施した勉強会では、サブタイトルが重要だということなどを確認し合ったといいます。それまではタイトルも「○○について」などビジネス文書のようなものが多く、サブタイトルがない状態だったといいます。そこにサブタイトルを加え、タイトルも工夫してメディア受けしそうな内容に変えていきました。私は大企業や自治体などでPRのコンサルタントをしていますが、組織が大きいほど「本当に同じ発信元？」と思うくらいバラバラなものが多いです。統一感を持たせるためにも、ノウハウを共有する場があるといいでしょう。

いいPRにもなったようです。

一方で、まったく取り上げられなかった元号関連リリースもありました。例えば「令和初のセミナー」など中身がなく、便乗企画であることがバレバレの内容は、メディアも注目しませんでした。

❸狙いを定めてアプローチ

こうした時事モノは時間的にも労力的にも幅広いメディアへのアプローチは無理なので、メディアを絞って案内し、最低でも1～2件獲得するのがおすすめの方法です。特に地方では、「○○テレビのこの番組だけに」と決めておくとヒット率が上がります。実際に地方でも、ピンポイントで掲載や放送を勝ち取った企業が多数ありました。

今後、東京オリンピック・パラリンピック開催時など社会の動きと連動したキャンペーンを仕掛けるタイミングも増えます。ぜひこの記事を参考にして、広報施策に挑戦してみてください。

さて、藤田観光の話に戻ります。インバウンドという言葉が認知されて以降、ホテル業界は異業種からの参入が相次ぎ、民泊も本格化するなど、競争が激しくなっています。新宿ワシントンホテルでは、もともと海外からの観光客に強かったこともあり、海外のメディアにもリリースを配信するほか、Instagramなどを用いてさらなる顧客の取り込みを模索しています。「ホテルの名前だけでお客さまに来ていただけた時代とは違い、自分ごととして共感してもらえることが重要だと感じています。当社の一施設を利用していただき、ほかの施設にも興味を持っていただけるような当社のファンを増やしていくためにも、改元キャンペーンのようなきっかけづくりにはこれからも積極的に取り組んでいきたいです」（本社広報部・吉永賢二さん）。

旬の時事ネタと連動したリリースは時間との勝負！鮮度と情報の絞り込みがカギ

[DATA]
企業名：藤田観光株式会社
資本金：120億8159万円
所在地：東京都文京区関口2-10-8
代表者：代表取締役兼社長執行役員　伊勢宜弘
売上高：692億8500万円（2018年12月期）
利益：11億500万円
（2018年12月期、経常利益）
従業員数：1515人
（ほか期中平均有期雇用者数3064人）
簡単な沿革：1948年「箱根小涌園」開業、1952年「椿山荘」開業。1955年藤田観光株式会社設立。1983年「新宿ワシントンホテル」開業、2001年「箱根小涌園ユネッサン」開業、2013年「ホテル椿山荘東京」開業。80以上の国内外拠点においてホテルやレジャーなどの観光事業を展開。
[広報戦略]
本社広報部署は企画グループ広報部で5人在籍。2018年は年間に188本のリリースを配信し、掲載数は850（テレビ除く）。時流に乗ったもの、季節感や社会性、地域性があるリリースを心がけている。

＊2019年8月号『広報会議』掲載（情報は取材当時のもの）

CASE 14

グルメによるまちおこし
地元飲食店参加の新グルメをPR

はこだて雇用創造推進協議会「はこだてチャウダー」

私は、PRやカレーの専門家として活動する一方で、食品開発やまちおこしのプロデュースも手がけています。今回は、そんな案件のひとつである「はこだてチャウダー」のリリースをテキストにしてみましょう。

地域雇用の創出が目的

依頼主は北海道函館市の「はこだて雇用創造推進協議会」で、2015年に厚生労働省から2度目の「実践型地域雇用創造事業」の委託を受けました。地域資源を活用した新商品の開発と販路の開拓を行い、事業者の売上を拡大することで地域の雇用を創出することが目的です。実は私もスタート時から、

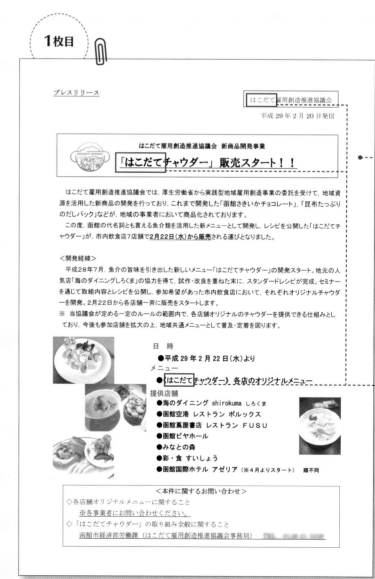

まちおこし関連リリースは、
地域名をしつこく連発しよう！
「チャウダー」と「函館」の相性
の良さも成功の要因に。

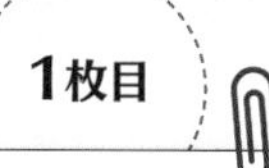

1枚目

プレスリリース

はこだて雇用創造推進協議会

平成 29 年 2 月 20 日発信

はこだて雇用創造推進協議会　新商品開発事業

「はこだてチャウダー」販売スタート！！

はこだて雇用創造推進協議会では，厚生労働省から実践型地域雇用創造事業の委託を受けて，地域資源を活用した新商品の開発を行っており，これまで開発した「函館さきいかチョコレート」，「昆布たっぷりのだしパック」などが，地域の事業者において商品化されております。

この度，函館の代名詞とも言える魚介類を活用した新メニューとして開発し，レシピを公開した「はこだてチャウダー」が，市内飲食店7店舗で**2月22日（水）から販売**される運びとなりました。

＜開発経緯＞

平成28年7月，魚介の旨味を引き出した新しいメニュー「はこだてチャウダー」の開発スタート。地元の人気店「海のダイニングしろくま」の協力を得て，試作・改良を重ねた末に，スタンダードレシピが完成。セミナーを通じて取組内容とレシピを公開し，参加希望があった市内飲食店において，それぞれオリジナルチャウダーを開発。2月22日から各店舗一斉に販売をスタートします。

※　当協議会が定める一定のルールの範囲内で，各店舗オリジナルのチャウダーを提供できる仕組みとしており，今後も参加店舗を拡大の上，地域共通メニューとして普及・定着を図ります。

日　時

●平成 29 年 2 月 22 日（水）より

メニュー

●《はこだてチャウダー》 各店のオリジナルメニュー

提供店舗

●海のダイニング shirokuma しろくま
●函館空港 レストラン ポルックス
●函館蔦屋書店 レストラン FUSU
●函館ビヤホール
●みなとの森
●彩・食 すいしょう
●函館国際ホテル アゼリア（※4月よりスタート）　順不同

＜本件に関するお問い合わせ＞

◇各店舗オリジナルメニューに関すること

※各事業者にお問い合わせください。

◇「はこだてチャウダー」の取り組み全般に関すること

函館市経済部労働課（はこだて雇用創造推進協議会事務局）

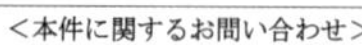

事業推進アドバイザーとして参加しています。

発足以来、「函館さきいかチョコレート」や「函館生パウンドケーキ」「昆布たっぷりのだしパック」などが商品化されてきました。「函館さきいかチョコレート」は、文字通り函館名産のさきいかをチョコレートでコーティングしたユニークな商品ですが、意外なことにハワイでも同様の商品が販売されていました。そこで、さらに美味しい商品をつくるためにフレークやセサミ、キャラメルなどを用いたところ、甘辛い新感覚スイーツとして人気商品になりました。私自身も後引く味わいが気に入って取引先へのお土産などに利用していますが、現在イカが不漁のため品薄になっているほどです。

そんな中、私は2015年11月に「シチュー」や「チャウダー」の商品開発を提案しました。発想の原点は、私自身シチューが好きで「美味しいシチューを食べたい」という単純な思いからでしたが、シチューにはホタテやカキなど函館で獲れる海産物がよく合います。これまで、カレーでまちおこしをしている自治体が山ほどあるのに対し、シチューは聞いたことがありませんでした。これまでのような加工商品だけでなく、飲食店で提供できるメニューがほしいと考えていた協議会もその話に乗り気になりました。さらに調べてみると、アメリカには「ボストンチャウダー」や「マンハッタンチャウダー」という地域別の文化があり、異国情緒漂う函館にはぴったりということから「はこだてチャウダー」の開発が決まりました。

2016年3月からは展開方法などを

＼ポイント2／

2～3枚目はパンフレット風に

2～3枚目の添付資料は、パンフレットとして使えるようにA4縦・横書きで作成されている。プロのデザイナーが制作しているので分かりやすい。

＼ポイント1／

一瞬で概要を把握できる構成

1枚目を見ただけで全体像が把握できる。さらに、添付資料の2枚目でコンセプトと目的、3枚目で写真入りの詳細な商品紹介と、それぞれ一瞬で概要が把握できるように計算されている。

＼ポイント3／

キーワードとなる自治体名を強調

グルメによるまちおこしのため、随所に「函館」「はこだて」というキーワードを連発して配置し、函館市の印象が残るようにインパクトを与える設計。

2枚目　コンセプトと目的

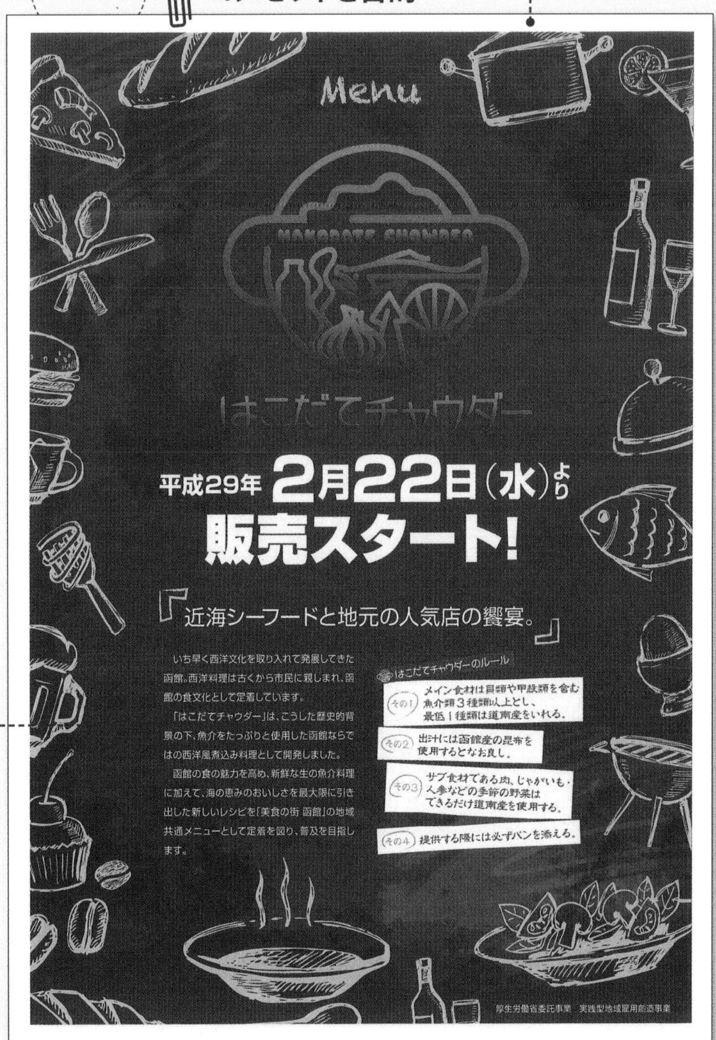

検討。「メイン食材は魚介類３種類以上とし、最低１種類は道南産を入れる」「出汁(だし)には函館産の昆布を使うとなおよし」など、４つのルールも決めました。地元の人気店「海のダイニングshirokuma」を協力事業者に選定し、試作品が完成。11月に公開セミナーを開催して参加店を募り、2017年２月に７事業者を認定しました。

各事業者が創意工夫を凝らしたオリジナルメニューは、甘エビで出汁をとった旨味たっぷりのスープの色が赤レンガを想像させるもの、マッシュポテトを皿の底に敷いてスープで溶かしながら食べるものなど、バラエティに富んだ一品が揃いました。その中のひとつ、函館空港にあるレストラン「ポルックス」は私もメニューづくりに参加し、香辛料にカレーの風味を加えたヨーロピアンカレーテイストのチャウダーにしました。７店舗あれば食べ比べを楽しめるうえ、まち全体で取り組んでいる本気度も伝わります。

提供開始のXデーは２月22日と決まりました。そこで、私は広報担当者の小林祐樹さんにリリースを書くよう焚きつけました。何しろ国の助成金を受けて行っている事業ですから、失敗はできません（実際には失敗例もたくさんありますが、私のポリシーとしてそんな無責任なことはしたくないので）。それに、自治体が先導したものの、うまくいかずうやむやになる例も枚挙にいとまがなく、うんざりしている事業者も多いのです。せっかく話に乗ったのに、大して盛り上がらないままいつの間にかプロジェクトが終了していたのでは信用を失うのも無理はないでしょう。そうならないためにも、きちんとPRしてお客さんに来てもらうことが大切です。

15秒で概要を把握させる

とはいえ、私は商品開発のアドバイザーとして参加しているので、リリースづくりなどは小林さんに一任し、配信面で少しだけ手伝う程度にとどめました。そうして完成したのがご覧のリ

3枚目　各店舗のメニューと地図

ポイント2

ポイント1

まちおこしでは
自治体名を強調しながら
印象付け&定着を！

リースです。**ポイント1** 3枚構成になっていますが、1枚目で「はこだてチャウダー」が発売されること、2枚目でコンセプトと目的、3枚目で具体的なメニューがパッと一瞥して分かります。リリースの世界ではよく、「15秒で概要を把握させろ」と言いますが、最近の私は読んで把握するのでなく、パッと見ただけで全体像がおおまかに把握できるリリースが望ましいと思うようになりました。数え切れないほど届くリリースの中から第一次選抜を乗り越えるにはそれで十分だからです。期せずして「はこだてチャウダー」も同様の構成になっています。

ユニークなのは、**ポイント2** 2～3枚目の添付資料に、一般向け配布用のパンフレットを流用していることです。パンフレットには、事業コンセプトだけでなく各店舗のメニューや地図なども詳しく紹介されており、プロのデザイナーが作成しているので見栄えもします。予算を使って制作したものがあるなら、上手に有効活用すればいいのです。

そして**ポイント3** グルメでまちおこしをする際の鉄則として、「函館」という自治体名を強調しています。まちおこしが目的なので、しつこいくらい、これでもかと連発してよいのです。

ほかに強いてアドバイスするならば、「チャウダー」が何か分からない人に対して、クラムチャウダーがどういうものか、アメリカには2つのバリエーションがあることなどの説明を入れてもよかったと思います。

配信先は市の記者クラブや、小林さんの手持ちリストから約70社。私も、札幌テレビの人気番組『どさんこワイド』でディレクターをしている知人を紹介しました。実は、2月22日は札幌で冬季アジア大会の真っ最中でした。周囲からは「キビシイですよ」と言われましたが、函館空港のレストラン「ポルックス」などをかなり大きく取り上げてもらうことができました。ほかにも、NHKの『ほっとニュース北海道』や『函館新聞』『北海道新聞』『読売新聞』などに軒並み掲載され、情報誌やサイトも含めて20件以上の掲載がありました。各店舗の紹介など今後も掲載が見込めそうです。参加事業者にも効果が表れはじめており、函館国際ホテルのレストラン「アゼリア」が開発した「はこだて中華クリームチャウダー」は、早くも人気ナンバーワンメニューに躍り出たそうです。

自分でも自信を持って提案した企画でしたが、予想以上の手応えを感じています。「函館さきいかチョコレート」は、いわば“キワモノ”として話題性があったのに対し「はこだてチャウダー」は正統派です。けれど、チャウダーはみんなが大好きなのに、まちおこしには使われていなかったという新奇性がありました。また「魚介が豊富」「異国情緒がある港町」「北海道は牛乳やジャガイモなどの産地」「寒い北国と温かいシチュー、チャウダー」など、様々な要素がすべて函館という街のイメージにフィットした結果ではないかと感じています。

観光客と地元客の中間層を狙う

まちおこしというと、ほかの地方から観光客を呼び込むイメージがありますが、そうなるまでには時間がかかります。函館は道南各地や青森からも遊びに来る人が多い中核都市のため、まずはその「観光客と地元客の中間層」に広めていくことが必要です。そうしてじわじわと広まった頃に、『るるぶ』など全国販売の情報誌が地元で何がはやっているかを調査して取り上げ、全国的な集客にもつながっていくのです。その時点でもう立ち消えになってしまっていたら元も子もないので、それまでにしっかりと地元に定着し、受け入れ態勢をつくっていくことが課題です。その段階へ向けて、まずは好発進を切ったといっていいでしょう。

今回の教訓 実例から学ぶことが上達の近道

今回、「はこだてチャウダー」のリリースを作成した小林さんは、本格的なリリースをつくるのはこれが初めてでした。つくるにあたって参考にしたのが、本書のシリーズ前作に当たる『実践！ プレスリリース道場 完全版』(2016年刊)です。これを見ただけで、誰にも教わることなくシンプルながらも好印象のリリースを作成することができたのです。

本書を刊行してから、多くの読者やPR担当者に「この本にはリリースの見本がカラーで大きめに掲載されているので、見よう見まねで自分でもリリースをつくれるのがいい」言われます。掲載例はどれも優れたリリースばかりなので、お手本にすればPR担当1年生でもリリースをつくることができます。

本書は前書よりもさらにパワーアップし、優れた事例集として活用できます。P180に「本書の使い方」をまとめたので、身近に指導者がいない場合は、ぜひ参考にしてみてください。

[DATA]
企業名：はこだて雇用創造推進協議会
資本金：—
所在地：北海道函館市東雲町4番13号（函館市経済部労働課内）
代表者：谷口 諭（函館市経済部長）
売上高：—
純利益：—
従業員数：約10名
沿革：2009年2月9日に協議会設立、厚生労働省委託事業「実践型地域雇用創造事業」を2018年3月31日まで実施。地域資源を活用した「函館ブランドの確立」および「豊富な地域資源のブラッシュアップ」に取り組み、地域経済の活性化と雇用の創出を図る。
[広報戦略]
事業内容である雇用創出の実践として、地域資源を活用した新商品開発および販路拡大の一環として広報を展開する。

＊「はこだてチャウダー」の販売は現在は終了。

＊2017年8月号『広報会議』掲載（情報は取材当時のもの）

CASE 15

グラフと強い数字が目を引く！「No.1」実績が生む信頼感

ビビッドガーデン「食べチョク」

4つのNo.1を自ら調査し
見つけ出しリリース化。
高業績リリースの応用版とでも
言うべきリリースです。

コロナ下で外出自粛ムードが続く中、食料品のネット販売需要が急伸しています。中でも産直ECサイトは、野菜や肉、魚などを消費者が注文すると、生産者から直接発送するシステムで、手書きのメッセージが添えられることもあるなど、コミュニケーションも魅力のひとつです。今回はその最大手である「食べチョク」を運営するビビッドガーデンを取材しました。

データは自分たちで調査

このリリースでは、競合サイト12社の中で4つのNo.1を獲得したことと、生産者別の月間最高売上が1479万円を記録したことの2つを訴求しています。ジャンルでいえば高業績リリースですが、一般的には調査機関や授与団

1枚目

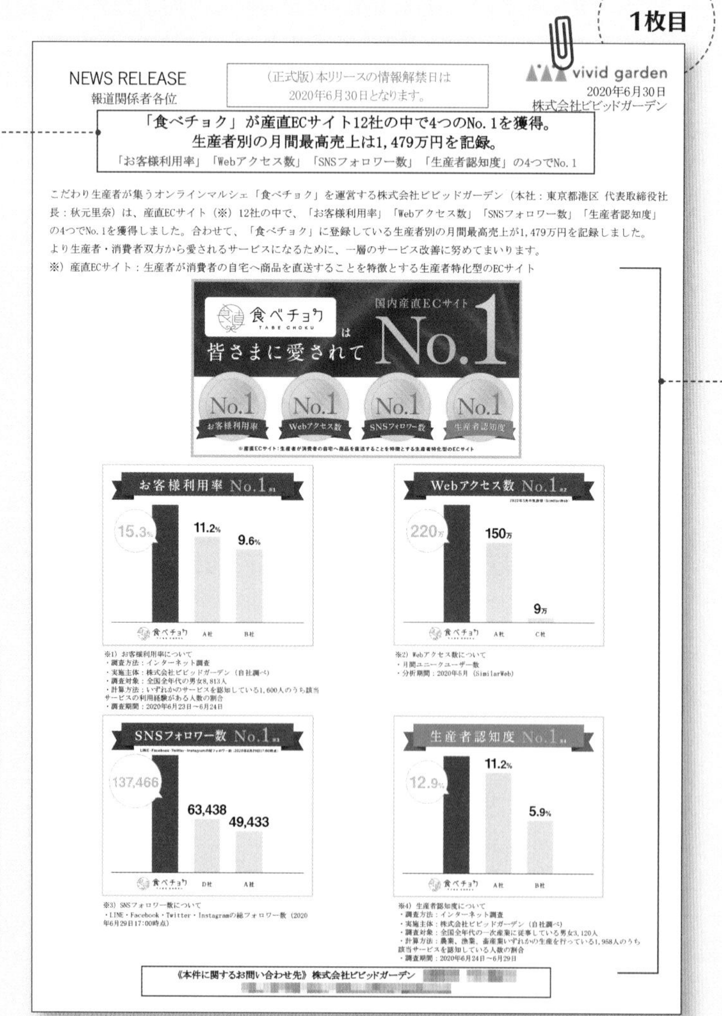

NEWS RELEASE
報道関係者各位

（正式版）本リリースの情報解禁日は
2020年6月30日となります。

vivid garden
2020年6月30日
株式会社ビビッドガーデン

「食べチョク」が産直ECサイト12社の中で4つのNo. 1を獲得。
生産者別の月間最高売上は1, 479万円を記録。
「お客様利用率」「Webアクセス数」「SNSフォロワー数」「生産者認知度」の4つでNo. 1

こだわり生産者が集うオンラインマルシェ「食べチョク」を運営する株式会社ビビッドガーデン（本社：東京都港区 代表取締役社長：秋元里奈）は、産直ECサイト（※）12社の中で、「お客様利用率」「Webアクセス数」「SNSフォロワー数」「生産者認知度」の4つでNo. 1を獲得しました。合わせて、「食べチョク」に登録している生産者別の月間最高売上が1, 479万円を記録しました。
より生産者・消費者双方から愛されるサービスになるために、一層のサービス改善に努めてまいります。
※）産直ECサイト：生産者が消費者の自宅へ商品を直送することを特徴とする生産者特化型のECサイト

※1）お客様利用率について
・調査方法：インターネット調査
・実施主体：株式会社ビビッドガーデン（自社調べ）
・調査対象：全国全年代の男女8, 813人
・計算方法：いずれかのサービスを認知している1, 600人のうち該当サービスの利用経験がある人数の割合
・調査期間：2020年6月23日〜6月24日

※2）Webアクセス数について
・月間ユニークユーザー数
・分析期間：2020年5月（SimilarWeb）

※3）SNSフォロワー数について
・LINE・Facebook・Twitter・Instagramの総フォロワー数（2020年6月29日17:00時点）

※4）生産者認知度について
・調査方法：インターネット調査
・実施主体：株式会社ビビッドガーデン（自社調べ）
・調査対象：全国全年代の一次産業に従事している男女3, 120人
・計算方法：農業、漁業、畜産業いずれかの生産を行っている1, 958人のうち該当サービスを認知している人数の割合
・調査期間：2020年6月24日〜6月29日

《本件に関するお問い合わせ先》株式会社ビビッドガーデン

＼ポイント1／

タイトルで「No.1」を強くアピール！

多数の競合を「12社」と明示し、その中で1位であること端的に伝えている。さらに「生産者別の月間最高売上1479万円」という最高値のインパクトも同時訴求。

体などから表彰を受けて配信することが多いところを、食べチョクの場合は自身で4つのNo.1を調べ出してリリースにしています。つまり、高業績リリースの応用版ともいうべきリリースなのです。

このリリースを思いついたのは2020年5月下旬。代表の秋元里奈さんとマーケティング責任者、そして広報の下村彩紀子さんを交えたミーティングで決まったといいます。背景には、7月18日に始まった同社初のテレビCMを援護射撃する狙いがありました。

コロナ下で同社のユーザー数は2020年2～5月に9.4倍まで増加し、販路に困った生産者からのSOSが月間500件も寄せられるなど、市場から必要とされるサービスになっていく手応えがあったと下村さんは説明します。

調査はマーケティングが担当。お客さま利用率と生産者認知度は有料で利用できるリサーチサイトを利用してアンケートを実施。ウェブのアクセス数はSimilarWebが発表しているデータを引用。SNSフォロワー数は実際にアクセスして算出しました。

そうして見つけたデータを、下村さんと社内デザイナーで相談しながらグラフに落とし込んでリリースを作成。6月30日に配信しました。

ではそのリリースを見てみましょう。**ポイント1** まずタイトルに「12社の中で4つのNo.1」「生産者別の月間最高売上は1479万円」という強い数字を出してインパクトを与えています。

読み手に響く数字はいろいろありますが、中でも「No.1」は競合社でもトップということで信頼感を与えます。下村さんたちもその効果が分かっていたからこそ、わざわざ自分たちで探してでもリリースをつくったのです。

皆さんの会社でも、この手法は使えるはずです。さらに「1479万円」の数字を出したのは、全体の売上を非公表にしている同社が出せる、分かりやすい数字だったからです。実店舗を持たずに1500万円近い売上が出るとは、本当に驚きの数字です。

そしてこのリリースで私が最も注目したのは、**ポイント2** 1枚目は4つのグラフがメインで、ほとんど文章がないことです。いくら文章が記者に読まれる可能性が少ないとはいえ、文章をまったく入れないのは非常に勇気がいり

\ポイント2/

1枚目はグラフ！
それでも内容が伝わる

本文に文章がないリリースは珍しいが、文章がなくても中身がよく分かる優れた図表が展開されている。

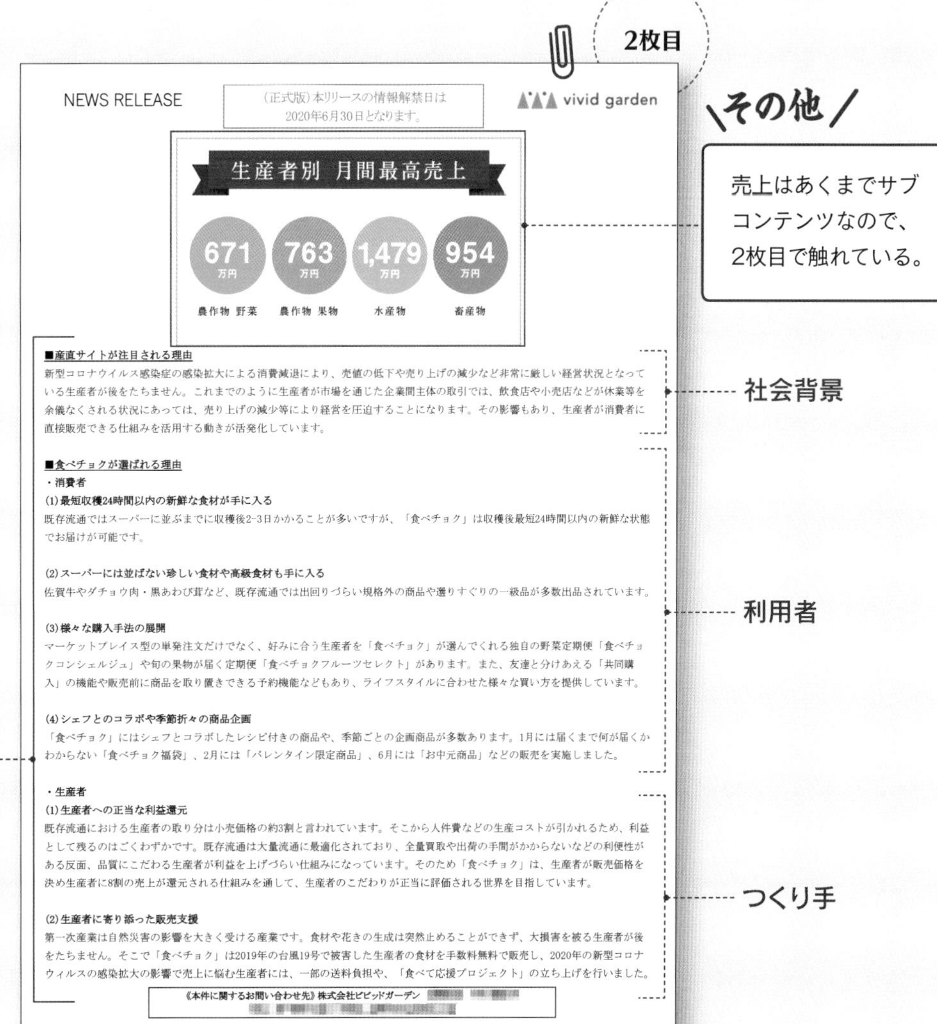
2枚目
その他
売上はあくまでサブコンテンツなので、2枚目で触れている。
社会背景
利用者
つくり手

NEWS RELEASE

（正式版）本リリースの情報解禁日は2020年6月30日となります。

vivid garden

生産者別 月間最高売上

農作物 野菜	農作物 果物	水産物	畜産物
671万円	763万円	1,479万円	954万円

■産直サイトが注目される理由

新型コロナウイルス感染症の感染拡大による消費減退により、売値の低下や売り上げの減少など非常に厳しい経営状況となっている生産者が後をたちません。これまでのように生産者が市場を通じた企業間主体の取引では、飲食店や小売店などが休業等を余儀なくされる状況にあっては、売り上げの減少等により経営を圧迫することになります。その影響もあり、生産者が消費者に直接販売できる仕組みを活用する動きが活発化しています。

■食べチョクが選ばれる理由

・消費者

(1)最短収穫24時間以内の新鮮な食材が手に入る

既存流通ではスーパーに並ぶまでに収穫後2-3日かかることが多いですが、「食べチョク」は収穫後最短24時間以内の新鮮な状態でお届けが可能です。

(2)スーパーには並ばない珍しい食材や高級食材も手に入る

佐賀牛やダチョウ肉・黒あわび茸など、既存流通では出回りづらい規格外の商品や選りすぐりの一級品が多数出品されています。

(3)様々な購入手法の展開

マーケットプレイス型の単発注文だけでなく、好みに合う生産者を「食べチョク」が選んでくれる独自の野菜定期便「食べチョクコンシェルジュ」や旬の果物が届く定期便「食べチョクフルーツセレクト」があります。また、友達と分けあえる「共同購入」の機能や販売前に商品を取り置きできる予約機能などもあり、ライフスタイルに合わせた様々な買い方を提供しています。

(4)シェフとのコラボや季節折々の商品企画

「食べチョク」にはシェフとコラボしたレシピ付きの商品や、季節ごとの企画商品が多数あります。1月には届くまで何が届くかわからない「食べチョク福袋」、2月には「バレンタイン限定商品」、6月には「お中元商品」などの販売を実施しました。

・生産者

(1)生産者への正当な利益還元

既存流通における生産者の取り分は小売価格の約3割と言われています。そこから人件費などの生産コストが引かれるため、利益として残るのはごくわずかです。既存流通は大量流通に最適化されており、全量買取や出荷の手間がかからないなどの利便性がある反面、品質にこだわる生産者が利益を上げづらい仕組みになっています。そのため「食べチョク」は、生産者が販売価格を決め生産者に8割の売上が還元される仕組みを通して、生産者のこだわりが正当に評価される世界を目指しています。

(2)生産者に寄り添った販売支援

第一次産業は自然災害の影響を大きく受ける産業です。食材や花きの生成は突然止めることができず、大損害を被る生産者が後をたちません。そこで「食べチョク」は2019年の台風19号で被害した生産者の食材を手数料無料で販売し、2020年の新型コロナウィルスの感染拡大の影響で売上に悩む生産者には、一部の送料負担や、「食べて応援プロジェクト」の立ち上げを行いました。

《本件に関するお問い合わせ先》株式会社ビビッドガーデン

\ポイント3/

多くの紙幅を割いて
達成した理由を説明

社会背景、利用者（消費者）、つくり手（生産者）という3つの視点から記述することで、「三方よし」の納得性の高いものになっている。

ます。しかし図版に関心を持てば、2～3枚目の本文もきっと読んでもらえるはず。そう信じて、グラフは実に10パターン以上つくって最もいいものを選んだそうです。例えば、自社の数字はグラフに入れず吹き出しにした方が目立つこと、それにより棒グラフが天井に届きそうな勢いを出せることなど、受け手の目線を実によく考えています。今回のようにグラフなどがないときも、生産者の顔や野菜など、目につくビジュアルを1枚目のメインにして構成しているようです。

ポイント3 2枚目では、達成した理由の説明に4分の3ページを割いています。理由は①社会背景 ②利用者（消費者）③つくり手（生産者）という3つの視点から分析していて、非常に納得感のあるものになっています。

配信方法はリリース配信サイトを通じて約300件、すでに関係性のあるメディアに直接50件ほど。下村さんはステークホルダーとして消費者、生産者、コーポレートの3つを想定し、どこに重点を置くかをリリースごとに考えるそうです。

このリリースの場合は生産者に届き、より出品者が増えることが目的でした。そこで生産者が接する専門紙やウェブメディアに重点を置き、掲載に成功しました。お陰で「こんなに伸びるなんてびっくり」とか「僕もそれくらい売りたい」というようなツイートが見られ、生産者からの問合せも格段に増えたそうです。また自治体や企業からの問合せも多く、時節柄、「これまで社員旅行などをしていた代わりに、福利厚生で食材を△万円分全社員に配布したい」という企業もあったといいます。

下村さんはそもそも、このリリース単体で大きな記事になるとは考えておらず、このあとに配信した資金調達リリースやCMを見て取材を申し込んできた記者にリリースを手渡すことで、いい相乗効果を生んでいるようです。

同社はディー・エヌ・エーに勤めていた秋元社長が2016年に創業。自身も神奈川県相模原市の農家の出身で、中学生のころに祖父母が廃業。社会に出てから各地の生産者をまわり、形や大きさで価格が決まってしまい、生産者の実入りが少ないことなどの問題点を痛感。生産者が正当な利益を得られることを目的に立ち上げました。従来型の流通では生産者に売上の3割しか残らなかったところを8割が残るようなビジネスモデルにしていることから

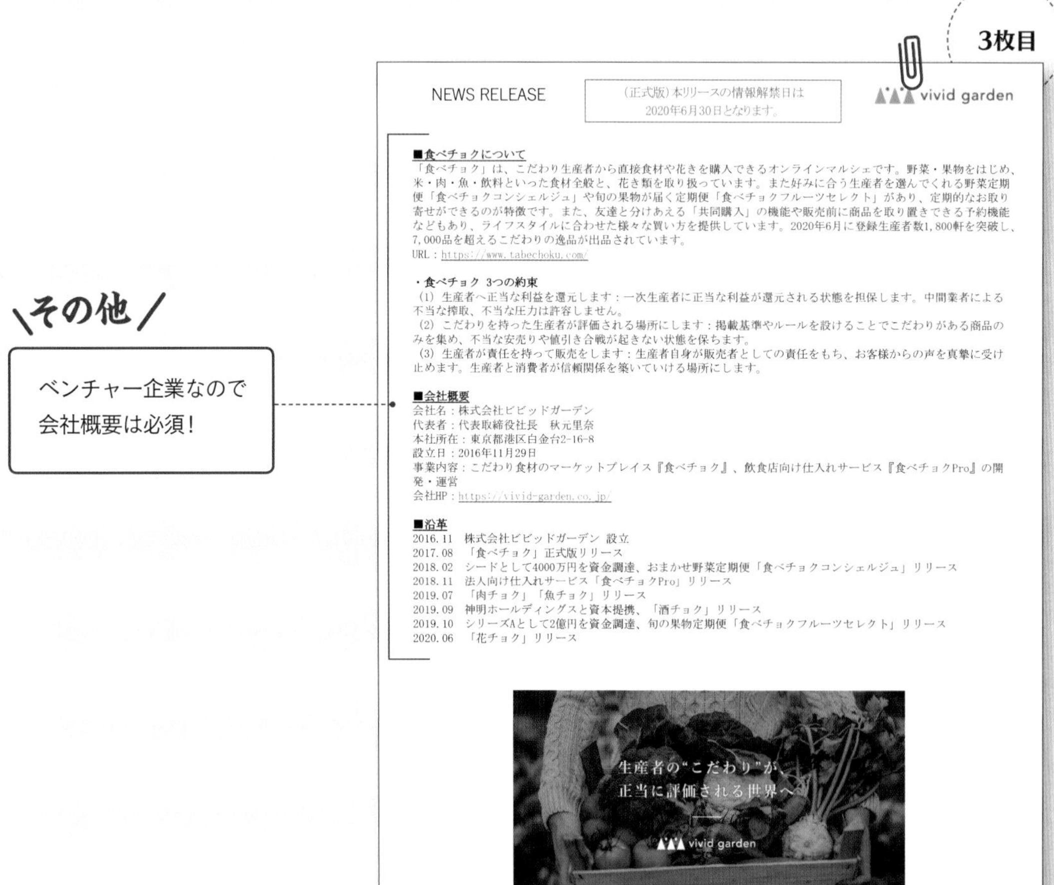

NEWS RELEASE

（正式版）本リリースの情報解禁日は2020年6月30日となります。

vivid garden

■食べチョクについて

「食べチョク」は、こだわり生産者から直接食材や花きを購入できるオンラインマルシェです。野菜・果物をはじめ、米・肉・魚・飲料といった食材全般と、花き類を取り扱っています。また好みに合う生産者を選んでくれる野菜定期便「食べチョクコンシェルジュ」や旬の果物が届く定期便「食べチョクフルーツセレクト」があり、定期的なお取り寄せができるのが特徴です。また、友達と分けあえる「共同購入」の機能や販売前に商品を取り置きできる予約機能などもあり、ライフスタイルに合わせた様々な買い方を提供しています。2020年6月に登録生産者数1,800軒を突破し、7,000品を超えるこだわりの逸品が出品されています。
URL：https://www.tabechoku.com/

・食べチョク 3つの約束

（1）生産者へ正当な利益を還元します：一次生産者に正当な利益が還元される状態を担保します。中間業者による不当な搾取、不当な圧力は許容しません。
（2）こだわりを持った生産者が評価される場所にします：掲載基準やルールを設けることでこだわりがある商品のみを集め、不当な安売りや値引き合戦が起きない状態を保ちます。
（3）生産者が責任を持って販売をします：生産者自身が販売者としての責任をもち、お客様からの声を真摯に受け止めます。生産者と消費者が信頼関係を築いていける場所にします。

■会社概要

会社名：株式会社ビビッドガーデン
代表者：代表取締役社長　秋元里奈
本社所在：東京都港区白金台2-16-8
設立日：2016年11月29日
事業内容：こだわり食材のマーケットプレイス『食べチョク』、飲食店向け仕入れサービス『食べチョクPro』の開発・運営
会社HP：https://vivid-garden.co.jp/

■沿革

2016.11　株式会社ビビッドガーデン 設立
2017.08　「食べチョク」正式版リリース
2018.02　シードとして4000万円を資金調達、おまかせ野菜定期便「食べチョクコンシェルジュ」リリース
2018.11　法人向け仕入れサービス「食べチョクPro」リリース
2019.07　「肉チョク」「魚チョク」リリース
2019.09　神明ホールディングスと資本提携、「酒チョク」リリース
2019.10　シリーズAとして2億円を資金調達、旬の果物定期便「食べチョクフルーツセレクト」リリース
2020.06　「花チョク」リリース

《本件に関するお問い合わせ先》株式会社ビビッドガーデン

も、その思いは伝わります。

最近はメディアで秋元さんが取材される姿もよく見かけます。きっかけは2019年9月にテレビの密着番組で取り上げられたこと。秋元さんの農業に対する思いにフォーカスしてもらえたことが、その後につながっている様子。いざチャンスが来たときに、自身の信念をきちんとアピールできれば取材はつながっていくといういい見本です。ちなみに取材の半年ほど前、同社のスタッフが番組の公式インスタに長文メッセージを送っていたそうで、それも功を奏したのかもしれません。

下村さんも新潟県のユリ農家の出身。生産者の苦労を間近で見てきました。ほかの社員も農家出身者が多く、秋元さんの理念に共感している人ばかりなので結束も強いようです。ちなみにユリ農家は下村さんのいとこが継いでいて、もうすぐ「食べチョク」にも登録予定だそうです。

独学でテクニックを習得

広報は2019年9月に下村さんが入社するまで秋元社長が業務の傍らに担当。テクニック的なことは下村さんが独学で習得しているそうです。優秀な広報がいると聞けば友人を介して会いに行き、情報交換をしながら教えてもらうこともあるといいます。迷ったときはLINEで相談するとすぐに答えが返ってくるといい、こうした連携の強さは女性広報ならではでしょう。

会社は現在、1年前と比べて売上が50倍になるという異次元レベルの成長中。スタッフ数も急増し、会社の移転を検討するほどです。一方でコロナが落ち着いたあとの消費動向がどうなるかは不透明です。けれど同社の場合は会社を大きくすることが目的でなく、「生産者のこだわりが正当に評価される世界を目指す」という確固たる使命があります。

「コロナが原因で、これまでスーパーに当たり前にあったものがなくなり、消費者が生産者のことを思い浮かべる機会になりました。今後はこの市場をつくっていくのが私たちの使命だと考えています。農家の平均年齢は67歳。年輩の方が参入しやすくすることも必要です。コロナ収束後も、消費者が生産者から直接購入することがひとつのエンタメとなるようにしていきたい」と下村さんは話しており、会社の方向性にブレはありません。

こういう会社は、たとえ広報で迷うことがあっても、原点に立ち返れば自ずと答えは見つかるものです。

今回の教訓　記者に数字を見つけてもらおう

この“No.1リリース”を基に取材をして大きな記事を書いたのが『日経MJ』です。「昨年比で売上が50倍」という記述が目についたので下村さんに聞いてみたところ、これは食べチョク側が出した数字ではなく、日経の記者が「何かインパクトのある数字を出したい」と自身で算出した数字だそうです。

こんなふうに、こちらが気づいていない数字を、記者が見つけてくれることはよくあります。

横濱カレーミュージアムに携わっていたころのこと。東京ディズニーランドには規模からして敵いませんが、TBSのディレクターが「坪単価あたりの売上で日本のテーマパークNo.1」という表現を生み出してくれました。

それ以降は機会があるごとに使わせてもらいましたし、食べチョクの「前年比50倍」というデータも使い勝手がいい数字だと思います。

やはり記者は読み手に響く要素を見つけるプロです。ぜひいい数字を見つけてもらいましょう。

ステークホルダーごとに重点メディアを厳選し確実な露出獲得へ

[DATA]
企業名：株式会社ビビッドガーデン
資本金：4.2億円（2020年8月末時点）
所在地：〒108-0071
東京都港区白金台2丁目16-8
代表者：代表取締役社長　秋元里奈
売上高：非開示
利益：非開示
従業員数：27人
（2020年8月末時点　※アルバイト含む）
簡単な沿革：2016年11月に株式会社ビビッドガーデン設立。2017年8月に「食べチョク」正式版リリース。2019年7月に「肉チョク」「魚チョク」、同年9月に「酒チョク」、2020年6月に「花チョク」と拡大中。
[広報戦略]
2019年9月～2020年8月の配信数は47件。掲載数は1878件。広報目標は「指名検索数」「注力媒体掲載数」「アプローチ数」の3つで算出している。

＊2021年1月号『広報会議』掲載（情報は取材当時のもの）

CASE 16

高業績リリースに必要な要素を分かりやすく定型化

マルマン「南信州・飯田の辛みそ」

まちおこしの一環で開発した
商品ならではの、
地域性を意識した内容と
メディア戦略に注目!

食はまちおこしの起爆剤です。私もカレーで様々なまちおこしに携わっていますが、今回は味噌で地元を盛り上げている企業に取材しました。

マルマンは1888年の創業以来、長野県飯田市に根差して製造を続けている信州みそのメーカーで、多数ある味噌会社の中で出荷量は全国20位ほどに位置しています。広報を担当しているのは営業企画部の中田泰雄さん。中田さんの祖父である中田栄造氏が1951年にマルマンを株式会社化しました。

中田さんがまちおこしにちなんで開発したのが「焼肉の街 南信州・飯田の辛みそ」という商品です。近年、みその消費量は減少しており、全国味噌工業協同組合連合会の統計によれば、20

高業績リリース 第1弾

1枚目

信州 ■味噌・発酵食品
マルマン
創業120年

News Release

2017 年 4 月 6 日 発信 No.002

報道関係者各位

日本一の焼肉の街(※1)「南信州・飯田の辛みそ 120g」
飯田市下伊那エリア限定販売で 累計5,000個突破記念!
販売計画比113%(集計期間 2016 年 7 月~2017 年 3 月)
高速道路サービスエリア限定商品の発売!!

信州みその製造を手がけるマルマン株式会社(長野県飯田市、代表取締役社長:林隆仁)は、飯田下伊那食肉組合(長野県飯田市、組合長:上沼昇)の監修受け発売した「南信州・飯田の辛みそ 120g」の販売実績(2016 年 7 月~2017 年 3 月末)が自社販売計画比 113%で推移し、累計販売数 5,000 個を突破しました。これを機に地域外への発信を強めるため、観光客向けに長野県内の高速道路パーキングエリア限定で同商品 210g サイズを発売します。

2016 年 7 月 1 日の発売後、焼肉シーズンの 7~9 月を中心に販売予測を大きく上回り、オフシーズンの 10~3 月はほぼ計画通りの販売実績となりました。

南信州 飯田の辛みそと同系の商品は、来客店数の多い一般的なスーパーマーケットでも1週間当の平均販売個数は 2~4 個ですが、一部では最盛期の焼肉シーズンに月間 100 個以上(週販 25 個)を販売した精肉店もあり、地方の精肉店の来店客数を考慮した場合、特筆すべき販売数となっております。

南信州・飯田の辛みその好調要因について当社調べでは

【理由①】→発売と同時に新聞・テレビ・雑誌などのメディアに掲載された事により、飯田下伊那地域での認知度が上がり、トライアルに繋がりました。

【理由②】→飯田下伊那食肉組合の監修を受け、飯田下伊那地域に合うといわれる辛口ベースの味で開発した事により、飯田下伊那地域の皆様に受け入れられ、リピート購入に繋がりました。

【理由③】→飯田下伊那食肉組合の加盟精肉店が対面販売等の強みを生かし、販売数増加に寄与しました。

1P

\ ポイント1 /

高業績リリースの必要要素を定型化!

タイトルには数字、表グラフは本文の上、本文下には理由をまとめている。どのリリースも、この3つの要素を1枚に定型化している。

00年からのおよそ20年間で全体の出荷量は約2割落ち込んでいます。

状況を打開すべく、最大手のマルコメは麹を使った商品など味噌の関連商品に力を入れて展開していますが、中小のメーカーが同じ土俵で闘っても勝機はないと考えた中田さん。味噌加工品の分野で、しかも大手が入り込めない地域色の強い独自商品の開発を模索します。そんな中で目をつけたのが、焼肉に合う辛みそでした。

地元イベントで記者人脈を拡大

実は飯田市は「人口1万人当たりの焼肉店舗数日本一」の街なのだといいます。2014年ごろから開発を始めた中田さんは、一方で広報の重要性も感じて私のPR講座にも参加していました。そして2015年に地元で開かれたイベント「焼來肉(やきにく)ロックフェスin南信州・飯田」の広報担当を買って出ます。イベントを通じて飯田下伊那食肉組合の人たちと出会い、開発へのアドバイスや監修を受けて、10回以上の試作を繰り返したあと、2016年7月に発売へとこぎつけました。

発売の際には記者会見を開催し、その呼び込みも兼ねて、マルマンの第1号リリースを配信。販売地域も限られているため、地元メディアに限って集中投下をした結果、会見には10社ほどが集まりました。県庁所在地でテレビ局がある長野市から150キロも離れている飯田市に10社も集まったのは驚異的です。読売、日経、中日、信濃毎日、南信州の各新聞、長野朝日放送やケーブルテレビと、地域の主要メディアはほぼすべて取り上げてくれました。「ロックフェスの広報で記者の人たちと知り合いになっていたことが大きかったです」と中田さん。その翌日には会社まで辛みそを買いにお客さんがやってくるなど、メディアに露出することの大切さを実感したようです。販売店は食肉組合加盟の精肉店約20店と、地元のローカルスーパーチェーン7～8店舗に限定したのですが、通常の商品の5～6倍の売れ行きを記録するヒットとなりました。

今回の誌面で紹介するのは、2017年4月に「焼肉の街 南信州・飯田の辛

＼ポイント2／

表の作成がうまい!
棒グラフにすることで、販売数が右肩上がりであることは一目瞭然。ポイントを視覚化し、商品パッケージも載せている。

販売計画の根拠となるデータもしっかり載せている。

2枚目

また、この様な販売好調の状況から、飯田下伊那地域への「焼肉の街 飯田」の発信及び認知に一定の成果が出たと判断し、これを機に地域外への「焼肉の街 飯田」の発信を更に強めるべく、長野県外の観光客が多く立ち寄る県内の高速道路サービスエリア限定販売で同商品 210g タイプを発売します。

また、一部のサービスエリアには「焼肉の街 飯田」の認知度向上のための「のぼり」も設置予定です。(※3)
今後も地域特有の資源「飯田焼肉文化」を、商品や装飾品などを利用して地域内外に発信し、この勢いを更に加速させる取組みを継続します。

サービスエリア限定(長野県内)商品　詳細

商品名	南信州 飯田の辛みそ		商品画像
容量	210g		
売価	630 円(本体) 680 円(税込)		
販売決定サービスエリア	名称	駒ケ岳サービスエリア(上下線)	
	住所	長野県駒ヶ根市	
	発売開始日	2017 年 4 月 7 日(金)～	
	名称	小黒川パーキングエリア(上下線)	
	住所	長野県伊那市	
	発売開始日	2017 年 4 月 7 日(金)～	
	※その他、長野県内の高速道路サービスエリアでの販売は順次拡大予定。		

※1: 人口 1 万人当の焼肉店舗数日本一、平成 27 年 2 月・南信州牛ブランド推進協議会発表

※2: 販売計画策定根拠

・右記表の最下段(黄色)の「年間販売個数予測」を元に季節変動を加味し、年度末 3 月迄の各月の販売計画数を策定。

・週販 1 店舗平均の数量は、スーパーマーケットを取引先として持つ、大手食品卸から情報提供を元に策定。

飯田の辛みそ販売計画(販売エリア:飯田下伊那地域限定)
2016年7月1日～2017年6月30日迄

	直販ルート		
①	企業数(飯田下伊那食肉組合様)	26	店舗
②	週販1店舗平均	4	個
③	月間販売(①×2個×4週)	416	個
④	年間販売(③×12ヶ月)	4,992	個
	マルマン→卸→販売店ルート		
①	卸ルート数	10	箇所
②	週販1店舗平均	4	個
③	月間販売(①×2個×4週)	160	個
④	年間販売(③×12ヶ月)	1,920	個
	合計[年間]販売個数予測	6,912	個

※3: サービスエリア設置「のぼり」

お気軽にお問い合わせください

マルマン株式会社

マルマン味噌 検索

2P

みそ」の累計販売数5000個突破を記念して高速道路のサービスエリアで大容量瓶を発売した際の第2号リリースと、2018年8月にそのサービスエリアでの販売が2万個を突破したことを知らせる第3号リリースです。この2件の高業績リリースについてポイントを解説していきましょう。

マルマンでは、**ポイント1** 高業績リリースに必要な要素を分かりやすく定型化しています。まずは何個達成したのかという「数字」をタイトルに。これがないと達成リリースは始まりませんが、それ以外の構成は各社で違います。マルマンの特徴は「棒グラフ」で売れ行きを示したことと、最下段で達成した「理由」も自己分析していること。メディアが必要とする要素をぬかりなく押さえています。

また、「棒グラフ」で売れ行きを表したことで、右肩上がりの伸びが一目でよく分かります。**ポイント2** 初めての取り組みで比較対象がないため、自社の販売計画と対比させることで計画を上回っていく様子も見て取れ、視覚にアピールしています。さらにグラフに吹き出しで商品写真と数字を入れ、分かりやすくする工夫が効いています。尚、中田さんは一度会社宛てにファクスをして、写真がつぶれそうなら明るく補正するなど、念入りな確認の手間も惜しみません。

ポイント3 2枚目は、この商品を初めて見るメディアのために、商品情報をコンパクトに集約。特筆すべきは、販売計画を一桁単位まで詳細に載せていること。例えば「7000個」などと概数で表すと取ってつけたような印象になりがちなので、メディアに信頼感を与えています。

この2件のリリースに関しても地元の新聞社が記事を書いてくれました。普段からの付き合いがあると、応援の意味も込めて書いてくれるものです。

飯田市には新幹線が停まらず、空港もないので、観光客がお土産を買うのは高速道路のサービスエリア（SA）です。通常、SAでは瓶モノは重さが敬遠されて売れないのですが、この辛みそに関しては約200品ある商品の中で年間ベスト10に入る好調ぶり。SAでも自発的にコーナーを設けたり、飲食エリアで辛みそを使ったメニューを販売したりと、好意的に扱ってくれています。「メディアに出ると視聴者が買ってくださる効果とともに、メディアを見た売り場の人が積極的に販売しよう

高業績リリース 第2弾

信州 ■味噌・発酵食品
マルマン
創業120年

News Release

2018年8月20日 発信No.003

報道関係者各位

長野県内高速道路サービスエリア（以下、SA）限定販売
日本一の焼肉の街（※1）「南信州・飯田の辛みそ 210g」
自社販売計画より5ヶ月前倒しで、累計20,000個突破!!
～長野県駒ヶ岳SA（上下）で累計11,712個販売と大好評～

信州みその製造を手がけるマルマン株式会社（長野県飯田市、代表取締役社長：林隆仁）は、日本一の焼肉の街南信州・飯田を（※1）を全国に発信するため、2017年5月に長野県内高速サービスエリア限定で発売した「長野県南信州・飯田の辛みそ 210g」の自社販売計画より5ヶ月前倒しで累計販売数が20,000個を突破しました。

※1：人口1万人当の焼肉店舗数日本一、2017年1月・南信州畜産物ブランド推進協議会発表

南信州
飯田の辛みそ210g
累計販売数推移

2018年7月に
販売計画より
5ヶ月前倒しで
累計20,000個突破!!

20,832

計画累計 ■実績累計

2017年4の発売後、ゴールデンウィークの5月、お盆休みの8月を中心に計画を大きく上回るペースで、2018年7月末時点の計画累計対比は137.4%となった。

南信州・飯田の辛みそ210gの好調要因について当社調べでは

【理由①】→飯田市にもっとも近いSAの駒ヶ岳SA(上下)がご当地土産として、特に販売に力をいれたことにより、販売累計個数が11,712個と全体累計の50%以上を占めた。

【理由②】→「日本一の焼肉の街」というキーワードを有する商品が、来店するお客様の購買欲を刺激した。

マルマンは、地域資源である「日本一の焼肉の街」を、商品を通じて全国に発信し、地域活性化に貢献していきます。

お気軽にお問い合わせください

マルマン株式会社

マルマン味噌 検索

ポイント2

\ ポイント3 /

商品自体の資料も「参考資料」として掲載

リリースでは、「参考資料」として商品の概要はもちろん、開発背景や特長を1枚にまとめている。

発売記念記者会見の参考資料

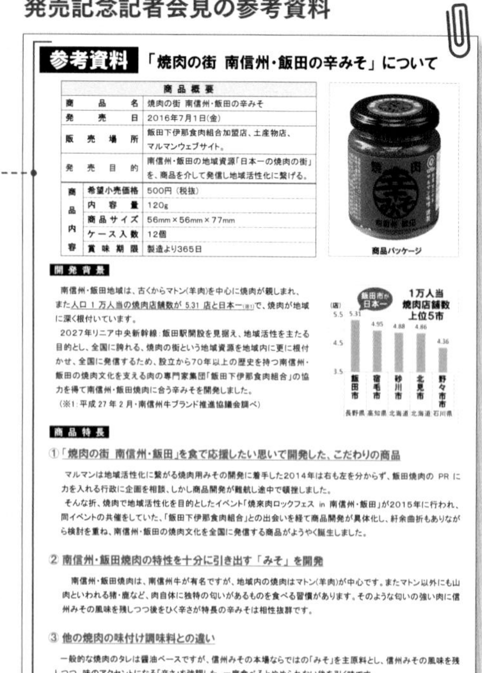

参考資料 「焼肉の街 南信州・飯田の辛みそ」について

商品概要		
商品名		焼肉の街 南信州・飯田の辛みそ
発売日		2016年7月1日(金)
販売場所		飯田下伊那食肉組合加盟店、土産物店、マルマンウェブサイト。
発売目的		南信州・飯田の地域資源「日本一の焼肉の街」を、商品を介して発信し地域活性化に繋げる。
商品内容	希望小売価格	500円（税抜）
	内容量	120g
	商品サイズ	56mm×56mm×77mm
	ケース入数	12個
	賞味期限	製造より365日

開発背景

南信州・飯田地域は、古くからマトン(羊肉)を中心に焼肉が親しまれ、また人口1万人当の焼肉店舗数が5.31店と日本一(※1)で、焼肉が地域に深く根付いています。

2027年リニア中央新幹線：飯田駅開設を見据え、地域活性を主たる目的とし、全国に誇れる、焼肉の街という地域資源を地域内に更に根付かせ、全国に発信するため、設立から70年以上の歴史を持つ南信州・飯田の焼肉文化を支える肉の専門家集団「飯田下伊那食肉組合」の協力を得て南信州・飯田焼肉に合う辛みそを開発しました。

（※1：平成27年2月・南信州牛ブランド推進協議会調べ）

商品特長

①「焼肉の街 南信州・飯田」を食で応援したい思いで開発した、こだわりの商品

マルマンは地域活性化に繋がる焼肉用みその開発に着手した2014年は右も左を分からず、飯田焼肉のPRに力を入れる行政に企画を相談、しかし商品開発が難航し途中で頓挫しました。

そんな折、焼肉で地域活性化を目的としたイベント「焼来肉ロックフェス in 南信州・飯田」が2015年に行われ、同イベントの共催をしていた、「飯田下伊那食肉組合」との出会いを経て商品開発が具体化し、紆余曲折もありながら検討を重ね、南信州・飯田の焼肉文化を全国に発信する商品がようやく誕生しました。

② 南信州・飯田焼肉の特性を十分に引き出す「みそ」を開発

南信州・飯田焼肉は、南信州牛が有名ですが、地域内の焼肉はマトン(羊肉)が中心です。またマトン以外にも山肉といわれる猪・鹿など、肉自体に独特の匂いがあるものを食べる習慣があります。そのような匂いの強い肉に信州みその風味を残しつつ後をひく辛さが特長の辛みそは相性抜群です。

③ 他の焼肉の味付け調味料との違い

一般的な焼肉のタレは醤油ベースですが、信州みその本場ならではの「みそ」を主原料とし、信州みその風味を残しつつ、味のアクセントになる「辛さ」を強調した、一度食べるとやめられない後を引く味です。

という気にもなってくれる。その両方の効果があると感じています」と中田さん。まずは地元商店で誰もが知る人気商品になり、続いてSAで観光客たちにも拡大。中田さんには明確なビジョンがあり、それに沿って販売と広報を展開していることが分かります。

ということは当然、次なる展望も抱いています。実は2027年には、飯田市にリニア中央新幹線の駅が開業する予定があり、そのチャンスに「焼肉のまち」や「辛みそ」をさらに売り出していこうと見据えているのです。

飯田市には「出前焼肉」という文化があります。例えば夏場に公園で4〜5人が集まって、「予算ひとり3000円で」などと注文すれば、精肉店が肉や野菜、タレ、容器、鉄板、ガスコンロを配達し、終わったら回収もしてくれるのです。このユニークな文化にはすでにメディアも注目し始めていて、いくつかのテレビ番組でも取り上げられています。「焼肉のまちということで知名度が高まれば、来街者が増え、スーパーなどでも、焼肉のコーナーとして肉やタレ・調味料に加えて、地元メーカーがつくった鉄板やガスコンロ、箸なども売れるかもしれません。そうした新たな展開ができると面白いなと思っています」。それこそまさに「まちおこし」の醍醐味で、まちと一緒に自社が育っていける楽しみがあります。

中小企業だからこそ地域を意識

地域活性化は、マルマンにもメリットがあります。若者離れが進んでいる地方のメーカーでは生産工場での働き手の確保も重要な課題で、地域が活性化して住民が増えれば、その解決策にもつながっていくからです。中田さんの中ではそうした一連のことがすべて有機的に結びついているのです。そしてまちおこしにつながる商品なら、地元メディアは必ず応援してくれます。ぜひ地方の中小企業にはその感覚を大切にしてもらいたいと思います。

中田さんは現在は商品開発から広報まで、ほとんど一人でフル稼働している状態。けれどいくら広報に力を入れても魅力的な商品がなければ消費者やメディアの期待に応えることができません。逆に、いくらいい商品をつくっても広報をしなければ売れないことも分かっています。開発者自身が広報を手がけると詳しく説得力のある説明ができるメリットはありますが、今後はますます魅力的な商品の開発に力を注げる体制を整えることを目指しているそうです。そしていずれは、全国に打って出る商品を……との野望もあります。今はそのための経験やノウハウを蓄えている時期といえそうです。

配信地域を限定することで
地元で誰もが知る
定番商品として育成できる！

今回の教訓

外へ出て、人脈を広げよう

中田さんの行動で見習うべきところは、人脈を大切にしていることです。例えばロックフェスの広報を引き受けたことも、ほとんどボランティアですが、そのときにメディアの記者たちと知り合ったことが自社の広報にのちのち大きく役立ってきています。「リリースを配信するときも、すでにつながりがあったので話を持ちかけやすかったですし、記者会見でも顔見知りが多かったので、多少段取りが悪くても和やかな雰囲気で進行することができました（笑）」。メディアの人に仲間意識を持ってもらえれば、広報にとってこれほど心強いことはありません。

また中田さんは私が運営する「カレー大學・大学院」にも入学し、それがきっかけで辛みそを使ったカレーの発売も実現するなど、非常に上手に人脈を活用しています。そういう場で知り合った人がメディアの記者につないでくれたりすることもあるので、積極的にいろいろな場に顔を出すことを心がけたいものです。

[DATA]
企業名：マルマン株式会社
資本金：5000万円
所在地：長野県飯田市大通2-217
代表者：代表取締役社長 林 隆仁
売上高：12億9273万1606円
利益：非公開
従業員数：73人
簡単な沿革：1888年、味噌製造業で創業。1944年、三代目・中田栄造が、それまで約1年を要していた味噌の熟成期間を温度調整により20日間にまで短縮させた「中田式味噌速醸法」を発明し公開。現在の味噌製造法の主流となっている。

[広報戦略]
長野県を中心に中部地区で広報を展開。数年ごとに段階的に広報エリアを増やす。広報目標は「ローカル色豊かな日本の伝統調味料の味噌・発酵食品を中心に当社および地域のブランド価値向上に寄与する」。5年間のリリース配信数は年間平均10本程度（地域振興のリリースを含む）で、年に1〜2回記者会見を実施。リリースを書く上で心がけている点は、タイトルに新奇性・地域性を意識して入れること。

＊2019年4月号『広報会議』掲載（情報は取材当時のもの）

CASE 17

理想的な構成でつくられた達成リリース

ゼブラ「ブレン」

「ヒットの基準」「ヒットの背景」
「外部機関による評価」を入れ、
手作りの動画素材はテレビで露出。
ここまでできれば完璧です！

1 年間で500万本も売れたゼブラの「ブレン」というボールペンをご存じでしょうか？

同社については3年ほど前に「ハイマッキー復刻版」のリリースを取り上げました。この連載では極めて珍しいケースですが、ブレンのリリースがあまりにも完璧に書けているため2度目の取材を行うことにしました。

ブレンの発売は2018年12月。それまでのボールペン市場でインクの滑らかさを追求した商品が人気を集めている中、ゼブラの商品開発部は書きやすさを向上させる“ほかの切り口”はないかと考えていました。実はボールペン市場は、国内の狭い市場の中でし烈な技術競争が繰り広げられているのだそうです。

1枚目

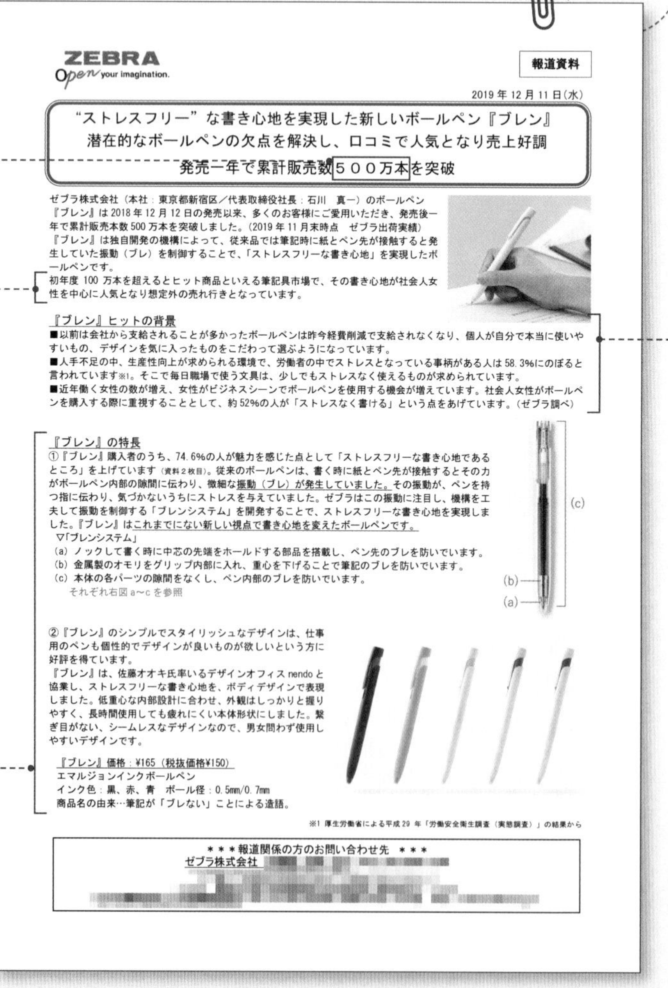

ZEBRA
Open your imagination.

報道資料

2019年12月11日(水)

“ストレスフリー”な書き心地を実現した新しいボールペン『ブレン』
潜在的なボールペンの欠点を解決し、ロコミで人気となり売上好調
発売一年で累計販売数５００万本を突破

ゼブラ株式会社（本社：東京都新宿区／代表取締役社長：石川　真一）のボールペン『ブレン』は2018年12月12日の発売以来、多くのお客様にご愛用いただき、発売後一年で累計販売本数500万本を突破しました。（2019年11月末時点　ゼブラ出荷実績）
『ブレン』は独自開発の機構によって、従来品では筆記時に紙とペン先が接触すると発生していた振動（ブレ）を制御することで、「ストレスフリーな書き心地」を実現したボールペンです。
初年度100万本を超えるとヒット商品といえる筆記具市場で、その書き心地が社会人女性を中心に人気となり想定外の売れ行きとなっています。

『ブレン』ヒットの背景
■以前は会社から支給されることが多かったボールペンは昨今経費削減で支給されなくなり、個人が自分で本当に使いやすいもの、デザインを気に入ったものをこだわって選ぶようになっています。
■人手不足の中、生産性向上が求められる環境で、労働者の中でストレスとなっている事柄がある人は58.3%にのぼると言われています※1。そこで毎日職場で使う文具は、少しでもストレスなく使えるものが求められています。
■近年働く女性の数が増え、女性がビジネスシーンでボールペンを使用する機会が増えています。社会人女性がボールペンを購入する際に重視することとして、約52%の人が「ストレスなく書ける」という点をあげています。（ゼブラ調べ）

『ブレン』の特長
①『ブレン』購入者のうち、74.6%の人が魅力を感じた点として「ストレスフリーな書き心地であるところ」を上げています（資料2枚目）。従来のボールペンは、書く時に紙とペン先が接触するとその力がボールペン内部の隙間に伝わり、微細な振動（ブレ）が発生していました。その振動が、ペンを持つ指に伝わり、気づかないうちにストレスを与えていました。ゼブラはこの振動に注目し、機構を工夫して振動を制御する「ブレンシステム」を開発することで、ストレスフリーな書き心地を実現しました。『ブレン』はこれまでにない新しい視点で書き心地を変えたボールペンです。
▽「ブレンシステム」
(a) ノックして書く時に中芯の先端をホールドする部品を搭載し、ペン先のブレを防いでいます。
(b) 金属製のオモリをグリップ内部に入れ、重心を下げることで筆記のブレを防いでいます。
(c) 本体の各パーツの隙間をなくし、ペン内部のブレを防いでいます。
それぞれ右図a〜cを参照

(c)
(b)
(a)

②『ブレン』のシンプルでスタイリッシュなデザインは、仕事用のペンも個性的でデザインが良いものが欲しいという方に好評を得ています。
『ブレン』は、佐藤オオキ氏率いるデザインオフィスnendoと協業し、ストレスフリーな書き心地を、ボディデザインで表現しました。低重心な内部設計に合わせ、外観はしっかりと握りやすく、長時間使用しても疲れにくい本体形状にしました。繋ぎ目がない、シームレスなデザインなので、男女問わず使用しやすいデザインです。

『ブレン』価格：¥165（税抜価格¥150）
エマルジョンインクボールペン
インク色：黒、赤、青　ボール径：0.5mm/0.7mm
商品名の由来…筆記が「ブレない」ことによる造語。

※1 厚生労働省による平成29年「労働安全衛生調査（実態調査）」の結果から

＊＊＊報道関係の方のお問い合わせ先　＊＊＊
ゼブラ株式会社

＼ポイント1／

基準を示しながら数値を高らかに書く

「500万本」というインパクトのある数字で達成リリースを配信。「100万本を超えるとヒットである」と伝えることで、500万本という数字の価値を引き立てている。

初めて商品を知る人のために、リリース1枚目の下段や3枚目の要所で基本の商品情報を紹介。

他社商品を含めて大量に書き比べていたところ、筆記時にペンの振動が気になることに目をつけた担当者。そこから中芯やノック部などを固定する部品を入れてブレなくするという、これまでになかった着眼点で書きやすさを追求したのがブレンなのです。

さらに同社が調査したところ、女性がボールペンを購入する際に「ストレスなく書けること」を重視するという傾向が分かっており、働く女性の数も増えていることから女性ユーザーのニーズも強く意識しました。ボディデザインは、佐藤オオキ氏のデザインオフィス「nendo」に初めて外注。ボディにつなぎ目のないシームレスなデザインが生まれました。

普及品価格での発売も、こだわった点のひとつです。ほかの部品を共通化するなど工夫を重ねてコストを抑え、税別で150円という買い求めやすい価格帯を実現しています。

2018年12月に発売すると、2019年4月には100万本を突破。さらに発売からちょうど１年で500万本を達成。それを記念して2019年12月に配信したのが、今回紹介するリリースです。

基準を示すことで伝わりやすく

まず、タイトルで「500万本」という大きな数字を高らかにうたっているのはもちろん、**ポイント1** 注目すべきはリードで「初年度100万本を超えるとヒット商品といえる」と、ヒットの基準を明記していることです。

達成リリースを見ていてよく感じるのは「確かに大きな数字だけど、これってすごいのかな？」ということ。こうして基準が書かれていると読み手には納得感があります。国内営業業務企画部広報室室長の池田智雄さんは、取材のときに聞かれることが多いという自身の経験から入れたそうです。

ポイント2 ヒットの背景も箇条書きにしています。その中には「企業の経費削減によって社員に文具が支給されなくなり、自費で買うなら使いやすくてデザイン性の高い商品を選ぶようになっている」など、なるほどと思わされる視点があります。業界の専門家でない記者には分析できないので、メーカーの見解は必要です。

ポイント3 ２枚目にはユーザーの声や受賞歴などを載せています。１枚目は

2枚目

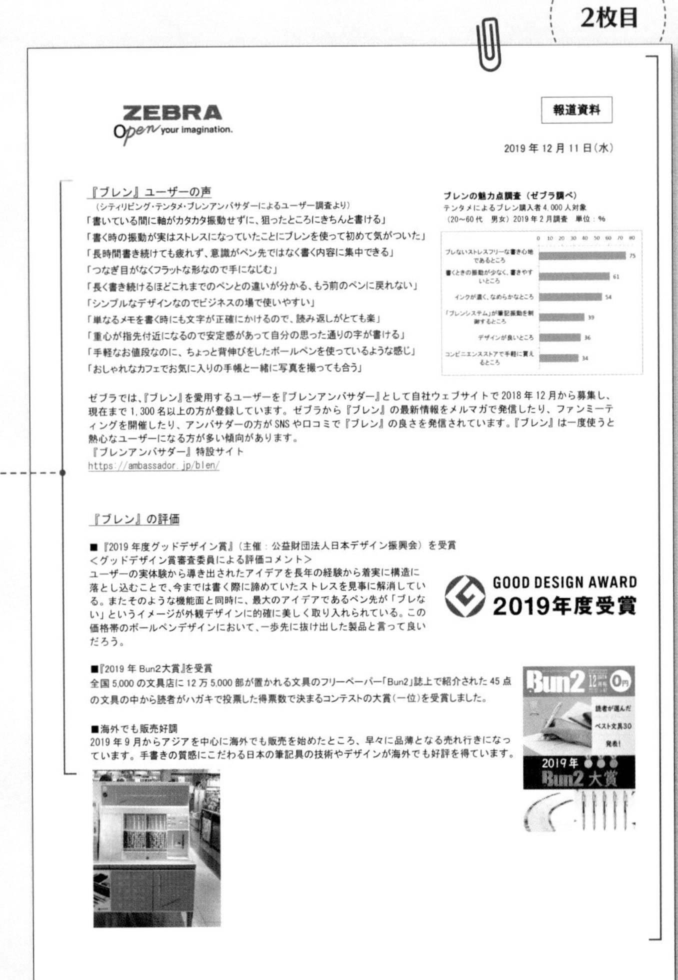

ZEBRA
Open your imagination.

報道資料

2019 年 12 月 11 日(水)

『ブレン』ユーザーの声
（シティリビング・テンタメ・ブレンアンバサダーによるユーザー調査より）
「書いている間に軸がカタカタ振動せずに、狙ったところにきちんと書ける」
「書く時の振動が実はストレスになっていたことにブレンを使って初めて気がついた」
「長時間書き続けても疲れず、意識がペン先ではなく書く内容に集中できる」
「つなぎ目がなくフラットな形なので手になじむ」
「長く書き続けるほどこれまでのペンとの違いが分かる、もう前のペンに戻れない」
「シンプルなデザインなのでビジネスの場で使いやすい」
「単なるメモを書く時にも文字が正確にかけるので、読み返しがとても楽」
「重心が指先付近になるので安定感があって自分の思った通りの字が書ける」
「手軽なお値段なのに、ちょっと背伸びをしたボールペンを使っているような感じ」
「おしゃれなカフェでお気に入りの手帳と一緒に写真を撮っても合う」

ブレンの魅力点調査（ゼブラ調べ）
テンタメによるブレン購入者 4,000 人対象
（20～60 代　男女）2019 年 2 月調査　単位：%

ブレないストレスフリーな書き心地であるところ	75
書くときの振動が少なく、書きやすいところ	61
インクが濃く、なめらかなところ	54
「ブレンシステム」が筆記振動を制御するところ	39
デザインが良いところ	36
コンビニエンスストアで手軽に買えるところ	34

ゼブラでは、『ブレン』を愛用するユーザーを『ブレンアンバサダー』として自社ウェブサイトで 2018 年 12 月から募集し、現在まで 1,300 名以上の方が登録しています。ゼブラから『ブレン』の最新情報をメルマガで発信したり、ファンミーティングを開催したり、アンバサダーの方が SNS や口コミで『ブレン』の良さを発信されています。『ブレン』は一度使うと熱心なユーザーになる方が多い傾向があります。
『ブレンアンバサダー』特設サイト
https://ambassador.jp/blen/

『ブレン』の評価

■『2019 年度グッドデザイン賞』（主催：公益財団法人日本デザイン振興会）を受賞
＜グッドデザイン賞審査委員による評価コメント＞
ユーザーの実体験から導き出されたアイデアを長年の経験から着実に構造に落とし込むことで、今までは書く際に諦めていたストレスを見事に解消している。またそのような機能面と同時に、最大のアイデアであるペン先が「ブレない」というイメージが外観デザインに的確に美しく取り入れられている。この価格帯のボールペンデザインにおいて、一歩先に抜け出した製品と言って良いだろう。

GOOD DESIGN AWARD
2019年度受賞

■『2019 年 Bun2大賞』を受賞
全国 5,000 の文具店に 12 万 5,000 部が置かれる文具のフリーペーパー「Bun2」誌上で紹介された 45 点の文具の中から読者がハガキで投票した得票数で決まるコンテストの大賞（一位）を受賞しました。

■海外でも販売好調
2019 年 9 月からアジアを中心に海外でも販売を始めたところ、早々に品薄となる売れ行きになっています。手書きの質感にこだわる日本の筆記具の技術やデザインが海外でも好評を得ています。

＼ポイント2／

ヒット達成の要因を分析して掲載する

記者は業界外の人が多く、背景などをすぐには分析できない。そこで、自社の見解としてヒットの要因を紹介することで記者も理解しやすい。

＼ポイント3／

外部機関など客観的な評価を加えて説得力アップ

自社の評価だけでなく、ユーザーによる客観的な評価や、グッドデザイン賞など外部機関による評価を打ち出すことで説得力と納得度を高める。

あくまで自社発の情報なので、客観的な評価が入ることで説得力が増します。ユーザーの声は『シティリビング』（サンケイリビング新聞社）や「テンタメ!」（ドゥ・ハウス）といった調査メディアや、自社運営する「ブレンアンバサダー」（詳細は後述）の回答を使用。グッドデザイン賞や、文具店に置かれるフリーペーパー『Bun2』（ステイショナー）の読者投票で大賞を受賞したことなどを記載しています。

実はブレンに関するリリースはこれで7本目。途中、限定ボディカラーの発売やグッドデザイン賞受賞などの際にもリリースを配信し、話題を途切れさせないようにしてきました。

メディアへの露出も、当初は文具やモノ系、デザイン系などの専門メディアが多かったのが、販売数が伸びるほどに新聞やテレビなどの大衆メディアに広がったといいます。

配信は毎回、商工会議所の記者クラブに加えて郵送やメールで約200通。2020年1月下旬の時点で、テレビ6件、新聞26件、雑誌35件、ウェブ112件の掲載がありました。また、500万本達成リリース配信時は『あさチャン!』（TBS）の取材があり、開発経緯がプロジェクトX風にVTRで再現されたそうです。継続的に配信してきた効果といえるでしょう。

取材をしてみると、リリース以外にも多岐にわたるPRを行っていることが分かりました。その代表格が、先ほど少し触れた「ブレンアンバサダー」。運営は販促課ですが、関連があるので紹介します。

基本的にはブレンを購入して応援したいと思った消費者が店頭やSNSから登録。メリットは月に1回メールマガジンが届くこと、商品に意見が言えること、新商品のプレゼントなどですが、法人枠・個人枠合わせて1900人もの会員がいるそうです。ファンミーティングには30人ほどが参加。商品への提案や販促案なども話し合いました。「それ以前から開発していたブレンの3色ペンも、このときに『欲しい』と意見が出て、2020年3月に発売します」と広報室の生川麻友子さん。

自分の好きなものを「推したい」という心理は想像以上に強いものなのかもしれません。メルマガについても書き心地の“ストレスフリー”にかけて

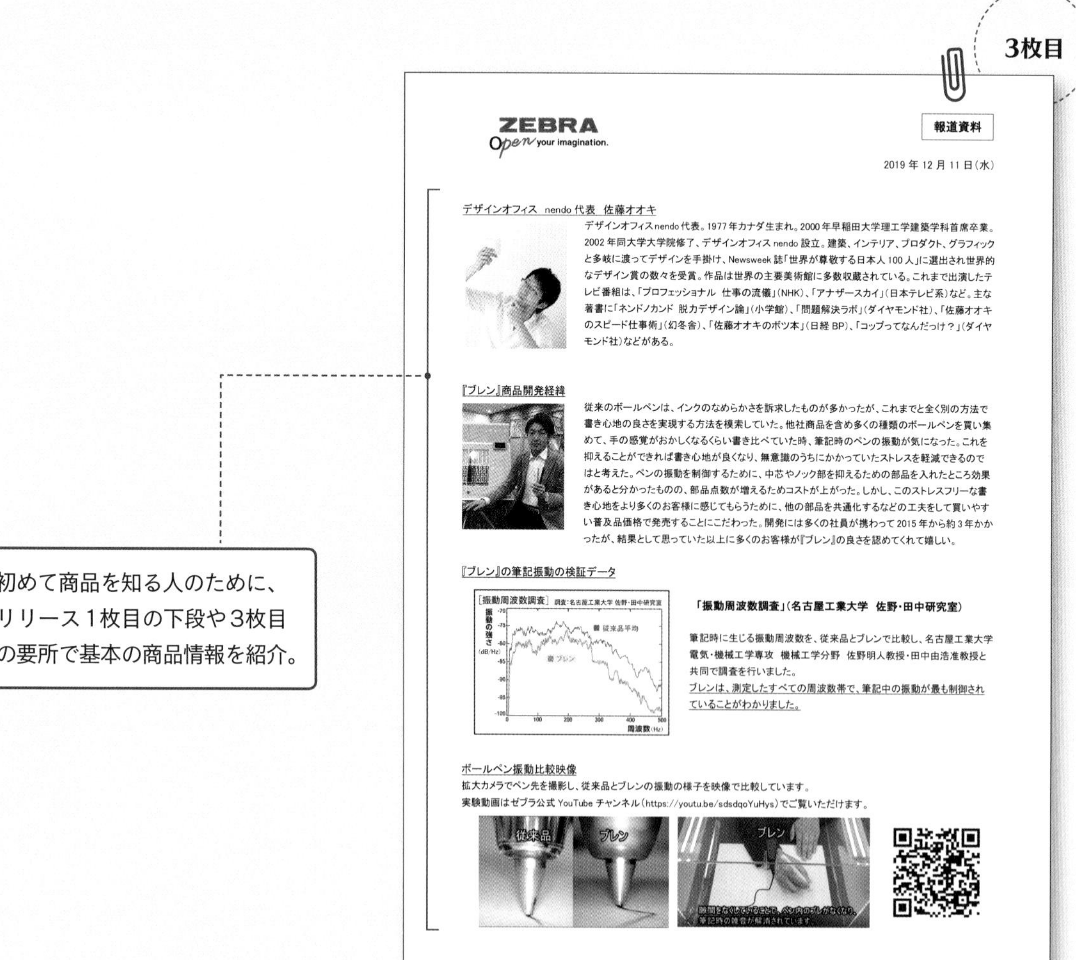

3枚目

ZEBRA
Open your imagination.

報道資料

2019年12月11日(水)

デザインオフィス nendo代表 佐藤オオキ

デザインオフィスnendo代表。1977年カナダ生まれ。2000年早稲田大学理工学建築学科首席卒業。2002年同大学大学院修了、デザインオフィスnendo設立。建築、インテリア、プロダクト、グラフィックと多岐に渡ってデザインを手掛け、Newsweek誌「世界が尊敬する日本人100人」に選出され世界的なデザイン賞の数々を受賞。作品は世界の主要美術館に多数収蔵されている。これまで出演したテレビ番組は、「プロフェッショナル 仕事の流儀」(NHK)、「アナザースカイ」(日本テレビ系)など。主な著書に「ネンドノカンド 脱力デザイン論」(小学館)、「問題解決ラボ」(ダイヤモンド社)、「佐藤オオキのスピード仕事術」(幻冬舎)、「佐藤オオキのボツ本」(日経BP)、「コップってなんだっけ？」(ダイヤモンド社)などがある。

『ブレン』商品開発経緯

従来のボールペンは、インクのなめらかさを訴求したものが多かったが、これまでと全く別の方法で書き心地の良さを実現する方法を模索していた。他社商品を含め多くの種類のボールペンを買い集めて、手の感覚がおかしくなるくらい書き比べていた時、筆記時のペンの振動が気になった。これを抑えることができれば書き心地が良くなり、無意識のうちにかかっていたストレスを軽減できるのではと考えた。ペンの振動を制御するために、中芯やノック部を抑えるための部品を入れたところ効果があると分かったものの、部品点数が増えるためコストが上がった。しかし、このストレスフリーな書き心地をより多くのお客様に感じてもらうために、他の部品を共通化するなどの工夫をして買いやすい普及品価格で発売することにこだわった。開発には多くの社員が携わって2015年から約3年かかったが、結果として思っていた以上に多くのお客様が『ブレン』の良さを認めてくれて嬉しい。

『ブレン』の筆記振動の検証データ

「振動周波数調査」(名古屋工業大学 佐野・田中研究室)

筆記時に生じる振動周波数を、従来品とブレンで比較し、名古屋工業大学電気・機械工学専攻 機械工学分野 佐野明人教授・田中由浩准教授と共同で調査を行いました。
ブレンは、測定したすべての周波数帯で、筆記中の振動が最も制御されていることがわかりました。

ボールペン振動比較映像

拡大カメラでペン先を撮影し、従来品とブレンの振動の様子を映像で比較しています。
実験動画はゼブラ公式YouTubeチャンネル(https://youtu.be/sdsdqoYuHys)でご覧いただけます。

初めて商品を知る人のために、リリース1枚目の下段や3枚目の要所で基本の商品情報を紹介。

ストレス対策レシピを掲載するなど、アイデアをひねり出しながらつくっているようです。

広報全体の公式SNSは主に生川さんが運用しており、1月末の時点でフォロワー数はTwitterが4万2000人、Instagramは2万7000人。新製品情報のほか、既存の商品を使ってできる新たなアイデアなどの情報を、週2〜3回の頻度で発信しています。

例えば隠れた人気商品だという「グレーの蛍光ペン」。どんなふうに使うかというと、ToDoリストのやり終えた項目を消すのに使うのだとか。こうすることで、あまり陽の当たらない既存商品をプッシュすることもできます。

タグをつけて発信してくれた人には「いいね」をつけるなどのフォローもこまめにしているそうで、なかなか手のかかる作業です。

動画がテレビ露出の素材に

また、公式のYouTubeチャンネルもあり、リリースに載せたQRコードからアクセスできるようにしています。公開されているのは、ブレンと従来品のペン先を拡大カメラで撮影し、筆記時の振動の大小を比較した動画。ペンの頭に人の顔を書いた紙を貼りつけ、その動きで振動の大小が分かります。

この動画は広報の手で制作したもの。ホームセンターで購入した三角形の木材にブレンと小型カメラを固定して撮影しており、実に手づくり感満載です。「ペンがブレる、ブレないというのは、実際に使ってもらわないと分からない。画像でも表現が難しいので正直、発売当初はメディアに取り上げてもらえるのか不安がありました。そこで、動画ならブレる、ブレないが伝わるし、できればテレビでも紹介してほしい……と動画をつくりました」と池田さん。

これまで、リリースからYouTubeにリンクさせても見てもらえない例を山ほど見てきたので、私はその効果にやや懐疑的でした。しかしブレンに関しては、「この動画を使わせてほしい」という要望込みでの問い合わせが『あさチャン！』はじめ複数のテレビ番組からあったというから大成功です。

テレビ局も経費や手間は削減したいので、“使える素材”は歓迎ということでしょう。よく「テレビ向きではないから……」と最初から諦めてしまう商材がありますが、工夫次第では、広報がつくった素材でも露出できるという好事例です。

ボールペン市場ではゼブラの「サラサクリップ」をはじめ、年間1億本売れるメガヒット商品もあるそう。「ブレンもそういう商品に育てたいですね」と2人は声を揃えていました。

今回の教訓　重点商品を決めてアプローチ！

ひとつの商品に対して1年間で7本もリリースを配信。YouTubeで動画を公開し、TwitterやInstagramでも発信しながら時々刻々と発せられる消費者の投稿をフォロー。1900人規模のアンバサダー制度を運営。月に1回メルマガを配信し、ファンミーティングも開催。実に手厚く商品を育てていると感じました。

もちろんその合間にテレビなどの取材対応をこなしています。「1本のリリースで爆発的ヒット」というケースもあるにはありますが、今はこれだけ丁寧に積み重ねていかないとヒットは難しい時代になってきました。池田さんも生川さんも非常にまめで、細かな作業をいとわない性格が広報には必要だと感じます。

しかしすべての商品に対してこれほど手厚くPRをするのは難しいはず。ゼブラでは会社が特に育てたい重点商品を決め、広報室が徹底してメディアにアプローチします。会社が方針を明確にしてくれるのは助かりますね。

好調商品にPRを集中し手厚く育てることが大きなヒットに結びつく！

[DATA]
企業名：ゼブラ株式会社
資本金：9000万円
所在地：東京都新宿区東五軒町2-9
代表者：代表取締役社長　石川真一
売上高：237億円（2019年3月期）
利益：非公開
従業員数：953人（2019年3月時点）
沿革：1897年、国内初となるペン先メーカーとして創業。1976年に「ハイマッキー」、1977年に「シャーボ」、2003年に「サラサクリップ」を発売。
[広報戦略]
広報担当者は3人。2013年から広報を開始し、2019年はリリース28本を配信、広報イベント2回を開催。リリースを書く上では「新商品の特徴や開発意図を、時代背景やトレンドと照らし合わせて説明し、メディア視点を常に意識する」ことを心がけている。

＊2020年5月号『広報会議』掲載（情報は取材当時のもの）

CASE 18

20年かけて積み上げた数字が企業のブランディングにも効く

カシオ「電子辞書」

周年リリースの予定を、
達成リリースに企画変更。
リーディングカンパニーとしての
存在感の確立に成功しました。

本リリースの目的は?

3000万台の「達成リリース」を発信

⬇

- 膨大な販売数を達成したメーカー
- メディアから「電子辞書＝カシオ」のポジショニングを獲得

⬇

企業＋商品のブランディングに成功

テーマパークの入場者数が〇万人に達したとか、新商品の販売数が〇カ月で〇万個に達したなどの「達成リリース」は、プレスリリースの定番の切り口のひとつです。開館や発売の当初は「達成リリース」を意識する広報も多いのですが、今回は20年かけて累計販売が3000万台に到達したというカシオ計算機の電子辞書のリリースを見ていきましょう。

周年より「3000万台」に着目

日本で電子辞書の製造が始まったのは1970年代後半のこと。1957年に日本で初めて小型の純電気式計算機を商品化していたカシオも1981年に市場に参入します。カシオでは計算機に他の機能を付けた複合計算機に力を入れており、90年代半ばにはメモリの容量が増加して、コンパクトに多くの情報を詰め込めるようになりました。

そして1996年にはコンテンツや検索機能の大幅な強化を図り、「EX-word」のブランド名で電子辞書の本格展開をスタートしました。重い辞書を何冊も持ち歩かねばならない学生にニーズがあると踏んだのです。以降の累計販売台数は2016年6月に3000万台を突破。現在では市場全体の年間販売台数が120万台程度となっており、そのうち約8割のシェアを同社が占めているといいます。

「最初は『発売20周年』でリリースするつもりでしたが、2015年度末に数字を見たら、このままのペースでいけば夏には3000万台に到達できそうだと分かったので、数字のインパクトが強い3000万台を前面に押し出すことにしました」とコーポレートコミュニケーション統轄部広報部事業広報グループの市川彰史さんは話します。

そのリリースを見ていきましょう。まず非常にシンプルなタイトルが目につきます。普段はショルダーやサブタイトルなどで補完するそうですが、今回は数字にインパクトがあるので、あえてメインタイトルだけにしています。その分、**ポイント1** すぐ下に歴代の商品写真を配置しており、これで十分、リリースの趣旨を瞬時に読み手に把握してもらえると思います。

続く本文には「高校生の約6割、大学生の約8割が電子辞書を所有している」という意外な情報が載っていて、読み手の関心を引きます。1台3万～4万円が相場とすると普及率の高さに私は驚きましたが、英語や古語などの辞書を書店で数種類買えばそれなりの価格になってしまうことを考えれば、そう高い値段ではないのかもしれません。

2枚目からは、カシオの電子辞書の変遷をたどっています。**ポイント2** 年表だけだと分かりづらいところですが、本章があることで理解しやすく、面白い読み物にもなっています。並んだ商品写真を見ているだけでも楽しいですが、これは運よく過去の商品写真をデータ化した画像が広報に残っていたそうです。過去の自社商品というのは案外社内に残っていないもので、20年以上前となるとなおさらです。社員の誰かが持っていたとか、倉庫に奇跡的に1台残っていたなんていう話は時々聞きますが、企業博物館などを持っていない会社では、昔の貴重な紙焼き写真をデータ化しておくと後々役立つことが多々あります。

学校や海外展開に活路を見出す

3枚目には累計販売台数が3000万台に達するまでの経過を棒グラフで示しています。こうした **ポイント3** 右肩上がりのグラフは視覚的に強い印象を与えるので、達成リリースには必須のアイテムです。

ところでこの電子辞書、皆さんはどれくらい最新の機能をご存じでしょうか。私は学生時代を紙の辞書で過ごした世代なのであまり詳しくないですが、このリリースを見ると20年間で色々と進化していることが分かります。例えば漢字の意味を漢和辞典で調べようとしても、読みが分からないので引きようがない、という経験は皆さんもありますよね。そんなときにタッチペンで書き込むことで引けるようになったのが2007年のこと。それが2008年に

＼ポイント1／

タイトル下に商品写真を配置
商品とリリースの趣旨を瞬時に把握できる構成に

「達成リリース」の配信で先駆者としてのブランディングを

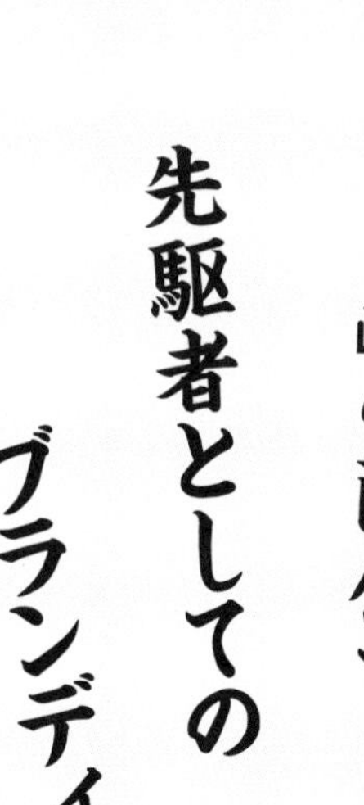

1枚目

1枚目の内容が簡潔

NEWS RELEASE **CASIO**

報道関係各位　　2016年7月21日

電子辞書 世界累計販売3000万台を達成

XD-500
(1996年発売)

XD-1500
(1999年発売)

XD-LP4600
(2005年発売)

XD-A10000
(2010年発売)

カシオ計算機は、1996年7月に電子辞書“EX-word（エクスワード）”の販売を開始して以来の電子辞書の世界累計販売台数が本年6月末に3000万台を達成しましたので、ご案内します。

電子辞書は、複数の辞書を1台に収録し、携帯性や検索性に優れていることから「言葉の意味を調べる」ことを身近にしました。特に、英語や国語、古語など複数の辞書を必要とする学生から好評を博し、今や高校生の約6割※、大学生の約8割※が電子辞書を所有するに至っております。また、最近では大学生や高校生に留まらず、中学生や小学生の活用も増えてきています。
※ 2016年、カシオ計算機調べ。

当社は1981年より簡易型の電子辞書を発売しておりましたが、1996年にコンテンツや検索機能の大幅な強化を図り、“EX-word”のブランド名で本格的な電子辞書の国内展開をスタートしました。以後、「知る、聞く、学ぶに、歓びを。」のブランドコンセプトのもと、ネイティブ発音機能や、データカードによる辞書コンテンツの追加機能、カラー液晶表示など電子辞書ならではの機能や使いやすさを追求しています。
また、小学校低学年モデルから大学生モデルまで揃えた学生向けモデルや、翻訳家や研究者に向けたプロフェッショナルモデルなど、一人ひとりの学習目的に合わせてラインアップを拡大してまいりました。2003年からは海外でも展開を始めており、欧州やアジア向けのコンテンツを搭載したモデルの開発も行っております。

さらに、電子辞書で培ったノウハウを活かし、手軽に英会話学習が始められる“joy study（ジョイスタディ）”や、継続的な英会話学習に必要な要素を備えた“EX-word RISE（エクスワードライズ）”など英会話学習機の開発にも注力しています。

当社では今後も、より使いやすい商品の開発に注力し、人々の学習をサポートする商品を提供してまいります。

1

は指で画面に直接書き込めるように進化しています。2010年には液晶がカラー化したため、カラーペンでマーキングするように必要な箇所に色を付ける機能も生まれるなど、ユーザビリティが着々とアップ。内蔵している辞書の種類もどんどん充実し、カシオでは小学校の低学年向けからハイレベルな専門家向け、大人が普段の生活や趣味で活用できるようなものまで、多くのラインアップを取り揃えています。

ただ、市場全体は2007年をピークに縮小傾向にあります。その理由は圧倒的なスマホの普及です。ビジネスパーソンが英文のメールを受け取り、分からない単語があった場合、大まかな意味を知るくらいならネットで検索すれば事足りるようになったからです。しかし学生の事情はまた異なります。「ネットの情報には間違ったものも多く、正確性を担保できないので、勉強にはやはり辞書が必要という認識があります。授業中のスマホを禁止する学校なども出てきています。当社の営業は量販店だけでなく学校との関係も密で、毎年商戦期の新年度前後には一定数ご購入いただいています」。

また、新たに活路を見出したのが学習ツールとしての進化。最近では英語学習動画を搭載して、リスニングやスピーキングが学べる商品もあるのです。他にも欧州やアジア向けのコンテンツを搭載し海外展開を図ることで、高水準の販売を維持しているのがカシオなのです。

今回のリリースに関してはプレスイベントを開催し、社内の会議室に歴代モデルを展示して、記者に見てもらいながら歴史と現状を解説しました。来場したのは新聞や業界紙、モノ系雑誌など20社程度で、広報が確認できただけで16のメディアに掲載がありました。特に朝日新聞で詳しい記事になり、「思っていた以上に新聞社に扱っていただけました」と納得の結果だったようです。

\ ポイント2 /

3000万台の達成理由を文章と年表の2つの切り口で説明

1 文章はそのステージごとのトピックスを小見出しで示しており、要所をつかむことができる
2 変遷を年表化することで補足して理解できる

2枚目

<カシオ電子辞書事業の歩み>

電子辞書市場への参入

当社は電卓開発で培ってきたLSI設計技術を活かし、1981年に簡易型の電子辞書「TR-2000」を発売し、電子辞書市場に参入しました。その後、1996年にペンタッチ入力方式を採用した「XD-500」、英単語・英会話の発音をイヤホンで聞いて覚えられる音声電子辞書「XD-100」を“EX-word”ブランドにて発売。電子辞書の本格展開をスタートさせました。
1999年には今日の当社の電子辞書の原型となる、キーボード入力・折り畳み式の形状で、ジーニアス英和・和英辞典と約6,000語のネイティブ発音を収録した「XD-1500」を発売しました。

TR-2000

XD-500

XD-1500

ラインアップの拡大

2000年代に入るとユーザーのニーズに細かく対応できるよう、ラインアップの拡大を進めます。2001年に古語辞典を収録した高校生モデル「XD-S1200」や、女性向けのカラーバリエーションモデル「XD-S5000BU」、2003年には業界初となる英語以外の外国語辞典を収録したドイツ語モデル「XD-R7100」を発売。ユーザーの用途に合わせた最適な電子辞書を提供してまいりました。

XD-S1200

XD-S5000BU

XD-R7100

ユーザビリティの追求

更なる使いやすさを追求し、ユーザビリティの向上に取り組み、2004年に落下・加圧・振動などの衝撃を軽減する堅牢設計“TAFCOT※(タフコット)”を採用して、通学時に安心して持ち歩けるようにした「XD-L4600」、2005年に480×320ドット液晶の搭載、データカードによるコンテンツ追加機能に加え、独自の“TRUE VOICE”技術によりネイティブスピーカーの正確な発音を忠実に再生する「XD-LP4600」、2007年に読みが分からない漢字を手書き入力で検索できる「XD-SW4800」を発売。さらに、2010年発売のカラー液晶を搭載した「XD-A10000」では、画面に直接書き込める“カラーノート”、文字をマーキングする“カラーマーカー”など、学習のサポート機能も充実させ、電子辞書そのものの使いやすさを追求してきました。

※ Totally Advanced Force Control Technologyの略

2

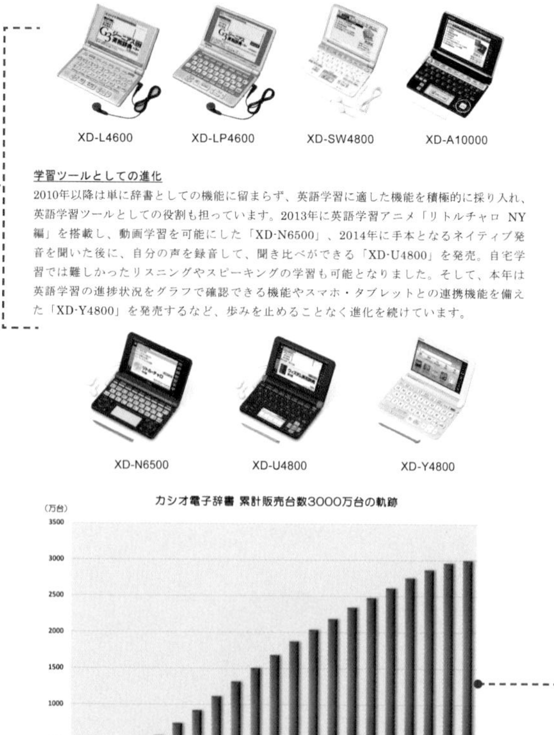
XD-L4600　XD-LP4600　XD-SW4800　XD-A10000

学習ツールとしての進化

2010年以降は単に辞書としての機能に留まらず、英語学習に適した機能を積極的に採り入れ、英語学習ツールとしての役割も担っています。2013年に英語学習アニメ「リトルチャロ NY編」を搭載し、動画学習を可能にした「XD-N6500」、2014年に手本となるネイティブ発音を聞いた後に、自分の声を録音して、聞き比べができる「XD-U4800」を発売。自宅学習では難しかったリスニングやスピーキングの学習も可能となりました。そして、本年は英語学習の進捗状況をグラフで確認できる機能やスマホ・タブレットとの連携機能を備えた「XD-Y4800」を発売するなど、歩みを止めることなく進化を続けています。

XD-N6500　XD-U4800　XD-Y4800

※2016年度は6月までの販売台数

3

「業界のパイオニア」の地位獲得

ところで、こうした長年にわたっての「達成リリース」は、出たからといって売上に直結するものではありません。では配信する意義はどこにあるか。

それは「膨大な販売数を達成した企業＝業界のパイオニア」であり、「リーディングカンパニーである」という認識をメディアに植え付ける働きです。実際、電子辞書の一番の売れ筋がどこかは一般的には知らない人が多いはずですが、こうしたリリースが出ることで、この先は「電子辞書のことならカシオに聞こう」というポジションを獲得し、企業と商品のブランディングができるのです。

市川さんは広報の目標について「カシオファンをつくること」だと話していました。樫尾和宏社長は、建築家の近澤可也氏の言葉を引用して「オハイオ」ということをよく言われるそうです。「オ＝面白い」「ハ＝初めて」「イ＝意味がある」「オ＝驚きがある」の頭文字で、カシオはそういう商品をつくっていこうという志の表れです。

「当社は腕時計がどんどん軽量化していく時代にゴツいG-SHOCKをつくったように、個性的な商品が多いと言われています。カシオならきっとまた、面白い商品をつくってくれるだろうと消費者に期待されるような企業になっていきたい。それと同時に、メディアの方にも、『こういう記事を書きたいんだけど、何か面白いネタないかな?』と聞きに来てもらえるよう、メディアの中にもカシオファンをつくっていくのが目標です」と市川さん。その道筋をつくるには、今回の電子辞書3000万台達成は、効果的なリリースだったといえるでしょう。

今回の教訓　想定Q&Aで最新の数字を更新!

今回取り上げたケースは、20周年を意識していたところ、ちょうど3000万台に到達したという点がラッキーでした。しかし商品点数が膨大で、しかも少人数で広報を担っている場合、すべての商品について把握するのは難しく、せっかくの節目の数字に気づけないままということもよくあります。本来は営業部などから定期的に数字が上がってくるシステムが構築できていればベストですが、広報に理解のある社員ばかりとも限らず、難しいところです。市川さんの場合は、メディアからの取材が入ったときに用意する「想定Q&A集」に最新の累計生産台数などを盛り込んで、定期的に更新しておくそうです。「おそらく記者に聞かれるだろうから」という理由で、各部署でも必要に迫られて折々に数値を確認することができます。取材を機に普段知りたいことを定期的に把握しておくと非常に便利。取材の立ち合いは広報自身の「社内取材」のチャンスでもあります。

4枚目

<カシオ電子辞書 主要機種の変遷>

発売年	機種名	概要	価格（発表時）
1981年	TR-2000	簡易型の電子辞書	9,800円
1996年	XD-500	EX-wordの1号機	30,000円＋税
	XD-100	英単語ネイティブ発音機能搭載	18,000円＋税
1999年	XD-1500	キーボード入力・折り畳み式の形状を採用	36,000円＋税
2001年	XD-S5000BU	女性向けのボディカラーを採用	38,000円＋税
	XD-S1200	古語辞典を搭載した高校生モデル	30,000円＋税
2003年	XD-R7100	ドイツ語辞典を収録	45,000円＋税
2004年	XD-L4600	堅牢設計“TAFCOT”を採用	42,000円＋税
2005年	XD-LP4600	5.0型（480×320ドット）液晶を搭載	45,000円＋税
2007年	XD-SW4800	手書きパネルを搭載	50,000円＋税
2010年	XD-A10000	カラー液晶を搭載	オープン
2013年	XD-N6500	英語の動画学習コンテンツを搭載	
2014年	XD-U4800	ネイティブ発音との聞き比べ機能を搭載	
2016年	XD-Y4800	英語学習の進捗状況を一覧表示	

本リリースに掲載した写真の高解像度データは、報道関係者専用サイト（http://www.casio.co.jp/pressroom/）に用意しています。報道関係者専用サイトへのアクセスには、ID・パスワードが必要です。広報部までお問い合わせください。

報道関係のお問い合わせ先…カシオ計算機 広報部 TEL.

4

2

\ポイント3/

「達成リリース」に必須のグラフ

「達成リリース」には右肩上がりの棒グラフを載せると分かりやすい

[DATA]
企業名：カシオ計算機株式会社
資本金：485億9200万円（2016年3月末時点）
所在地：東京都渋谷区本町1-6-2
代表者：樫尾和宏
売上高：連結3522億5800万円（2016年3月期）
利益：311億9400万円（2016年3月期）
従業員数：1万1322人（連結）、2656人（単体）
簡単な沿革：1946年に旋盤の企業として創業。57年に純電気式計算機、74年に電子腕時計を生産開始。そのほかにデジタルカメラや電子楽器などを手がけている。72年に東証1部、大証1部に上場した。
[広報戦略]
リリースを書く上で心がけている点は「端的に商品特徴を捉えながらも、メディアの興味を引くリリースにすること」。広報部員は12人で、2015年のリリース配信は75本、広報イベントは15回。

*2016年12月号『広報会議』掲載（情報は取材当時のもの）

CASE 18

ベンチャー企業の戦略公開という文脈で新機能を告知

ココナラ「PRO認定制度」「見積もり・カスタマイズ機能」

「リリースを出すほどではない」そんな社内の声があったネタも、自社戦略と絡めて告知することで、メディアへの露出に成功。

デザインや文章など得意分野のある人が、主にネットを介して仕事を請け負う「スキルシェア」が活性化しています。その分野の牽引役ともいえるココナラを取材しました。

代表取締役の南章行さんは、三井住友銀行から企業買収ファンドなどを経て、オックスフォード大に留学しMBAを取得。これまで拡大成長を目標に進んできた日本社会がこれ以上の成長を見込めなくなった現代で、人々が何を生きがいとして生きていくかを考えたとき、それぞれの人が得意分野で活躍できる社会を実現する「スキルシェア」にたどり着いたそうです。

とはいえ、スキルシェアの概念がなかった2012年の創業当時、事業は難

「PRO認定制度」リリース

1枚目

coconala

報道関係者各位
プレスリリース

2018年2月5日
株式会社ココナラ

スキルのフリマ「ココナラ」、
プロのデザイナーから翻訳家まで活躍できるマーケットプレイスに拡大
ビジネス利用の促進で「PRO認定制度」を2月下旬に開始

株式会社ココナラ(本社:東京都品川区、代表取締役:南 章行、以下 ココナラ)は、 当社の運営する日本最大級のスキルのフリマ「ココナラ」にて、特定分野の「プロフェッショナル」として活躍されている方々と、主にビジネス利用などで特に高いスキルを求める方々のマッチング促進を目的として、「PRO認定制度」を2月下旬に開始致します。
これによりプロのデザイナーから翻訳家まで活躍できるマーケットプレイスへの拡大を目指します。それに先立ち、本日よりティザーサイトの公開と、「PRO認定者」の事前募集をスタート致します。

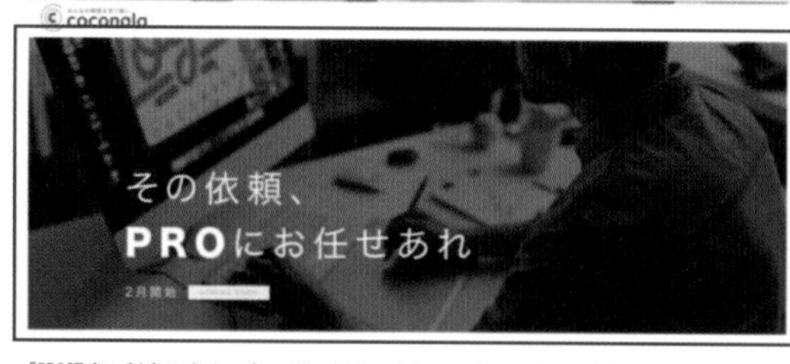

「PRO認定」制度公式ページ : URL : https://coconala.com/pages/about_pro

【背景】

ココナラは、誰でも自分の「得意」を気軽に売り買いできる場としてスタートして５年経ち、会員数は70万人に達しました。
ココナラで出品をし経験を積み、そのスキルを本業として独立される出品者の方が増えると同時に、「スキル」を購入される方も、ビジネスでの利用が増加して参りました。
「品質」「納期」「情報管理」の主に3つの観点から、安心して依頼できる出品者をより見つけやすくするために、この度「PRO認定制度」を導入しました。
これにより、出品者の方にとっては、プロとしての適切な「評価」と「報酬」を受けられ、購入者の方にとっては、「PRO認定」の表示により、安心して業務を依頼することができます。
ココナラはアマチュアからプロフェッショナルまで、幅広い方々がスキルに見合った対価を獲得できる、成熟したマーケットプレイスを目指します。

航続きで、資金調達がギリギリの時期が続いたといいます。それが軌道に乗り始めたのが2014年以降のこと。スマホが人々の手に渡り、フリマアプリでの個人間売買が浸透してきたことが大きな要因でした。

モノを売り買いすることが当たり前になれば、それをスキルに当てはめても抵抗はなくなります。そうしたシェアリングエコノミーの急拡大とともにスキルシェア市場も拡大し、一般社団法人シェアリングエコノミー協会による「シェアリングエコノミー認証制度」の導入など追い風も吹いています。同業他社が林立する現在、ココナラは会員数80万人、取引成立200万件以上と、業界最大規模を誇っています（2018年9月時点）。

そのココナラが最近リリースしたのが、2018年2月の「PRO認定制度」と5月の「見積り・カスタマイズ機能」の2件。これはどちらも、法人がビジネス利用をするのに便利な機能です。ビジネス利用の際、情報漏洩の問題には神経を使いますが、PRO認定制度はスキルや実績だけでなく、機密保持についても信頼できる人たちを認定しています。

従来、パッケージになっていた作業と価格をカスタマイズできるようにし、社内で予算を通すために見積りを取れるようにしたのもビジネス利用に対応してのこと。つまりそれだけ法人利用が増えてきているのです。「個人で利用して便利だと感じた方が、法人で利用したくても制度がなく使えないケースが多いという調査結果に対する改善のために追加した機能です」と、マーケティンググループ広報・PRリーダーの柳澤芙美さんは説明します。これで法人利用の増加が進めば、さらなる市場の拡大が期待できます。

絶妙な配信のタイミング

ではリリースを見ていきましょう。まず、PRO認定のリリースで感じたのが **ポイント1**「配信時期を練りに練っている」ということ。ネット事業であるため、必然的にネットメディアへの配信も多くなりますが、ネットメディアの特徴として、配信したその日に載っ

2枚目

coconala

【PRO認定について】
■PRO認定の基準
ココナラ内外での品質・評価・実績があり、本人確認・機密保持確認などの認証がされた方に「PRO認定」を致します。
■PRO認定のメリット（出品者側）
①PROラベルの表示：PRO認定者は、右記ラベルが表示され、購入者の方から注目されやすくなります。
②露出機会の増加：PRO認定者に限定した検索機能の設置や専用ページでの紹介で、出品サービスの露出が増えます。

PRO

■PRO認定に依頼するメリット（購入者側）
①ハイクオリティ：認定者は高い基準をクリアした業界のプロフェッショナルばかり。納期や仕様など、要望に対して高い責任感と品質で対応します
②信頼性：本人確認、機密保持契約を行った方のみ認定。ビジネス利用でも安心して依頼ができます。
■共通
充実したカスタマーサポート対応：プロ認定サービスの取引に関して運営にお問い合わせを頂いた場合は、専門スタッフから通常よりも短時間でご連絡させていただきます。

【事前登録受付】
URL:https://docs.google.com/forms/d/e/1FAIpQLSf3_gj!SXEzU-pZzlepyKqyTyFtR7jQfg0xQBgvWife2_CVhw/viewform

2月中のサービス公開に先駆け、本日より「PRO」にエントリーしたい方に事前受付を開始します。URLのフォームより、奮ってご応募下さい。

「PRO認定」紹介
カテゴリー：画像・デザイン ＞ ロゴ作成・デザイン
Design Asobiさん
京都造形藝術大学卒。家具メーカーにデザイナーとして勤務する傍ら、デザインユニットを立ち上げ、コンペを中心に活動。受賞歴多数。 2014年に独立し、Design Office asobiを設立、その後法人化。

カテゴリー：画像・デザイン ＞ ロゴ作成・デザイン
Rika0623さん
アパレルサイトのwebデザイナーとして10年間勤務。企画、広告など幅広く経験。 その後独立し、劇団や企業のパンフ、ポスター、チラシなどを手がける。 北欧風、手描き風のデザインを得意とする。

【本件に関するお問合せ先】
株式会社ココナラ

＼ポイント1／
練りに練ったタイミング
ネットサービスの場合、通常の目安である“2カ月前”では早すぎる。かといって直前すぎても掲載が難しい。そこで、事業開始前に「ティザーサイトの公開」と「PRO認定者の募集」について、事前にメディア全般へ情報提供。

＼ポイント2／
キービジュアルを制作・活用
ネット系企業の場合、トップページの掲載ではよく分からないことが多い。そこでまったく別のキービジュアルを制作し、分かりやすくダイレクトに訴求。

＼ポイント3／
具体的事例を掲示
新規事業だと内容が伝わりづらいため、イメージしやすい具体的な事例を用いることで理解を促進させている。

くしまうことも考えられます。けれど、このリリースには、PRO認定者を集めながら、同時にPRO認定制度を広める狙いがあり、一般的なリリースの配信基準である「発売2カ月前」では早すぎるのです。もしメディアで取り上げられても、まだ制度もサイトもスタートしておらず、売上に結びつきません。反対にサイト公開日にリリースしたのでは遅すぎて、たくさんのメディアに載るまでの期間は低空飛行になってしまいます。そこでティザーサイトだけ用意し、実質スタートの20日ほど前にリリースしたのは絶妙な配信タイミングでした。

次に、「会員数70万人」「取引成立件数200万件」など、リリースの随所に規模感を盛り込んでいます。この数字を見れば、メディアも取材してみようかと興味を持ちます。

以前は、キリのよい数字がくる度に達成リリースを配信していたそうですが、それをやめて今では全リリースにこうした要素を入れています。「スキルシェアについて聞くならココナラへ、という流れを形成したい」という、柳澤さんの狙いがあります。

「PRO認定」「見積り・カスタマイズ制度」といわれても、ココナラを利用したことがない人には想像がつきません。そこで **ポイント3** 具体例を掲載することで理解を深めています。一般的に伝わりづらい内容は、具体例を挙げるに限ります。

リリースの配信は配信会社を利用して150媒体、直接配信が30媒体ほど。案件によってはこの3倍ほど配信することもあるそうですが、今回は追加機能の話題なので、これまでに取材を受けた既知のメディアに絞ったそうです。

PRO認定は「日経電子版」「Tech Crunch Japan」に掲載され、そこから派生し『おはよう日本』(NHK)でも紹介されたのが大きな成果でした。個人間取引中心だったスキルシェアがビジネス利用にも拡大という文脈がニュース性を求めるメディアにマッチしたようです。取材した7月の時点では100人の認定を目指していました。

単発ではなく文脈で考える

見積り・カスタマイズ機能のリリースは「日経電子版」『日経産業新聞』『日経MJ』に掲載され、派生して日経新聞の商品情報「サービス価格変動」の取材も受けました。社内では「ネタが小粒なのでリリースは出さなくていいの

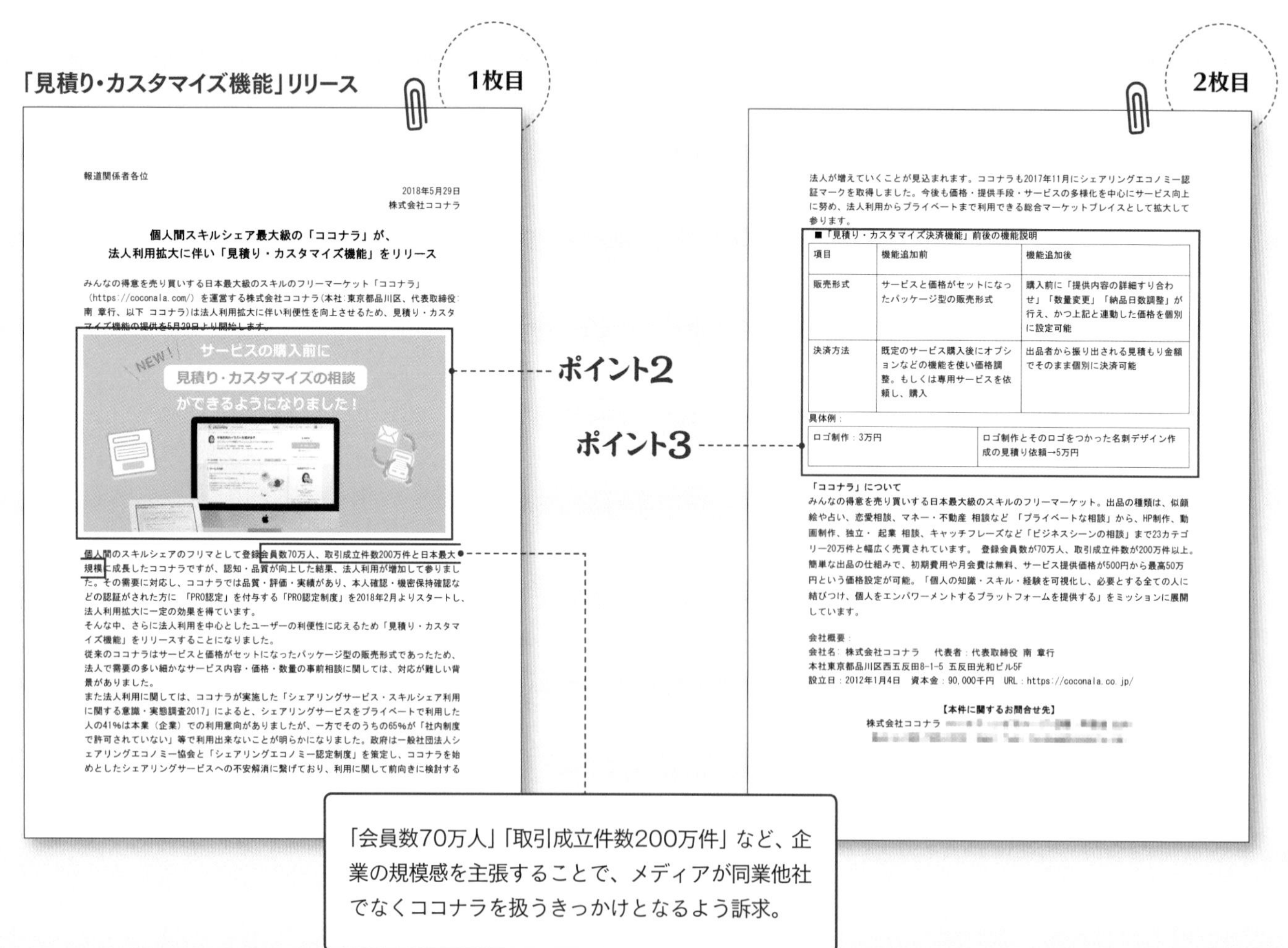
「見積り・カスタマイズ機能」リリース

1枚目

報道関係者各位

2018年5月29日
株式会社ココナラ

個人間スキルシェア最大級の「ココナラ」が、
法人利用拡大に伴い「見積り・カスタマイズ機能」をリリース

みんなの得意を売り買いする日本最大級のスキルのフリーマーケット「ココナラ」(https://coconala.com/) を運営する株式会社ココナラ(本社:東京都品川区、代表取締役:南 章行、以下 ココナラ)は法人利用拡大に伴い利便性を向上させるため、見積り・カスタマイズ機能の提供を5月29日より開始します。

個人間のスキルシェアのフリマとして登録会員数70万人、取引成立件数200万件と日本最大規模に成長したココナラですが、認知・品質が向上した結果、法人利用が増加して参りました。その需要に対応し、ココナラでは品質・評価・実績があり、本人確認・機密保持確認などの認証がされた方に 「PRO認定」を付与する「PRO認定制度」を2018年2月よりスタートし、法人利用拡大に一定の効果を得ています。
そんな中、さらに法人利用を中心としたユーザーの利便性に応えるため「見積り・カスタマイズ機能」をリリースすることになりました。
従来のココナラはサービスと価格がセットになったパッケージ型の販売形式であったため、法人で需要の多い細かなサービス内容・価格・数量の事前相談に関しては、対応が難しい背景がありました。
また法人利用に関しては、ココナラが実施した「シェアリングサービス・スキルシェア利用に関する意識・実態調査2017」によると、シェアリングサービスをプライベートで利用した人の41%は本業(企業)での利用意向がありましたが、一方でそのうちの65%が「社内制度で許可されていない」等で利用出来ないことが明らかになりました。政府は一般社団法人シェアリングエコノミー協会と「シェアリングエコノミー認定制度」を策定し、ココナラを始めとしたシェアリングサービスへの不安解消に繋げており、利用に関して前向きに検討する

ポイント2

2枚目

法人が増えていくことが見込まれます。ココナラも2017年11月にシェアリングエコノミー認証マークを取得しました。今後も価格・提供手段・サービスの多様化を中心にサービス向上に努め、法人利用からプライベートまで利用できる総合マーケットプレイスとして拡大して参ります。

■「見積り・カスタマイズ決済機能」前後の機能説明

項目	機能追加前	機能追加後
販売形式	サービスと価格がセットになったパッケージ型の販売形式	購入前に「提供内容の詳細すり合わせ」「数量変更」「納品日数調整」が行え、かつ上記と連動した価格を個別に設定可能
決済方法	既定のサービス購入後にオプションなどの機能を使い価格調整。もしくは専用サービスを依頼し、購入	出品者から振り出される見積もり金額でそのまま個別に決済可能

具体例:

ロゴ制作:3万円	ロゴ制作とそのロゴをつかった名刺デザイン作成の見積り依頼→5万円

ポイント3

「ココナラ」について
みんなの得意を売り買いする日本最大級のスキルのフリーマーケット。出品の種類は、似顔絵や占い、恋愛相談、マネー・不動産 相談など 「プライベートな相談」から、HP制作、動画制作、独立・ 起業 相談、キャッチフレーズなど「ビジネスシーンの相談」まで23カテゴリー20万件と幅広く売買されています。 登録会員数が70万人、取引成立件数が200万件以上。簡単な出品の仕組みで、初期費用や月会費は無料、サービス提供価格が500円から最高50万円という価格設定が可能。「個人の知識・スキル・経験を可視化し、必要とする全ての人に結びつけ、個人をエンパワーメントするプラットフォームを提供する」をミッションに展開しています。

会社概要:
会社名:株式会社ココナラ　代表者:代表取締役 南 章行
本社東京都品川区西五反田8-1-5 五反田光和ビル5F
設立日:2012年1月4日　資本金:90,000千円　URL:https://coconala.co.jp/

【本件に関するお問合せ先】
株式会社ココナラ

「会員数70万人」「取引成立件数200万件」など、企業の規模感を主張することで、メディアが同業他社でなくココナラを扱うきっかけとなるよう訴求。

では」という声もあったそう。それでも柳澤さんが配信にこだわったのは、2月のPRO認定リリースと「法人利用の拡大」という文脈でつながっていたから。自社戦略を絡めてアナウンスしたのが功を奏したわけです。

同社では大体1年〜半年スパンで追加機能などの予定が組まれています。1人広報である柳澤さんはヒアリングしながらリリースを出すか検討し、出す場合は1カ月ほど前から書き始め、社長らにチェックを受けます。柳澤さんが2017年に入社するまでは、社長の南さんが自身で広報を担当し、リリースも書いていたそうです。

広報を重視したのは、経営の危機に瀕するたび『WBS』（テレビ東京）や『日経トレンディ』などに取り上げられて乗り切った経験が大きいそうです。

今回の教訓

ブランドルールを明文化する

ココナラでは取材の想定問答集とともに、「ブランドルールブック」というものを作成し、イントラネットで社員なら誰でも見られるようにしています。「ココナラの価値はどこにあるか？」「社会にどう受け止められたいか」などを実に詳細に分析して、まとめてあります。取材をたくさん受けると答えがブレてきたり、その場では正しく答えたつもりでも、ブランド確立の面から見るとズレていたなと感じることもあります。

実際、ワイドショーが「主婦の副業」という切り口で取り上げて以来、その手の取材ばかり求められた時期もあり、会社の目指すところはそこではないと軌道修正していったそうです。そんなとき、会社全体をどういう方向に成長させたいのかという指針となるルールが明文化してあると、いつでもそこに立ち戻れて便利です。これは広報だけが知っていればいいことでなく、社員全員が共有しておくべきものです。

競合が増えている業種こそ タイミング、内容、見せ方への工夫が メディアへの訴求力に直結

広報・PRが会社経営を左右すると考えている私にはうなずける話です。

そんなわけで、職場の座席も柳澤さんは社長の隣で、いつでも意向を聞ける状態。南さんは常にプレゼン続きの人生を送ってきたため、「人の心に刺さる言葉」を選ぶセンスがあるようで、取材には積極的に本人が出るほか、リリースの文言も本当に必要な部分だけにそぎ落としてくれるそうです。

柳澤さんが入社してすぐに力を入れ始めたのが自社ブログ。この中で月に1〜2本、ココナラで活躍しているクリエイターを取材することで、ココナラが大勢の人に役立っていることが分かり、柳澤さん自身のモチベーションも上がったそうです。また、メディアが実際にスキルシェアで活躍している人を取材したいと希望したときに、守秘義務などの関係で応じられないライバル企業が多いのに対し、ブログ取材で信頼関係を築いたロイヤルユーザーに対応してもらえるという、実質的なメリットもあります。

2018年7月には、五反田のベンチャー6社で「社団法人五反田バレー」を設立しました。大崎と品川に挟まれた五反田は古いビルが多く、家賃が安いためベンチャーが集まりやすい風土があるそうです。

もともとベンチャー企業同士のゆるやかなつながりはありましたが、日経新聞に五反田のベンチャーに着目した記事が出たことなどから、五反田のベンチャー企業に勤める広報担当者たちと活動を思いつきました。

「1社でできることは限りがあるけれど、集まることで取り上げてもらえることも多々あります。もともとネットビジネス業界には、みんなで成長していこうという機運が強く、協力し合うことが多いんです。今後は横のつながりを活かした広報にも力を入れていきたいです」と話しており、今後の活動が楽しみです。

［DATA］
企業名：株式会社ココナラ
資本金：9000万円（2018年9月時点）
所在地：東京都渋谷区桜丘町20-1
渋谷インフォスタワー6F
（取材当時の所在地は五反田）
代表者：南 章行
売上高：非公開
利益：非公開
従業員数：50人（2018年9月時点）
沿革：2012年1月、株式会社ウェルセルフを設立。7月、「ココナラ」をリリース。2014年6月、株式会社ココナラに商号変更。2017年1月、五反田に移転。3月、「ココナラハンドメイド」をリリース。
［広報戦略］
リリース配信数は2017年3本、2018年7月時点で4本。リリースには市場性や客観性を持たせて、社会状況を必ず背景に入れ「公」のニュースに近づけている。

＊2018年10月号『広報会議』掲載（情報は取材当時のもの）

CASE 19

ユニークな企画に粘りの一手！動画120万回再生を見事突破

そごう・西武「全国一斉母の日テスト」ほか

「母の日」や「父の日」などのカレンダーイベントは、小売業にとって大切な商機です。そごう・西武では、母の日に「自分の母親のことをどのくらい知っているか」を試験する「全国一斉母の日テスト」を開催し、話題を呼びました。このユニークな企画の舞台裏を取材してきました。

贈り物やギフト商品を多く扱う百貨店にとって、カレンダーイベントの重要性は言うまでもありません。けれどクリスマスやハロウィンなどが伸長しているのに対し、母の日は大きな変化がありません。

その理由を、百貨店事業部営業企画部広告・宣伝担当の吉元誠治さんは「フォーマルギフトの印象が強いから

「母の日テスト」だけでも
十分面白いところを、
「東大生が解く」企画にまで
突き詰めて大躍進！

「全国一斉母の日テスト」告知リリース

Press Release
SEIBU
SOGO

2018年4月

株式会社
そごう・西武

東大生でも意外と解けないテスト？！

母の日は、お母さんのことをもっと知る日に…

「2018年全国一斉母の日テスト」開催

そごう・西武では現在、「今年こそ、ちゃんと母の日。」をテーマに各店で母の日プロモーションを展開しています。近年母の日は、他のイベントに比べて参加しないという方が多く、市場規模が縮小傾向にあります。そこでそごう・西武では、「2018年全国一斉母の日テスト」を開催。母の学生時代のあだ名、母が最近一番うれしかったこと、母の幼い頃の夢…など、知っているようで知らない母にまつわる問題を答えることで、母の日にお母さんのことをもっと知ってもらうきっかけづくりを行います。特設サイトでは現役東大生38名を集めて実際に行った母の日テストの様子を動画で公開。今まで母の日に参加していなかった人も巻き込み、母の日商戦を盛り上げてまいります。

【「2018年全国一斉母の日テスト」展開概要】
■会期：4月24日（火）～5月13日（日）
■店舗：そごう・西武全15店舗　※そごう神戸店と西武高槻店での展開はございません。
■内容：①全国一斉母の日テストのメッセージカードの配布
②特設サイトにてWEBテストの実施
③こども新聞（朝日新聞・毎日新聞）に母の日テストの掲載
④各店にて親子参加型「全国一斉母の日テスト」開催　※展開会期は店舗によって異なります。
（展開店舗）そごう横浜店、千葉店、広島店、大宮店、徳島店、川口店、
西武池袋本店、所沢店、秋田店、岡崎店、東戸塚店、大津店　＝計12店舗
■母の日特設WEBサイト：https://www.sogo-seibu.jp/mothersday18/　※4月23日（火）より公開

親子参加型「全国一斉母の日テスト」開催！

そごう・西武の各店では、一部店舗を除いて親子で一緒にご参加頂ける「全国一斉母の日テスト」を開催いたします。お母さまとお子さまで同時にテストをご回答いただき、その場で採点。成績優秀な3組の方にプレゼントをお渡しいたします。※一部店舗では抽選式になります。
■参加条件：お母さまとお子さま一緒にご参加できる方
※店舗によって参加人数制限がございます。
※ご参加頂いた方全員に参加賞をご用意しております。
■優秀賞：木村カエラさん直筆サイン入り絵本…各店3名様

母の日テスト

「2018年全国一斉母の日テスト」WEB動画公開！

母の日特設WEBサイトにて、「2018年全国一斉母の日テスト」特別WEB動画を公開いたします。現役で東京大学に通う学生38名が集まり、実際に母の日テストを受けてもらいました。
【2018年全国一斉母の日テスト】特別動画
■URL：https://youtu.be/WZCVWW0oiv4
【今年こそ、ちゃんと母の日】特別動画
母の日に向けた、メッセージ動画も同時公開いたします。
■URL：https://youtu.be/itS_Z5pEiao
※4月23日（火）より公開。YOUTUBE 限定公開。

2018年 全国一斉 母の日テスト実施
東大生が挑戦、簡単そうで、意外と解けないテストって何!?

＼ポイント1／

タイトルで興味喚起

タイトルに、太い赤字で「東大生でも意外と解けない」と表記することで、“どのような問題？”と興味がわくよう工夫している。

＼ポイント3／

詳細は動画へ誘導

リリースの文章で詳細を伝えるのではなく、YouTubeの特別動画へと誘導。ビジュアルを載せることでアピール力もアップ。

ではないか」と推測します。バレンタインデーが義理チョコや友チョコ、自分へのご褒美チョコなどへと変化しながら拡大しているのに対し、母の日は昔からずっと変わらず、気軽に参加する人が少ない傾向にあるというのです。しかし考えようによっては「母自身が自分にご褒美をあげる」「母を亡くした人は、好きだった物を食べるなどして母を偲ぶ」「品物をあげるだけでなく、母と一緒に何かを楽しむ」など、母の日の過ごし方はまだまだ広がる可能性があります。とにかく、母の日に「参加する」層を増やすことが大事だと考えました。

そこには吉元さん自身の反省もありました。広島在住の母にカープのチケットを贈り、喜ぶだろうと思っていたら、高齢のためトイレの心配の方が大きく、「母親のことをよく分かっていなかった」と感じたそうです。そこから自分が母親をどれだけ知っているかを試すテスト企画につながっていきました。

また、母の日についてアンケートを取ったところ、「形あるプレゼント以上に感謝の言葉などのコミュニケーションが嬉しい」との結果が出ており、「男性だと恥ずかしくて面と向かって言えないことも、テスト形式のメッセージカードなら書けるし、母親にとっては自分のことを考えてくれた時間自体が嬉しいだろうと考えました」。

実施方法は、❶店頭でテスト付きのメッセージカードを配布❷特設サイトにテストを掲載❸朝日と毎日のこども新聞にテストを掲載❹12店舗で親子参加型のテストを実施、の4パターン。4月24日からキャンペーンを始め、❶は全国15店舗で10万部を配布。❹は昔のテストのようにわら半紙に刷ったところがお洒落です。

❷は制限時間30分で100問というボリュームのある内容。私が最も興味を持ったのが、この問題を現役東大生に解いてもらい、その動画をウェブ上で公開していたことです。ネットで見てもらうと分かりますが、尺が5分7秒ある、なかなかの感動大作です。

参加してくれる東大生を募集し、当日は38人が集まりました。画面からは

＼ポイント2／

リードで問題を提示

近年、母の日が盛り上がりに欠けることを伝え、イベントの背景となる理由（Why）を訴求。

1枚にまとめたシンプルなリリース。的確に情報を伝え、高確率での掲載につなげている。深掘りしたい場合はホームページや動画へ誘導。

ウェブに公開されたテスト用紙

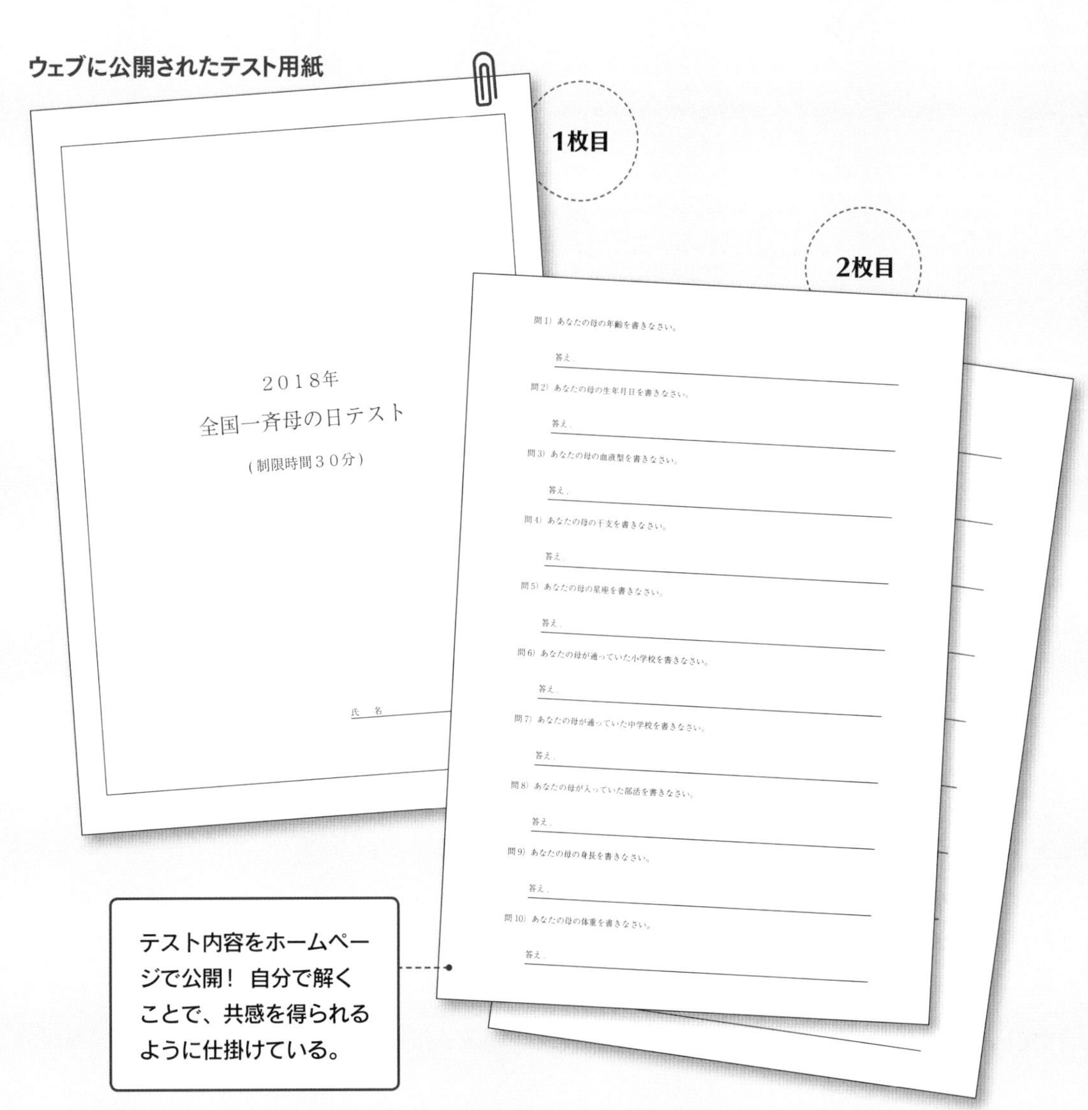
1枚目
2枚目
テスト内容をホームページで公開！ 自分で解くことで、共感を得られるように仕掛けている。

2018年
全国一斉母の日テスト
（制限時間30分）

氏　名

問1）あなたの母の年齢を書きなさい。
答え

問2）あなたの母の生年月日を書きなさい。
答え

問3）あなたの母の血液型を書きなさい。
答え

問4）あなたの母の干支を書きなさい。
答え

問5）あなたの母の星座を書きなさい。
答え

問6）あなたの母が通っていた小学校を書きなさい。
答え

問7）あなたの母が通っていた中学校を書きなさい。
答え

問8）あなたの母が入っていた部活を書きなさい。
答え

問9）あなたの母の身長を書きなさい。
答え

問10）あなたの母の体重を書きなさい。
答え

和やかで自然な空気が伝わってきます。お昼に集まってテストを開始しますが、制限時間の30分では足りず15分延長。その後、母親に電話をかけて答え合わせのできる人が3分の1ほど残り、収録は夕方まで続いたといいます。

さて、ここからは広報の話。リリースは通常、キャンペーンの始まる1週間前までに配信しています。同社では企画がほぼまとまった段階で広報に案件がまわってくる体制で、社長室広報・CI担当の高田依子さんも3月中旬からこの案件に関わりました。

「東大生」というワードを活用

リリースを見てみましょう。まず、**ポイント1**「東大生でも意外と解けないテスト?!」というインパクトのあるタイトルでメディアの興味を喚起しています。これは企画のレクチャーを受けたとき、高田さん自身が一番印象に残った要素だったそうです。「母親に関するテスト」だけでも企画としては十分に面白いですが、東大生の企画が入っているのと、入っていないのを想像すると、「東大生」に圧倒的なパワーがあることが分かります。

ポイント2 リードで「市場規模が縮小傾向にある」という問題をさりげなく提示しているのも上手なところです。こうした問題提示と、それを解決する型の企画はメディア好み。高田さんも経済部の記者と接する機会が多いので、どんな要素が読み手に刺さるかは心得ているのです。

そして**ポイント3** リリース自体はシンプルに1枚でまとめながら、もっと詳しく知りたい人には、ウェブで公開している100問テストと、東大生の動画をチェックするよう誘導しています。テストは誰もが受けてみたくなりますし、リリースには好感度の高い東大生女子の写真も載っていて、動画を見てみたくなります。おそらく多くの記者たちが、この術中にはまったのではないでしょうか?

実際、今回のPRではこの動画の果たした役割が非常に大きかったのです。動画では電話の向こうの母親が声を詰まらせる瞬間などがあり、胸に迫るものがあります。実は社内で検討した際、「5分7秒は長すぎる」という声があったそうです。1分を超えたら長いといわれるウェブ動画では当然の反応でし

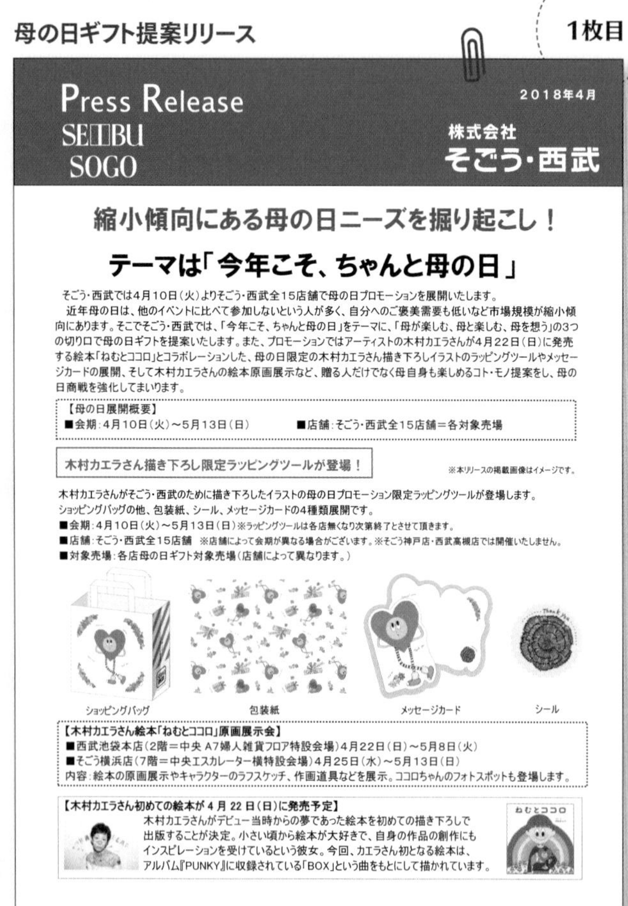

母の日ギフト提案リリース

1枚目

Press Release
SEIBU SOGO
2018年4月
株式会社
そごう・西武

縮小傾向にある母の日ニーズを掘り起こし！

テーマは「今年こそ、ちゃんと母の日」

そごう・西武では4月10日（火）よりそごう・西武全15店舗で母の日プロモーションを展開いたします。

近年母の日は、他のイベントに比べて参加しないという人が多く、自分へのご褒美需要も低いなど市場規模が縮小傾向にあります。そこでそごう・西武では、「今年こそ、ちゃんと母の日」をテーマに、「母が楽しむ、母と楽しむ、母を想う」の3つの切り口で母の日ギフトを提案いたします。また、プロモーションではアーティストの木村カエラさんが4月22日（日）に発売する絵本「ねむとココロ」とコラボレーションした、母の日限定の木村カエラさん描き下ろしイラストのラッピングツールやメッセージカードの展開、そして木村カエラさんの絵本原画展示など、贈る人だけでなく母自身も楽しめるコト・モノ提案をし、母の日商戦を強化してまいります。

【母の日展開概要】
■会期：4月10日（火）～5月13日（日）　■店舗：そごう・西武全15店舗＝各対象売場

木村カエラさん描き下ろし限定ラッピングツールが登場！

※本リリースの掲載画像はイメージです。

木村カエラさんがそごう・西武のために描き下ろしたイラストの母の日プロモーション限定ラッピングツールが登場します。
ショッピングバッグの他、包装紙、シール、メッセージカードの4種類展開です。
■会期：4月10日（火）～5月13日（日）※ラッピングツールは各店無くなり次第終了とさせて頂きます。
■店舗：そごう・西武全15店舗　※店舗によって会期が異なる場合がございます。※そごう神戸店・西武高槻店では開催いたしません。
■対象売場：各店母の日ギフト対象売場（店舗によって異なります。）

ショッピングバッグ　包装紙　メッセージカード　シール

【木村カエラさん絵本「ねむとココロ」原画展示会】
■西武池袋本店（2階＝中央 A7婦人雑貨フロア特設会場）4月22日（日）～5月8日（火）
■そごう横浜店（7階＝中央エスカレーター横特設会場）4月25日（水）～5月13日（日）
内容：絵本の原画展示やキャラクターのラフスケッチ、作画道具などを展示。ココロちゃんのフォトスポットも登場します。

【木村カエラさん初めての絵本が 4 月 22 日（日）に発売予定】
木村カエラさんがデビュー当時からの夢であった絵本を初めての描き下ろしで出版することが決定。小さい頃から絵本が大好きで、自身の作品の創作にもインスピレーションを受けているという彼女。今回、カエラさん初となる絵本は、アルバム『PUNKY』に収録されている「BOX」という曲をもとにして描かれています。

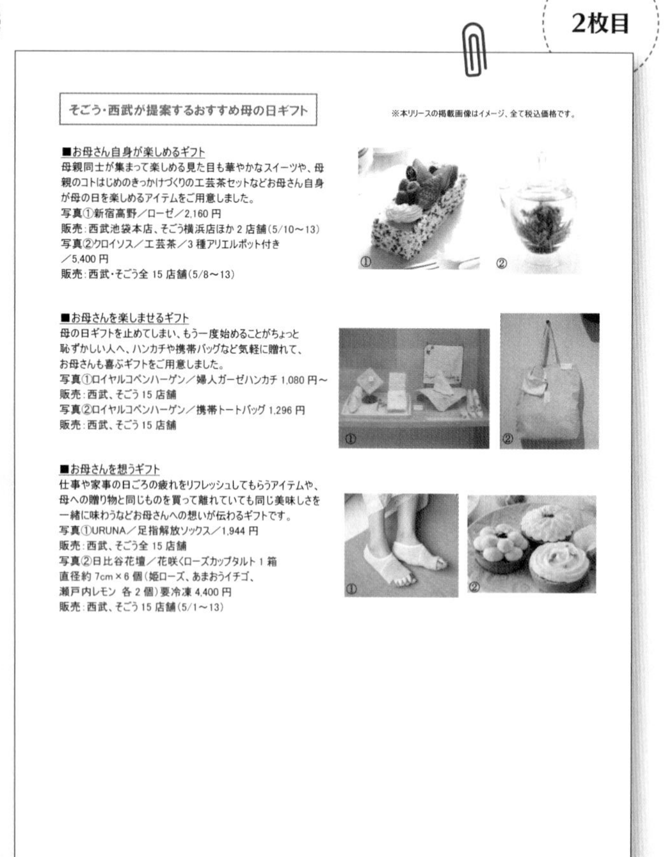

2枚目

そごう・西武が提案するおすすめ母の日ギフト

※本リリースの掲載画像はイメージ、全て税込価格です。

■お母さん自身が楽しめるギフト
母親同士が集まって楽しめる見た目も華やかなスイーツや、母親のコトはじめのきっかけづくりの工芸茶セットなどお母さん自身が母の日を楽しめるアイテムをご用意しました。
写真①新宿高野／ローゼ／2,160 円
販売：西武池袋本店、そごう横浜店ほか 2 店舗（5/10～13）
写真②クロイソス／工芸茶／3 種アリエルポット付き／5,400 円
販売：西武・そごう全 15 店舗（5/8～13）

■お母さんを楽しませるギフト
母の日ギフトを止めてしまい、もう一度始めることがちょっと恥ずかしい人へ、ハンカチや携帯バッグなど気軽に贈れて、お母さんも喜ぶギフトをご用意しました。
写真①ロイヤルコペンハーゲン／婦人ガーゼハンカチ 1,080 円～
販売：西武、そごう 15 店舗
写真②ロイヤルコペンハーゲン／携帯トートバッグ 1,296 円
販売：西武、そごう 15 店舗

■お母さんを想うギフト
仕事や家事の日ごろの疲れをリフレッシュしてもらうアイテムや、母への贈り物と同じものを買って離れていても同じ美味しさを一緒に味わうなどお母さんへの想いが伝わるギフトです。
写真①URUNA／足指解放ソックス／1,944 円
販売：西武、そごう全 15 店舗
写真②日比谷花壇／花咲くローズカップタルト 1 箱
直径約 7cm × 6 個（姫ローズ、あまおうイチゴ、瀬戸内レモン 各 2 個）要冷凍 4,400 円
販売：西武、そごう 15 店舗（5/1～13）

たが、自信作だと確信していた吉元さんは「絶対に100万回再生を取ります」と宣言して押し切りました。

高田さんも、同社では通常、1案件あたり1回しかリリースを出さないところ、ウェブ動画が公開される4月23日に母の日の第2弾としてリリースを出してダメ押し。普段付き合いのある新聞やテレビなど約100人にメールやファクスで配信したほか、ウェブから動画視聴につなげるため、配信会社を通じて300媒体にも配信しました。

テストと動画の２本柱で拡散

すると5月1日にTBSの『ビビット』で動画が紹介され、それが呼び水となりテレビ局からの問い合わせが続き、結果的に14番組で紹介される大反響を得ました。ほかにも新聞18、ラジオ1、通信社2、ウェブでは約200と、「ここまで大きな反響があるとは予想しませんでした。近年ではほかに例がありません」と2人は声を揃えます。気になる動画の再生回数も6月初旬の段階で120万回以上と、公約の100万回を突破しました。「初めてウェブ広告を最後まで見た」という書き込みも寄せられるなど、作り物でない映像が視聴者の心をつかんだようです。

店舗での親子参加型のテストには800人が参加。「父の日もぜひやってほしい」との声も聞かれ、早速6月に実施しました。インスタで「西武でこんなテストやってるよ」とアップする人がいたり、主旨に賛同したのか、100問テストをホームページに転載する人がいたり、漫画家が自作の中でこのテストを取り上げたりと、後半は完全に企画が独り歩きしていたようです。

そこまでの大反響ならばセールスに結びついたのでは？ と問うと、期間中の売上は「まずまず」という程度だったそう。ただ、今回の母の日企画は売上の数字以上の効果があったと手応えを感じているそうです。「売上などで一概に結論は出ないと思っています」と吉元さん。「売ることばかりを前面に押し出せば、これほどの共感は得られなかったとも思います。力のあるコンテンツだということは分かったので、単年で終わらせず、じっくりと取り組んでいきたい。動画にここまで力を入れたのは初めてですが、可能性を感じました」。いい動画が制作できて、リリースで上手に誘導できたのが成功の要因といえるでしょう。

「百貨店を取り巻く環境は激変し、インバウンド売上は好調ではあるものの、楽観してばかりもいられない状況です。当社では基幹店を中心に成長を図る首都圏戦略を重視しており、そのことをお客さまやメディアの方たちに分かりやすく発信していくこと、そごう・西武のブランド価値を上げていくことが目標です」と高田さんは話しています。

今回の教訓　企画で満足せずにもうひと粘り

今回は、「東大生」を起用したことが大きなヒットに結びついたことはよく理解していただけたと思います。取材では、母の日に参加型の企画を立ち上げたい→自身の経験から母をよく知らないと反省→テストにしてみてはどうか、という思考の過程がよく分かりました。本文で書いたように、それだけでも十分面白い企画ですが、「その問題を、頭がいいとされる東大生が解いたらどうだろう?」という興味が波及する見せ方にまで突きつめた点が成功を呼び込みました。アイデアがよくても、そこで満足せずに、消費者に響くレベルまで深掘りをすることが重要なのです。以前、私が「横濱カレーミュージアム」でバレンタインデーにカレー味のチョコなどを特集したことがありました。企画自体面白かったのですが、もうひとひねりしてイベント名を「変なチョコ（ヘナチョコ）博覧会」としたところ、名前だけで多くのメディアに取り上げられました。大事なのは粘りです。

共感を得られるコンテンツは ブランド価値そのものを 高める力を持っている

[DATA]
企業名：株式会社そごう・西武
資本金：200億円
所在地：東京都千代田区二番町5番地25 二番町センタービル
代表者：林 拓二
売上高：6743億6800万円
利益：50億8100万円
従業員数：7651人（社員3071人・パートナー4580人）
沿革：1952年、株式会社数寄屋寮として設立。2003年、株式会社ミレニアムリテイリングに社名変更。06年、セブン&アイ・ホールディングス傘下に。09年、株式会社そごう・西武に社名変更。
[広報戦略]
2018年度は新たな成長エンジンとして「首都圏戦略」の対外発信強化や、企業イメージ向上にむけたCSR・CSVの取り組みの認知度向上を強化していく。2017年度のリリース配信は85件、掲載数約2300件。

CASE 20

「親子の日」に本を贈ろう 記念日を活用した新企画を発案

TSUTAYA「親子の日」

リリースの中でも、新しい事物を世の中に伝え、広めようとする“啓蒙リリース”はあまり見かけることがなく、この連載でもこれまで取り上げたことがなかったように思います。

今回はそんな珍しい一例として、TSUTAYAの「親子の日」啓蒙リリースを紹介したいと思います。

そもそも皆さんは「親子の日」をご存じでしょうか。5月には「子どもの日」と「母の日」、6月には「父の日」があります。それに続けて、最もベーシックな人間関係である“親と子”の関係を見つめ直そうという意図で、写真家のブルース・オズボーンさんと妻でプロデューサーの井上佳子さんが2003年に提唱したものです。毎年7月

あまり知られていない記念日を
活用する企画では、
記念日自体のアピールが
必須です！

1枚目

TSUTAYA

NEWS RELEASE

2017年7月3日

報道関係各位

株式会社 TSUTAYA

『親子の日』は、“本で親子がつながる一日”に
親から子へ”伝えたい想い” を本で贈ろう
“オリジナルブックカバー”と想いを伝える“メッセージしおり”を無料配布中

全国で書店を展開する株式会社 TSUTAYA（本社：東京都渋谷区／代表取締役社長兼 COO：中西 一雄／以下、TSUTAYA）は、「TSUTAYA が『本との出会い』を変える。」をコンセプトに、7月23日（日）の『親子の日』に向けて、親から子へ伝えたい想いを本に込めて贈る新しい習慣を提案いたします。

TSUTAYA『親子の日』公式サイト：http://tsutaya.jp/oyakonohi/

「親子の日」には、娘へ、息子へ”伝えたい想い” を本で贈ろう！
TSUTAYA オリジナルブックカバー・メッセージしおり配布開始

『親子の日』とは、5月の「母の日」、6月の「父の日」に続く記念日として、7月の第4日曜日に、親と子のコミュニケーションを深めるきっかけになって欲しいという願いを込めて、2003年に制定された記念日です。

『親子の日』公式サイト：http://oyako.org

全国の TSUTAYA では、『親子の日』に親から子へ、日ごろなかなか言葉にできない想いを「一冊の本」に込めて贈る新しい習慣の提案として、7月3日(月)～7月31日(月) の期間中、TSUTAYA『親子の日』オリジナルブックカバーやメッセージしおりを無料配布するなどの店頭展開を実施いたします。

オリジナルブックカバーは、『親子の日』の提唱者である写真家 ブルース・オズボーンさんが、長年に渡り撮りおろしてきた親子写真をデザインしました。メッセージしおりは、伝えたい想いを手書きで書き込み、贈りたい本に添えることができます。また、TSUTAYA「親子の日」公式サイトでは、TSUTAYA 書店員による「大切な人から受け取った1冊」のエピソードを掲載しております。

TSUTAYA は、『親子の日』を通じて、親から子へ伝えたい想いや残したい想いを「本」にのせて贈ることで、それぞれの親子がそれぞれのカタチで、家族の絆をより深める新しい習慣をご提案いたします。

<TSUTAYA 親子の日概要>
■配布アイテム：TSUTAYA『親子の日』オリジナルブックカバー・メッセージしおり
■配布期間：2017年7月3日(月)～7月31日(月)　※なくなり次第、終了となります。
■配布店舗：
http://tsutaya.tsite.jp/storelist/service/store/oyako/2017/index

『親子の日』スーパーフォトセッション 2017
7月23日（日）親子撮影会に抽選で親子3組を無料でご招待！！

『親子の日』当日に、写真家 ブルース・オズボーンさんが100組の親子を撮影するイベント「スーパーフォトセッション 2017」が開催されます。このイベントに抽選で親子3組を無料でご招待します。当選された3組の方には、親子の特別な1冊と、TSUTAYA「親子の日」オリジナルメッセージしおりとともに、写真撮影をしていただけます。
撮影された親子の写真はプレゼント致します。

■スーパーフォトセッション 応募ページ：https://store-tsutaya.tsite.jp/tm/enq.html

本件に関するお問い合せ：
株式会社 TSUTAYA

＼ポイント1／

タイトルと本文で「親子の日」の意義を訴求

タイトルや本文前段など、リリースの前半部分を優先的に使い、「親子の日」がなぜ必要なのか、その意義と制定理由を訴求。

ポイント3

の第4日曜日が該当します。

広報主導のキャンペーン

TSUTAYAでは昨年夏、「親子でいくTSUTAYA」というキャンペーンを実施し、映画ソフトの販売やレンタルの促進を図りました。その一環として、同社の常務取締役とオズボーンさんがコラボ企画を行いました。それを発展させた形で、2017年は広報主導で「親から子へ“伝えたい想い”を本で贈ろう」というキャンペーンを実施することになりました。

「実は、昨年のイベントはちょうど『ポケモンGO』の上陸日と重なり、パブリシティの観点で課題が残りました。今年はそうした課題を見直してのリベンジ企画です」と同社広報ユニット長の多田大介さんは明かします。

面白いのは、広報が主体となってキャンペーンを実施しているところで、同社にはそうした自由な社風があるようです。広報は企画部や商品開発部などから案件が降りてくるもの、という意識が強い中で、頼もしい限りです。

TSUTAYAでは、ちょうど2017年を書店事業強化の年と位置づけていたため、広報のメンバーは「書店」と「親子」で何ができるかを考えました。最初はオズボーンさんが写真家であることから、写真と本を結びつけて顧客の写真集をつくろうとするなど、企画決定までには紆余曲折があったといいます。スペインでは、親しい人に本を贈る「サン・ジョルディの日」という習慣があることから、「同じように子から親に本を贈ってみては」というアイデアが挙がりました。広報ユニットの東 佑香さんは「親に感謝するなら、すでに母の日も父の日もある」と感じ、反対に親から子どもへ本を贈る企画を思いつきます。

子どもが幼いころは親が絵本を買い与えたりしますが、成長すると自然と機会がなくなっていきます。けれど成人した子どもに対しても、親が伝えたいことを本に託して贈ってもいいのではないか、というわけです。購入したら書籍にかけられるよう、親子の日を記念したオリジナルブックカバー22万部を用意し、店頭ではメッセージを

TSUTAYA

<親子の日スーパーフォトセッション募集要項>
■撮影日： 2017年7月23日（日）親子の日
※TSUTAYAのお客様の撮影時間は17時～17時半を予定しております。時間のご指定はできません。撮影状況により、スタジオでの待ち時間が発生する場合があります。
■撮影場所：東京都内某所（詳細は当選者の方に別途お知らせします）
■参加費：無料（スタジオまでの交通費は各自ご負担）
■応募要項：TSUTAYA各店で配布中の“TSUTAYA『親子の日』オリジナルメッセージしおり”を使い、7月23日「親子の日」に合わせて本をプレゼントされる方。参加ご希望の方は、参加する親子全員の名前／職業／代表者の連絡先電話番号／親からもらった特別の本についてのエピソード/応募の動機を明記の上、上記サイトからご応募ください。応募規定はサイトにてご確認ください。
■募集期間：2017年7月3日(月)～7月10日(月)　17：00 締切
■当選発表： 7月14日（金）※TSUTAYAコンタクトセンターより当選者の方へご連絡いたします。
■写真プレゼント：撮影した写真は1家族に1枚をプレゼント致します。写真は後日お客様ご指定の住所に郵送させていただきます。（※ネガやデータはお渡しできません。）
※当選者の方は、撮影の際に「親子の特別な1冊」と“TSUTAYA『親子の日』オリジナルメッセージしおり”をお持ちください。思い出の本も一緒に撮影させて頂きます。

7月23日（日）TSUTAYA『親子の日』読書会を草叢BOOKS 新守山店で開催！

■読書会テーマ：大人になった子どもたちへ、今こそ贈るこの一冊
7月23日親子の日に、大人になった子どもたちへ本を贈ってみませんか。子どもが小さい頃は読んで欲しい本を丁寧に選んでは買い与えていたけれど…。今、社会で頑張る子どもたちに伝えたいことを読書会を通じ、ファシリテーターと共に選んだ一冊に託してみてください。きっと素敵な贈り物になるはずです。
■場所：草叢BOOKS　新守山店（愛知県名古屋市新守山2830 アピタ新守山店2階）
■日時：2017年7月23日(日) 10：00－12：00
■ファシリテーター：シニア・リーディング・ファシリテーター　秋月仁志
■対象：40代、50代、60代の父・母先着24名まで（親御さんのための読書会）
■参加費：初回特別価格1,500円（税別　当日現地払い　1ドリンク付）
■お申し込みURL：https://www.read4action.com/event/detail/?id=5264

「親子の日」に記念に残る親子写真をスタジオマリオで撮影しよう

「親子の日」普及推進委員会協力企業の株式会社キタムラが運営するスタジオマリオ（http://www.studio-mario.jp/）では、全国384店で7月22日（土）～28日（金）の期間中、“親子で写真をとろう“企画を実施します。参加料1,500円（税別）で、「こどもと親」「孫と親と祖父母」「お父さんとおじいちゃん」などの記念に残る親子写真を撮影して、お気に入りの写真を入れた「親子の日」オリジナルポストカードを10枚プレゼントするキャンペーンを開始します。TSUTAYAとスタジオマリオでは、「親子の日」の普及推進に向けて、告知協力も行っています。

■『親子の日』とは？：http://oyako.org
“生まれて初めて出会う、「親」と「子」の関係を見つめ、家族、地域、社会、そして自然をも含むすべての「環境」に敬意を払い、平和を願う”という思いを込めて「親子の日」のオリジネーターであり写真家のブルース・オズボーンは7月の第4日曜日を「親子の日」に提唱しました。親子という、ベーシックで誰にも与えられた関係を再確認することは、存在する事への自信を取り戻すきっかけともなり、人類として地球環境を大切にするという思いへとつながることでもあります。「親子の日」はみんなで育てる、未来への贈り物～Present to the future～ です。

■提唱者：写真家　ブルース・オズボーン（Bruce Osborn、1950年生）

アメリカ合衆国出身。1980年に来日し日本での本格的活動を開始し、「親子」シリーズとして家族写真を撮り続ける。2003年妻でありプロデューサーである井上佳子さんと共に7月第4日曜日を『親子の日』と提唱。翌年「親子の日普及推進委員会」を発足。現在までに約6500組の親子の写真を撮り続けている。2010年International Photography Awardsプロフェッショナル部門入賞など多数受賞。

本件に関するお問い合せ：
株式会社 TSUTAYA

＼ポイント2／

4つのアイキャッチポイントを配置

一目で内容が把握できるよう、①タイトル→②本文最上部→③ビジュアル1→④ビジュアル2と、目を引く4つのアイキャッチポイントを考えて配置している。

＼ポイント3／

多くのイベント情報は優先順位をつけて配置

盛りだくさんなイベント情報の中でも、最優先のイベントはリリースの1枚目に配置。その他は2ページ目で優先順位の高いものから紹介している。

書くことのできるメッセージしおり4万部を配布することに決めました。これも「直接ブックカバーにメッセージを書こう」「でも電車の中で読むのは恥ずかしい」「ではカバーの裏側に書いたら？」など意見を積み重ね、この形に収束したそうです。

難しかったのは売り場展開。「夏休みの課題用ならオススメ図書の選書もしやすいですが、親から子の場合はジャンルも多岐にわたる上、十人十色で決められない。でも提案してこそのTSUTAYAなので、親に本を贈られたエピソードを書店員から集めて紹介することにしました」と多田さん。

広報戦略としては、事前の6月12日から店頭にチラシを置き、16日には親子の日に協賛する毎日新聞に記事が載り、7月3日にリリースを配信。7月18日には、第2弾リリースとして「子どもを持つ親800名に聞いた“本を贈る習慣”」の調査リリースを発表。200～300通ほど配信し、毎日新聞、朝日新聞などに掲載されました。

またTOKYO MXの情報番組『5時に夢中！』では出演者である新潮社の中瀬ゆかり出版部部長が、「誰かとの関係性があると本を読むきっかけになる」とアピールしました。

「親子の日」の意義をアピール

では、その元となったリリースを見ていきましょう。まず、「親子の日」は社会的な認知度がまだ高まっていないのが現状です。そのため、このリリースではTSUTAYAのキャンペーンをPRする以前に、「親子の日」が存在することとその意義を強くアピールしなければなりません。**ポイント1** タイトルと本文の冒頭という前半部で優先的に訴求しています。

次に **ポイント2** 一目で内容が把握できるよう、4つのアイキャッチポイントを設けて、ぱっと見ただけで全体像が分かるようにしています。これは私が最近重きを置いている「読まずに見ただけで全体を把握できる」ことにつながります。このリリースでいうとタイトル、本文最上部、ビジュアル2点という、太字や写真で自然に目が行くポイントを4点用意し、そこだけで概要が分かるようになっています。

またキャンペーンでは、①「ブックカバーとしおりの配布」以外にも様々なイベントを用意しています。それを②「フォトセッション」③「読書会イベント」④「親子撮影会」と **ポイント3** 優先順位をつけて、最優先は1ページ目、そのほかは2ページ目に配置しています。やや字数が多い気はしますが、イ

「親子の日」店内チラシ

TSUTAYA BOOKS
親子の日
23 JULY
2017
TSUTAYA
親子を結ぶ本のギフト
本を贈ろう
「親子の日」とは？
親子の日普及推進委員会 www.oyako.org #oyakoday
メッセージを添えて本を贈ろう
「親子の日」オリジナルしおり
配布中！
裏面にメッセージを
書き込める、
特製しおりを店頭にて
配布しております。
手書きの想いとともに、
本を贈ってみませんか？
※なくなり次第終了となります。
TSUTAYA「親子の日」
特設サイト公開中！
「TSUTAYA書店員に聞く、親からもらった特別の1冊」など、
親子の日と本にまつわるアレコレをご案内しています。
http://tsutaya.jp/oyakonohi/
「スタジオマリオ」でも
親子の日キャンペーンを実施
TSUTAYA

リリースと同じトーン&マナーで店舗内のチラシを作成して連動させている。

第2弾リリースとして、「子どもを持つ親800名に聞いた“本を贈る習慣”」の調査結果を発表。

調査リリース

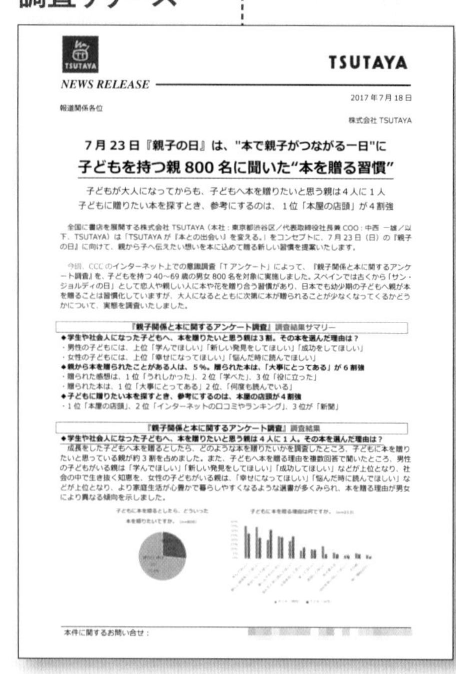

TSUTAYA

TSUTAYA

NEWS RELEASE

2017年7月18日

報道関係各位

株式会社 TSUTAYA

7月23日『親子の日』は、"本で親子がつながる一日"に

子どもを持つ親 800 名に聞いた“本を贈る習慣”

子どもが大人になってからも、子どもへ本を贈りたいと思う親は4人に1人
子どもに贈りたい本を探すとき、参考にするのは、1位「本屋の店頭」が4割強

全国に書店を展開する株式会社 TSUTAYA（本社：東京都渋谷区／代表取締役社長兼 COO：中西 一雄／以下、TSUTAYA）は「TSUTAYA が『本との出会い』を変える。」をコンセプトに、7月23日（日）の『親子の日』に向けて、親から子へ伝えたい想いを本に込めて贈る新しい習慣を提案いたします。

今回、CCC のインターネット上での意識調査「T アンケート」によって、『親子関係と本に関するアンケート調査』を、子どもを持つ 40～69 歳の男女 800 名を対象に実施しました。スペインでは古くから「サン・ジョルディの日」として恋人や親しい人に本や花を贈り合う習慣があり、日本でも幼少期の子どもへ親が本を贈ることは習慣化していますが、大人になるとともに次第に本が贈られることが少なくなってくるかどうかについて、実態を調査いたしました。

『親子関係と本に関するアンケート調査』調査結果サマリー

◆学生や社会人になった子どもへ、本を贈りたいと思う親は3割。その本を選んだ理由は？
・男性の子どもには、上位「学んでほしい」「新しい発見をしてほしい」「成功をしてほしい」
・女性の子どもには、上位「幸せになってほしい」「悩んだ時に読んでほしい」
◆親から本を贈られたことがある人は、5%。贈られた本は、「大事にとってある」が6割強
・贈られた感想は、1位「うれしかった」、2位「学べた」、3位「役に立った」
・贈られた本は、1位「大事にとってある」2位、「何度も読んでいる」
◆子どもに贈りたい本を探すとき、参考にするのは、本屋の店頭が4割強
・1位「本屋の店頭」、2位「インターネットの口コミやランキング」、3位が「新聞」

『親子関係と本に関するアンケート調査』調査結果

◆学生や社会人になった子どもへ、本を贈りたいと思う親は4人に1人。その本を選んだ理由は？

成長をした子どもへ本を贈るとしたら、どのような本を贈りたいかを調査したところ、子どもに本を贈りたいと思っている親が約3割を占めました。また、子どもへ本を贈る理由を複数回答で聞いたところ、男性の子どもがいる親は「学んでほしい」「新しい発見をしてほしい」「成功してほしい」などが上位となり、社会の中で生き抜く知恵を、女性の子どもがいる親は、「幸せになってほしい」「悩んだ時に読んでほしい」などが上位となり、より家庭生活が心豊かで暮らしやすくなるような選書が多くみられ、本を贈る理由が男女により異なる傾向を示しました。

本件に関するお問い合せ：

ベントが盛りだくさんであるという期待感は出ていると思います。

想定の倍以上の店舗が参加

TSUTAYAグループは全体で約1400店舗あるうち、書籍を扱っているのは約820店舗。広報としては200店舗程度が参加してくれればと思っていたそうですが、呼びかけてみると倍以上の485店舗が参加。ブックカバーは順調になくなり、私が7月に店舗をのぞくと、メッセージしおりも残りわずかとなっていました。「課題としては、しおりの設置・配布場所がまちまちでルールが統一できていなかったこと。でも、本を贈るという習慣づけの第一歩は踏み出せたのではないかと思います。これが読むきっかけになり、ひいては読書の習慣づくりにもつながっていけば」と多田さんは話します。

今回の教訓 「回し読み」で質と士気を高める

TSUTAYAの広報ユニットでは、担当者がリリースの原案をつくると、部署全員で回し読みをし、赤字を入れていくのだそうです。「今回は、初校から真っ赤っ赤でした。とにかく盛り込みたい内容が多かったので、書いてあってもなくても内容が変わらない要素は外し、できるだけ無駄を削ぐことを心がけました」と多田さん。こうして何人もの目を通すことは、誤字脱字を防ぐなどのチェック機能として有効なことは言うまでもありません。それに加えて、心理的な作用もあります。「同僚の○○さんも見るから、いい加減なものはつくれない」と、いい意味での緊張感が生まれます。一方でチェックする側も、「私の担当案件じゃないから他人事」ではなく、「自分もこの案件に関わっている一員なんだ」という愛着が生まれます。そうしてすべての案件に対して広報全員が責任感を共有できるようになることは、職場の士気を高めることにも役立ちます。

お客さんからもTwitterで「子ども向けの本を探すのではなく、ママが面白い本を見せると子どもも面白がる」といった反響が見られたそうです。また各出版社に、「親子の日」の主旨に合う本にウェブ上でハッシュタグをつけてもらうよう協力を呼びかけたところ、20社程度が参加し、ネット上で広がりが見られたのが特徴でした。

「今年は、まず1回やってみたというところです。出版社さんからもご意見をいただいていますし、来年は書店員のエピソードだけでなく、ユーザーのエピソードなども取り上げて、ますます親子の日を盛り上げていければ」と東さん。

ところで、こうした啓蒙リリースにはどんな効果があるのでしょうか？出版界では不況が叫ばれて久しい上、ネット書店の利用率が高まり、リアル書店の閉店が相次いでいます。そんな中でもTSUTAYAが全国で店舗数を増やし続けているのは「行きたくなる店」の雰囲気づくりに成功しているからだと思います。

「ネット書店では目指した本しか見つけられませんが、店舗に出かければ関連する良書との出合いがあるなど、リアル書店のよさを感じてもらえると思います」と東さんが言うように、まずは来てもらうことが大切です。啓蒙リリースは、その内容に興味を持ってもらい、まずは来てもらうことのきっかけづくりになります。

多田さんは、親子の日について「正直、まだまだ知られていないことを実感しました。だからこそ、無色透明なものに色をつけていけるので、やりがいを感じます」と話します。まだ知られていないものとのコラボは、その本体と一緒に成長していける伸びしろが魅力。いつかバレンタインにチョコを贈るように、親子の日に本を贈ることを当たり前にしたい、それくらいの志で頑張ってほしいものです。

啓蒙リリースの発信が来店のきっかけに。成長できる伸びしろも魅力！

[DATA]
企業名：株式会社蔦屋書店
資本金：1000万円
所在地：東京都渋谷区南平台町16-17 渋谷ガーデンタワー
代表者：代表取締役社長兼CEO　増田宗昭
売上高：非公表
純利益：非公表
従業員数：6602名（アルバイト含む）
沿革：1983年に蔦屋書店として創業。様々な変遷を経て、2014年12月にカルチュア・コンビニエンス・クラブ株式会社から分社し設立。

[広報戦略]
広報担当者は4人。広報目標は生活提案業としての「TSUTAYA」ブランドの確立、顧客満足の最大化。リリースを書く上で心がけている点は、簡潔に分かりやすい文章で顧客価値を伝えること。

CASE 21

女性専用トラックの導入を社会的な目線でアピール

アサヒロジスティクス「女性専用トラック『クローバー』」

コロナ下で職を失う人がいる一方で、慢性的に人手が不足している業種もあります。物流業界のトラック運転手もそのひとつで、10万人以上が不足との説もあります。

今回、取材したアサヒロジスティクスは食料品に特化し、東日本で確固たる地盤を築いている企業。女性ドライバーの労働環境を改善するために、女性専用トラックを導入したリリースを配信しました。

同社では現在、在籍するドライバー2000人のうち女性は100人。若者の現場離れが進む中、女性を貴重な戦力と捉え、最終的には全体の10%まで増やすことを目標にしています。

社内では女性の働きやすさを促進する「クローバープロジェクト」を組織

メディアが興味を持ちやすい
社会性の高いネタに、
「納車式」というイベントを加え、
メディアを呼び込むことに成功!

ポイント1

納車式を開催してニュースの切り口に

単なる「導入」だけではニュースにならないため、切り口を「納車式」というイベントにすることで魅力的な情報発信にしている。

その他ポイント

まずは1枚目で、全体概要を簡潔にポイントのみまとめている。

1枚目

News Release ニュースリリース

毎日500万人の食生活を支える 物流インフラ企業
アサヒ ロジスティクス株式会社
最新情報をお届けいたします

2020年2月26日

〜女性ドライバーがさらに活躍できる物流業界を目指して〜
女性専用トラック「クローバー」導入決定
3月24日(火)に納車式を行います
女性ドライバーの声を生かした、女性のためのトラックを作りました！

アサヒロジスティクス株式会社(埼玉県さいたま市大宮区/代表取締役社長 横塚元樹)は、女性ドライバーの活躍の場を広げる取り組みの1つとして、社内で初めての女性専用トラックを導入いたします。実際にトラックに乗務している女性ドライバーの生の声を聴き、女性ならではの視点で選んだ装備やデザインを取り入れた、女性ドライバーのためのトラックの誕生です。

これにともない、3月24日(火)に当社滑川福田センター(埼玉県比企郡滑川町)にて納車式を行います。

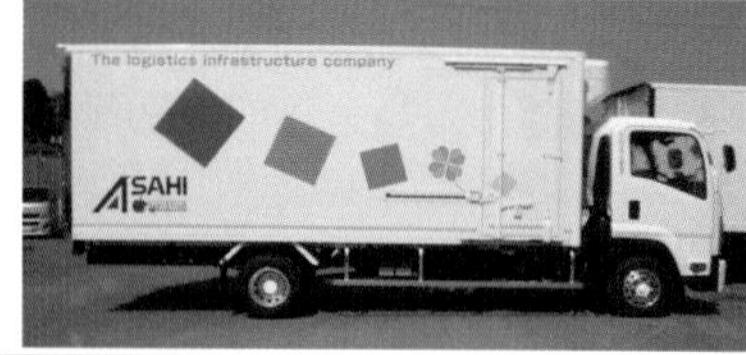

女性専用トラック「クローバー」概要

◆車両の特徴
①トラックの名称であるクローバーを取り入れたオリジナルデザイン
②カーテンや小物入れなど、女性の「快適」を考えた装備品
③女性の身長にあわせて、ラッシングベルト※の収納フックを通常より低い高さに設置
◆納車拠点
アサヒロジスティクス株式会社 愛川物流センター(神奈川県愛甲郡)・・・1台
アサヒロジスティクス株式会社 神奈川営業所(神奈川県相模原市)・・・2台
◆納車式
2020年3月24日(火)10:00〜11:00

※ラッシングベルト…トラック庫内の荷物を、動かないように固定するために使用するベルト。
使用しない際は、トラック庫内壁面のフックに掛けて収納する。

ASAHI 本社

しており、中心となっているのは、今回取材を受けてくれた物流効率推進グループマネージャーの朝日奈緒美さん。

案件ごとに関係部署が参加する形式で、今回は車両の購買を担当する総務グループグループ長の星野力さんも参加しました。

女性専用トラックの導入を決定したのは2019年10月のこと。プロジェクトメンバーでミーティングを開き、実際にドライバーとして働く女性たちから、トラックに関して改善してほしい点などを吸い上げました。

例えば、トラック庫内の荷物を固定するラッシングベルトを掛ける位置。男性基準で高い位置に設計されているのを、女性でも使いやすいように低くしました。

車内に小物類を収納するスペースを増やしてほしいという声も挙がりました。女性は携帯する小物が多いほか、無雑作に置きがちな伝票などを、きちんと収納したいという要望もあったといいます。

また、運転席の正面と左右全体をカバーできるカーテンも設置しました。これまでは、夏場に汗をかいたときなどにコンビニのトイレを借りて着替えを済ませていたといいます。カーテンを設置することで、安心して車内で着替えられるというわけです。

実は、ドライバーの中には「平等に仕事をしているので、女性だからといって特別扱いされたくない」という意見の人もいたそうですが、人手不足解消にはイメージ改善が大切であることなどを丁寧に説明し、理解を求めたといいます。

同社のトラックはカラフルな折り紙が並ぶ可愛らしいデザインで、1990年から取り入れています。女性専用トラックは、その1枚をプロジェクト名のクローバーにしています。

また、物流業のイメージ改善に早くから取り組んでおり、星野さんによれば、同業者に先駆けて平成の初めごろからドライバーにネクタイ着用の義務付けも行っています。

また、中型・大型トラックの運転免許を持っていない人でも積極的に採用し、免許取得から運転のアドバイスまで手厚く指導しています。

そうした社風のせいか、業界全体が感じているほど深刻な人手不足には見

＼ポイント2／

専門トラックの特徴を図と合わせてアピール

女性ドライバー専用トラックの特徴について車両写真を載せて解説。写真があることで、それぞれの特徴についてスムーズに理解できる。

2枚目

News Release ニュースリリース

毎日500万人の食生活を支える 物流インフラ企業

ASAHI アサヒ ロジスティクス 株式会社

最新情報をお届けいたします

女性専用トラック「クローバー」の特徴

オリジナルデザインを採用
女性専用車両の名称になっているクローバーを取り入れたオリジナルデザイン。
環境や人への優しさ、親しみやすさを表現しています。

ラッシングベルト※の
収納フックの高さを低い位置に
庫内に装備されています。女性の身長に合わせ、通常車両よりも低い高さに設置。作業のしやすさを考慮しました。

収納スペースを増設
伝票等の書類や小物の収納スペースを増設。運転席から手が届く位置に設置することも重要です。

運転席全面をカバーできるカーテン
着替えや休憩時のストレスを軽減します。

※ラッシングベルト・・・トラック庫内の荷物を、動かないように固定するために使用するベルト。
使用しない際は、トラック庫内壁面のフックに掛けて収納する。

今後の展開

今回、社内初の女性専用トラック「クローバー」を、神奈川県内の2拠点へ導入いたします。今後、乗務した女性ドライバーからの意見を反映し、さらに改善を続けながら、全拠点への導入を展開していく計画です。

今後も定期的な意見交換会やヒアリングを継続し、アサヒロジスティクスで働く女性ドライバーの皆さんがより働きやすい職場づくりを目指します。

ASAHI 本社

舞われていないそうですが、それでも物流業界にもっと関心を持ってほしいという思いがあるといいます。

広報活動に取り組み始めたのは2019年秋のこと。朝日さんが社命を受けて私のPR講座に参加したのです。その課題で提出してくれたのが、本件リリースの原型でした。最初に読んだ感想は、女性専用のトラックをつくることは分かるけれど、文字ばかりで従来もしくは競合と何が違うのか、それに至った経緯がよく分かりませんでした。

その時点ではビジュアルの素材がなく、朝日さん自身も「トラックのことをよく知ってほしい思いだけが強かった」と振り返ります。

ただ、コンテンツは非常に魅力的だと感じました。労働現場の人手不足、女性の社会進出など、世間的に関心の高い問題を内包しており、仕掛けさえきちんと考えれば、メディアも興味を示すだろうと感じてアドバイスをしていきました。非常に呑み込みがよく、提出が進むたび飛躍的にリリースが進歩していったのを覚えています。

社内行事を広報イベントに

では、2020年2月に配信した完成形のリリースを見てみましょう。まず、工夫の跡を感じるのは、**ポイント1** 納車式を開催し、記事にしやすい仕掛けをつくっていることです。

単に「導入しました」ではメディアも扱いにくいところですが、通常は社内行事である納車式を広報イベントにしたことで取材しやすくなりました。

当日は6社のメディアが来場し、女性ドライバーによるテープカットや社長からのカギの授与式、ドライバーたちがトラックに乗っての写真撮影やコメント取材も実施し、なかなか賑やかな式になったようです。

納車式を実施した事業所は、実は専用車を導入した事業所とは別の場所でした。そこには研修施設があり、「興味を持ってもらい、次の取材につながれば」という思いもあったそうで、一度のチャンスを有効活用しようとしていることが伝わります。

ポイント2 当初、文字だけだったトラックの仕様は、画像を入れて格段に分かりやすくなりました。自動車メーカーからの写真で足りないぶんは自ら撮影したそうで、「できれば一般車と比

3枚目

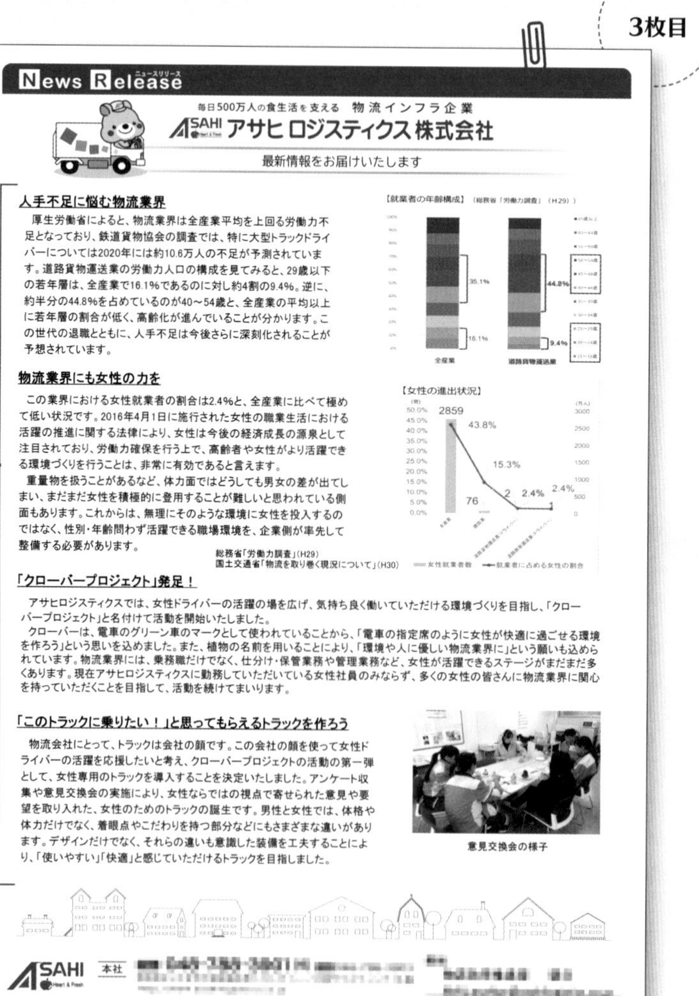
News Release ニュースリリース

毎日500万人の食生活を支える　物流インフラ企業

ASAHI アサヒ ロジスティクス株式会社

最新情報をお届けいたします

人手不足に悩む物流業界

厚生労働省によると、物流業界は全産業平均を上回る労働力不足となっており、鉄道貨物協会の調査では、特に大型トラックドライバーについては2020年には約10.6万人の不足が予測されています。道路貨物運送業の労働力人口の構成を見てみると、29歳以下の若年層は、全産業で16.1%であるのに対し約4割の9.4%。逆に、約半分の44.8%を占めているのが40〜54歳と、全産業の平均以上に若年層の割合が低く、高齢化が進んでいることが分かります。この世代の退職とともに、人手不足は今後さらに深刻化されることが予想されています。

物流業界にも女性の力を

この業界における女性就業者の割合は2.4%と、全産業に比べて極めて低い状況です。2016年4月1日に施行された女性の職業生活における活躍の推進に関する法律により、女性は今後の経済成長の源泉として注目されており、労働力確保を行う上で、高齢者や女性がより活躍できる環境づくりを行うことは、非常に有効であると言えます。

重量物を扱うことがあるなど、体力面ではどうしても男女の差が出てしまい、まだまだ女性を積極的に登用することが難しいと思われている側面もあります。これからは、無理にそのような環境に女性を投入するのではなく、性別・年齢問わず活躍できる職場環境を、企業側が率先して整備する必要があります。

総務省「労働力調査」（H29）
国土交通省「物流を取り巻く現況について」（H30）

「クローバープロジェクト」発足！

アサヒロジスティクスでは、女性ドライバーの活躍の場を広げ、気持ち良く働いていただける環境づくりを目指し、「クローバープロジェクト」と名付けて活動を開始いたしました。

クローバーは、電車のグリーン車のマークとして使われていることから、「電車の指定席のように女性が快適に過ごせる環境を作ろう」という思いを込めました。また、植物の名前を用いることにより、「環境や人に優しい物流業界に」という願いも込められています。物流業界には、乗務職だけでなく、仕分け・保管業務や管理業務など、女性が活躍できるステージがまだまだ多くあります。現在アサヒロジスティクスに勤務していただいている女性社員のみならず、多くの女性の皆さんに物流業界に関心を持っていただくことを目指して、活動を続けてまいります。

「このトラックに乗りたい！」と思ってもらえるトラックを作ろう

物流会社にとって、トラックは会社の顔です。この会社の顔を使って女性ドライバーの活躍を応援したいと考え、クローバープロジェクトの活動の第一弾として、女性専用のトラックを導入することを決定いたしました。アンケート収集や意見交換会の実施により、女性ならではの視点で寄せられた意見や要望を取り入れた、女性のためのトラックの誕生です。男性と女性では、体格や体力だけでなく、着眼点やこだわりを持つ部分などにもさまざまな違いがあります。デザインだけでなく、それらの違いも意識した装備を工夫することにより、「使いやすい」「快適」と感じていただけるトラックを目指しました。

意見交換会の様子

ASAHI　本社

ポイント3

データを駆使して背景を詳細にまとめる

リリース3枚目を丸々使って、データを交えながら背景や企画理由を詳細にまとめている。データの裏付けによって説得力のあるリリースとなっている。

較した写真を撮りたかった」と話しますが、矢印などを駆使して十分読者には伝わっていると思います。

ポイント3 3枚目は1ページを使って、女性専用トラックを企画した背景を詳細にまとめており、これが入ったことで説得力を増しています。特に「就業者の年齢構成」グラフは物流業において若年層の割合が少ないことを明確に表していますし、「女性の進出状況」は、3Kのイメージを持たれがちな建設業界でも15.3%にのぼるのに対して、物流ドライバー業界では2.4%しかいないという驚きを与えています。

12時間以上をかけ、様々な情報源を調べて探したそうで、ジャストミートするデータを見つけられたことは大きかったと思います。

ほかにもタイトルで「毎日500万人の食生活を支える」と書いたことで事業の大きさが伝わりますし、フッターには家々のイラストを入れ、一般家庭にも関係の深い企業だというイメージを与えています。初配信のリリースにもかかわらず、ずいぶんレベルの高いリリースができあがったといえるのではないでしょうか。

BtoBながら多数の掲載を獲得

配信は埼玉県庁とさいたま市役所の記者クラブへの投げ込みとリリース配信サイトを利用。既知の業界紙のほか、大手新聞社には連絡先を調べてメール、ファックスで送信しました。

その結果、BtoB企業ながら6月上旬時点で日経新聞、埼玉新聞、業界紙など7紙、ウェブ9媒体に掲載され、それ以降も掲載予定があります。

「従来お問い合わせいただくことのなかったメディアからも多数ご連絡を頂戴しましたし、日経新聞からは今後も継続的にリリースを送ってほしいといっていただきました。広報を始めたときの目標が『日経新聞に載る』だったので、いきなり叶ってしまい驚いています。次の目標はテレビに取り上げていただくことです」。

先ほども書いた通り、女性専用トラックは有望なコンテンツなので、物語の主人公を立てるなどすれば、決して難しいことではないと私は感じます。

「社名が知られることで、社員一人ひとりの自覚が必要になるなど、正直怖さも覚えます。私自身、これまで会社のことを積極的にアピールしようと考えたことはありませんでしたが、広報活動をする中で“自社のいいところを知ってほしい”と自信を持って思えるようになりました」と朝日さん。

広報に力を入れる企業が少ない物流業界において、PRの先駆者になってほしいと思います。

業界内の課題解決は仕掛けをきちんと考えればニュースにつながる

今回の教訓

職業のイメージは名前で変わる

本文でも触れましたが、きついイメージを持たれがちな建設業界では、物流業界よりも女性の占める割合が高まっています。これは労働力不足に危機感を感じていた建設業界が、早い段階から「建設業界で働く女子はカッコイイ」というイメージづくりに乗り出したのが功を奏しているからです。

作業着を着た若手女優が、生き生きと働く大手建設会社のPR広告を見たことがある方も多いでしょう。そうしたときに役に立つのが、親しみやすいネーミングです。

例えばお菓子職人も、昔は朝が早くて大変なイメージでしたが、「パティシエ」と名前がついただけで、一気に憧れの職業に変わりました。徒弟制度が厳しかった美容業界も、「カリスマ美容師」という言葉が定着すると、またたく間に目指す若者が増えました。それくらい名前とは大事なものなのです。

PRで業界をイメージアップするためには、新ネーミングを考案し浸透させることも有効です。

[DATA]
企業名：アサヒロジスティクス株式会社
資本金：7800万円
所在地：埼玉県さいたま市大宮区桜木町1丁目10-17 シーノ大宮サウスウィング16F
代表者：横塚元樹
売上高：350億円（2020年3月期）
利益：非公開
従業員数：5115人（2020年3月末）
沿革：1945年、創業者が埼玉県嵐山町に個人で創業し、原乳輸送を開始。1955年、旭運輸株式会社設立。2001年、アサヒロジスティクス株式会社へ社名変更。2017年、ドライバー研修施設を開設。
[広報戦略]
広報専門部署はなく、物流効率推進グループがリリース発信などをするほか、総務グループが全体的な情報を管理。初年度は7本の配信を予定。

＊2020年9月号『広報会議』掲載（情報は取材当時のもの）

CASE 22

新政策を迅速に取り込んで メディアのニーズにぴたり合致

大和ハウス工業 「プレミアムフライデー」「家事シェアハウス」

他社に先駆けて制度を新設し
発信したスピード感がカギ。
「実際の企業の取り組み」として
メディアに多数露出!

2017年の2月に経済産業省の肝いりで始まった「プレミアムフライデー」。皆さんは休めていますか?

世の中の動向を見ると、プレミアムフライデーを見込んで販促に取り組む企業は多数ありましたが、社員が早めに退社し、プレミアムフライデーに積極的に参加した企業の話題は少ないのが現状でした。

そんな中、いち早く社員が休めるよう人事制度を整備し、リリースを出したのが大和ハウス工業でした。初めてのプレミアムフライデーの前日である2月23日、同社に取材に向かいました。

迅速な制度設計とリリース

今回、大和ハウス工業の人事部では

「プレミアムフライデー」開始リリース

1枚目

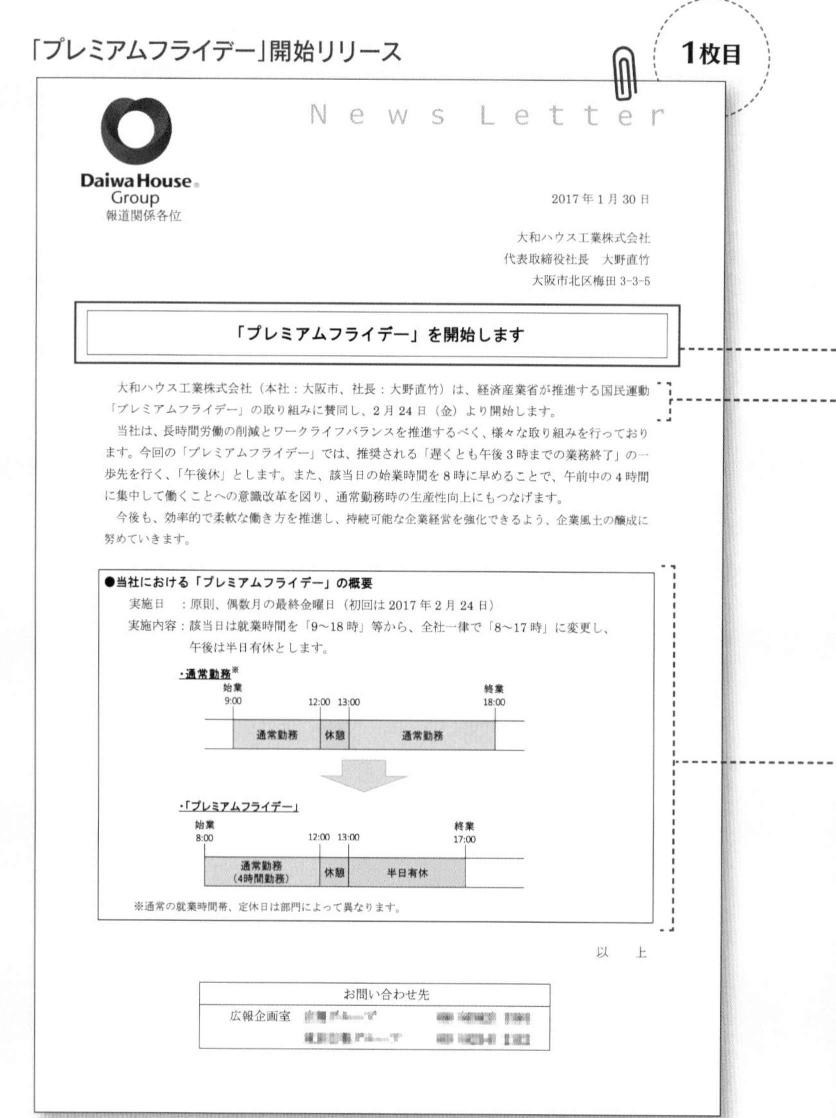

News Letter

Daiwa House Group

報道関係各位

2017年1月30日

大和ハウス工業株式会社
代表取締役社長　大野直竹
大阪市北区梅田3-3-5

「プレミアムフライデー」を開始します

大和ハウス工業株式会社（本社：大阪市、社長：大野直竹）は、経済産業省が推進する国民運動「プレミアムフライデー」の取り組みに賛同し、2月24日（金）より開始します。

当社は、長時間労働の削減とワークライフバランスを推進するべく、様々な取り組みを行っております。今回の「プレミアムフライデー」では、推奨される「遅くとも午後3時までの業務終了」の一歩先を行く、「午後休」とします。また、該当日の始業時間を8時に早めることで、午前中の4時間に集中して働くことへの意識改革を図り、通常勤務時の生産性向上にもつなげます。

今後も、効率的で柔軟な働き方を推進し、持続可能な企業経営を強化できるよう、企業風土の醸成に努めていきます。

●当社における「プレミアムフライデー」の概要

実施日　：原則、偶数月の最終金曜日（初回は2017年2月24日）
実施内容：該当日は就業時間を「9～18時」等から、全社一律で「8～17時」に変更し、午後は半日有休とします。

※通常の就業時間帯、定休日は部門によって異なります。

以　上

お問い合わせ先	
広報企画室	[illegible]

年明け早々から制度づくりに着手。営業時間を通常の9時開始から1時間前倒しにして、午後は半休にすること、2カ月に1回の実施にすることなど独自のルールが決まっていきました。この動きを早い時点で把握していた広報も、すぐにリリースを出せるよう態勢を整え、1月30日には配信するという早業を成し遂げました。「当社はプレハブ住宅の原点となる商品や業界初の免震住宅を商品化した実績もあり、常に“最初に”取り組みたいという意識が企業風土にあります。創業者・石橋信夫の《スピードは最大のサービス》という言葉もあり、今回もそのスピードを発揮した例と言えます」と広報企画室東京広報グループ上席主任の天鷲(あまわし)克史さんは話します。

ご存じのように、プレミアムフライデーは連日のようにメディアで報じられました。そして、私が目にした多くのメディアで大和ハウス工業の取り組みが紹介されており、天鷲さんも「これだけメディアの反応が良かったことは滅多にありません」と話すほど。理由は、人事部が制度を新設してまで積極的に取り組んだ企業が少なかったことに加え、いち早いリリースの配信が功を奏したのは間違いありません。そのリリース内容を見てみましょう。

社会的意義と会社の姿勢を明示

ポイント1 まず国による政策をダイレクトに訴求したシンプルなタイトルが目を引きます。「プレミアムフライデーは誰でも知っている強いキーワードなので、余計なサブタイトルはいらないと判断しました」という作戦どおり、強いインパクトを与えています。リードでは経産省が推進する国民運動に賛同していることなど、政策に関連する案件であることを表示。また、午後3時までの業務終了を推奨するプレミアムフライデーのルールとは異なることが図解され、非常に分かりやすくなっています。この表示によって独自のルールに対するメディアの興味も喚起できるでしょう。

さらに注目したのは、2枚目に同社の長時間労働削減の歴史を年表で掲載していることです。建設業界は長時間

ポイント1

政策をタイトルに入れダイレクトに訴求

- リードでも「賛同」などのワードを使い強調
- 現行との違いを図示し、瞬時に理解させる工夫をしている
- 一過性でなく、継続的に政策に沿って改善していることをアピール

社会の要請に積極的に取り組んでいる企業として印象づけている

2枚目

参考資料

●長時間労働削減とワークラフバランスへの主な取り組み

導入年	取り組み内容
2004年4月	**○ロックアウト制度** 長時間労働の是正のため、事業所を22時で閉鎖（2009年2月より閉鎖時間を21時に変更）
2007年4月	**○ホームホリデー制度** 有給休暇取得促進のため、四半期（3か月）ごとに1日、有給休暇の計画取得を義務付け
2009年4月	**○「みなし労働時間制」の廃止** 労働時間の適正把握のため、外勤者に適応していた「みなし労働時間制」を廃止し、全職種を実労働時間管理に変更 **○部門・職種別就業時間帯の導入** 不要な残業を削減するため、部門・職種ごとに適切な就業時間帯を導入
2011年6月	**○「人事検査制度」の導入** 人事部員が全国の事業所を訪問し、残業代の未払いや長時間労働の黙認といった労務管理上の問題を直接調査する自社制度を導入
2012年4月	**○パソコンロックアウトシステムの導入** 出社登録前や退社登録後、残業未申請の場合はパソコンが使用できないシステムを導入
2013年11月	**○三六協定抵触状況の「見える化」** 三六協定で定められた時間外労働時間に対しての抵触状況が本人および上司・管理者がパソコンでタイムリーに確認できるシステムを導入
2014年4月	**○事業所業績評価の見直し** 各事業所の賞与支給評価基準に「時間当たり利益」や「業務平準化」、「有休取得率」を導入 **○半日振替休日制度の導入** 柔軟な働き方を支援するため、振替休日を半日単位で取得できるよう制度化
2015年9月	**○「ブラック事業所認定制度」の導入** 長時間労働に対して独自の社内基準を設け是正指導。改善が見られない場合は「ブラック事業所」と認定し事業所全体の賞与額を減額 ・イエローカード（人事部による是正指導通知） ①残業時間が月100時間以上の社員が同一月に1名以上発生※ ②残業時間が月80時間以上の社員が同一月に10名以上発生 ③社内調査により残業手当の未払いが発覚 ・レッドカード（「ブラック事業所」に認定⇒賞与額を減額） ①半期内（6か月内）に「イエローカード」を累積3枚 ②外部の指摘や社員の通告により残業手当の未払いが発覚 ※2017年4月より、イエローカードの基準を強化し、①を「残業時間が月80時間以上の社員が同一月に1名以上発生」とします。

2

労働のイメージが強く、実際に問題になることも多くあります。年表を見ると2004年に事務所を22時で閉鎖する「ロックアウト制度」や、2015年に労働状況の改善が見られない事業所に注意を促す「ブラック事業所認定制度」をつくるなど、様々な施策を導入しています。この表を付けたことで、プレミアムフライデーが一過性のものではなく、継続的に取り組んでいる働き方改革の一環だと印象づけています。

また、この資料をもとに、プレミアムフライデー当日の2月24日には本社のある大阪で人事制度に関するメディア向けのセミナーも開催。これによってプレミアムフライデー以外の派生記事も生まれています。

このセミナーの開催以外にも、当日、大和ハウス工業には多数の取材が入っていました。グループ会社が運営するスポーツクラブや割引特典が用意されたホテルを利用する社員、また、ランニングを楽しむ社員などが取材を受けています。さらには、天鷲さん自身もテニスを楽しむ姿を取材され「半休と言いながら、半分は仕事になってしまったんですけど」と嬉しい悲鳴を上げていました。

話題性と内覧会で興味を喚起

続いて政策に沿った案件として、「家事シェアハウス」という戸建て住宅のリリースをご紹介します（2016年11月28日配信）。間取りの工夫やアイテムの導入により、女性の家事負担を軽減するという取り組みは、メディアの関心が常に高い「女性活躍推進」のテーマにもつながっています。

もともとこの物件は、共働き世帯が多い富山県の同社支店で働く女性たちの意見を取り入れて生まれたそうです。それがお客さまから好評だったため、

\ ポイント2 /

「社会性のある商品」としてはじめに強く訴求

商品・サービスの紹介から入らずに、まず政策に対応した商品であることを説明している

\ ポイント3 /

ロジカルで説得力ある構成

2枚目以降の詳細においても❶〜❸の順番で説明

「女性活躍推進」関連商品リリース

1枚目

News Release

Daiwa House Group

報道関係各位

2016年11月28日

大和ハウス工業株式会社
代表取締役社長　大野直竹
大阪市北区梅田3－3－5

■これからの住まい方プロジェクト第一弾
家族みんなで「家事をシェアする」
共働き世帯のための戸建住宅提案「家事シェアハウス」誕生

大和ハウス工業株式会社（本社：大阪市、社長：大野直竹）は、共働き世帯のために家事の時間的・心理的負担を軽減する戸建住宅「家事シェアハウス」※1を提案します。

当社では、共働き世帯の増加を背景に、住まい方について検証し、家族の中で家事労働がどのように行われているのかを改めて調査したところ、夫婦間で家事の分担は進んでいるにもかかわらず、主に家事に従事する比率の高い女性の家事負担が、時間的にも心理的にも解消されていないことが分かりました。

そこで、家事を分担するのではなく、家事をまるごと家族全員で「シェア」することで家事負担を軽減するための工夫やアイテムを盛り込んだ戸建住宅「家事シェアハウス」を提案します。

当提案では、女性活躍推進が国家プロジェクトとして展開される中で、女性の家事負担を軽減させ、社会での活躍をサポートします。

また、今後は地域・世代・家族構成などそれぞれの家族がもつ特性に合わせ、従来の生活環境からの変化に対応する、これからの住まい方提案を順次展開していきます。

※1. 商標登録出願中（2016年11月28日現在）

●ポイント
1. 女性活躍推進をサポートする戸建住宅提案
2. 家事を効率的にする「家事シェア動線」
3. 家事を家族事にする「家事シェアアイデア」

-1-

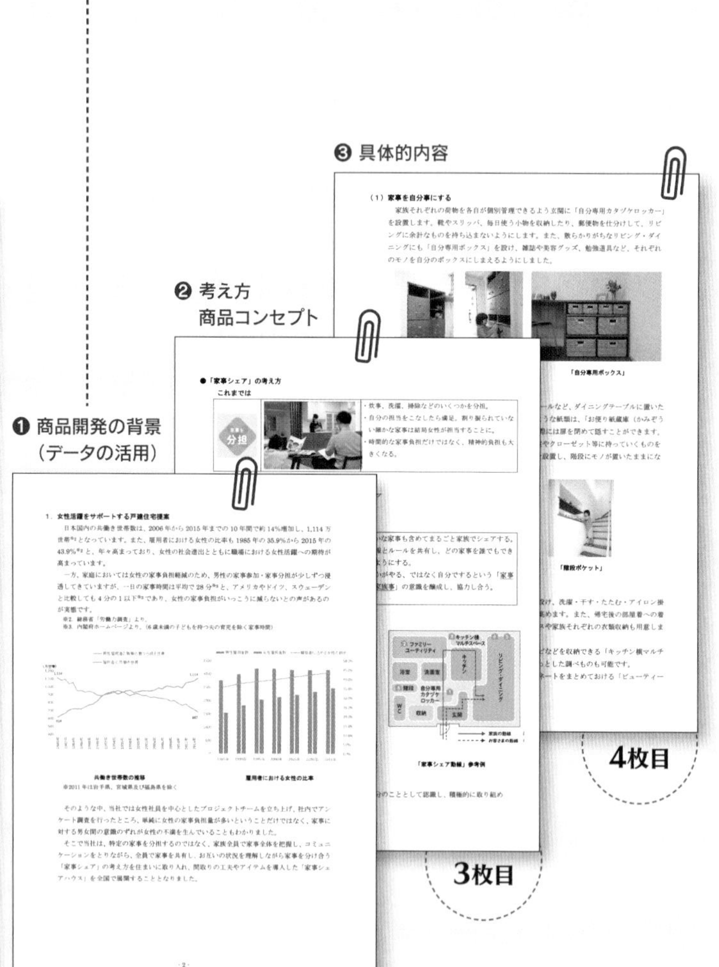

1. 女性活躍をサポートする戸建住宅提案

日本国内の共働き世帯数は、2006年から2015年までの10年間で約14%増加し、1,114万世帯※2となっています。また、雇用者における女性の比率も1985年の35.9%から2015年の43.9%※2と、年々高まっており、女性の社会進出とともに職場における女性活躍への期待が高まっています。

一方、家庭においては女性の家事負担軽減のため、男性の家事参加・家事分担が少しずつ浸透してきていますが、一日の家事時間は平均で28分※3と、アメリカやドイツ、スウェーデンと比較しても4分の1以下※3であり、女性の家事負担がいっこうに減らないとの声があるのが実態です。

※2. 総務省「労働力調査」より。
※3. 内閣府ホームページより。（6歳未満の子どもを持つ夫の育児を除く家事時間）

共働き世帯数の推移
※2011年は岩手県、宮城県及び福島県を除く

雇用者における女性の比率

そのような中、当社では女性社員を中心としたプロジェクトチームを立ち上げ、社内でアンケート調査を行ったところ、単純に女性の家事負担量が多いということだけではなく、家事に対する男女間の意識のずれが女性の不満を生んでいることもわかりました。

そこで当社は、特定の家事を分担するのではなく、家族全員で家事全体を把握し、コミュニケーションをとりながら、全員で家事を共有し、お互いの状況を理解しながら家事を分け合う「家事シェア」の考え方を住まいに取り入れ、間取りの工夫やアイテムを導入した「家事シェアハウス」を全国で展開することとなりました。

-2-

●「家事シェア」の考え方

これまでは

分担

・炊事、洗濯、掃除などのいくつかを分担。
・自分の担当をこなしたら満足。割り振られていない細かな家事は結局女性が担当することに。
・時間的な家事負担だけではなく、精神的負担も大きくなる。

（1）家事を自分事にする

家族それぞれの荷物を各自が個別管理できるよう玄関に「自分専用カタヅケロッカー」を設置します。靴やスリッパ、毎日使う小物を収納したり、郵便物を仕分けして、リビングに余計なものを持ち込まないようにします。また、散らかりがちなリビング・ダイニングにも「自分専用ボックス」を設け、雑誌や美容グッズ、勉強道具など、それぞれのモノを自分のボックスにしまえるようにしました。

他の地域でも展開することになり、モデルハウスを愛知県半田市に設営することになりました。

通常、住宅商品ではリリースの際に物件自体が存在しないことが多いのですが、このケースはモデルハウスがあり、話題性も高いため、天鷲さんは「マスコミを対象とした内覧会を開いた方が良い」と判断し、リリースと同日に実施。東京、大阪からの参加者も含め15人ほどの記者が集まりました。交通費は各社負担とのことなので、予想よりもずいぶん集まった、と思うくらいの成功ではないでしょうか。

今回の教訓 話題が少ない「ニッパチ」を狙え

プレミアムフライデーはメディアにとって好まれる話題です。消費者にとって明るい話題であることや、プレミアムフライデーという名称の響きが良いなど、いくつかの理由が考えられますが、今回の取材中にも話したのは「2月という時期が良かった」ということです。昔から「ニッパチ（2月、8月）は消費が冷え込む」と言われ、メディアにとっては“ネタが少ない”時期になります。視点を変えれば、このタイミングで引きのあるリリースを配信すればヒットする確率が高まるということです。観光客が減る2月は、ホテルが集客にあれこれ工夫を凝らし、それがニュースになる、これと同じ原理です。ニッパチのうち、8月は夏休みシーズンと重なるため観光やイベントなどのネタが登場します。これに比べ2月のイベントはバレンタインデーくらいで少ないので、2月が最も狙い目ということになるでしょう。情報を出す時期についても、ぜひ考えてみてください。

逆転の発想でリリースを構成

このリリースで注目は、**ポイント2** 1枚目で物件の紹介でなく、「女性活躍推進に対応していること」を強く打ち出している点です。共働き世帯を対象とした住宅は他社でもある中、こうしたアプローチはメディアの目を引きます。リリースの変則的な構成は、この後も続きます。2枚目では、なぜそうした住宅を企画したのか、背景を解説。続いて3枚目でこの商品のコンセプトを説明しています。「家事の分担」は、料理や洗濯などを主婦以外の家族も受け持つという考え方であるのに対し、「家事シェアハウス」は、家族全員がそれぞれできることを実行した上で、誰もが家事をしやすくする、という考え方に基づいていることを示しています。そして4枚目では、玄関に家族それぞれの所有物を置ける「自分専用カタヅケロッカー」を設置するなど、具体的な内容を紹介しています。**ポイント3** 最初に商品を出して、説明に移っていくという通常の構成とは反対の経路をたどっています。これによってロジカルに話が展開しており、説得力が増しています。このように、ケースによっては順序を逆にした方がうまくいくこともあるのです。

政策に関連する案件はリリースの好材料。とにかく出し続けるべし！

継続発信で「熱心さ」は伝わる

取材中、天鷲さんから「ごく普通の内容を通常の手法でリリースしても注目してもらえないので」という言葉がありました。情報の発信量が多い広報の世界においてはまさにそのとおりで、目を引くアプローチが必要となり、政策案件はその良い材料になります。天鷲さんも、政策関連の案件は他のリリースよりもメディアの反応が良いと感じているそうです。

こうしたリリースは出し続けることが、とても重要になります。そして、記事になり続けることで、熱心に取り組んでいる企業だということが広く認知されます。そうなると、メディアも心得たもので「今回、大和ハウス工業さんは何かやらないのですか？」と期待を込めて問い合わせてくるようになります。何かあるとメディア側から直接打診されるなど、良い循環ができあがっていくのです。

［DATA］
企業名：大和ハウス工業株式会社
資本金：1616億9920万円
所在地：大阪府大阪市北区梅田3-3-5
代表者：芳井敬一
売上高：4兆3802億円
純利益：2336億円
（2020年3月期、連結）
従業員数：16904名（2020年4月1日現在）
※有期契約者を除く
沿革：1955年創業。61年、大阪証券取引所第一部市場に上場。引き続き東京と名古屋の市場にも上場。国内だけでなく、中国、オーストラリア、台湾、アメリカ、マレーシアなどの海外でも不動産事業を拡大中。
［広報戦略］
広報目標として「対外情報発信力の強化（攻めの広報）」「リスク対応（守りの広報）」「企業理念・文化の伝承（継承の広報）」を掲げている。

＊現在はプレミアムフライデーの実施は終了。

＊2017年6月号『広報会議』掲載（情報は取材当時のもの）

CASE 23

涙ありの感動入社式をアピール！「入社式」報道を見事勝ち取る

SAKAI「サプライズ入社式」

近年、飲食業界と並び深刻な人手不足となっているのが、建設業界です。厚生労働省の調査データによれば、建設業界では就業3年以内の離職率が大卒で30.5%、高卒に至っては47.7%と、ただごとではありません。

雇用主は有能な人材を確保するとともに、入社した社員たちが辞めないようアフターケアもしなければならず、細部まで気を配る必要があります。今回は商品などの売れ行きが目的ではなく、人材確保を目的としたプレスリリースを見ていきたいと思います。

取り上げるのは、大分市の坂井建設（現在は社名をSAKAIに変更）。1961年に創業し、代表取締役（取材当時）の坂井泰久さんは2代目です。不動産、

「入社式」はメディアにとって
毎年テッパンのネタ。
強力プッシュで密着取材に
つなげた腕はお見事！

1回目の基本リリース（2月13日）

1枚目

2019年2月13日

報道関係者各位

News Release

株式会社坂井建設

家族同伴の入社式
仕事と家庭をつなげるお手紙サプライズで涙があふれる感動演出 メディア取材可能

サプライズ入社式 3月31日（日）開催!!

社会へ旅立つにあたり子から親への熱い思いと感動的シーンを見ることができます。

株式会社坂井建設（本社：大分市中戸次／代表取締役：坂井 泰久）は、サプライズ入社式を3月31日（日）18時30分より、ホテル日航大分オアシスタワーにて開催します。弊社のアットホームな社風を伝えると共に、実際に働いている社員の雰囲気を知っていただく絶好の場であることからメディアの皆さまに公開させていただきます。TVの密着取材も可能です。

サプライズ入社式について

弊社では、6年前より家族同伴の入社式を開催しています。社会への巣立ちの機会を家族に見守ってもらうことを目的としています。また、家族の様々な支援から自立する区切りを新入社員に自覚を促しています。その中で昨年からはサプライズ入社式として式典後の社員との懇親会の際にサプライズで新入社員からご家族へ感謝の気持ちを伝える「感謝レター」の企画を実施しています。子から長年育ててもらった、親への感謝の手紙は涙あふれる感動を呼び会場の方の琴線に熱く触れています。

感謝レターとは

弊社では施主夫婦に手紙を交わす演出をし、お客様や社員間でもサプライズを仕掛けることが多くあります。入社式でもご家族へ感謝の気持ちを伝える「感謝レター」の時間を設けます。子から親へ今まで過ごしてきた思いやどのような思いでこれから頑張っていくのかを家族が知ることで安心感が得られると考えています。

2018年入社式の感謝レターの様子

サプライズ入社式の詳細

▶Google マップ QR

日時：2019年3月31日（月）18時30分
場所：ホテル日航大分オアシスタワー 5F 孔雀の間
スケジュール：
18時30分～19時10分　入社式
19時30分～21時00分　懇親会

20時30分からサプライズ！感謝レターの時間です

本件に関する
お問い合わせ先

株式会社坂井建設

1

ポイント1

一目で分かりやすくポイントを把握させる

「サプライズ入社式」というタイトルで注目を集め、本文でサプライズの内容を説明。涙を流すシーンの写真を掲載することで、より分かりやすく。

新築、リフォームをワンストップで手がける「デパートのような工務店」を標榜するだけでなく、近年は介護事業やIT関連事業にも乗り出し、新入社員も積極的に採用しています。

従業員数は全体で70人程度ながら、直近では10人程度の新卒を採用していることからも勢いが分かります。坂井さんはPRに対しても熱心で、大分からわざわざ私のPR講座にも参加してくれました。たびたび成果報告をいただいた中で、特におもしろいと思ったのがこの「サプライズ入社式」でした。

入社式には家族を同伴

同社では6年前から、家族同伴の入社式を実施しています。社会への巣立ちを家族に見守ってもらうことで、新入社員に自立への自覚を持ってもらうことが狙いです。それとともに、ご家族に良質な企業だと知ってもらい、離職者を減らす狙いもあると思われます。

入社式のプログラムには「感謝レター」というサプライズコーナーがあります。新入社員が親に対して、今までの感謝の気持ちやこれからの人生についてしたためた手紙を読み上げるもので、涙、涙の大変感動的なシーンになるそうです。

新入社員の人柄を先輩社員たちに知ってもらう意味でも、なかなかよい企画ではないでしょうか。前年も「感謝レター」を実施してメディアに取り上げられたので、2019年はより力を入れてリリースを配信し、入社式当日のメディア取材の呼び込みを図りました。2月13日の基本リリースと、3月19日のメディア誘導リリースの2本を配信しています。

ではそのリリースを見てみましょう。

ポイント1 リリースには3カ所、目を引くポイントが設けられ、一目見ただけで瞬時に内容が分かるようになっています。タイトルで「サプライズ入社式」があること、小見出しで「感謝レター」という手紙を読み上げる内容であることを端的に伝えています。さらに前年度の写真を掲載して「涙を流すシーン」が見られることを紹介。皆さんがもし報道関係者だったら、これだけで十分に取材したい気持ちになるのではない

2枚目

【参考資料】

サプライズ入社式開催の背景

建設業界では3年以内に離職する人が大卒で30.5%、高卒で47.7%となっており、特に高卒の数値は全産業平均の水準を上回っています(※)。弊社では、この結果を重く受け止め入社した社員が長く働ける会社である工夫の一つとして、新入社員を支える存在でもある、家族に会社の雰囲気を知ってもらえる入社式を開催しています。

(※引用：建設資料館（厚生労働省調査データ))

2018年入社式の様子：ご家族も含めた集合写真

弊社の採用状況・定着率

6年前から新卒採用を本格的に開始しました。
毎年8名～10名の新規学卒者を受け入れています。

■採用状況

毎年、採用予定人数を6名とし、新規学卒者の採用をしています。優秀な方にはたくさん入社していただきたいという考えのもと、人数は特別に制限していません。そのため、毎年、予定を上回る人数の入社となります。

本格的に開始した6年前からの入社人数と入社3年以内の定着率

入社年	入社人数	定着率
2014年	6名	17%
2015年	8名	88%
2016年	10名	100%
2017年	1名	0%
2018年	8名	100%
2019年	12名予定	

■定着率

弊社の定着率は2014年から増加傾向にあります。2016年19年入社の方は100%の定着率です。全国の新規学卒者の3年以内の離職率は約30%(※)であるにも関わらず、弊社の離職率は4.2%となっております。弊社では、新規学卒者が過ごしやすい職場環境を目指し、様々な職場改善に取り組んでおり、入社式の取り組みもその一環です。

(※引用：構成労働省「学歴別卒業後3年以内離職率の推移」)

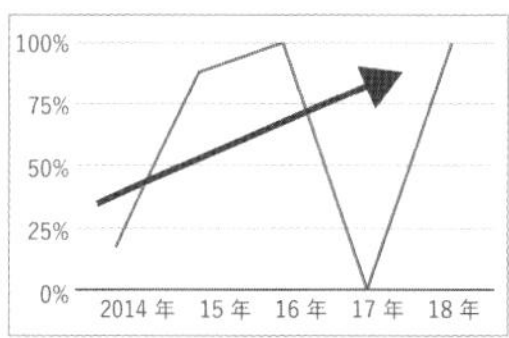

■定着率増加へ向けての取り組み

・残業時間の削減

強制消灯を導入しています。20時30分には社内の電源が落ちるため、遅くまで仕事をすることはできません。上司から帰宅する時間を早くすることにより、若手社員も早く帰りやすいように努めています。

・子育てサポート制度

20代のスタッフが多い弊社の傾向も加味し、「マタニティ・ハラスメントを学ぶ勉強会」「働く時間を選べる制度」「子育てサポーターの設置」を開始しました。妊娠や子育てに不安を感じることがないように会社でサポートしたいと考えております。

・お米無料制度

一人暮らしや奨学金の返済など、社会人1年目の方を少しでもサポートできないかと考え、社内でお米を無料で提供するシステムを開始しました。

本件に関する お問い合わせ先　株式会社坂井建設

2

＼ポイント2／

サプライズの理由と自社の取り組みを説明

参考資料では、建設業界の求人の厳しさという背景から自社の状況と成果について解説。サプライズ入社式を実施する理由を詳細に記述している。

でしょうか。

1回目の基本リリースには、2枚目に参考資料がついていました。これを読むと、**ポイント2** なぜ同社がサプライズ入社式を実施しているのか、建設業界の人手不足がいかに深刻かがよく分かり、納得感があります。

本格的に新卒採用を始めた2014年からの入社人数と定着率を表組みにしたものを載せています。例えば、2017年の入社人数は1人ですが辞めてしまったらしく、定着率は0%。

本音をいえば、過去の失敗には触れたくないものですが、それも正直に掲載している点が公明正大です。その上で入社3年以内の離職率が4.2%にとどまっていると示すことで、マイナス要素をプラスに転じさせてすらいます。実際、今の建設業界にあってこの数字は驚異的といえます。

さらにこのページでは、社員の定着率向上に向けた取り組みも簡潔にまとめています。20時30分には社内を強制消灯して残業時間を削減していることや子育てサポート制度を導入していること。ユニークな事例としては、社会人1年目の社員にお米を無料で提供する制度なども実施しています。

労働現場での人手不足は、社会的な問題となっています。それを解決する試みは誰もが気になるところですし、メディアも機会があれば取り上げたいところ。「サプライズ入社式」だけでは取材を迷っていたメディアにダメ押しする効果もありそうです。

ポイント3 基本リリースの約1カ月後、入社式の約2週間前というタイミングの3月19日に再度、メディア誘導リリースを配信しています。内容は、1回目の参考資料を外し、代わりに入社式当日の取材申込書をつけています。実は、よく見るとタイトルも「感動で涙のあふれる入社式を見たことがありますか?」と疑問形にし、申込書には「密着撮影も可能です」と明記することで、強力にテレビ取材を呼びかけています。

テレビは、1カ月前に呼び込みをしても早すぎます。そこで2週間ほど前に再配信し、思い出してもらうことが必要なのです。配信数は記者クラブや独自のメディアリストなど約20社ほどでした。

地元での話題化を至上命題に

こうした一連のPRには、ある戦略がありました。入社式は3月31日に実施

＼ポイント3／

開催の約2週間前に再度リリースを配信

1回目のリリースの内容は大きく変えず、切り口を少し変えた1枚のダイジェスト版で再プッシュ！ タイトルの「密着撮影も可能」や「〜ますか?」という疑問形での表現も効果的。

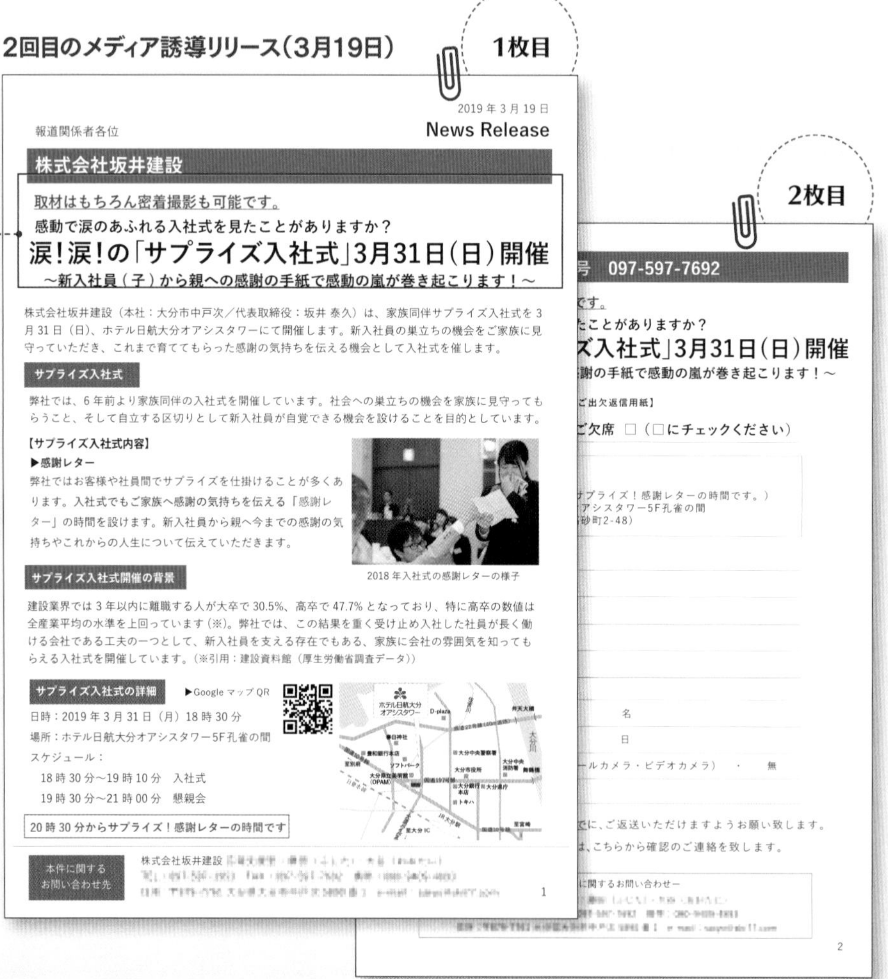

2回目のメディア誘導リリース(3月19日)

1枚目

2019年3月19日

報道関係者各位

News Release

株式会社坂井建設

取材はもちろん密着撮影も可能です。

感動で涙のあふれる入社式を見たことがありますか？

涙！涙！の「サプライズ入社式」3月31日(日)開催

〜新入社員(子)から親への感謝の手紙で感動の嵐が巻き起こります！〜

株式会社坂井建設（本社：大分市中戸次／代表取締役：坂井 泰久）は、家族同伴サプライズ入社式を3月31日（日）、ホテル日航大分オアシスタワーにて開催します。新入社員の巣立ちの機会をご家族に見守っていただき、これまで育ててもらった感謝の気持ちを伝える機会として入社式を催します。

サプライズ入社式

弊社では、6年前より家族同伴の入社式を開催しています。社会への巣立ちの機会を家族に見守ってもらうこと、そして自立する区切りとして新入社員が自覚できる機会を設けることを目的としています。

【サプライズ入社式内容】

▶感謝レター

弊社ではお客様や社員間でサプライズを仕掛けることが多くあります。入社式でもご家族へ感謝の気持ちを伝える「感謝レター」の時間を設けます。新入社員から親へ今までの感謝の気持ちやこれからの人生について伝えていただきます。

2018年入社式の感謝レターの様子

サプライズ入社式開催の背景

建設業界では3年以内に離職する人が大卒で30.5%、高卒で47.7%となっており、特に高卒の数値は全産業平均の水準を上回っています(※)。弊社では、この結果を重く受け止め入社した社員が長く働ける会社である工夫の一つとして、新入社員を支える存在でもある、家族に会社の雰囲気を知ってもらえる入社式を開催しています。(※引用：建設資料館（厚生労働省調査データ))

サプライズ入社式の詳細

▶Google マップ QR

日時：2019年3月31日（月）18時30分

場所：ホテル日航大分オアシスタワー5F孔雀の間

スケジュール：

18時30分〜19時10分　入社式

19時30分〜21時00分　懇親会

20時30分からサプライズ！感謝レターの時間です

本件に関するお問い合わせ先　株式会社坂井建設

1

2枚目

097-597-7692

2

されます。けれど、4月1日は新元号が発表される日でした。

ということは、当日のニュースは「改元一色」になることが予想されていました。4月1日のテレビといえば例年、全国各地で開催したユニークな入社式の模様を続けて紹介するのが定番となっています。しかし2019年は、ほとんど入社式のニュースを見た記憶がありません。それほど改元のインパクトは絶大で、PR担当者にとっては鬼門だったのです。

けれど、坂井建設にしてみれば全国ニュースで露出する必要はありません。もし東京で放送されても、それを見た若者がわざわざ同社を志望する確率は低いからです。それよりも地元の大分において、改元騒ぎの中で一番組でも放映を確保すること。その方が志望者を集めるうえではるかに有効ですし、至上命題でした。

新聞や雑誌などのメディアも大切なことに変わりはありませんが、「感謝レター」を読み上げて涙するシーンは、やはり動画で見せてこそ真価を発揮します。それを重々理解したうえでプッシュした結果、見事に大分放送が入社式の密着取材に入り、長めの放送時間を勝ち取ることができました。一点突破型の成功例といえます。

これを見た学生たちは、きっと就職先の候補のひとつとして気に留めてくれたことでしょう。実際、放送があった2018年を経て、2019年は過去最多の12人が新卒入社していることからも、テレビの効果がうかがえます。

坂井建設ではほかにもユニークな取り組みが見られます。入社式に限らず、社員の誕生日などには社員同士でサプライズをするのが恒例。就業時間前には朝の勉強会を実施して、広報についても勉強しています。

私も商社に勤めていた当時、朝の英会話勉強会がありましたが、出張が多かったので残念ながら長続きしませんでした。あのとき続けていれば、もう少し英会話もできたのではと、今になると残念です……。坂井建設の場合は朝の勉強会に参加するとポイントがついて、給料もアップします。これなら社員もやる気が出るでしょう。

坂井さんは父親のあとを継いで大工になり、そこから事業を拡大しているため、自身も現場志向。建設業界の人材不足を痛感した経験から大工を育成したいと考え始め、今夏からは社長業を後進に譲り、大工育成事業に専念するつもりだそうです。

そんな坂井さんだからこそ、人材を集めるためにリリースを配信するなど、社員を大事にする発想が生まれてくるのでしょう。今後、会社がどう変わっていくのか注目したいところです。

今回の教訓　専属の広報担当を置こう

本文でも書いたように、2代目社長の坂井さんは私の講演を熱心に聞き、広報活動に乗り出しました。ですから広報を始めたのは2018年2月のことで、まだ1年半ほどしかたっていません。

広報を始める際は、私が勧めた通りにそれまで存在しなかった「広報部」をつくり、専属の広報部員として営業部などから女性社員2人を異動させました。これが重要なのです。よく人手不足を理由に、総務部や広告部などに広報を兼務させる企業があります。けれど片手間では、やはり本業を優先させてしまいがちです。

メディア側も広報部がないと、どこに問い合わせればいいのか迷ってしまいます。何より担当者に責任感を持たせる意味でも、専属にすることが重要です。私も横濱カレーミュージアムを運営していたときは、小さな組織ながら専属の広報を1人雇いました。そうやって腹をくくって取り組んだ方が、結果が出るのも早いのです。

リリースは戦略が命！狙うメディアを絞ることで確実なアクションにつながる

[DATA]
企業名：SAKAI株式会社
資本金：1000万円
所在地：大分県大分市大字中戸次809
代表者：臼井栄仁
売上高：14億8000万円
利益：非公表
従業員数：71人
簡単な沿革：1961年、現会長・坂井明氏が創業。2002年、株式会社坂井建設へ組織変更。代表取締役として坂井泰久氏が就任。2009年、不動産・リフォーム部門スタート。2018年、福祉事業進出。
[広報戦略]
広報の基本方針は「住まいに関することから老後のサポートまでできる会社。住まいのことで迷ったら坂井建設に行ってみようというイメージを持ってもらえるように広報していく」。リリースはメディアの目に留まるよう、重要なことに色をつけ、必要な際には図版を入れるなど伝わりやすさを心がけている。

＊2019年10月号『広報会議』掲載

Part 3

上級リリースにテクニックを学べ

ここでは、テクニックの光る上級リリースをランキング方式で紹介します。随所に取り入れてみたいテクニックやノウハウが隠れていますよ！

GRAND PRIX

よみうりランド「グッジョバ!!」

GOLD

七呂建設「Peace Room」

サンコー「糖質カット炊飯器」

SILVER

キリンビバレッジ「キリン 生茶」

マンダム「Z世代会議×マンダム 座談会レポート」
「ギャツビー ガチ勢図鑑」

サイトビジット「資格スクエア」

BRONZE

タイガー魔法瓶「精米機」「LUNCH CUP」

ジェットスター・ジャパン「ラーメン価格に挑戦セール」
「ガストのクーポン券プレゼント」

カレー総合研究所「カレー大學 銀座食堂」

くらコーポレーション「くら寿司 糖質オフシリーズ」

少なくとも10万本以上の
リリースを見てきた私が、
「これはスゴイ!」
とうなった
リリースを紹介していきます。

＊編集部注
●各原稿は原則的に『広報会議』に掲載当時のまま転載しており、現在の状況と異なる場合があります。
●書籍化にあたり、一部加筆・修正した箇所もあります。
●出所となっている掲載号については、各事例の最終ページに記載。

リリースランキング

GRAND PRIX

10カ月で6回のリリース配信 ハリウッド式PRで大規模露出！

よみうりランド「グッジョバ!!」

段階を追って配信することで、大きな成果が返ってくるのがハリウッド式PRなのです。

2016年3月にオープンしたよみうりランドの「グッジョバ!!」が人気です。コクヨの文具や日清食品のカップ焼そばの製造工程を体感できるアトラクションなど、日本企業の「モノづくり」に光を当てた従来の遊園地にはなかったタイプのコンテンツ。各メディアでも盛んに取り上げられていますが、その裏側には10カ月間で約6回もプレスリリースを配信した「ハリウッド式PR」がありました。

ハリウッド式PRとは、アメリカの映画が公開のずいぶん前から段階を追ってPRしていくように、世間の期待をあおり、いよいよ公開の時点で期待感が最高潮になるように仕掛ける戦略のこと。このリリースを参考に学んでいきたいと思います。

＼ポイント1／

第1弾では規模・コンセプトを中心に伝える（ティザーリリース）

NEWS RELEASE!!
よみうりランド

総工費約100億円、15アトラクション新設！
日本最大！"モノづくり"が体験できる新遊戯施設
GOOD JOB ATTRACTIONS「グッジョバ!!」
2016年春オープン

数字を強調

2015年5月
株式会社よみうりランド

2016年春、よみうりランド（東京都稲城市、川崎市）に、日本最大となる"モノづくり"が体験できる全15機種のアトラクションを新設したエリア、GOOD JOB ATTRACTIONS「グッジョバ!!」がオープンします。総工費は約100億円。天候にかかわらずお楽しみいただける、屋内型施設の大型エリアです。

「グッジョバ!!」は、アトラクションを通じて"モノづくり"を見て楽しむだけではなく、家族・友人同士で参加・体験して、お互いに協力・競争しながら学べる、新遊戯施設です。エリア内は、"モノづくり"感のある4つのアトラクションゾーンに分かれており、屋内型のジェットコースターやゴーカートなど、新たに15機種のアトラクションを設置します。各アトラクションは、乗り物に乗って"モノづくり"の工程を体験することが出来るだけではなく、インタラクティブな演出も盛り込んでおり「遊べて楽しみながら能動的に知的好奇心を満たせる」をテーマにしています。また、各ゾーン内にはワークショップスペースを設けており、実際に"モノづくり"を体験することもできます。「グッジョバ!!」は、アトラクションやワークショップでの"モノづくり"体験を通じて、家族や友人との絆を深められる場を目指します。

よみうりランドでは、新たなアトラクションや多様なイベントなどを続々と展開して参りました。「グッジョバ!!」のオープンにより、アトラクションの総数は28機種から43機種へと大幅に増加します。ますます楽しくなるよみうりランドにどうぞご期待ください！

貸出画像①「グッジョバ!!」ロゴ

貸出画像②「グッジョバ!!」イメージパース

●報道関係のお問合せ先●
よみうりランド
TEL： FAX：

具体的な内容は明かさない

1 2015年5月
事業構想リリース／計2枚

NEWS RELEASE!!
よみうりランド

日本最大！モノづくりが体感できる新遊園地エリア
「グッジョバ!!」GOOD JOB ATTRACTIONS
コクヨ・日清食品・ワールド・島精機・日産自動車とコラボ
～日本初となるアトラクション次々登場～

2015年10月
株式会社よみうりランド

よみうりランド（東京都稲城市、川崎市）に、2016年3月にオープンする日本最大となる"モノづくり"が体感できる新遊園地エリア、「グッジョバ!!」GOOD JOB ATTRACTIONSの参加企業と主要アトラクションが決定いたしましたので、お知らせいたします。

「グッジョバ!!」は、生活に密着した、子どもたちが親しみやすい自動車、食品、ファッション、文具の4つの業種からなるfactoryで構成され、パートナー企業としてコクヨ株式会社、日清食品株式会社、株式会社ワールド、株式会社島精機製作所、サポート企業として日産自動車株式会社が参加。各factoryでは、製品の製造工程を巡る屋内型のアトラクションが登場します。日本初となる、スパイラルリフト型ジェットコースターや映像ゲーム機能付きボートライド、自分でデザインした車が運転できるレースゲームをはじめ、アトラクションは全15機種。また、各factoryでは実際のモノづくりに触れられるワークショップも開催します。

貸出画像①「CAR factory」イメージ

貸出画像②「FOOD factory」イメージ

貸出画像③「FASHION factory」イメージ

貸出画像④「BUNGU factory」イメージ

お問合せ先
株式会社よみうりランド 遊園地事業本部 〒206-8725 東京都稲城市矢野口4015-1
TEL / FAX HP http://www.yomiuriland.com
携帯HP http://landdog.jp Mail

2 2015年10月
事業内容リリース／計7枚

実在するメーカー6社が参加

「グッジョバ!!」の構想に費やした期間は7年、総工費は100億円にのぼります。通常、大型のアトラクションでも20億円程度なので、力の入れようが分かります。プロジェクトを立ち上げた背景には、有名大型テーマパークが堅調である一方で、遊園地業界全体の不振があったと説明するのは企画・宣伝部の奥谷祐さん。最盛期にはどの園も年間200万人程度いた入場者が、2000年代には60〜70万人に減少。遊園地も何かテーマを持つべきだという結論に達しました。

「モノづくり」に目が向いたのは、未来に継承していくべき日本の強みであり、親子孫三世代で楽しめるテーマであるから。中でも職人が手作業するものでなく、大量生産の工程のダイナミックさが遊園地の楽しさに合致すると考えたそうです。また遊園地ではゴーカートなど来園者が操作して能動的に動くものが人気であるため、体験価値のある要素も必須でした。「モノづくりというと学びのイメージがありますが、遊園地らしく入り口を楽しくすることにこだわりました」。

さらに、今の時代はリアリティがないと目を向けてもらえないという意識から、実在するメーカーに参加してもらうことに。最終的にコクヨ、日清食品、ワールド、日産自動車など6社が決定しました。こうして15種類のアトラクションと4業種のワークショップという楽しい内容がそろったのです。

着々と内容が決まっていく中、オープン10カ月前の2015年5月に第1弾である❶**「事業構想リリース」**を配信。これはコンセプトや総工費、園内のアトラクションが一気に15も増える規模感などを伝えるティザーリリースでした。あまり早く内容を発表しすぎてもオープンまで間が空いてしまいますし、**ポイント** 第1弾は世間にインパクトを与えて期待を持たせる役割なので、情報量はこれくらいで十分なのです。時期としては1年前くらいが適当で、「グッジョバ!!」の場合は2016年春にオープンすると確証を持てたことや、5月の連休が終わり夏休みまで少し話題が空くタイミングだったことなどからこの時期になりました。まだ画で見せられる要素がないので新聞を中心に狙いましたが、テレビも含めて168件の掲載があったというので大成功です。

第2弾は2015年10月7日に❷**「事業内容リリース」**を配信。都内で記者発表も実施しました。参加企業のほか遊戯の内容を大部分明らかにした7枚組のリリースです。パートナー企業からもそれぞれリリースが配信されたので、会見の集まり具合も48社と上々でした。

オープンの5カ月前というタイミングは、年始に発売となる情報誌のムックの編集スケジュールを意識しています。「〇年版」のように年に1回発行するムックはその年の号に載らないと1年間損をしてしまうので、ぜひ間に合わせたいところ。今回は遊戯のイメージ画像も豊富に提供できたので、雑誌などにも多数紹介されました。

でも実はこのリリースでは、まだ全部は見せていないのです。「一気に出しても誌面に紹介しきれないので、この時点では“日本初”のものを中心にしました」と奥谷さん。これがハリウ

＼ポイント2／

第3弾は事業を
一つひとつ詳しく紹介

オープン日を
本リリースで発表
プレス内覧会の
予告も入れる

NEWS RELEASE!! よみうりランド

全容公開

日本初 4機種含む

日本最大!“モノづくり”が体感できる新遊園地エリア「グッジョバ!!」

15機種のアトラクション新設!

2016年1月28日
株式会社よみうりランド

CAR factory / FOOD factory / FASHION factory / BUNGU factory

3/18 OPEN! オープン50日前!

雨でも楽しめる屋内型の大型エリア
遊べて学べる、これまでにないアトラクション
ワークショップでモノづくり体験

企業とコラボ KOKUYO NISSIN 日清食品 WORLD SHIMA SEIKI NISSAN ALSOK

初公開情報
- 高さ約4m!全自動変形ロボ「CIRA(サイラ)」
- 全長約1,100m!電気で走る次世代型ゴーカート「ev-グランプリ」
- 日本初!対戦型ボールアトラクション「ちえくらべ『たまゴロー』」
- モノづくりが楽しめるワークショップを各ファクトリーで開催!

and more!

3月3日にプレスプレビューを予定しております。詳細は後日連絡いたします。

報道関係のお問合せ先

株式会社よみうりランド 遊園地事業本部

〒206-8725 東京都稲城市矢野口4015-1

TEL FAX Mail

◆東商記者クラブ

◆兜倶楽部 ◆都庁記者クラブ
◆立川市政記者クラブ ◆八王子記者クラブ

❸ 2016年1月
事業用ニュースレター（全容公開）／計13枚

ッド式PRのテクニックのひとつで、**ポイント** 情報を段階的に出すことで、それだけメディアに取り上げられる機会も増えるのです。

10カ月間で6段階のリリース

2016年1月28日に出した第3弾は、残した情報もすべて盛り込んだ全13枚の全容公開の❸**「事業用ニュースレター」**で、これを見れば施設のすべてが分かります。**ポイント** こうしたものを一度つくっておくと、オープン後にも事業全体を案内したいときにいつでも使えるので便利です。1月末に出したのは、2月下旬発売の月刊情報誌を意識したからで、施設の実写画像が用意できるギリギリのタイミングだったようです。

いよいよオープンが近づいた2月には❹**「内覧会呼び込みリリース」**を配信。気を遣ったのは日程です。メディアに実地で見てもらえるよう現場が整うのはオープンの半月前なので、3月3日に内覧会を実施しました。当日は新聞やテレビ、ウェブなど105社が集まり、即日メディア露出につながりました。2月末号に掲載した雑誌も多く来場、現場写真を撮り下ろし、オープン後の号にも再度掲載されたようです。

3月には第5弾となる❺**「オープニングイベントリリース」**を配信。タレントの宮川大輔さんを施設のアンバサダーに任命してPRしました。「同じメディアだとしても芸能面にも取り扱ってもらえるのがタレントさんの力。イベントにはほとんどのキー局が来てくれました」。

そしてオープン当日に早速、イベントの様子も盛り込んだ❻**「アトパブ」**を配信。「西東京にある施設なのでそう遠くないとはいえ、都内の会見を優先する記者の方もいます。当日来られなかったスポーツ紙など、このリリースを参照して書いてくれた媒体もありました」。この後、入場者数の好調ぶりなどを報告する「達成リリース」を出す場合もあり、これがハリウッド式PRの全貌です。何しろ100億のプロジェクトですから、1年間かけてリリースしていく価値があります。

11カ月で1000件の露出

4月時点でのメディア掲載数は驚くことに約1000件にもわたりました。

＼ポイント3／ オープン直前にプレス内覧会→オープンイベント……で話題化を加速させる

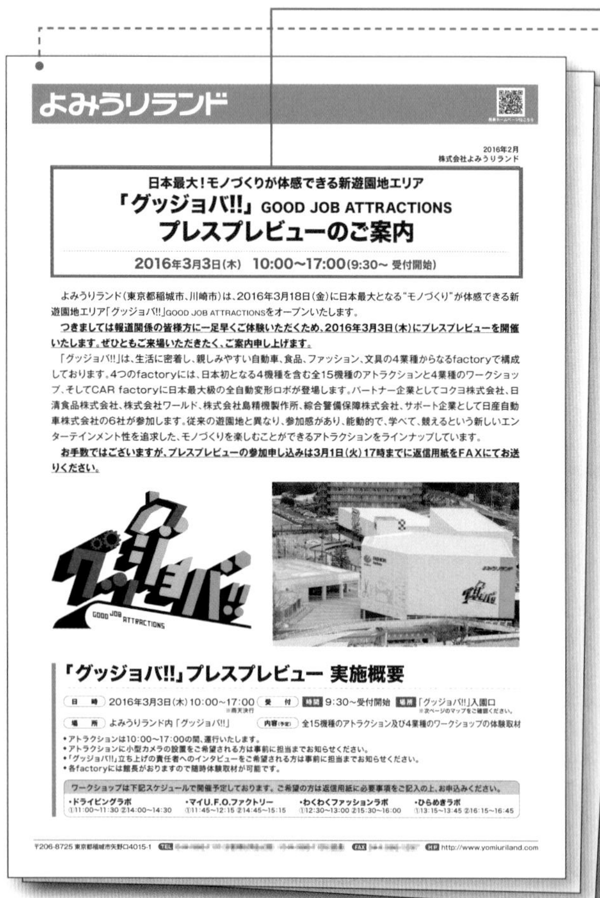

よみうりランド

2016年2月
株式会社よみうりランド

日本最大！モノづくりが体感できる新遊園地エリア
「グッジョバ!!」GOOD JOB ATTRACTIONS
プレスプレビューのご案内
2016年3月3日(木)　10:00〜17:00(9:30〜 受付開始)

よみうりランド(東京都稲城市、川崎市)は、2016年3月18日(金)に日本最大となる"モノづくり"が体感できる新遊園地エリア「グッジョバ!!」GOOD JOB ATTRACTIONSをオープンいたします。
つきましては報道関係の皆様方に一足早くご体験いただくため、2016年3月3日(木)にプレスプレビューを開催いたします。ぜひともご来場いただきたく、ご案内申し上げます。
「グッジョバ!!」は、生活に密着し、親しみやすい自動車、食品、ファッション、文具の4業種からなるfactoryで構成しております。4つのfactoryには、日本初となる4機種を含む全15機種のアトラクションと4業種のワークショップ、そしてCAR factoryに日本最大級の全自動変形ロボが登場します。パートナー企業としてコクヨ株式会社、日清食品株式会社、株式会社ワールド、株式会社島精機製作所、綜合警備保障株式会社、サポート企業として日産自動車株式会社の6社が参加します。従来の遊園地と異なり、参加感があり、能動的で、学べて、競えるという新しいエンターテインメント性を追求した、モノづくりを楽しむことができるアトラクションをラインナップしています。
お手数ではございますが、プレスプレビューの参加申し込みは3月1日(火)17時までに返信用紙をFAXにてお送りください。

「グッジョバ!!」プレスプレビュー 実施概要
日時　2016年3月3日(木)10:00〜17:00 ※雨天決行　受付　時間 9:30〜受付開始　場所「グッジョバ!!」入園口 ※次ページのマップをご確認ください。
場所　よみうりランド内「グッジョバ!!」　内容(予定)　全15機種のアトラクション及び4業種のワークショップの体験取材
・アトラクションは10:00〜17:00の間、運行いたします。
・アトラクションに小型カメラの設置をご希望される方は事前に担当までお知らせください。
・「グッジョバ!!」立ち上げの責任者へのインタビューをご希望される方は事前に担当までお知らせください。
・各factoryには館長がおりますので随時体験取材が可能です。

ワークショップは下記スケジュールで開催予定しております。ご希望の方は返信用紙に必要事項をご記入の上、お申込みください。
・ドライビングラボ ①11:00〜11:30 ②14:00〜14:30
・マイU.F.O.ファクトリー ①11:45〜12:15 ②14:45〜15:15
・わくわくファッションラボ ①12:30〜13:00 ②15:30〜16:00
・ひらめきラボ ①13:15〜13:45 ②16:15〜16:45

〒206-8725 東京都稲城市矢野口4015-1 TEL FAX HP http://www.yomiuriland.com

❹ 2016年2月
内覧会呼び込みリリース／計3枚

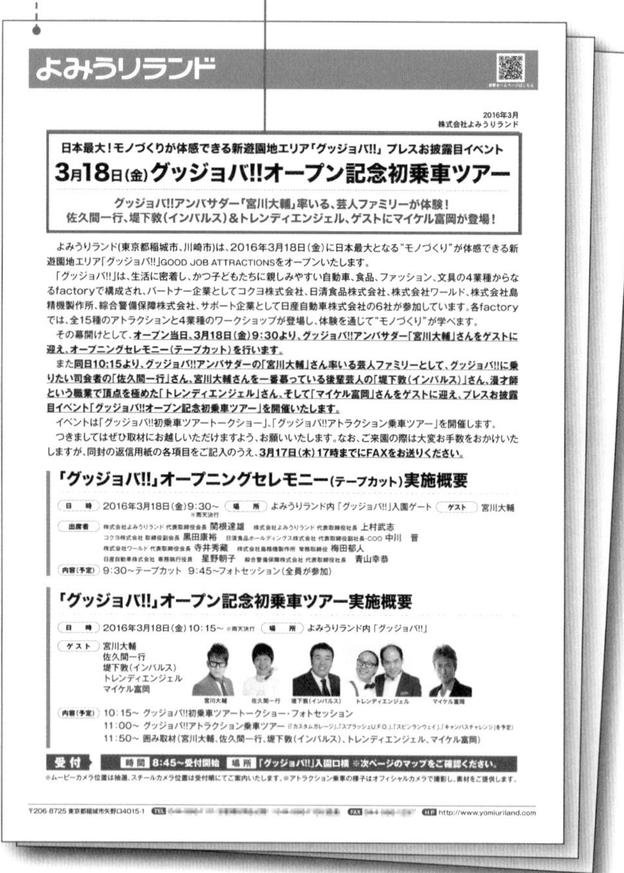

よみうりランド

2016年3月
株式会社よみうりランド

日本最大！モノづくりが体感できる新遊園地エリア「グッジョバ!!」プレスお披露目イベント
3月18日(金)グッジョバ!!オープン記念初乗車ツアー
グッジョバ!!アンバサダー「宮川大輔」率いる、芸人ファミリーが体験！
佐久間一行、堤下敦(インパルス)＆トレンディエンジェル、ゲストにマイケル富岡が登場！

よみうりランド(東京都稲城市、川崎市)は、2016年3月18日(金)に日本最大となる"モノづくり"が体感できる新遊園地エリア「グッジョバ!!」GOOD JOB ATTRACTIONSをオープンいたします。
「グッジョバ!!」は、生活に密着し、かつ子どもたちに親しみやすい自動車、食品、ファッション、文具の4業種からなるfactoryで構成され、パートナー企業としてコクヨ株式会社、日清食品株式会社、株式会社ワールド、株式会社島精機製作所、綜合警備保障株式会社、サポート企業として日産自動車株式会社の6社が参加しています。各factoryでは、全15種のアトラクションと4業種のワークショップが登場し、体験を通じて"モノづくり"が学べます。
その幕開けとして、オープン当日、3月18日(金)9:30より、グッジョバ!!アンバサダー「宮川大輔」さんをゲストに迎え、オープニングセレモニー(テープカット)を行います。
また同日10:15より、グッジョバ!!アンバサダーの「宮川大輔」さん率いる芸人ファミリーとして、グッジョバ!!に乗りたい司会者の「佐久間一行」さん、宮川大輔さんを一番慕っている後輩芸人の「堤下敦(インパルス)」さん、漫才師という職業で頂点を極めた「トレンディエンジェル」さん、そして「マイケル富岡」さんをゲストに迎え、プレスお披露目イベント「グッジョバ!!オープン記念初乗車ツアー」を開催いたします。
イベントは「グッジョバ!!初乗車ツアートークショー」、「グッジョバ!!アトラクション乗車ツアー」を開催します。
つきましてはぜひ取材にお越しいただけますよう、お願いいたします。なお、ご来園の際は大変お手数をおかけいたしますが、同封の返信用紙の各項目をご記入のうえ、3月17日(木)17時までにFAXをお送りください。

「グッジョバ!!」オープニングセレモニー(テープカット)実施概要
日時　2016年3月18日(金)9:30〜 ※雨天決行　場所　よみうりランド内「グッジョバ!!」入園ゲート　ゲスト　宮川大輔
出席者　株式会社よみうりランド 代表取締役会長 関根達雄　株式会社よみうりランド 代表取締役社長 上村武志
コクヨ株式会社 取締役副会長 黒田康裕　日清食品ホールディングス株式会社 代表取締役副社長・COO 中川 晋
株式会社ワールド 代表取締役会長 寺井秀藏　株式会社島精機製作所 常務取締役 梅田郁人
日産自動車株式会社 専務執行役員 星野朝子　綜合警備保障株式会社 代表取締役社長 青山幸恭
内容(予定)　9:30〜テープカット　9:45〜フォトセッション(全員が参加)

「グッジョバ!!」オープン記念初乗車ツアー実施概要
日時　2016年3月18日(金)10:15〜 ※雨天決行　場所　よみうりランド内「グッジョバ!!」
ゲスト　宮川大輔
佐久間一行
堤下敦(インパルス)
トレンディエンジェル
マイケル富岡
宮川大輔　佐久間一行　堤下敦(インパルス)　トレンディエンジェル　マイケル富岡
内容(予定)　10:15〜 グッジョバ!!初乗車ツアートークショー・フォトセッション
11:00〜 グッジョバ!!アトラクション乗車ツアー (「カスタムガレージ」、「スプラッシュU.F.O.」、「スピンランウェイ」、「キャンバスチャレンジ」を予定)
11:50〜 囲み取材(宮川大輔、佐久間一行、堤下敦(インパルス)、トレンディエンジェル、マイケル富岡)

受付　時間 8:45〜受付開始　場所「グッジョバ!!」入園口横 ※次ページのマップをご確認ください。
※ムービーカメラ位置は抽選、スチールカメラ位置は受付順にてご案内いたします。※アトラクション乗車の様子はオフィシャルカメラで撮影し、素材をご提供します。

〒206-8725 東京都稲城市矢野口4015-1 TEL FAX HP http://www.yomiuriland.com

❺ 2016年3月
オープニングイベントリリース／計3枚

テレビ東京の『出没！アド街ック天国』や『ガイアの夜明け』、日本テレビの『ヒルナンデス！』で特集されたりと、大きな露出も目立ちました。「年間イベントの中で最もメディアの注目が高い冬のイルミネーションでも掲載は200～300件なので、グッジョバ!! は圧倒的に多いです」。やはり時間をかけて段階を追っていくと、大きな成果となって返ってくるのがハリウッド式PRなのです。

この方式を行うときにポイントとなるのは、最初の段階でPR全体のスケジュールをつくっておくこと。そして企画の進行状態を密にチェックしながら、具体的な日程を調整していくのです。また、社会情勢を見極めることも必要です。「今回は大きなプロジェクトなので、PRもできることは全部やろう」と考えていたそうで、一つひとつがうまく機能した結果といえるでしょう。

今回の教訓 企画から広報まで一貫した体制！

よみうりランドの広報のユニークな点は、広報という部署が存在せず、企画・宣伝部に所属していること。奥谷さん自身もこれまでにお化け屋敷やリアル脱出ゲームなどを企画しているそうです。広報の実働はほぼ一人でこなしているにもかかわらず「これくらいなら一人で大丈夫です」と軽く言ってのけるバイタリティには感心させられます。私は基本的には広報は専任を置くべきというスタンスですが、他業務と兼任するメリットもあるようです。奥谷さんはリリースを書く際に企画した人の思いをなるべく盛り込みたいと考えており、いつも近くにいることで情報の共有が可能となるほか、苦労を間近で見ているため、実感を伴った広報ができるそうです。また企画と広報素材の準備など、同時進行でできることも多数あります。「企画を考えるときにもメディアに取り上げてもらえそうかどうかを意識したり、広報の目線が役立っていると感じています」。

的確なタイミングで、既視感なく新たな情報を出し続けられたことが功を奏しました。

よみうりランドの入場者数は、遊園地業界が横ばいの中で、ここ7年ほど右肩上がりで成長し、2015年度は173万人でした。これを200万人にまで引き上げるのが会社全体の2016年度の目標です。現在は前年比の145%で推移しているそうなので、実現も視野に入っています。このまま「200万人達成」のリリースが見られる日も近いかもしれません。

3つのリリースともタイトルは基本通りでテーマをシンプルに伝えている

NEWS RELEASE!! よみうりランド

<報道関係各位>

2016年3月18日
株式会社よみうりランド

日本最大！モノづくりが体感できる新遊園地エリア
「グッジョバ!!」
本日3月18日（金）オープン！

よみうりランド(東京都稲城市、川崎市)は、3月18日（金）、日本最大となる“モノづくり”が体感できる新遊園地エリア「グッジョバ!!」GOOD JOB ATTRACTIONSをオープンしました。

オープニングセレモニーでは、よみうりランド 代表取締役会長 関根達雄、よみうりランド 代表取締役社長 上村武志のほか、パートナー企業であるコクヨ 取締役副会長 黒田康裕様、日清食品ホールディングス 代表取締役副社長・COO 中川晋様、ワールド 代表取締役会長 寺井秀藏様、島精機製作所 常務取締役 梅田郁人様、綜合警備保障 代表取締役社長 青山幸恭様、サポート企業である日産自動車 専務執行役員 星野朝子様や、グッジョバ!!アンバサダーの宮川大輔さんにもご登壇いただき、午前9時45分にテープカットを執り行いました。

オープンに際し、よみうりランド 代表取締役会長 関根達雄は、「おかげさまで“モノづくり”が体感できる新しい遊園地エリア“グッジョバ!!”を誕生させることができました。様々なところに協力企業各社様の「知恵」が生かされているので、ぜひ楽しんでいただければと思います。」と話しました。
また、「グッジョバ!!」オープン記念初乗車ツアーにも参加し、「カスタムガレージ」、「スプラッシュU.F.O.」、「スピンランウェイ」、「キャンパスチャレンジ」などのアトラクションを体験した宮川大輔さんは、「グッジョバ!!は遊びながら学べるこれまでにない場所です。これから春休みに入るので、ぜひ家族や友達で遊びにきてもらいたい。」とコメントしました。

テープカットセレモニーの様子
（左から、日産自動車星野様、ワールド寺井様、コクヨ黒田様、よみうりランド関根、宮川大輔様、よみうりランド上村、日清食品中川様、島精機製作所梅田様、綜合警備保障青山様）

初乗車ツアー前の宮川大輔さんと「初乗車ツアー」参加したい芸人

報道関係のお問合せ先

株式会社よみうりランド 遊園地事業本部 企画・宣伝部 奥谷・宮澤

〒206-8725 東京都稲城市矢野口4015-1

TEL　FAX

Mail

オープンに関する画像は、下記URLよりダウンロードいただけます。

URL

6 2016年3月18日
アトパブリリース／計2枚

ハリウッド式PRは全体スケジュールを最初につくろう！

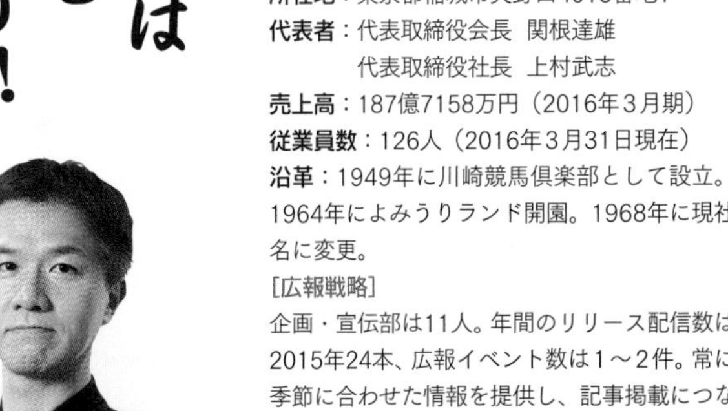

[DATA]
企業名：株式会社よみうりランド
資本金：60億5303万円
所在地：東京都稲城市矢野口4015番地1
代表者：代表取締役会長　関根達雄
代表取締役社長　上村武志
売上高：187億7158万円（2016年3月期）
従業員数：126人（2016年3月31日現在）
沿革：1949年に川崎競馬倶楽部として設立。1964年によみうりランド開園。1968年に現社名に変更。

[広報戦略]
企画・宣伝部は11人。年間のリリース配信数は2015年24本、広報イベント数は1～2件。常に季節に合わせた情報を提供し、記事掲載につなげること、また企画者の思いと同じレベルでリリースやPRが展開できるよう心がけている。

*2016年10月号『広報会議』掲載（情報は取材当時のもの）

GOLD

広報未経験の地域企業が大成功！「核シェルター」輸入のリリース

七呂（しちろ）建設「Peace Room」

新奇性や話題性にあふれた
一級品のネタだからこそ、
メディアの興味を引く情報発信を
とことん追求すべし！

2017年7月ごろ、とある広報関連の講座で受講生の方から「ある案件を見てもらえないか」とオファーをもらいました。私はレギュラー案件だけで手一杯なので、スポットのコンサルティングは受けないことにしています。しかし、少し話を聞いてみると大変興味深く、一級品のネタだったので、強引に時間を空けて引き受けることにしたのが、「核シェルター」をアメリカのメーカーから初輸入するという事案です。なかなか身近に接する機会がない商品ですし、北朝鮮のミサイルの脅威も高まっていた時期だったので、話題性も抜群だと感じました。

よく、「Jアラートが発令されたら、地下もしくは安全な建物に避難してく

タイトルに威力あり！

「アメリカ大手」で著名性、「核シェルター」で社会性、「日本初導入」で新奇性と、タイトルがニュースバリューの塊になっている。デザインも、黒地に白抜きで目立つよう工夫。

ポイント2

注目点を絞って列挙

商品特長や背景として伝えたいことは多くあるが、メディアの視点でポイントを3点に絞り、簡潔にまとめて優先順に列挙。補足事項は2枚目に記述。

1枚目

鹿児島県注文戸建住宅年間棟数 No.2！

七呂建設 ニュースリリース

SHICHIRO★NEWS　2017.10.23

アメリカ大手企業の核シェルターを日本初導入※

アトラス・サバイバル・シェルターズ社

商品名「Peace Room（ピース ルーム）」11月17日(金)発売

※アンカーハウジング社調べ

株式会社七呂建設(本社：鹿児島市石谷町、代表取締役：七呂恵介)は、自然災害や北朝鮮の核・ミサイルから身を守るための効果的な手段として「家庭用核シェルター」を 11/17(金)より発売します。なお、弊社の住宅展示場内にショールームを開設予定です。

※販売開始日の前日 16 日(木)に内覧会及びプレスセミナーを開催する予定です。

「Peace Room(ピースルーム)」の特徴

(1)放射能やサリンなどの化学物質を除去する空気清浄機

シェルターに備え付けられている空気清浄機は、放射能やサリンなどの化学物質を除去する機能を持っています。また、6 歳児でも簡単に回せる手動クランクが付いており、電力を失っても再起動させる事が可能です。

(2)パワージャッキ付きのドア

入口のドアには、8トンの重さがのしかかっても押し上げることができるパワージャッキがついています。入口のドアが瓦礫等で覆われても、ドアを開口することができるため、安心して避難できます。

(3)床下収納、簡易ベッド、簡易トイレ付きで、避難生活を少しでも快適に！

シェルターには、食料や水などを保管できる床下収納や簡易トイレのほか、家族が安心して睡眠をとれる簡易ベッドもついています。簡易ベッドを備えることで、エコノミークラス症候群の予防になります。

空気清浄機

パワージャッキ

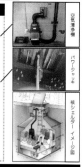

核シェルター イメージ図

導入の理由・背景

理由①：度重なる北朝鮮のミサイル発射、挑発行為により、改めて社会的な防災意識が高まっています。命を守るために、自らの力で必要最小限の備えをすることが重要です。

理由②：鹿児島では、北朝鮮ミサイルリスクのほか、桜島や霧島の噴火リスク、地震リスクを抱えています。また、川内原子力発電所もあり、原発からの放射性物質というリスクも抱えています。

理由③：代表取締役(七呂恵介)が常にたくさんの出会いと情報を求めていく中で、核シェルターの問い合わせが増加していることを知りました。現在、核シェルターの普及率が極端に低い日本に、今後ますますニーズが高まると予想されるシェルターを供給するため、立ち上がりました。

お問い合わせ先　株式会社七呂建設

ださい」といわれますが、具体的な場所は思いつかない人がほとんどではないでしょうか。私もこの案件に携わって初めて知ることが多かったのですが、スイスやイスラエルなどでは人口当たりのシェルター普及率が（公共施設に設置されているものも含めて）100%であるのに対し、日本では0.02%しかないそうです。平和ボケといわれる日本らしい話で、社会的にも意義のある案件だと感じました。日本に初輸入される「Peace Room」という商品はアメリカ大手のシェルターメーカーが製造しているもので、実証実験で基準を満たしている安心感のある商品です。

声をかけてきたのは七呂（しちろ）建設の代表取締役・七呂恵介さんで、鹿児島の企業でありながら、わざわざ東京まで私の講座を聞きに来るほど勉強熱心な方です。ただPRに関しては、これまでリリースを配信したことがない初心者だったので、リリースの構成やメディアリストの作成法など、基礎からの指南が必要でした。

広報業務は社内で営業補佐だった野久保里奈さんが担当することになり、まずは情報を出す“Xデー”を定めることに。会社として見本のシェルターを1台輸入してモデルルームを設置する予定があったので、その公開日に向けて準備を進めていきました。苦労したのはアメリカ本社がなかなか情報を出してくれないこと。商品が商品だけに軍事機密があるらしいのです。野久保さんは輸入代理店をせっついたり、本社のホームページを翻訳したりして情報を集めました。そうしてまとめたリリースを、私が5回以上添削を繰り返し、形を整えました。

特長を絞り、図説を活用

では、そのリリースを見ていきましょう。まずはいつものことですが、**ポイント1** タイトルにメディアが注目しそうなポイントを凝縮しました。

何より「核シェルター」に今日性や社会性がありますし、「アメリカ大手」には著名性や信頼性、「日本初導入」には新奇性があり、ニュースバリューの塊になっています。黒字に白抜き文字を使って目立たせるテクニックは、タ

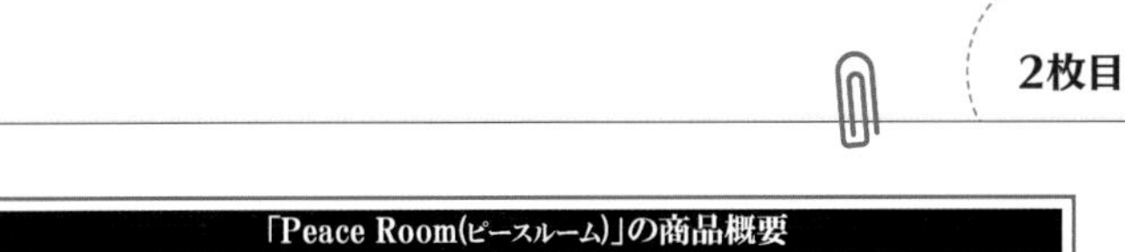

「Peace Room(ピースルーム)」の商品概要

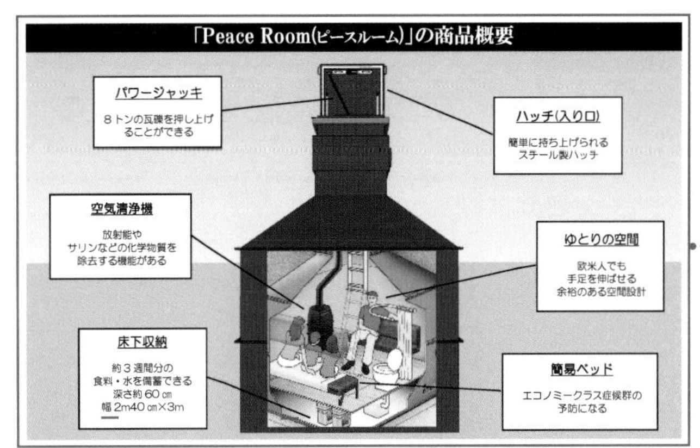

アメリカほか、世界各国においてシェルターは常識

北朝鮮のミサイル問題により危機が表面したことで、多くの人々がシェルターへの興味関心を示しているといいます。日本では普及率が低いのが現状ですが、世界に目を向ければシェルターは安全対策のうえで常識であることが分かります。

例えば、永世中立国であるスイス、またはイスラエルでは、学校や病院等の公共施設に市民シェルターがあり、国民には呼吸用の防毒マスクが無料で支給されています。北欧諸国、スウェーデン、フィンランド、ノルウェーにも公共の場にシェルターの用意があり、これらの国々では個人でシェルターを持つことも少なくありません。また、アメリカにおいても、ロシアとの冷戦時代に軍施設や、政府機関にシェルターを完備。公共の場にもシェルターを設置していたといいます。

人口あたりの核シェルター普及率

スイス	イスラエル	ノルウェー	アメリカ	ロシア	イギリス	シンガポール	日本
100%	100%	98%	82%	78%	67%	54%	0.02%

NPO法人 日本核シェルター協会調べ

全人口に対し、何%の人を収容できるシェルターが存在するかを基準に作成しています。

人口あたりのシェルター普及率はスイス、イスラエルが100%、日本は0.02%

スイスとイスラエルには国民すべてを収容できる数のシェルターが存在しています。そのほかの国についても半数以上の国民を収容できるシェルターが存在しています。それに比べて日本はわずか「0.02%」。いかにシェルターに対する意識、核兵器に対する安全意識が低いかが分かります。

日本にシェルターを普及させるため、私たちは立ち上がりました

国民の安全意識が高まりを見せていますが、日本にはシェルターが不足しています。今後予想されている巨大地震や、ミサイル・原発などの脅威に備えるため、シェルターを導入するに至りました。

- 2 -

ポイント3

図表で特長と背景を補完

膨大な文字のみで分かりにくかった商品特長を図で解説し、「0.02%」の数字がインパクトのあるシェルター導入背景はグラフを中心に強調。1枚目の情報を補完している。

イトル以外にも随所に使いました。

1枚目は商品の特長と導入の理由をまとめました。**ポイント2** 多数の特長があふれていた中でも注目されそうな3点に絞り込み、優先順位の高い順に掲載。特長を3点に抑えても、核シェルターという特殊な商品を導入することにした理由が必要だと感じました。そこで七呂さんから話を聞くと、鹿児島という土地柄、噴火や原発の危険が身近にあるため防災への意識が高いことが分かり、掲載することで説得力が増しました。

2枚目にはさらに詳しい情報を。メーカーの資料には文字情報しかなく分かりづらかったので、**ポイント3** ポイントを図にまとめました。シェルターの普及率が国によって大きく異なり、日本は0.02%しかないという事実も、数字にインパクトがあるのでグラフで掲載しました。

3枚目は会社情報。メーカーはアメリカで大手とはいえ、日本人にはそのすごさが分からないため、情報が必要だと感じました。そして七呂建設自体、地元では知られていてもメディアにはまだ無名の存在です。何しろリリースを配信したことがないのですから。そこで歴史と実績を簡潔にまとめ、長く営業している信頼の置ける企業であることを伝えました。

配信は鹿児島県のほか、宮崎県、熊本県、福岡県の記者クラブへ。会社が以前、取材を受けたメディアの記者に直接配信したぶんや、私が東京のメディアに配信したぶんも含めて、延べ300通ほど。2017年11月16日に開催する記者発表会の案内を3週間ほど前に配信したところ、気の早いメディアが税関に問い合わせをしたようだと耳にし、手応えを感じました。

そして記者発表日当日。鹿児島の民放テレビはほとんど全局が来たほか(NHKは会見当日、天皇陛下の鹿児島行幸があったため来られなかった)、五大紙の鹿児島県版すべて、九州最大の西日本新聞や業界紙も取材に来ました。私が声をかけた小学館『DIME』の記者も東京からやって来て、50人ほどが集まる盛況となりました。

七呂建設が苦心していたのは当日のオペレーションです。モデルルームは会社にあるガレージの地下に設置し、

3枚目

冷戦時に発足したアトラス・サバイバル・シェルターズ社のシェルターを日本で初めて輸入！！

アトラス・サバイバル・シェルターズ社(以下アトラス社)は、これまでにカナダ、イギリス、インド、南アフリカ、メキシコ、トルコに輸出していますが、日本への輸出は七呂建設が初めてとなります。

アトラス社(本社はテキサス州のダラス)は、冷戦時の1950年に発足し、現在ではアメリカ全土でのシェルターを生産しています。アメリカに3つの工場があり、毎年1000以上のシェルターを生産。2016年度の売上げは500%アップと飛躍していますが、昨今の世界情勢も踏まえると、シェルターのニーズは今後ますます高まっていくものと予想されます。

家庭用核シェルター外観

主にカリフォルニアの工場でシェルターの研究・開発を推進しており、工場は一般人も見学可能。シェルターのモデルルームも用意されています。

◆アトラス・サバイバル・シェルターズ社とは

アメリカ・カリフォルニア州ロサンゼルスに本拠を置くシェルターのメーカー。創業者でありオーナーのRD Hubbardは、1981年以来鉄鋼製造に従事。同国の中では、特にテキサス州・カリフォルニア州・ユタ州・アリゾナ州でのサービス提供に注力しています。

七呂建設 会社概要

◆会社名　株式会社 七呂建設
◆創業　昭和35年4月1日
◆会社設　昭和38年5月1日
◆資本金　8,700万円
◆事業概要
- 注文住宅 受注・設計・施工
- 収益物件（賃貸共同住宅、有料老人ホーム、保育園、グループホーム）受注・設計・施工
- 太陽光発電所 施工
- リフォーム 受注・設計・施工
- 宅地造成
- 外構工事 設計・施工
- 保育園運営
- シェルター 販売・施工

◆従業員数　84名（保育園スタッフを含む）
◆有資格者
- 一級建築士　6名
- 二級建築士　10名
- 一級建築施工管理技士　4名
- 二級建築施工管理技士　1名
- 福祉住環境コーディネーター2級　3名
- 宅地建物取引士　7名
- 太陽光発電システム施工監理士　2名

四季ZEN　なないろ保育園

鹿児島を拠点としたハウスメーカーとして57年に渡る誠実な取り組みにより、地域の皆様からの信頼を獲得。着工棟数では、県内総合2位となっています。

- 3 -

「アメリカ大手」の情報を追加することで信頼性を訴求！

社内の会議室で記者発表を行いました。記者発表後の個別取材は、順番に1社ずつしかモデルルームに入れず、会議室からガレージへの移動も1分ほどかかるため、前の社の取材が終わる前に会議室を出て、ロスタイムがなく入れ替わりができるよう、リハーサルを繰り返していました。そうはいっても、会議室での待ち時間が生じてしまうため、社長が記者からの質問に答える時間にあてました。

ちょうど昼どきだったこともあり、お弁当を用意し、核シェルター用の備蓄食料の試食も盛り込みました。さらにシェルター生活を体験したご当地女性芸人のマイクさんに感想を話してもらうなど、ロスタイムをなくす仕掛けが満載です。マイクさんは備蓄食料が意外とおいしいことや、地下なのですごく静かだけど、車の音は小さく聞こえるので無音よりもよく眠れたことなどを話してくれて場が和みました。

今回の教訓　広報は担当者選びが肝心

七呂建設にはもともと広報担当者はおらず、シェルターの案件を機に、地元の代理店からプロの男性を引き抜く予定でした。ところが、その男性がいくら待てどもやって来ず、補佐として男性につくはずだった野久保さんが広報のメインとして動くことになりました。私に言わせると、この野久保さんが大当たりだったのです。突撃隊のような女性で外部への売り込みが苦にならない上、社内調整も上手。広報担当者を外部から引き抜いたものの、いきなり来たよそ者に旧来の社員たちが反感を持って、総スカンに遭うというケースはよくあることなので、もし代理店の男性が来てもうまく行かなかったかもしれません。さらに野久保さんは文章を書くのが好きで勘所もよく、エッセンスを教えればきちんと整ったリリースをつくることができました。広報を選ぶ際に大事なのはコミュニケーション能力と、基本的な文章を作成できる能力だと改めて感じました。

インパクトと分かりやすさで地方の無名企業でもブランディングは成功する！

テレビは午前中に時間を確保

テレビは紙媒体以上に取材時間がかかるため、私から野久保さんに指示を出しました。野久保さんは全社取材が終わったあとに別時間を取ろうと考えたそうですが、そうすると夕方のニュースに間に合わなくなるため、必要な社には午前中に来て取材をしてもらうよう連絡を取らせたのです。するとやはり全社が午前中に来たそうです。テレビのニュース映像は「Yahoo！」のトップページにもリンクされ、多くの人の目に触れることができました。

このPRの成功によって、地元はもとより全国から多くの問い合わせがあり、核シェルターの販売および設置への手応えは十分だそうです。今後はさらに希望者に宿泊体験をしてもらったり、NHKの大河ドラマ『西郷どん』に絡めて鹿児島体験ツアーを企画したりして、PR施策を次々に打ち出すなど力を入れていくそうです。

何よりPR効果として大きかったのは、メディアに七呂建設の名前が知れ渡ったことです。実はシェルターの前に、練習で1件だけリリースを配信してもらっていました。それは女性社員のために社内保育園を開設したニュースでしたが、残念ながらメディアの反響はありませんでした。ところがシェルター後にもう一度この話をすると、「あれは七呂建設のリリースだったのか」ということで、さかのぼって記事にしてくれるメディアがあったそうです。建設業は地域密着型の業種なので、一度親しくなるとメディアも気にかけてくれようになります。

また、外食産業と並んで労働力不足が深刻な業界でもあります。そんな中でも、もし働き口を探すとしたら「あのテレビや新聞によく出ている会社に入りたい」と思うのは当然で、会社のブランディングとともにリクルート効果も絶大なのです。

[DATA]
企業名：株式会社七呂建設
資本金：8700万円
所在地：鹿児島県鹿児島市石谷町1260-8(本社)
代表者：代表取締役　七呂恵介
売上高：33億1500万円（2016年度）
利益：1億8000万円
従業員数：86人
(保育園関係者含む、2018年3月末現在)
沿革：1960年、七呂組創業。有限会社を経て1992年、株式会社七呂建設へ社名変更。2015年、現代表就任。
[広報戦略]
リリース配信数は10カ月間で20件、掲載数は24件。保育園調理師によるおせち料理教室などの広報イベントも開催している。適切な時期に正確かつ分かりやすく情報を発信し、企業の信頼度を高めていくよう心がけている。

＊2018年7月号『広報会議』掲載（情報は取材当時のもの）

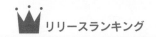

GOLD

“インスタ風”の写真づかいで テレビの採用増に貢献

サンコー「糖質カット炊飯器」

商品自体が時流性と
サプライズ性を持っています。
それを一目で伝えるタイトルや
写真づかいが秀逸です！

今回は、面白家電やガジェットなどを、自社サイトを中心に実店舗でも販売しているサンコー（東京・千代田）を取材してきました。同社は、ユニークな商品を紹介するテレビ番組などにもしょっちゅう登場しています。

「糖質カット炊飯器」が話題に

中でも気になった商品が「糖質カット炊飯器」。私の専門分野であるカレーは、好きだけど太りたくないのでご飯を減らして食べている人も多く、白飯の糖質をカットできる商品は待ち望んでいた人も多いはず。実際に同社の中でもヒット商品だといいます。

そもそもこの炊飯器は中国のメーカーが開発していたもの。開発者が糖尿

1枚目

THANKO

2017年12月15日
TK171215-01

News Release

新製品情報

普通に炊くだけで糖質を33%カットする炊飯器 タンクを内蔵した独自炊飯機構の
『いつものご飯を低糖質に「糖質カット炊飯器」』を1月31日に発売
12月15日より先行予約開始

＜概要＞
この度、サンコー株式会社 （東京都千代田区、代表取締役：山光博康）では
『いつものご飯を低糖質に「糖質カット炊飯器」』2018年1月31日に発売致します。それに伴い先行予約を12月15日より開始いたします。

本製品は本体にタンクを内蔵し、独自の炊飯機構で糖質をカットする炊飯器です。
お米を洗米し、水を入れ、炊飯モードを押すだけ、とセッティングは一般的な炊飯器と同じです。
炊飯時に本体のタンクに糖を含んだ煮汁を排出、次に、本体の別のタンクから水を注水し、蒸気で炊き上げる方式でお米を炊き上げます。炊飯時の糖質量は一般的な炊飯器で炊いた場合と比較して、糖質が33%カットされます（100gあたりの糖質含有量36.8g→24.8g※）。
炊飯時の硬さ調整が5段階で切り替えが可能。柔らかめから硬めまでお好みの硬さで炊飯が可能です。
水を入れて蒸気でふっくらと温め直す、温め直しモードや蒸し料理モードを搭載。
予約炊飯時にタンクに水が移動し、夏場など長時間水に浸らず、衛生的に炊飯が出来る予約炊飯機能。
いつも食べているお米で、いつもと同じように炊くだけで糖質が自然と抑えられる。ご飯が好きだけど糖質は控えめにしたい。糖質制限をしているのでできるだけ糖質を控えたいといった方におすすめです。※当社炊飯器で炊飯した白米糖質量と標準糖質量の数値を元に算出
[標準糖質量] 文部科学省 日本食品標準成分表2015年版（七訂）第2章 日本食品標準成分表「水稲めし」「うるち米」の数値を元に算出[炊飯した白米糖質量](一財) 日本食品検査にて測定した糖質量の数値を元に算出 [試験成績書発行年月日] 2017年9月20日 [試験成績書発行番号] 317G08730-001

＜製品特長＞
■美味しさそのまま 糖質33%カットして炊く
■タンクを搭載 煮る-糖が溶け出す-糖を排出-注水-蒸すを自動で行う
■いつものお米でいつもの炊き方でOK 事前にタンクに水を入れる必要はありません
■硬さが選べる5つの炊飯モード
■一人分でも家族みんなの分も炊ける1～6合炊き
■玄米も炊ける
■タイマー予約機能 予約開始まで水に浸さない方式で夏場でも安心
■蒸気でふっくらと温め直す 温め直し機能や蒸し料理モードを搭載

\ポイント1/

タイトルの一文で メディアが目を留める！

「糖質」「普通に炊くだけ」といった時流ワードに、「33%カット」というインパクトのある数字を入れることでサプライズ感を演出。メディアが目を留める要素が満載。

病で悩んでいるお母さんのために発案したそうで、ご飯を炊く途中で水分とともに糖質を排出してしまい、また新たな水で炊くという仕組みですが、自国ではあまり売れ行きが芳しくありませんでした。

サンコーでは、社長や調達部の社員が中国を中心に見本市などに足を運んで商品を探すほか、中国に多数あるパートナー企業からも情報が入ることから、この商品に着目しました。サンプルを取り寄せて社員たちが試食をし、“いける”と判断すれば日本の代理店として契約。この段階から広報部の塧(えき)晋介さんも関わっています。

商品は1合炊きにも対応できるなど日本仕様に微調整をしました。また中国では様々な調理ができるマルチクッカーとして販売していたのを、日本では関心が高まっている低糖質にスポットを当てるといった販売戦略も立てます。このほか、海外から調達する以外に自社で開発する商品もあります。

発売の2週間前から、制作部が自社サイト内の商品ページをつくり始め、広報はその素材を受けて、商品ページ公開と同日にプレスリリースを配信する流れです。「もっとも、商品ページができあがるのは当日のこともあり、それから数時間でリリースを作成して即配信ということもよくあります。受け取った素材だとサイズ感が分からないので、例えば1人用のホットプレートはB5サイズのノートと並べた写真を自分で撮り、リリースだけでなくホームページにも使ってもらうなど、広報からフィードバックするケースもあります」と塧さん。非常に連帯感のある現場のようです。

ここからはリリースを見ていきますが、面白いのは12月15日の先行予約開始に関するリリースに先駆けて、12月4日に「ティザーサイト公開」というリリースを出していることです。ティザーサイトは炊飯器の画像と、いつもの炊き方で糖質がカットできることと、予約開始までのカウントダウンを表示しただけの、シンプルかつ思わせぶりなもの。

ティザーサイト自体の公開だけでリリースを配信する例はあまり見たこと

2枚目

<仕様>
・サイズ／幅435×奥行き350×高さ385(mm)　重量／6.9kg
電源／AC100（50/60MHz 両対応）　定格消費電力（炊飯時）／600W
・炊飯方式／蒸気炊飯式　炊飯容量／1〜6合
・炊飯メニュー／お米（硬さ5種類）、蒸し料理（魚・肉）
・電源コード／130cm
ご注意事項
○内容品に記載している以外の物は付属しません。
○本製品をご利用において生じる物品の破損/故障は、補償の対象外となります。
○分解しないでください。
○落としたり強い衝撃を与えないでください。
○高温/多湿/火気近くで保管、使用しないでください。
○小さなお子様の手に届くところで保管しないでください。
○仕様は改善のため予告無く変更する場合があります。
・内容品／本体、軽量カップ、しゃもじ、日本語取扱い説明書
・保証期間／12ヶ月
・発売日／2018/1/31
・型番／LCARBRCK
・JAN／4562331777953

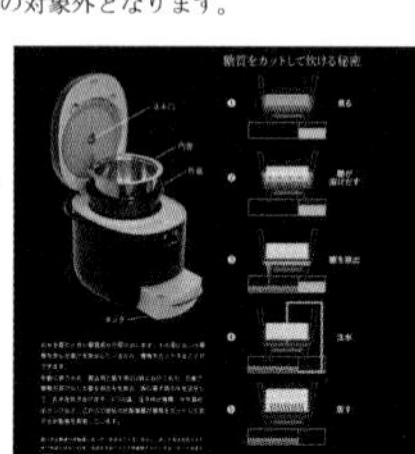

いつものご飯を低糖質に「糖質カット炊飯器」
[販売価格]　29,800円(税込)
http://www.thanko.jp/shopdetail/000000002961

いつものご飯を低糖質に変える。
33%糖質カット。

■本ニュースリリースに関するお問い合わせ先
サンコー株式会社　広報部

※本ニュースリリースに記載された内容は発表日現在のものです。その後予告無しに変更されることがあります。

硬さが選べる5つの炊飯モード。

炊飯量1合〜6合炊き。

玄米も炊ける。

内ふた取り外し可。
蒸気口ふた取り外し可。
ワンプッシュで内部クリーニング

なぜ炊くだけで糖質がカットされるのかを簡単に説明することで、説得性を高めている。

＼ポイント2／

特長を箇条書き&短文1行で訴求

商品特長を短い一文で、箇条書きにして掲載。短い文にまとめることで、より多くの要素を訴求することができる。

がありません。しかし、転載も含めてネットメディアに多く掲載され、「『そんな機能、可能なの?』『こういう仕組みなんじゃない?』などとネット上でかなりざわつきました。情報が出ていない分、好奇心がかき立てられるようで、ティザーサイト自体初の試みでしたが、手応えを感じました」。

続いて配信した12月15日のリリースは3枚構成。**ポイント1** タイトルには「33%カット」という数字や「糖質カット」という時流ワードが入っていて、思わず目を留めてしまいます。また、「普通に炊くだけ」というのも「簡便さ」を求める現代の時流ワードです。

ポイント2 製品特長を箇条書きにしたのも理解しやすくする工夫のひとつ。短文にまとめることで、多数の特長を訴求することができます。あえて言えば、糖質カットに関する特長とそれ以外が混在しているので、分類するとなおよかったかもしれません。

ユニークなのは非常に写真の点数が多いこと。1ページ目ではメインカット1枚の代わりに横に4枚並べ、2ページ目は13点、3ページ目はほぼ写真11点だけで構成しています。スタンダードなリリースをつくってきた私たちからすると少し驚きですが、**ポイント3** この紙面、Instagramに似ていると思いませんか?

埓さんは「テレビのディレクターさんは、完全に写真と箇条書きだけを見て、画が撮れそうなもの、面白そうなものを選びますね」と話します。その傾向は若いディレクターほど顕著だと私も感じます。Instagramに慣れた世代は、文字を読まずに、写真素材から情報を読みこなす能力が私たちよりも優れているといわれます。

メディアの記者やディレクターも新世代が生まれてきている以上、今後こうしたリリースがより受け入れられていく可能性があります。

ティザーサイトを公開した時点から知り合いのディレクターたちにアプローチを始め、約660のメディアに配信。ネットを除いても70〜80件の掲載がありました。中でも通常の炊飯器で炊いたご飯と食べ比べるシーンを盛り込んだテレビ番組が多く、『羽鳥慎一モーニングショー』(テレビ朝日)では斎藤工さん、『王様のブランチ』(TBS)では椿鬼奴さん、『有吉ゼミ』(日本テレビ)では梅沢富美男さんが試食して高いPR効果が得られた様子。また糖質カットというテーマから、これまであ

3枚目

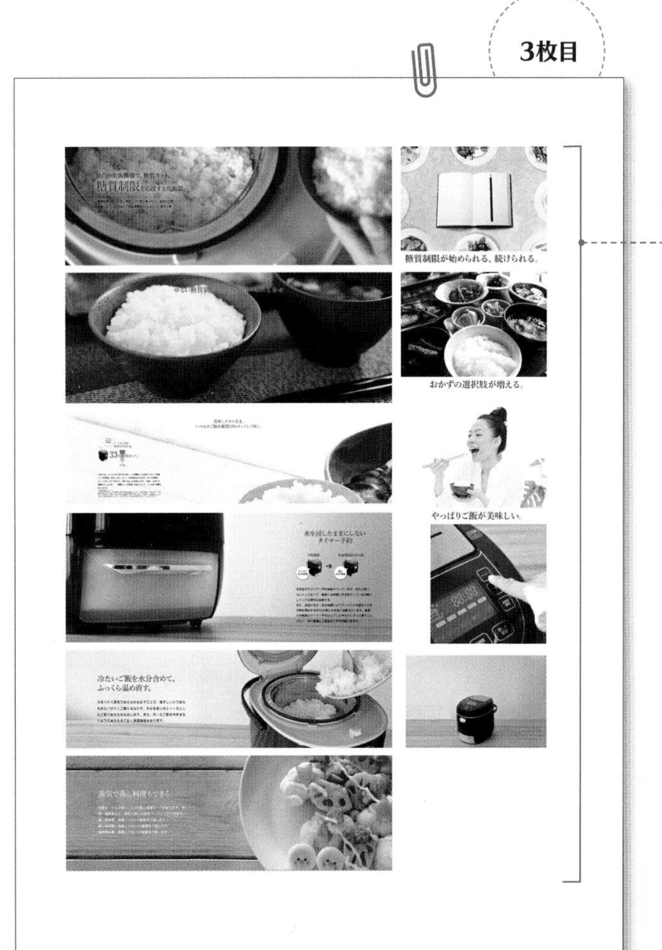

\ポイント3/

インスタ慣れしたメディアにアプローチ

リリースの3枚目はほぼ写真のみで構成。インスタ風のアプローチで撮れそうな画を想起させている。

まり付き合いのなかった『an・an』『日経WOMAN』などの女性誌にも取り上げられたほか、『日経MJ』では企業自体を取り上げてもらうことに成功。商品も2万数千台売れ、業績にかなり貢献したといいます。

年間170本を配信できる理由

峪さんが営業として入社した当時、同社のリリースは文字だけだったそうです。別の企業で広報を担当していた経験から、もったいないと感じて広報を兼務するようになり、2017年からは広報を専任で担当しているそうです。

たった1人の広報なのに、その仕事量は驚異的。毎週3点の新商品を売り出すため、年間で170本のリリースを配信しながら、多数入ってくる取材対応もこなしています。さらに広報でありながら、海外の見本市に出張することも。それでいて職場では時短を推進しており、10時出社で18時半にはほとんどの社員が退社するというから感嘆します。

その秘訣を聞いたところ、「社員が職人集団だからでは」との回答。例えば制作部がきちんと必要な素材を揃えてくれるので、広報で新たに調達せねばならない素材はほとんどないというように、全員が自分の持ち場をしっかり守っているというわけです。リリースも極めてフォーマット化しているため、1本つくるのに30分～1時間で済むとのこと。システム化してしまえば大量の仕事がこなせるいい見本です。

同社の商品を見ていくと、「USB花粉ブロッカー」「電動うちわ」など、ちょっと笑ってしまうようなものもあります。海外や国内のいい商品を集めて売る同業者は多数ありますが、サンコーの「面白くて役に立つ物」というコンセプトはPRにはもってこいですし、テレビというメディアに合っていることも強みです。

ちなみに峪さんは「ekky（エッキー）」というキャラクターになりきって、自社のアンバサダーであるオスマン・サンコンさんと動画を撮ったり、テレビで商品紹介をしたりしています。「商品だけでなく解説してくれる人もいる」という便利さに、テレビのディレクターたちからも「こういう企画をやるんだけど、何かいい商品ありませんか？」と問い合わせが頻繁にあるそうです。

親しみやすいキャラクターもさることながら、素晴らしいのは彼が「もしネタに困ったら使ってください」とディレクターたちに配った「ネタ帳」。年間を通した記念日と、関連する自社の商品をまとめてあるのです。これなら新商品以外にも陽を当てることができ、双方にメリットがありそうです。

一目で〝撮れる画〟が分かる簡潔&ビジュアルメインの訴求でメディアから頼られる存在に

今回の教訓 メディア掲載実績が安心感を生む

峪さんが広報に役立つものとして挙げたのが、ホームページにメディア掲載情報を載せること。私もこまめに載せるよう指導していますが、「メディアは失敗したくないので、掲載情報が多い行列店や鉄板商品ほど間違いがないと安心するし、きちんと取材に対応できる企業と判断してもらえます」と話していました。

もちろん、『WBS』（テレビ東京）の「トレンドたまご」のように他社が取り上げていない初登場ネタにこだわる番組もありますが、それよりも安全性を優先するメディアが増えたのは時代の流れでしょうか。裏を返せばいったん流れに乗ってしまえば、次から次へと取材が舞い込むわけで、うまく流れに乗りたいものです。

また同社のリリースには「実機を貸し出します」という一文も載せています。実際、きちんと対応してもらえるかを気にしながら問い合わせてくるメディアも多いそうで、この一文が与える安心感にも大きな効果があると思います。

[DATA]
企業名：サンコー株式会社
資本金：3800万円
所在地：東京都千代田区外神田4-9-8 神田石川ビル4F
代表者：山光博康
売上高：13億円（2017年度）
利益：非公表
従業員数：30人
簡単な沿革：2003年設立、面白くて役に立つグッズ・ガジェットを輸入し、自社サイト「サンコーレアモノショップ」にて販売開始。2005年には秋葉原に「サンコーレアモノショップ」、2015年に2号店を開店。
[広報戦略]
「メディアの担当者が商品のポイントを瞬時に分かるようなキャッチコピー」を心がけている。広報目標は年間100本以上のテレビ放映と直営サイトへの誘導。2018年の実績はテレビ135回、ラジオ30回、雑誌139誌、新聞51紙。

＊2019年6月号『広報会議』掲載（情報は取材当時のもの）

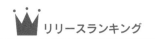

SILVER

5段階配信の達成リリースがボディブローのように効いていく

キリンビバレッジ「キリン 生茶」

「何度もリリースして大丈夫？」
そんな心配は無用。
好調情報はどんどん出そう！
ただし新情報を加えよう！

2016年、競争の激しい飲料業界で奇跡の復活を遂げたと話題になったのがキリンビバレッジの「キリン 生茶」です。今回はそのリリースを見ていきましょう。

達成リリースは遠慮せずに配信

1990年代にペットボトルの緑茶市場を開拓したのが、伊藤園「お～いお茶」でした。今や年間2億4000万ケースという巨大市場の中で40%という圧倒的シェアを維持しています。2000年代にそこへ参入したのが「生茶」で、

＼ポイント1／

レターヘッドはなし

基本のリリースと差別化するために「レターヘッド」はつけず「参考資料」としている

1 2016年3月25日配信

参考資料

2016 年 3 月 25 日

リニューアルした「キリン 生茶」が大好評！
～発売日から4日で100万ケースを突破～

キリンビバレッジ株式会社（社長 佐藤章）が、3月22日（火）にリニューアル発売した「キリン 生茶」の販売数量が、発売日からわずか4日の3月25日（金）に100万ケースを突破しました。昨年の「生茶」リニューアル時の販売数量と比較すると約180%となり、計画を上回るペースで推移しています。なお、今回のリニューアルにおいて注力している小型ペットボトル・缶は、販売数量の約7割を占めています。

新しくなった「生茶」は“お茶のいいところをまるごと”をコンセプトに、お茶の魅力を最大限に生かした緑茶です。生茶葉を低温で丁寧に抽出した後に、最新テクノロジーで“まるごと”微粉砕した“かぶせ茶”の粉末茶を加えることで※、今までにない深いコクと、軽やかな余韻をお楽しみいただけます。

お客様からは、「茶葉の香りがすごい」、「苦味もしっかりあるのに、ほのかな甘さもあっておいしい」、「ボトルがおしゃれになって印象的」などの声をいただいています。また、発売前から展開しているTV-CMも好評です。

※ 特許出願中

「キリン 生茶」は、今後も新しい緑茶カルチャーの確立をめざし、お茶の魅力を発信することで緑茶市場の活性化に貢献していきます。

キリングループは、あたらしい飲料文化をお客様と共に創り、人と社会に、もっと元気と潤いをひろげていきます。

記

1. 商品名	「キリン 生茶」
2. 発売地域	全国
3. 発売日	2016 年 3 月 22 日（火）
4. 容量・容器	①185g・缶 ②340g・缶 ③280ml・ペットボトル ④430ml・ペットボトル⑤525ml・ペットボトル（手売り専用） ⑥555ml・ペットボトル ⑦2L・ペットボトル ⑧250ml・紙（LL スリム）
5. 価格（消費税抜き希望小売価格）	①80 円 ②115 円 ③115 円 ④127 円 ⑤140 円 ⑥140 円 ⑦330 円 ⑧100 円

以上

（本件お問い合わせ先）
キリン株式会社 コーポレートコミュニケーション部

（お客様お問い合わせ先）
キリン株式会社 キリンビバレッジお客様相談室
キリンホームページアドレス http://www.kirin.co.jp ※ホームページから商品画像を取得できます。

＼ポイント2／

期間ごとに区切りのいい数字で好調をアピール

発売4日 ………… 100万ケース
発売1カ月 ……… 260万ケース
発売2カ月 ……… 500万ケース
➡「計画比」で数字を客観的に評している

女優の松嶋菜々子をCMに起用するなどして緑茶市場の牽引役に。しかし後発のサントリー「伊右衛門」や日本コカ・コーラ「綾鷹」が成長し、近年では4位に甘んじていました。

そこで、2014年から味の改良に着手し、従来よりも茶葉を細かくカットしたり、微粉砕したかぶせ茶を加えたりすることで、さらに深いコクを実現。2016年3月22日にリニューアル発売に至りました。同時にボトルもガラス瓶をイメージして、深緑色のラッピングにするなど刷新したため、そのラベルがずらりと並んだ売り場を最初にスーパーで見たときは私もインパクトを感じましたし、飲んだ後も今までにない味わいの濃さを実感しました。

キリンでは2016年1月半ばの事業方針発表から「今年は生茶を推していく」と表明。キリンビバレッジなどグループ会社の広報を担当しているキリン CSV本部 コーポレートコミュニケーション部では1月21日に新商品リリースを配信し、3月初めに情報系のメディアに向けたセミナーを開催しました。しかしこの商品に関しては、発売前よりも発売後に広報が本領を発揮したといえそうです。

達成リリースは、❶発売4日で100万ケース突破（3月）❷発売1カ月で260万ケース突破（4月）❸発売2カ月で500万ケース突破（5月）❹発売3カ月で750万ケース突破（6月）❺年間販売目標を2500万ケースに再修正（10月）と、5段階にも分けて配信しています。

各企業の広報担当者と話をすると、「何度もリリースを出すとうるさいと思われるのでは」と遠慮がちな声を聞きます。しかし同部主務・大關（おおぜき）秀則さんは「そう考える企業もあるんですか？ 当社は好調情報をどんどん出していきたいので……」と気にする様子はありません。私も同じ考えで、繰り返し届くことでボディブローのように効いていき、記事化に結び付いた事例も多く見てきています。ただし数値更新だけでなく、少しずつ新規の情報を上積みしていくことが大切で、「生茶」のリリースはそのいいお手本になると思います。

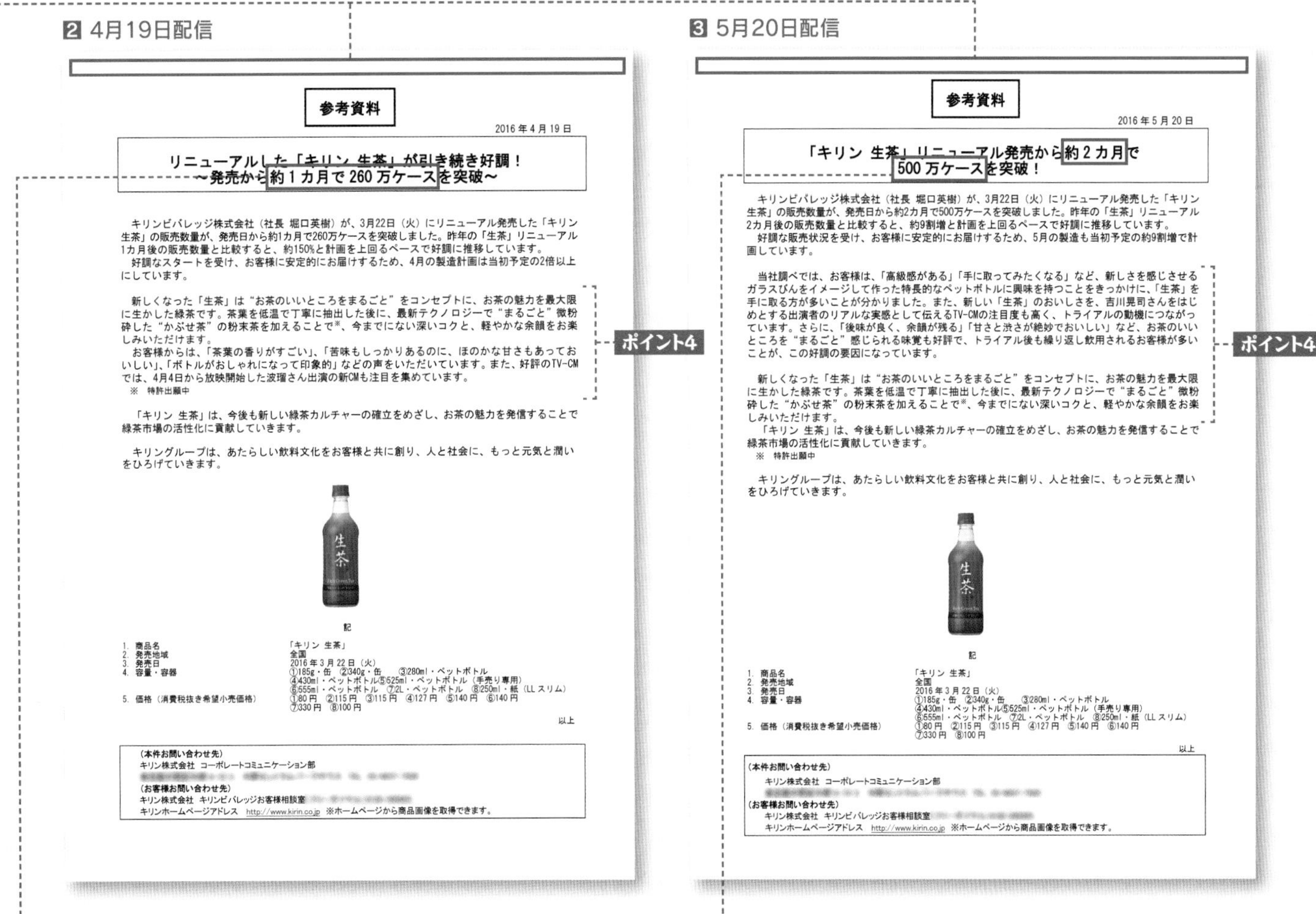

❷ 4月19日配信

参考資料

2016年4月19日

リニューアルした「キリン 生茶」が引き続き好調！
～発売から約1カ月で260万ケースを突破～

キリンビバレッジ株式会社（社長 堀口英樹）が、3月22日（火）にリニューアル発売した「キリン生茶」の販売数量が、発売日から約1カ月で260万ケースを突破しました。昨年の「生茶」リニューアル1カ月後の販売数量と比較すると、約150%と計画を上回るペースで好調に推移しています。

好調なスタートを受け、お客様に安定的にお届けするため、4月の製造計画は当初予定の2倍以上にしています。

新しくなった「生茶」は“お茶のいいところをまるごと”をコンセプトに、お茶の魅力を最大限に生かした緑茶です。茶葉を低温で丁寧に抽出した後に、最新テクノロジーで“まるごと”微粉砕した“かぶせ茶”の粉末茶を加えることで※、今までにない深いコクと、軽やかな余韻をお楽しみいただけます。

お客様からは、「茶葉の香りがすごい」、「苦味もしっかりあるのに、ほのかな甘さもあっておいしい」、「ボトルがおしゃれになって印象的」などの声をいただいています。また、好評のTV-CMでは、4月4日から放映開始した波瑠さん出演の新CMも注目を集めています。

※　特許出願中

「キリン 生茶」は、今後も新しい緑茶カルチャーの確立をめざし、お茶の魅力を発信することで緑茶市場の活性化に貢献していきます。

キリングループは、あたらしい飲料文化をお客様と共に創り、人と社会に、もっと元気と潤いをひろげていきます。

記

1. 商品名	「キリン 生茶」
2. 発売地域	全国
3. 発売日	2016年3月22日（火）
4. 容量・容器	①185g・缶　②340g・缶　③280ml・ペットボトル ④430ml・ペットボトル⑤525ml・ペットボトル（手売り専用） ⑥555ml・ペットボトル　⑦2L・ペットボトル　⑧250ml・紙（LL スリム）
5. 価格（消費税抜き希望小売価格）	①80円　②115円　③115円　④127円　⑤140円　⑥140円 ⑦330円　⑧100円

以上

（本件お問い合わせ先）
キリン株式会社　コーポレートコミュニケーション部
（お客様お問い合わせ先）
キリン株式会社　キリンビバレッジお客様相談室
キリンホームページアドレス　http://www.kirin.co.jp　※ホームページから商品画像を取得できます。

ポイント4

❸ 5月20日配信

参考資料

2016年5月20日

「キリン 生茶」リニューアル発売から約2カ月で500万ケースを突破！

キリンビバレッジ株式会社（社長 堀口英樹）が、3月22日（火）にリニューアル発売した「キリン生茶」の販売数量が、発売日から約2カ月で500万ケースを突破しました。昨年の「生茶」リニューアル2カ月後の販売数量と比較すると、約9割増と計画を上回るペースで好調に推移しています。

好調な販売状況を受け、お客様に安定的にお届けするため、5月の製造も当初予定の約9割増で計画しています。

当社調べでは、お客様は、「高級感がある」「手に取ってみたくなる」など、新しさを感じさせるガラスびんをイメージして作った特長的なペットボトルに興味を持つことをきっかけに、「生茶」を手に取る方が多いことが分かりました。また、新しい「生茶」のおいしさを、吉川晃司さんをはじめとする出演者のリアルな実感として伝えるTV-CMの注目度も高く、トライアルの動機につながっています。さらに、「後味が良く、余韻が残る」「甘さと渋さが絶妙でおいしい」など、お茶のいいところを“まるごと”感じられる味覚も好評で、トライアル後も繰り返し飲用されるお客様が多いことが、この好調の要因になっています。

新しくなった「生茶」は“お茶のいいところをまるごと”をコンセプトに、お茶の魅力を最大限に生かした緑茶です。茶葉を低温で丁寧に抽出した後に、最新テクノロジーで“まるごと”微粉砕した“かぶせ茶”の粉末茶を加えることで※、今までにない深いコクと、軽やかな余韻をお楽しみいただけます。

「キリン 生茶」は、今後も新しい緑茶カルチャーの確立をめざし、お茶の魅力を発信することで緑茶市場の活性化に貢献していきます。

※　特許出願中

キリングループは、あたらしい飲料文化をお客様と共に創り、人と社会に、もっと元気と潤いをひろげていきます。

記

1. 商品名	「キリン 生茶」
2. 発売地域	全国
3. 発売日	2016年3月22日（火）
4. 容量・容器	①185g・缶　②340g・缶　③280ml・ペットボトル ④430ml・ペットボトル⑤525ml・ペットボトル（手売り専用） ⑥555ml・ペットボトル　⑦2L・ペットボトル　⑧250ml・紙（LL スリム）
5. 価格（消費税抜き希望小売価格）	①80円　②115円　③115円　④127円　⑤140円　⑥140円 ⑦330円　⑧100円

以上

（本件お問い合わせ先）
キリン株式会社　コーポレートコミュニケーション部
（お客様お問い合わせ先）
キリン株式会社　キリンビバレッジお客様相談室
キリンホームページアドレス　http://www.kirin.co.jp　※ホームページから商品画像を取得できます。

ポイント4

回を増すごとに最新データに

各リリースを詳しく見ていきましょう。面白いのは、ポイント1 レターヘッドを付ける部分を「参考資料」としていること。通常のリリースと区別する意味に加え、「リリースは配信の2日前に記者クラブにエントリーしなければならないので、配信日が直前まで決まらない達成リリースの場合は“参考資料”にしています」と大關さん。そうしたことでレターヘッドに社名ロゴもなくなりますが、タイトルで「キリン 生茶」と発信主体が分かるように工夫しています。❶はベースを用意しておいて、達成が確定したときに日付を入れて即ちに配信しました。新情報として、ウェブのサンプリングで得た消費者の感想を入れています。

❷❸では ポイント2 区切りのいい数字で好調さをアピールしています。4月19日配信の❷は売上が期待できるGW前に発信しておきたいというタイミングもありました。販売数量だけでなく「製造計画も当初予定の2倍以上」など、各部署にヒアリングして回り、その時点で出せるいい切り口をなるべく盛り込んでいるのも良い点です。❸になると、「スタイリッシュな瓶のような容器に惹かれてお試しで買った人が、トライアル後も繰り返し飲用している」という調査で分かった新情報を付加しています。

❹や❺になると「年間販売目標の上方修正」という、また新しい切り口を投入しています。ポイント3 販売数一辺倒でなく、年間目標の大きな数字を出すことで読み手にはさらに強いインパクトが与えられます。

そして ポイント4 配信を重ねるごとに、最初は「味」「おしゃれなボトル」の2点だった好調の理由が、分析が進んで「小型容器が好調だったこと」「ブランドの認知が進んだこと」などと増えています。特に経済系のメディアは、1回載せたら終わりでなく、何度もニュースとして取り上げる可能性があるため、新たな要素を欲しており、それがあれば再度取り上げようという気にもなります。

一方、初めて取り上げるメディアは常に最新のリリースを参考に書くわけで、せっかく数値を更新してもリリースが出ていないと古い情報で書かれてしまう可能性もあります。そう考えると達成リリースは、繰り返しの配信を遠慮するどころか、常に最新のデータを出し続けることに意味があるともいえるのです。その証拠として、「キリン 生茶」は発売当初だけでなく6～7月期にも頻繁に記事化され、最終的には『日経トレンディ』(日経BP社)の2016年12月号で、恒例のヒット商品

❹ 6月23日配信

参考資料

2016年6月23日

「キリン 生茶」好調につき、年間販売予定を2,000万ケースに上方修正
～リニューアル発売から3カ月で750万ケースを突破！～

キリンビバレッジ株式会社（社長 堀口英樹）では、3月22日にリニューアル発売した「キリン 生茶」の販売数量が発売から3カ月で750万ケースを突破しました。昨年の「生茶」リニューアル後3カ月の販売数量と比較すると、約6割増と計画を上回るペースで好調に推移しています。また、1月からの「生茶」ブランド計での販売数量も1,000万ケースを突破しています。この好調を受け、「生茶」ブランド計の年間販売目標を、当初の1,700万ケースから、2,000万ケースに上方修正します。

当社では、「生茶」ブランドを、2018年をめどに2,000万ケースを超える規模のブランドに育成することで、緑茶飲料市場でのポジションを確固たるものにする方針でしたが、今回の好調を受け、計画を前倒しで達成することを目指し、さらにお客様から支持いただけるよう、「生茶」ブランドの育成を加速していきます。

当社調べでは、「高級感がある」「品質、味の良さを感じる」など、ガラスびんをイメージして作った特長的なペットボトルへの興味から、「生茶」を手に取る方が多いことが分かりました。新しい「生茶」のおいしさを、吉川晃司さんをはじめとする出演者のリアルな実感として伝えるTV-CMの注目度も高く、トライアルの動機につながっています。また、「後味が良く、余韻が残る」「甘さと渋さが絶妙でおいしい」など、お茶のいいところを“まるごと”感じられる味覚も好評で、トライアル後も繰り返し飲用されるお客様が多いこと、さらに、これまで急須で淹れたお茶を楽しんでいた方にも飲用されていることも、好調の要因になっています。

新しくなった「生茶」は“お茶のいいところをまるごと”をコンセプトに、お茶の魅力を最大限に生かした緑茶です。茶葉を低温で丁寧に抽出した後に、最新テクノロジーで“まるごと”微粉砕した“かぶせ茶”の粉末茶を加えることで※、今までにない深いコクと、軽やかな余韻をお楽しみいただけます。

「キリン 生茶」は、今後も新しい緑茶カルチャーの確立をめざし、お茶の魅力を発信することで緑茶市場の活性化に貢献していきます。

※ 特許出願中

キリングループは、あたらしい飲料文化をお客様と共に創り、人と社会に、もっと元気と潤いをひろげていきます。

記

1. 商品名　「キリン 生茶」
2. 発売地域　全国
3. 発売日　2016年3月22日（火）
4. 容量・容器　①185g・缶　②340g・缶　③280ml・ペットボトル　④430ml・ペットボトル　⑤525ml・ペットボトル（手売り専用）　⑥555ml・ペットボトル　⑦2L・ペットボトル　⑧250ml・紙（LLスリム）
5. 価格（消費税抜き希望小売価格）　①80円　②115円　③115円　④127円　⑤140円　⑥140円　⑦330円　⑧100円

以上

（本件お問い合わせ先）
キリン株式会社 コーポレートコミュニケーション部
（お客様お問い合わせ先）
キリン株式会社 キリンビバレッジお客様相談室
キリンホームページアドレス http://www.kirin.co.jp ※ホームページから商品画像を取得できます。

❺ 10月13日配信

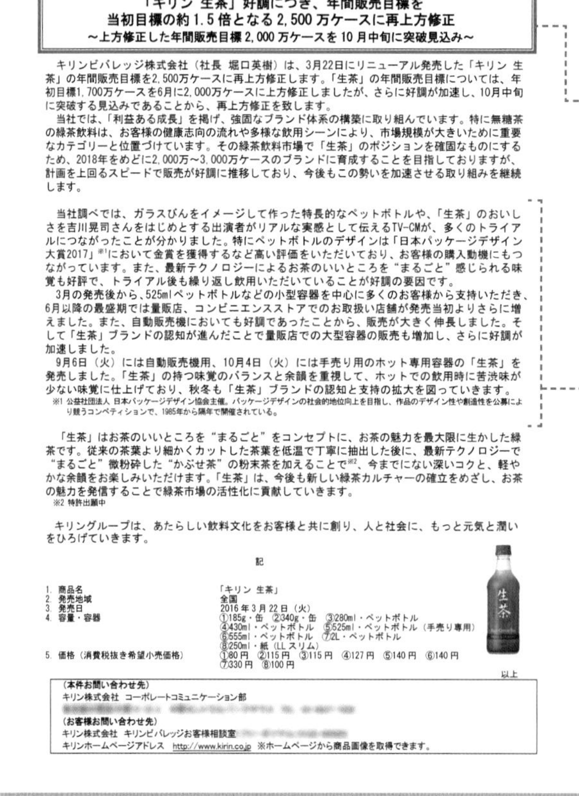

参考資料

2016年10月13日

「キリン 生茶」好調につき、年間販売目標を
当初目標の約1.5倍となる2,500万ケースに再上方修正
～上方修正した年間販売目標2,000万ケースを10月中旬に突破見込み～

キリンビバレッジ株式会社（社長 堀口英樹）は、3月22日にリニューアル発売した「キリン 生茶」の年間販売目標を2,500万ケースに再上方修正します。「生茶」の年間販売目標については、年初目標1,700万ケースを6月に2,000万ケースに上方修正しましたが、さらに好調が加速し、10月中旬に突破する見込みであることから、再上方修正を致します。

当社では、「利益ある成長」を掲げ、強固なブランド体系の構築に取り組んでいます。特に無糖茶の緑茶飲料は、お客様の健康志向の流れや多様な飲用シーンにより、市場規模が大きいために重要なカテゴリーと位置づけています。その緑茶飲料市場で「生茶」のポジションを確固なものにするため、2018年をめどに2,000万～3,000万ケースのブランドに育成することを目指しておりますが、計画を上回るスピードで販売が好調に推移しており、今後もこの勢いを加速させる取り組みを継続します。

当社調べでは、ガラスびんをイメージして作った特長的なペットボトルや、「生茶」のおいしさを吉川晃司さんをはじめとする出演者がリアルな実感として伝えるTV-CMが、多くのトライアルにつながったことが分かりました。特にペットボトルのデザインは「日本パッケージデザイン大賞2017」※1において金賞を獲得するなど高い評価をいただいており、お客様の購入動機にもつながっています。また、最新テクノロジーによるお茶のいいところを“まるごと”感じられる味覚も好評で、トライアル後も繰り返し飲用いただいていることが好調の要因です。

3月の発売後から、525mlペットボトルなどの小型容器を中心に多くのお客様から支持いただき、6月以降の最盛期では量販店、コンビニエンスストアでのお取扱い店舗が発売当初よりさらに増えました。また、自動販売機においても好調であったことから、販売が大きく伸長しました。そして「生茶」ブランドの認知が進んだことで量販店での大型容器の販売も増加し、さらに好調が加速しました。

9月6日（火）には自動販売機用、10月4日（火）には手売り用のホット専用容器の「生茶」を発売しました。「生茶」の持つ味覚のバランスと余韻を重視して、ホットでの飲用時に苦渋味が少ない味覚に仕上げており、秋冬も「生茶」ブランドの認知と支持の拡大を図っていきます。

※1 公益社団法人 日本パッケージデザイン協会主催。パッケージデザインの社会的地位向上を目指し、作品のデザイン性や創造性を公募により競うコンペティションで、1985年から隔年で開催されている。

「生茶」はお茶のいいところを“まるごと”をコンセプトに、お茶の魅力を最大限に生かした緑茶です。従来の茶葉より細かくカットした茶葉を低温で丁寧に抽出した後に、最新テクノロジーで“まるごと”微粉砕した“かぶせ茶”の粉末茶を加えることで※2、今までにない深いコクと、軽やかな余韻をお楽しみいただけます。「生茶」は、今後も新しい緑茶カルチャーの確立をめざし、お茶の魅力を発信することで緑茶市場の活性化に貢献していきます。

※2 特許出願中

キリングループは、あたらしい飲料文化をお客様と共に創り、人と社会に、もっと元気と潤いをひろげていきます。

記

1. 商品名　「キリン 生茶」
2. 発売地域　全国
3. 発売日　2016年3月22日（火）
4. 容量・容器　①185g・缶　②340g・缶　③280ml・ペットボトル　④430ml・ペットボトル　⑤525ml・ペットボトル（手売り専用）　⑥555ml・ペットボトル　⑦2L・ペットボトル　⑧250ml・紙（LLスリム）
5. 価格（消費税抜き希望小売価格）　①80円　②115円　③115円　④127円　⑤140円　⑥140円　⑦330円　⑧100円

以上

（本件お問い合わせ先）
キリン株式会社 コーポレートコミュニケーション部
（お客様お問い合わせ先）
キリン株式会社 キリンビバレッジお客様相談室
キリンホームページアドレス http://www.kirin.co.jp ※ホームページから商品画像を取得できます。

ポイント1

＼ポイント3／

計画比の「上方修正」という切り口でインパクトを与えている

「上方修正」という表現で、単なる数量の表現よりもインパクトを持たせる

＼ポイント4／

達成理由を回が進むごとに増やす

売上増の理由は、数字が大きくなるごとに文章量を増やしている

ベスト30の20位に食い込むなど、年間を通して露出が続きました。広報が上手に機能したおかげでしょう。このように特に経済系の切り口で記事化を狙う場合には、新商品リリースよりも、数字が出てから後の達成リリースに注力した方が良い場合もあるのです。

広報ストーリーを事前に制作

ところでキリンの広報担当は、社内でネタを探してリリースをつくる「企画チーム」と、菅原光湖さんたちが所属するメディアに接して取材対応をする「報道チーム」に分かれています。配信は新聞とテレビを対象にした記者クラブへの投函や、雑誌やウェブ媒体への送付を行っているとのこと。おおよそ100〜200のメディアに配信し、内容によっては配信先を調整しています。元々、ビールメーカーの販売動向というのは経済指標になりやすいため、新聞とのつながりが強い側面もあります。報道チームは業界の動向なども含めて情報を提供して記事化に結び付けるなど、メディアへの働きかけも欠かせません。

コーポレートコミュニケーション部では大体4カ月先を見据え「広報ストーリー」をつくっていて、商品の販売数量予測のもと、どんな情報を出していくかを計画しているそうです。開発部門のコンセプトや会社の方針などをきちんと汲んでストーリーを練るには、そのくらいのスパンが一番いいといいます。「生茶がV字回復」というストーリーも思い描いてはいましたが、予想以上にうまく事が運んだ例となりました。

一方、売れ行きが厳しい商品については、例えば「このセグメントでは売れている」など何か良い数字を見つけ出し、開発秘話などを盛り込んだうえでストーリーを考えるというからさすがプロ。「例えば2016年後半だと、話題の映画『君の名は。』に関連づけられる切り口はないか、と大真面目に考えていました。結局まとまらないことも多いのですが」と大關さんは笑いますが、その姿勢は見習いたいものです。

ペットボトルの緑茶市場は、発売から20年ほどですっかり成熟市場になりました。売るために価格訴求で安くしていた現状に対し、「もう無理な値下げは止めて、いい商品を一人ひとりにきちんと届けていこう」という考えを持つことで「キリン 生茶」は再生を果たしました。しかし菅原さんによれば飲料水業界は「せんみつ」と言われ、「千種類出て3つしか残らない」という過酷な市場。熾烈な戦いが繰り広げられる飲料業界では、キリンが「生茶」で成功したら、必ず他社も追従してくるでしょう。その中で次はどう展開していくのか。よりしたたかな戦略が求められます。

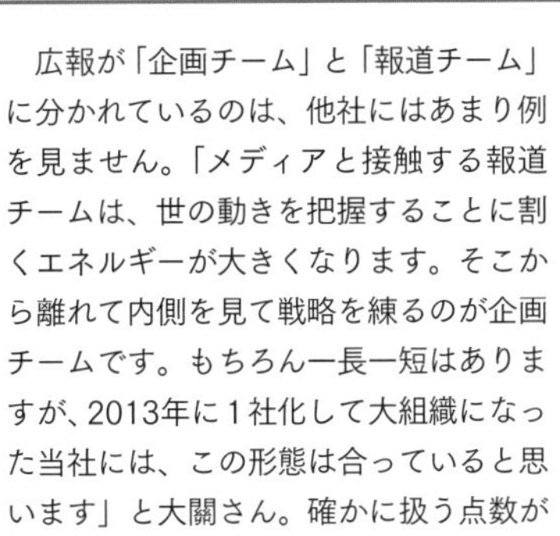

今回の教訓 PRアイデアを生むチーム体制

広報が「企画チーム」と「報道チーム」に分かれているのは、他社にはあまり例を見ません。「メディアと接触する報道チームは、世の動きを把握することに割くエネルギーが大きくなります。そこから離れて内側を見て戦略を練るのが企画チームです。もちろん一長一短はありますが、2013年に1社化して大組織になった当社には、この形態は合っていると思います」と大關さん。確かに扱う点数が膨大な企業には向いているかもしれません。他方でメディアと接触することでPRアイデアが浮かぶこともあり、その刺激が得られなくなることが大關さんの言う短所といえるでしょう。そこはコミュニケーションを密にすることによって補えます。報道チームも取材立ち合いで得た感触を伝えたり、掲載記事の反響を届けたり、社内にフィードバックをしながら情報収集にも努めています。長さ130メートルの広大な1フロアにあらゆる部署が並んでおり、すぐに他部署と話せる風通しの良さがこの方式を可能にしている一因です。

数字の達成リリースには「最新データを配信する」という意味もある！

[DATA]
企業名：キリンビバレッジ株式会社
資本金：84億1650万円
所在地：東京都中野区中野4-10-2 中野セントラルパークサウス
代表者：堀口英樹
売上高：3720億円（2015年）
利益：56億円（2015年）
従業員数：連結3963人（2015年12月）
沿革：1963年、清涼飲料の販売を開始。1991年にキリンビバレッジに商号変更。2013年にキリンの子会社に移行。
[広報戦略]
広報目標は「『伝統に培われたモノづくりと新しいアイデアで、私たちの日常を元気にしてくれる企業』という企業イメージ獲得に向けて企業好意度とブランド価値向上に貢献する」。

＊レターヘッドの運用については、取材当時の内容。

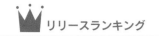

SILVER

新たな若者トレンドに乗せて定番商品を発信

マンダム「Z世代会議×マンダム 座談会レポート」「ギャツビー ガチ勢図鑑」

一見主目的まで遠回りに
見えるかもしれませんが、
ここまで戦略的にPRを展開する
時代になったとも言えます!

「アラフォー」や「草食男子」など、いつの世も時代を象徴するキーワードがあり、それに関連づけると広報効果も大きく跳ねることがあります。今回はそんなキーワードとともに、商品広報を展開した例を紹介します。そのキーワードとは「ガチ勢」。皆さん、知っていましたか？

PRを展開したのは化粧品の老舗、マンダム。汗やにおいを防ぐ男性向けデオドラントシリーズの「ギャツビー」は、男性なら手にしたことのある人が多いでしょうし、周囲の目を気にする最近の若者世代ならなおさらです。

しかし1978年に発売したギャツビーは定番となりすぎて、なかなかPR機会がない商品でもありました。

「ガチ勢」に関する座談会リリース

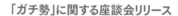

1枚目

News Release　mandom　Z世代会議　株式会社マンダム　2018年(H30)4月20日

【Z世代会議×マンダム 座談会調査レポート①】
ナンバーワンよりオンリーワン、「他人よりも自分に負けたくない」が80%
低体温と思われがちな若者たちが持つ「ガチ勢」マインドとは

株式会社マンダム(本社:大阪市、社長執行役員:西村元延)は、2018年3月29日(木)に学習院大学特別客員教授 斉藤徹氏をファシリテーターに迎え、現役大学生25名を集めた座談会調査を実施しました。

Z世代会議×マンダム 座談会調査サマリー

1.「ガチ勢」という言葉は趣味、スポーツ、キャリア開発などさまざまなジャンルで使用されている。
2.現役大学生の多くが「ガチ勢」マインドを持っており、「他人に負けたくない」という競争心よりも、「自分に負けたくない」という気持ちを持つ人が80%を占めた。
3.「ガチ勢」という言葉は、"何かに本気で取り組んでいる"、"好きなものに熱中していて人生を楽しんでいる"といった非常にポジティブな意味で使われている。

※本リリースでは、各世代の呼称を下記の定義に基づき使用しております。 X世代(Generation X)…1960年代初頭～1970年代頃に生まれた世代 Y世代(Generation Y)…1980年代～1990年半ば頃に生まれた世代 Z世代(Generation Z)…1990年半ば～2000年頃に生まれた世代

この件に関するお問い合わせ先
株式会社マンダム 広報部

- 1 -

＼ポイント1／

「座談会」開催でリリースを配信

「座談会」のレポートでリリースを発信するという切り口自体にサプライズあり。

＼ポイント2／

サマリーは積極的にイラストを活用

端的に伝わるように、シンプルな文章だけでなくイラストを用いて理解促進を工夫している。

さらに近年は「単純な商品PRだけでは消費者に響かなくなっています。どういう場面で使うのか具体的にイメージを提供し、共感してもらうなど、消費者の心に寄り添った身近なところでPRしていかないと、購入に結びつかないと感じています」と広報部主任の萩原奈津子さん。

そこで白羽の矢が立ったのが「ガチ勢」という言葉でした。ゲームに本気でのめり込む人を指す若者言葉として生まれましたが、最近ではゲームに限らず、何かに本気で取り組んでいる熱い人たち全般をあらわす言葉として用途は広がっているようです。

そもそもは「最近の若者たちは無駄な努力が嫌いで、汗などかかず、デオドラント商品も必要なさそうなイメージがあるけれど、実際のところはどうなのだろう……」という疑問が、企画の出発点だったといいます。

プロジェクトがスタートしたのは前年の秋口。当時、マーケティング部は大阪本社にあり、東京広報は遠距離でプロジェクトに関わっていました。調査を進めると、意外と現代にも熱い若者が多いことが判明したのです。

ガチ勢図鑑をコンテンツに

国民総オタク化ともいわれる時代、実に様々なジャンルに「ガチ勢」がいることが分かってきました。そこで特に地域性の高いガチ勢を中心にピックアップし、どんなふうにデオドラント剤を使うかを面白おかしく解説した図鑑をつくることにしました。

図鑑に収録したのは「YOSAKOIソーランガチ勢」や「名古屋モーニングガチ勢」などユニークなものばかり。「ガチ勢」という言葉が多くの人に広まるとともに、ギャツビー商品が世間の目に触れる機会も増やしていこうというのが狙いです。

一見、主目的まで遠回りとなるような気がするかもしれませんが、面白そうなものに反応し、スマホひとつで大きなムーブメントを起こす若者世代にアタックするには、こういう方法もかなり有効といえます。逆にそこまで戦略的にPRを展開する時代になったともいえるのです。

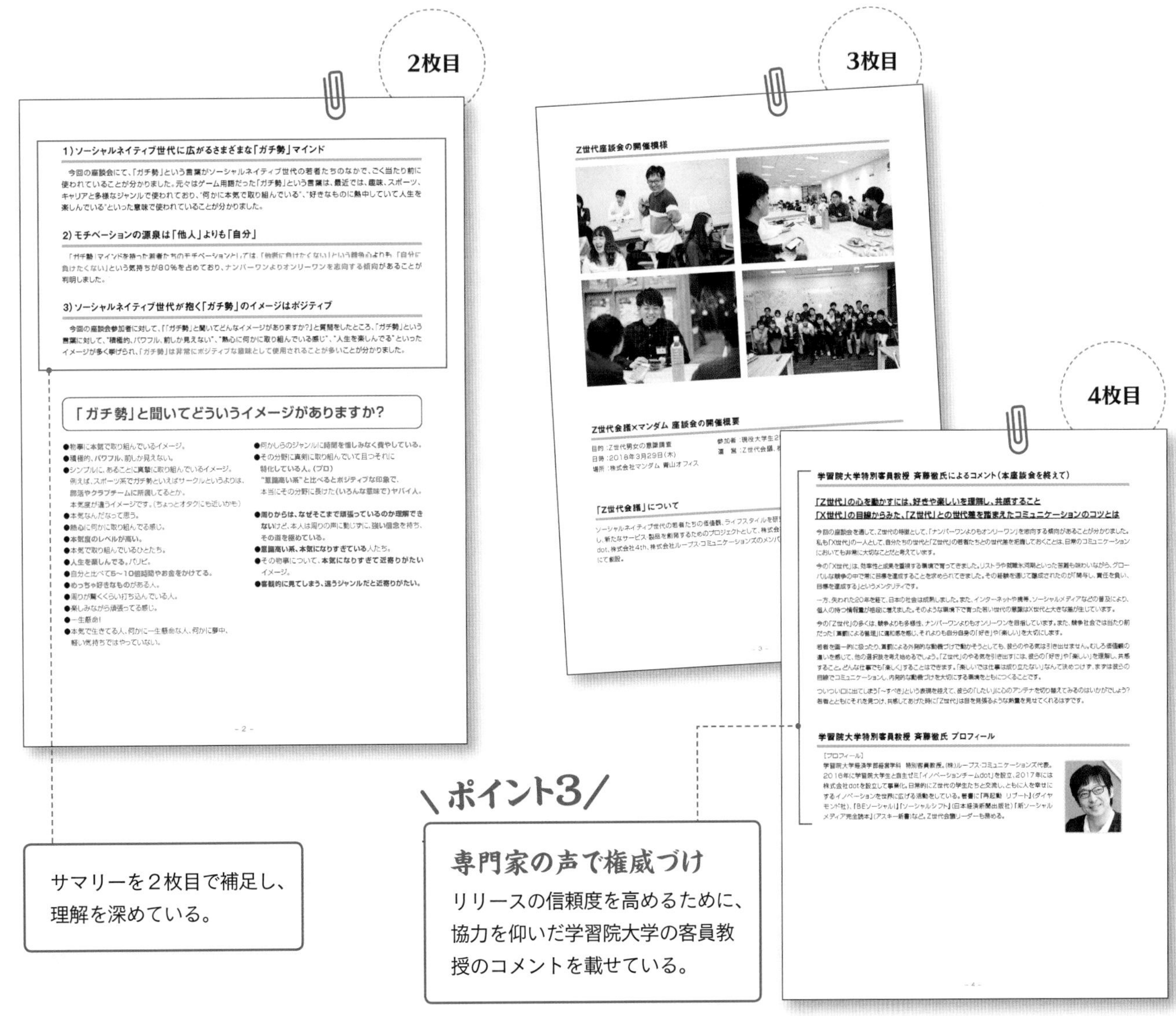

2枚目

1）ソーシャルネイティブ世代に広がるさまざまな「ガチ勢」マインド

今回の座談会にて、「ガチ勢」という言葉がソーシャルネイティブ世代の若者たちのなかで、ごく当たり前に使われていることが分かりました。元々はゲーム用語だった「ガチ勢」という言葉は、最近では、趣味、スポーツ、キャリアと多様なジャンルで使われており、"何かに本気で取り組んでいる"、"好きなものに熱中していて人生を楽しんでいる"といった意味で使われていることが分かりました。

2）モチベーションの源泉は「他人」よりも「自分」

「ガチ勢」マインドを持った若者たちのモチベーションとしては、「他者に負けたくない」という競争心よりも「自分に負けたくない」という気持ちが80%を占めており、ナンバーワンよりオンリーワンを志向する傾向があることが判明しました。

3）ソーシャルネイティブ世代が抱く「ガチ勢」のイメージはポジティブ

今回の座談会参加者に対して、「「ガチ勢」と聞いてどんなイメージがありますか？」と質問をしたところ、「ガチ勢」という言葉に対して、"積極的、パワフル、前しか見えない"、"熱心に何かに取り組んでいる感じ"、"人生を楽しんでる"といったイメージが多く挙げられ、「ガチ勢」は非常にポジティブな意味として使用されることが多いことが分かりました。

「ガチ勢」と聞いてどういうイメージがありますか？

- ●物事に本気で取り組んでいるイメージ。
- ●積極的、パワフル、前しか見えない。
- ●シンプルに、あることに真摯に取り組んでいるイメージ。例えば、スポーツ系でガチ勢といえばサークルというよりは、部活やクラブチームに所属してるとか。本気度が違うイメージです。（ちょっとオタクにも近いかも）
- ●本気なんだなって思う。
- ●熱心に何かに取り組んでる感じ。
- ●本気度のレベルが高い。
- ●本気で取り組んでいるひとたち。
- ●人生を楽しんでる。パリピ。
- ●自分と比べて5〜10倍時間やお金をかけてる。
- ●めっちゃ好きなものがある人。
- ●周りが驚くくらい打ち込んでいる人。
- ●楽しみながら頑張ってる感じ。
- ●一生懸命！
- ●本気で生きてる人、何かに一生懸命な人、何かに夢中、軽い気持ちではやっていない。
- ●何かしらのジャンルに時間を惜しみなく費やしている。
- ●その分野に真剣に取り組んでいて且つそれに特化している人。（プロ）"意識高い系"と比べるとポジティブな印象で、本当にその分野に長けた（いろんな意味で）ヤバイ人。
- ●周りからは、なぜそこまで頑張っているのか理解できないけど、本人は周りの声に動じずに、強い信念を持ち、その道を極めている。
- ●意識高い系、本気になりすぎている人たち。
- ●その物事について、本気になりすぎて近寄りがたいイメージ。
- ●客観的に見てしまう、違うジャンルだと近寄りがたい。

- 2 -

3枚目

Z世代座談会の開催模様

Z世代会議×マンダム 座談会の開催概要

目的：Z世代男女の意識調査
日時：2018年3月29日（木）
場所：株式会社マンダム 青山オフィス
参加者：現役大学生2
運　営：Z世代会議、株

「Z世代会議」について

ソーシャルネイティブ世代の若者たちの価値観、ライフスタイルを研究し、新たなサービス・製品を創発するためのプロジェクトとして、株式会社dot、株式会社4th、株式会社ループス・コミュニケーションズのメンバにて創設。

- 3 -

4枚目

学習院大学特別客員教授 斉藤徹氏によるコメント（本座談会を終えて）

「Z世代」の心を動かすには、好きや楽しいを理解し、共感すること
「X世代」の目線からみた、「Z世代」との世代差を踏まえたコミュニケーションのコツとは

今回の座談会を通して、Z世代の特徴として、「ナンバーワンよりもオンリーワン」を志向する傾向があることが分かりました。私も「X世代」の一人として、自分たちの世代と「Z世代」の若者たちとの世代差を把握しておくことは、日常のコミュニケーションにおいても非常に大切なことだと考えています。

今の「X世代」は、効率性と成果を重視する環境で育ってきました。リストラや就職氷河期といった苦難も味わいながら、グローバルな競争の中で常に目標を達成することを求められてきました。その経験を通じて醸成されたのが「関与し、責任を負い、目標を達成する」というメンタリティです。

一方、失われた20年を経て、日本の社会は成熟しました。また、インターネットや携帯、ソーシャルメディアなどの普及により、個人の持つ情報量が格段に増えました。そのような環境下で育った若い世代の意識はX世代と大きな差が生じています。

今の「Z世代」の多くは、競争よりも多様性、ナンバーワンよりもオンリーワンを目指しています。また、競争社会では当たり前だった「賞罰による管理」に違和感を感じ、それよりも自分自身の「好き」や「楽しい」を大切にします。

若者を画一的に扱ったり、賞罰による外発的な動機づけで動かそうとしても、彼らのやる気は引き出せません。むしろ価値観の違いを感じて、他の選択肢を考え始めるでしょう。「Z世代」のやる気を引き出すには、彼らの「好き」や「楽しい」を理解し、共感すること。どんな仕事でも「楽しく」することはできます。「楽しいでは仕事は成り立たない」なんて決めつけず、まずは彼らの目線でコミュニケーションし、内発的な動機づけを大切にする環境をともにつくることです。

ついつい口に出してしまう「〜すべき」という表現を控えて、彼らの「したい」に心のアンテナを切り替えてみるのはいかがでしょう？若者とともにそれを見つけ、共感してあげた時に「Z世代」は目を見張るような熱量を見せてくれるはずです。

学習院大学特別客員教授 斉藤徹氏 プロフィール

［プロフィール］
学習院大学経済学部経営学科　特別客員教授。(株)ループス・コミュニケーションズ代表。2016年に学習院大学生と自主ゼミ「イノベーションチームdot」を設立、2017年には株式会社dotを設立して事業化。日常的にZ世代の学生たちと交流し、ともに人を幸せにするイノベーションを世界に広げる活動をしている。著書に『再起動 リブート』（ダイヤモンド社）、『BEソーシャル！』『ソーシャルシフト』（日本経済新聞出版社）『新ソーシャルメディア完全読本』（アスキー新書）など。Z世代会議リーダーも務める。

- 4 -

サマリーを２枚目で補足し、理解を深めている。

＼ポイント3／

専門家の声で権威づけ

リリースの信頼度を高めるために、協力を仰いだ学習院大学の客員教授のコメントを載せている。

デオドラント剤の売れる時期は例年5～8月。その前の3月にまず、第1弾の「ギャツビー　ガチ勢図鑑」をTwitterの公式アカウントで公開するというリリースを配信しました。アイドルグループ・SKE48の主要メンバー3人がサポーターになっていることからも、力の入り具合が伝わってきます。

もともと握手会に来る若い男性の間でもにおいの問題は発生しており、メンバーの1人が2017年にTwitterで問題提起していたことが、タイアップのきっかけになったそうです。

リリースに「ガチ勢図鑑」の表紙イメージを載せたのは、「本当に図鑑が存在するのか？ とネット上でザワザワと物議を醸す効果を狙いました」という萩原さん。実際はTwitterで順次、図鑑を公開する方式としました。公式アカウントをフォロー、リツイートするとSKE48の特別動画が見られるなど、仕掛けも工夫を凝らしました。

私が個人的に面白いと思ったのは、続く4月20日に配信した若者世代のガチ勢に関する座談会リリース。新年度に入り、世代間格差なども話題になりやすい時期を狙ったといいます。詳しく内容を見ていきましょう。

座談会では現役大学生25人を集めて「ガチ勢」という言葉に対するイメージなどを語り合ってもらいました。リリースには、そこで出た意見や傾向分析を掲載しています。

調査リリースの一種といえますが、まずは **ポイント1** 「座談会だけでリリースを出すの？」という驚きがあります。タイトルでも「他人よりも自分に負けたくない」など、今どきの若者ならではの考え方をピックアップし、同世代だけでなく、中高年世代の興味も喚起しています。

最初はどちらかといえばマイナスイメージから生まれた「ガチ勢」という言葉に対して、若者は意外とポジティブな印象を持っていることなど、興味深い実態が明らかになりました。

文章よりイラストを活用

1枚目をサマリーにして、2枚目以降に詳しい情報を載せる常套手段を使っていますが、 **ポイント2** ユニークなのはサマリーを文章でなくイラストで見せているところ。

実はこの座談会に参加した研究室のメンバーはいつも、ゼミの議事録をこうしたイラストでまとめ、「グラ(フィック)レコ(ーディング)」と呼んでいるそうです。そのことを知った萩原さんが、リリースにも使わせてもらうことにしました。ビジュアライズが得意

「ギャツビー ガチ勢図鑑」リリース

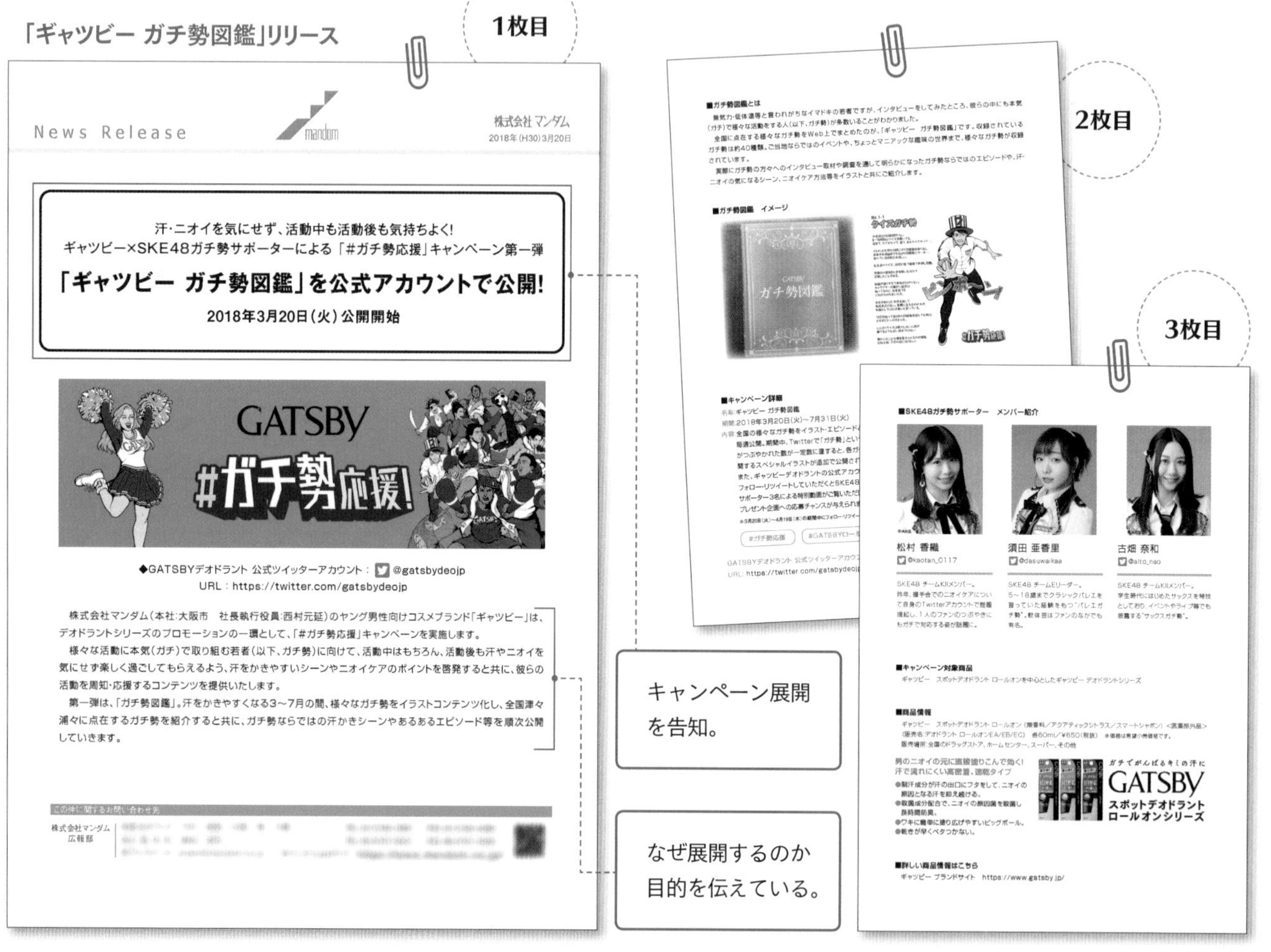
1枚目
2枚目
3枚目
キャンペーン展開を告知。
なぜ展開するのか目的を伝えている。
GATSBY
#ガチ勢応援!

News Release　mandom　株式会社マンダム
2018年(H30)3月20日

汗・ニオイを気にせず、活動中も活動後も気持ちよく!
ギャツビー×SKE48ガチ勢サポーターによる「#ガチ勢応援」キャンペーン第一弾
「ギャツビー　ガチ勢図鑑」を公式アカウントで公開!
2018年3月20日(火)公開開始

◆GATSBYデオドラント 公式ツイッターアカウント：@gatsbydeojp
URL：https://twitter.com/gatsbydeojp

株式会社マンダム(本社:大阪市　社長執行役員:西村元延)のヤング男性向けコスメブランド「ギャツビー」は、デオドラントシリーズのプロモーションの一環として、「#ガチ勢応援」キャンペーンを実施します。

様々な活動に本気(ガチ)で取り組む若者(以下、ガチ勢)に向けて、活動中はもちろん、活動後も汗やニオイを気にせず楽しく過ごしてもらえるよう、汗をかきやすいシーンやニオイケアのポイントを啓発すると共に、彼らの活動を周知・応援するコンテンツを提供いたします。

第一弾は、「ガチ勢図鑑」。汗をかきやすくなる3～7月の間、様々なガチ勢をイラストコンテンツ化し、全国津々浦々に点在するガチ勢を紹介すると共に、ガチ勢ならではの汗かきシーンやあるあるエピソード等を順次公開していきます。

この件に関するお問い合わせ先
株式会社マンダム
広報部

■ガチ勢図鑑とは

無気力・低体温等と言われがちなイマドキの若者ですが、インタビューをしてみたところ、彼らの中にも本気(ガチ)で様々な活動をする人(以下、ガチ勢)が多数いることがわかりました。

全国に点在する様々なガチ勢をWeb上でまとめたのが、「ギャツビー　ガチ勢図鑑」です。収録されているガチ勢は約40種類。ご当地ならではのイベントや、ちょっとマニアックな趣味の世界まで、様々なガチ勢が収録されています。

実際にガチ勢の方々へのインタビュー取材や調査を通して明らかになったガチ勢ならではのエピソードや、汗・ニオイの気になるシーン、ニオイケア方法等をイラストと共にご紹介します。

■ガチ勢図鑑　イメージ

■キャンペーン詳細

名称:ギャツビー ガチ勢図鑑
期間:2018年3月20日(火)～7月31日(火)
内容:全国の様々なガチ勢をイラスト・エピソード
毎週公開。期間中、Twitterで「ガチ勢」とい
がつぶやかれた数が一定数に達すると、各ガ
関するスペシャルイラストが追加で公開され
また、ギャツビーデオドラントの公式アカウ
フォロー・リツイートしていただくとSKE48
サポーター3名による特別動画がご覧いただ
プレゼント企画への応募チャンスが与えられ

#ガチ勢応援　#GATSBYロー

GATSBYデオドラント 公式ツイッターアカウ
URL: https://twitter.com/gatsbydeoj

■SKE48ガチ勢サポーター　メンバー紹介

松村 香織
@kaotan_0117
SKE48 チームKIIメンバー。
昨年、握手会でのニオイケアについて自身のTwitterアカウントで問題提起し、1人のファンのつぶやきにもガチで対応する姿が話題に。

須田 亜香里
@dasuwaikaa
SKE48 チームEリーダー。
5～18歳までクラシックバレエを習っていた経験をもつ"バレエガチ勢"。軟体芸はファンのなかでも有名。

古畑 奈和
@aito_nao
SKE48 チームKIIメンバー。
学生時代にはじめたサックスを特技としており、イベントやライブ等でも披露する"サックスガチ勢"。

■キャンペーン対象商品

ギャツビー　スポットデオドラント ロールオンを中心としたギャツビー デオドラントシリーズ

■商品情報

ギャツビー　スポットデオドラント ロールオン(無香料／アクアティックシトラス／スマートシャボン) <医薬部外品>
(販売名:デオドラント ロールオンEA/EB/EC)　各60ml／¥650(税抜)　※価格は希望小売価格です。
販売場所:全国のドラッグストア、ホームセンター、スーパー、その他

男のニオイの元に直接塗りこんで効く!
汗で流れにくい高密着、速乾タイプ
●制汗成分が汗の出口にフタをして、ニオイの原因となる汗を抑え続ける。
●殺菌成分配合で、ニオイの原因菌を殺菌し長時間防臭。
●ワキに簡単に塗り広げやすいビッグボール。
●乾きが早くベタつかない。

ガチでがんばるキミの汗に
GATSBY
スポットデオドラント
ロールオンシリーズ

■詳しい商品情報はこちら

ギャツビー ブランドサイト　https://www.gatsby.jp/

な今の若者らしい話ですが、こうした世代が社会人になって広報の仕事に就いたら、今後はリリースの内容も変わってくるかもしれません。

そもそもこの座談会は、ちょうどプロジェクトチームが若者マインドに詳しい人を探していたときに、知り合いから紹介された学習院大学経済学部の特別客員教授を務める斉藤徹氏と出会い、斉藤氏の研究室に協力をあおいで実現したもの。このように **ポイント3** 大学の先生などに登場してもらうと、リリースの信頼度もグッと高まり、いい権威づけになります。

広報ではこの2種類のリリースや、軽めのPRレターを含めて、ガチ勢案件で11種類のPR資料を作成。それぞれ配信会社と個別配信を合わせて約350通を配信。主要ターゲットにしていたウェブメディアを中心に700件程度の掲載があったといいます（リリースの転載を含む）。特にSKE48が参加したイベントは共同通信で配信され、地方紙に多数掲載がありました。また、これまでリーチできなかった、「ORICON NEWS」やスポーツ紙などエンタメ系の媒体に掲載された成果も大きかったようです。

ホンモノのガチ勢からも、「実際はここが違う」などのリアクションがあるなどして盛り上がりを見せました。ちなみにアクセス数が多かったガチ勢の上位は「音ゲーガチ勢」「クイズガチ勢」「ミニ四駆ガチ勢」だとか。やはりSNSはオタク性の高いものとの相性がいいのでしょう。

「チームとしては5月後半に情報のヤマ場をつくりたいと考えていて、実売も6月に市場予測を上回るなど、こちらが意図した結果を出せたのがよかったです。これまでギャツビーに関してはテレビCMが中心で、コンテンツも一方通行だったのに対し、リツイートをしてもらうなど消費者とのエンゲージメント向上につながった点が大きかったです」と一定の成果を感じているようです。

ただ「テレビ局の人からは『"ガチ勢"はまだ早い』と言われてしまいました（笑）。テレビで取り上げるほどの一般用語にはまだなっていなかったということですね」と萩原さん。確かにテレビなどで現時点では「ガチ勢」という言葉を聞くムーブメントまでには至っていないようですが、引き続き展開していけば「流行語大賞」にノミネートされる日が来るかもしれません。

このように広報で果敢に攻めるチャレンジ精神は評価できます。いつか有名人が使い出して「ガチ勢」に火がつき、「その原点はあのときのマンダムだった」……ということにならないとも限りません。ぜひ皆さんにもトライ&エラーを続けてほしいと思います。

キーワードの持つ力と戦略的なPR、リリースで定番ブランドも露出拡大は可能！

今回の教訓 PRレターを気軽につくろう

マンダムの広報で興味を持ったのが、プレスリリースとは別に「PRレター」を作成していること。呼び方は各社異なりますが、正式にリリースするほどではないけれど、手持ちのネタをまとめておいて、記者に会ったときに手渡す「話のネタ」のようなもの。公式リリースではないので社内的な手続きも簡略化でき、細かい情報をメディアに手渡せる小回りの利く資料です。例えばSKE48が参加した枕投げイベントへの呼び込みでは正式なリリースを配信し、イベントリポートはPRレターにしています。こうすることでイベントを取材したメディアには情報がダブらず、取材に参加できなかったメディアには当日の様子を伝えることができます。「案外、リリースよりPRレターから記事につながることも多いんです」と萩原さん。せっかくの持ちネタを死蔵させるのはもったいないこと。有効活用できるPRレターを、あなたの会社でもつくってみてはいかがでしょうか？

[DATA]
企業名：株式会社マンダム
資本金：113億9481万7459円（2018年3月31日現在）
所在地：大阪市中央区十二軒町5-12
代表者：代表取締役 社長執行役員 西村元延
売上高：813億8600万円（2018年3月期、連結）
利益：92億6400万円（2018年3月期、連結）
従業員数：2694人（2018年3月31日現在、連結）
沿革：1927年「金鶴香水株式会社」設立。1959年社名を「丹頂株式会社」に変更。1970年「マンダムシリーズ」発売。1971年社名を「株式会社マンダム」に変更。1978年「ギャツビー」発売。
[広報戦略]
リリースを書く上で心がけている点は「社会性や市場情報などを盛り込み、内容に深みを持たせること。時流に合わせたタイムリーな発信。文章・図の工夫によって分かりやすく伝えること」。

SILVER

「AIの司法試験予想」でセンセーショナルに目を引く

サイトビジット「資格スクエア」

AIが司法予備試験を予想するという話題で引き付け、弁護士資格への問題提起に注目させることに成功しました。

ある朝、NHKで「AIで予測した司法試験予備試験の問題が、的中率60%を記録した」と報道していました。そのあとも、多くのメディアで取り上げられているのを見て、サービスを実施しているサイトビジット（東京・千代田）を取材してみました。

同社は、弁護士であり起業家でもある鬼頭政人さんが2013年に設立し、法律系を中心とした難関資格試験のオンライン学習サービス「資格スクエア」を運営しています。

認知度アップを狙い無料提供

サイトビジットでは、2019年の司法試験予備試験が実施される5月19日に備え、4月29日からAIによる試験

無料提供開始のリリース

1枚目

資格スクエア

NewsRelease

2019年4月25日

AI が今年出題される国家試験の問題予測
的中率は合格ラインと同等の60%超え
5月19日司法予備試験を前に29日（月）より無料提供開始

難関法律資格のオンライン予備校「資格スクエア」

難関法律資格に特化したオンライン学習サービス「資格スクエア」を運営する株式会社サイトビジットでは、5月19日（日）に試験を迎える司法試験予備試験 短答式試験に向け、AIによる試験問題 出題予測サービス「未来問（みらいもん）」を開発いたしました。4月29日（月）10時より資格スクエアHP上において無料提供を開始します。試験翌日の5月20日（月）には実際の試験問題と未来問を照らし合わせ、的中率を開示します。

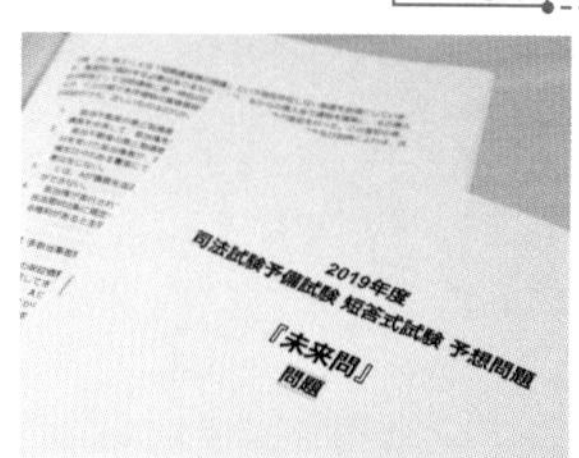

ページURL：https://www.shikaku-square.com/yobishiken/miraimon_2019

本サービスはAI TOKYO LAB株式会社と提携し開発したもので出題カテゴリー的中率は60%超えを見込みます。昨年10月に2,600名が受験し78%の的中率を記録した宅建士試験「未来問」に続く第2弾。なお、今年は社労士や他法律資格、またセンター試験でも未来問開発を進めており、第3弾第4弾と開発予定です。

■AIによる国家試験出題予測「未来問」概要

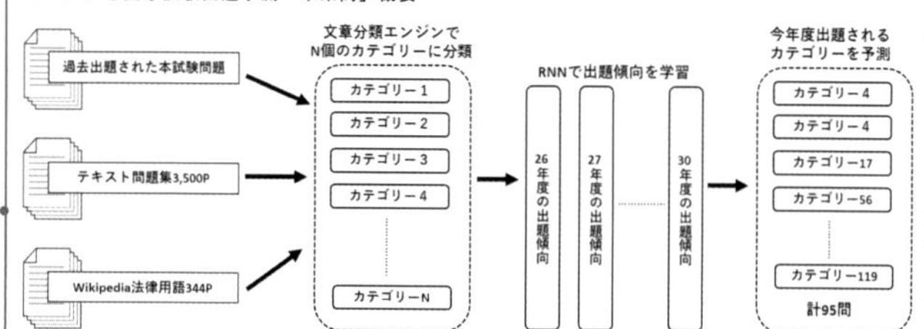

5月19日に実施される司法試験予備試験に向けて開発された、宅建士試験「未来問」に続く第2弾。

直近5年分の過去問題と資格スクエアの予備試験講座テキスト（3,500P分）、資格スクエア論証集のデータ、Wikipediaの法律用語344P分を教師データとし、文章分類エンジンによって128カテゴリーに分類。その後、毎年度の出題傾向を学習した出題傾向予測エンジンを用いて、今年度の司法試験予備試験 短答式試験の出題

1

＼ポイント1／

ニュース性の高いワードを前面に

タイトル最上段の左上、最も目立つ場所にニュース性の高いPRワード「AI」を配置。本文にも配置して訴求力を高めている。

＼ポイント2／

図表+解説で分かりやすい

AIがどのように問題を予測するのか図表を用いて示し、さらに文章でより詳しく解説している。

問題出題予測サービス「未来問（みらいもん）」の提供を資格スクエアのホームページ上で開始しました。

本来なら、これを販売すれば大きなビジネスになると思うのですが、「それよりも今は会社の認知度を高めることのほうが重要」と、太っ腹にも無料で提供しています。

実は、今回提供された「未来問」は第2弾。第1弾は、2018年10月の宅建士試験用に提供したもので、なんと78%という高的中率を記録しました。

宅建士試験の受験者数は約20万人と、数多くある資格試験の中で最も多いため、反響の大きさを狙って第1弾に選んだそうです。その後、満を持して第2弾を司法試験予備試験向けに提供したというわけです。

自ら開成高校、東大法学部、司法試験という難関を突破してきた鬼頭さんには「資格試験は過去問から出る」という確信があります。そこでAIスタートアップ企業と提携し、これまでに出題された過去問や3500ページ分のテキスト問題集などを128カテゴリーに分類。これまでの出題傾向を学習した出題傾向予測エンジンを用いて、今年はどのカテゴリーから出題されやすいかを割り出すシステムを開発しました。

「『未来問』という名称は、過去問が大好きな鬼頭が名付けました」と広報担当の佐藤知世さん。

リリースに関しては、3月中旬からメディアリストづくりなど準備を始め、開発部署の担当者とやり取りをしながら素材を準備し、ゴールデンウィーク直前の4月25日に配信しました。

そのリリースを見てみましょう。このリリースが成功した理由のひとつは、**ポイント1**「AI」をタイトルや本文などの全面に織り込んでいることです。

最近は、将棋の若手棋士が先輩ではなくAIとの対戦で修行するといわれ、AIが人間を超えるかどうかも社会全体の関心事です。もし人間が予測した問題なら、たとえ的中率が高くてもそこまで話題にはならないでしょう。リリースの左上の特等席に「AI」の文字を入れたのが効いています。

また、AIで出題予測するというシステムを素人が理解するのは難しいので

2枚目

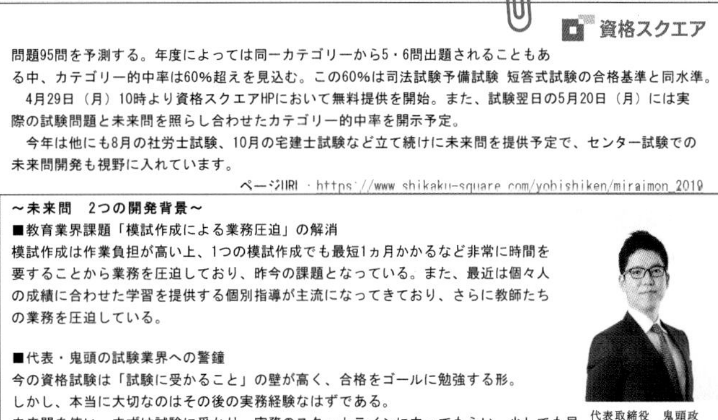

資格スクエア

問題95問を予測する。年度によっては同一カテゴリーから5・6問出題されることもある中、カテゴリー的中率は60%超えを見込む。この60%は司法試験予備試験 短答式試験の合格基準と同水準。

4月29日（月）10時より資格スクエアHPにおいて無料提供を開始。また、試験翌日の5月20日（月）には実際の試験問題と未来問を照らし合わせたカテゴリー的中率を開示予定。

今年は他にも8月の社労士試験、10月の宅建士試験など立て続けに未来問を提供予定で、センター試験での未来問開発も視野に入れています。

ページURL：https://www.shikaku-square.com/yobishiken/miraimon_2019

～未来問　2つの開発背景～

■教育業界課題「模試作成による業務圧迫」の解消

模試作成は作業負担が高い上、1つの模試作成でも最短1ヵ月かかるなど非常に時間を要することから業務を圧迫しており、昨今の課題となっている。また、最近は個々人の成績に合わせた学習を提供する個別指導が主流になってきており、さらに教師たちの業務を圧迫している。

■代表・鬼頭の試験業界への警鐘

今の資格試験は「試験に受かること」の壁が高く、合格をゴールに勉強する形。
しかし、本当に大切なのはその後の実務経験なはずである。
未来問を使い、まずは試験に受かり、実務のスタートラインに立ってもらい、少しでも早く実務に触れて欲しいという想いから開発した。
また、出題者側に対し「AIに追いつかれない試験問題を作って欲しい」というメッセージも込めている。

代表取締役　鬼頭政

■未来問　利用者の声　～利用者の6割以上が予測的中を実感～

昨年10月の宅建士「未来問」利用者へ試験後アンケート調査を行ったところ、未来問利用者のうち、61.7%の方が試験合格、また、全体の62.1%の方々が未来問の本試験への出題を実感し、自身の合否に影響があったと回答しました。
以下、アンケートで寄せられたお声をいくつか記載します。

あなたの合否に未来問はどの程度影響しましたか？
243 件の回答
20.6%
17.3%
11.9%
20.2%
30%
大いに影響した
そこそこ影響した
数問は影響した
あまり影響は無かった
影響はほとんど無い

他の予備校等の予想問題では、変に難しくした問題が多く、実際に試験に出るとは思えず困っていました。
ですが未来問は、過去問に依拠するものであったため本当の自分の実力を測ることができました。

何年も出題されていなかったマニアックな問題が本番に出た時は試験会場で声が出そうになりました。

未来問をチャレンジしたことで、本試験も自己採点42点。未来問で未来を呼び込んだのだと思います!!□

会社概要
会社名：株式会社サイトビジット
設立：2013年　　代表取締役社長：鬼頭政人
会社URL：http://sight-visit.com/
資本金：132,420,000 円（資本準備金含む）
＜事業内容＞
資格試験のオンライン学習サービス「資格スクエア」運営
法務特化型人材サービス「Legal Engine」運営

■本件に関する問い合わせ先■
株式会社サイトビジット
GW中も素材提供、代表インタビュー等承りますので、お気軽にご連絡くださいませ。

なお、次ページには3月に閣議決定された「法曹コース」創立に紐づく、社会課題「激減の司法試験受験者数」と予備試験の盛り上がりなど、司法試験制度の資料を参考資料として添付いたします。

2

無料提供を知らせる第1弾リリース、的中率を開示した第2弾と、2回にわたって配信することでメディアへの接触チャンスが増加。

企画理由を、社長の言葉で強く押し出している。

＼ポイント3／

今までの実績を掲載

司法試験予備試験の前に予測した宅建士試験の結果を掲出して、サービスの信ぴょう性を高めている。

すが、それを**ポイント2**図解することで非常に理解しやすくしています。

実は第1弾のリリースには図解がありませんでしたが、ある新聞社が書いた図解入りの記事が分かりやすかった事例を踏まえ、今回は佐藤さんがパワーポイントで作成したそうです。広報担当者も、このくらいの図表がつくれると理想的です。

佐藤さんの前職は古着店チェーンの広報。eラーニング業界に移って痛感したのが、ビジュアル素材の少なさでした。問題集では画にならないので、女性社員をモデルにイメージ写真を撮るなど、様々な工夫をしています。

2枚目には、宅建士試験の利用者が、受験にどの程度影響したかを回答したアンケート結果を載せています。全体の62.1%は影響があったということで、**ポイント3**サービスの信ぴょう性が増しています。

外部の配信サービスでは冒頭の2枚だけ配信しましたが、個別配信の際はさらに参考資料を2枚添付しました。ここで**ポイント4**弁護士資格の問題点を詳しく紹介しており、それが多くのメディアに注目されました。

近年、合格までに年数がかかり、費用もかさむ司法試験の受験者数は激減しています。国はそれを改善するために法科大学院をつくりましたが、うまく機能していないことを指摘。合格までに時間をかけるより、早く合格して実践の場に出てほしいと訴えています。

佐藤さんは、この鬼頭さんのメッセージを強く押し出すべきだと考えました。こうした社会問題解決型リリースはメディア受けがいいことは皆さんもご存じの通り。鬼頭さんも広報には積極的で、「AIに追いつかれない試験問題をつくってほしい」というメッセージも打ち出しており、社長PRは今後も展開できそうです。

メッセージが際立っているため、Twitterなどでは否定的な反響もあったそうですが、肯定的な意見しか出ない内容ではバズりません。多少の逆風は覚悟して、勝負に打って出たのは正解だと思います。

異なる業界から転職してきた佐藤さんには、法律や資格試験、ITなど分からない内容だらけで、当初はチンプンカンプンだったそうですが、"私が理解できるように書けば、記者の皆さんにも理解してもらえる"という意識でリリース原稿を書いているそうです。

そしてこのリリースで秀逸なのは、まず提供開始のタイミングで予備試験が実施され、的中率が判明したところで2回目のPRができることです。実際、

ポイント4

参考資料で背景にある課題を詳細に伝える

司法試験制度の課題をロジカルに整理して、今回のサービスが幅広いメディアで取り上げられるよう工夫している。

参考資料

1枚目

資格スクエア

<参考資料>

なぜ今「予備試験」が注目されているの

社会課題

激減の一途をたどる司法試験受験者数
法曹コース設立は打開策となり得るのか？

現在、司法試験を受験するためには法科大学院を卒業するか、もしくは司法試験予備試験に合格する必要があり、両者にかかる年数や費用の観点から法科大学院への進学率が非常に低くなっており、存続困難な法科大学院が続々と出てきている。

その対策として政府は3月12日、法科大学院や司法試験を改革するための関連法案を閣議決定し、国会に提出した。内容は法学部に入学してから最短で5年目に司法試験の受験資格が得られる「法曹コース」の創設や、法科大学院在学中に司法試験の受験を認めるのが主な柱で、低迷する法科大学院志願者の増加を狙う。しかし、これらの改革は本当に司法試験受験者数を増やすことへつながるのだろうか？

課題①年々減少する司法試験受験者数、変わらぬ合格者数

司法試験受験者数の推移

45372
43367
39428
32339
27913
24464
22613
21386
8771
8387
7653
8015
8016
6899
5967
5238
新司法試験制度スタート
法科大学院制度スタート
旧司法試験制度廃止
受験回数が3～5回へ

司法試験受験者数は年々減少している。ここ数年で見ると、2015年8,016人　2016年6,899人　2017年5,967人　2018年5,238人と毎年1,000人規模で減少し続けている。

その一方で合格者数は2015年に政府が方針を「年間1500人程度以上」にと転換した通り1,500人前後を保っており、単純に合格率が上がっている（旧司法試験時代合格率3%→2018年合格率29.1%）。

合格者を減らすことで、弁護士の質を高めるというのが弁護士会などが主張する大義名分だった。合格者を絞れば合格率が下がり、再び難関の試験に戻っていくと弁護士会は考え、合格者を1,500人に絞るよう設定したはずなのに、合格率は下がるどころか上昇している。さらに、2019年2020年においても合格者数は1,500人前後が見込まれ、合格率はさらに上昇することが予測される。

課題②次々と縮小・閉鎖する法科大学院、一方で増える予備試験受験者数
法科大学院を経由せず、予備試験経由で司法試験を受験する学生が増えている実態

3

2枚目

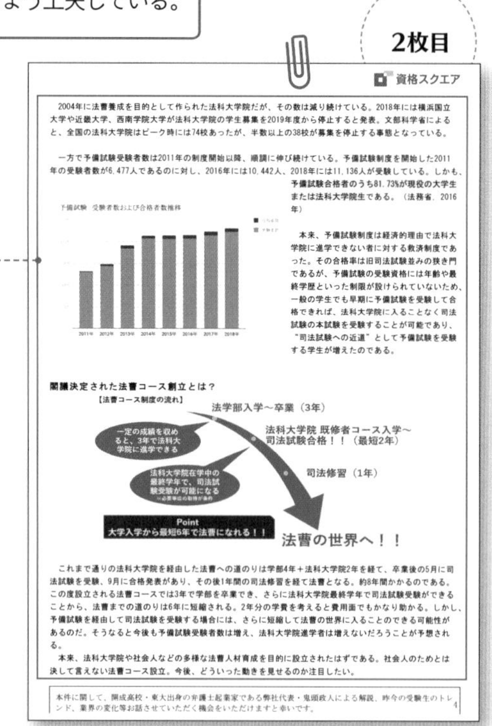
資格スクエア

2004年に法曹養成を目的として作られた法科大学院だが、その数は減り続けている。2018年には横浜国立大学や近畿大学、西南学院大学が法科大学院の学生募集を2019年度から停止すると発表。文部科学省によると、全国の法科大学院はピーク時には74校あったが、半数以上の38校が募集を停止する事態となっている。

一方で予備試験受験者数は2011年の制度開始以降、順調に伸び続けている。予備試験制度を開始した2011年の受験者数が6,477人であるのに対し、2016年には10,442人、2018年には11,136人が受験している。しかも、予備試験合格者のうち81.73%が現役の大学生または法科大学院生である。（法務省，2016年）

本来、予備試験制度は経済的理由で法科大学院に進学できない者に対する救済制度であった。その合格率は旧司法試験並みの狭き門であるが、予備試験の受験資格には年齢や最終学歴といった制限が設けられていないため、一般の学生でも早期に予備試験を受験して合格できれば、法科大学院に入ることなく司法試験の本試験を受験することが可能であり、"司法試験への近道"として予備試験を受験する学生が増えたのである。

閣議決定された法曹コース創立とは？

【法曹コース制度の流れ】

これまで通りの法科大学院を経由した法曹への道のりは学部4年＋法科大学院2年を経て、卒業後の5月に司法試験を受験、9月に合格発表があり、その後1年間の司法修習を経て法曹となる。約8年間かかるのである。この度設立される法曹コースでは3年で学部を卒業でき、さらに法科大学院最終学年で司法試験受験ができることから、法曹までの道のりは6年に短縮される。2年分の学費を考えると費用面でもかなり助かる。しかし、予備試験を経由して司法試験を受験する場合には、さらに短縮して法曹の世界に入ることのできる可能性があるのだ。そうなると今後も予備試験受験者数は増え、法科大学院進学者は増えないだろうことが予想される。

本来、法科大学院や社会人などの多様な法曹人材育成を目的に設立されたはずである。社会人のためとは決して言えない法曹コース設立。今後、どういった動きを見せるのか注目したい。

本件に関して、開成高校・東大出身の弁護士起業家である弊社代表・鬼頭政人による解説、昨今の受験生のトレンド、業界の変化等お話させていただく機会をいただけますと幸いです。

4

問題解決型リリースは際立ったメッセージが〝バズる〟ポイントに

4月25日に続いて試験後の5月20日に第2弾リリースを配信しています。結果的には第1弾リリースが16のメディア、第2弾リリースは26のメディアに掲載されました。第1弾を配信したことにより第2弾も成果を挙げています。

予備試験の合格ラインは正答率60%。「未来問」の的中率も60%を目指しており、見事にクリアしました。予備試験はまだ過去問のサンプルが少ないため、的中率も60%にとどまりましたが（それでも高い数字です）、データが増えるほどAIは成長するので、今後はさらなる的中率の向上が見込めます。

こうしてテレビ・動画配信8件を含む42件の掲載を勝ち取った結果、テレビ放映直後にはサイトへのアクセスが100倍まで急上昇。講座への申し込みも順調で、予定比の400%超えを記録する講座もあったとか。企業提携の話も多数きており、パッケージで販売することも検討しているそうです。

多様なアプローチを実施

私が注目したのは佐藤さんの配信の方法です。相手によってメール、ファクス、郵送、面会と多様なアプローチをしており、中にはメッセンジャーで連絡を取っている相手もいるそうです。反応があったメディアのほとんどが配信サービスではなく、直接配信した相手であるのは大方が予想する通り。

また、佐藤さんが地方でPRをしていたときは記者クラブを活用していましたが、東京に来てからはあまり掲載に結びつかないと感じているそう。確かに東京の記者クラブには投げ込みが多すぎて、読まれる可能性は低くなっているかもしれません。

郵送を多用しているのは、ある雑誌の記者から「メールは飛ばしてしまうこともあるけど、手紙はとりあえず開く」と聞いたことがあるからだそうです。佐藤さんは丁寧に手書きのメッセージも添えているそうで、そこまでできる人はなかなかいないぶん、記者には強い印象を残すでしょう。

そういうアナログな手法が効果を発揮する一方で、メッセンジャーで取材申し込みが入ることがあるのもIT業界ならではで驚いたそうです。メディアに合わせてアプローチの仕方はますます多様化しています。

この案件を受けて、記者からは「AIのことがよく分からないので、勉強会を実施してほしい」と言われたそうで、小さくてもいいから開催したいと佐藤さんも前向きです。

今後は社労士試験やセンター試験での「未来問」開発も視野に入れているそうです。

今回の教訓　連休中こそ、柔軟に対応しよう

このリリースは4月25日の配信で、直後のゴールデンウィークは10連休という、PRが展開しづらい年でもありました。けれど佐藤さんは問い合わせ先の下に「GW中も素材提供、代表インタビューなど承りますので、お気軽にご連絡くださいませ」の一文を添えています。

代表取締役の鬼頭さんには取材が入る可能性を伝えておき、佐藤さんも実家に帰省しつつメールなどで『ワールドビジネスサテライト』（テレビ東京）の打ち合わせを継続していたそうです。これとは反対に、私がある新聞の記者から受け取ったメールには、「連休中も、いつもと変わらず情報を受け付けています」という一文がありました。

おそらく2019年は広報とメディアの両サイドがいつもと違う緊張感を持った年だったに違いありません。働き方改革の時代とはいえ、たとえ普段の日であっても「24時間対応します」という文言は相手に信頼感を与えます。

[DATA]
企業名：株式会社サイトビジット
資本金：1億3242万円（資本準備金含む）
所在地：東京都千代田区神田錦町3-1 オームビル2階
代表者：鬼頭政人
売上高：7億500万円（2018年12月決算期 ※決算期変更による9カ月決算）
利益：非公開
従業員数：28人
簡単な沿革：2013年設立。代表自身の勉強経験をもとに難関法律資格に特化したオンライン学習サービス「資格スクエア」のほか、法曹人材に特化した人材紹介サービス、作成から締結までオンライン完結する電子契約サービスなど、「法律」に軸を置いた事業展開を進めている。
[広報戦略]
社会課題や社会トレンドを交えたリリースづくりを志している。広報目標は「初の全国テレビ放送を獲得する」「大手ウェブメディアでの継続的な掲載獲得」。

BRONZE

長くなりがちなスペック説明を写真と図解で上手に解決！

タイガー魔法瓶「精米機」「LUNCH CUP」

ビジュアルの使い方がうまく、ほとんど本文がなくても伝わる！スペック説明が長くなりやすい分野のリリースの参考に。

スペックが重要な分野のリリースというのは、説明しようとするあまり往々にして枚数が多くなりがちです。この問題を上手に解決している例として、今回はタイガー魔法瓶のリリースに着目しました。

カタログや取扱説明書も担当

取り上げるのは2つのリリース。1つ目は9月1日に発売した、「やわらか玄米」コースを搭載した精米器です。ここ数年、精米済みの米ではなく、玄米を購入して自宅で精米する家庭が増えています。2011年に起きた東日本大震災後、新しい米が手に入らず在庫のあった古米を精米するために一時需要が高まったのだそうです。それ以降

「精米機」リリース

1枚目

＼ポイント2／

リードで開発理由を的確に記述

なぜ商品開発に至ったのかを簡潔に表現している

※簡潔であるが説得力がある

＼ポイント1／

全体の構成がシンプルで分かりやすい

商品内容を伝えるために①～③の3段階で構成

※ページごとに読み進められるようになっている

TIGER

2016年0月23日
タイガー魔法瓶株式会社

-NEWS RELEASE-

健康と食べやすさにこだわった「やわらか玄米」コースを新搭載
精米器（無洗米機能つき）
2016年9月1日発売

タイガー魔法瓶株式会社（社長：菊池嘉聡、本社：大阪府門真市）は、無洗米機能つきの精米器RSF-A100を9月1日に発売します。

「玄米」＝「健康・美容に良い」というイメージが定着し、こだわりのお米を少量ずつ購入される方も増えてきました。お米は精米すると酸化しやすくなるため、玄米のまま保存し、毎回炊くだけを精米するのが、ごはんをおいしく味わうコツです。

また、玄米は栄養素が多い一方、殻に包まれていることから「食べづらい」「消化しにくい」というマイナス面があります。

そこで、新しい精米器RSF-A100は、徹底した「使いやすさ」の追求と健康玄米食を無理なく続けることができる「やわらか玄米」コースを新搭載して、充実した基本機能で毎日の健康と豊かな食生活をご提案します。

【主な特長】

① DCモーターで、お米をていねいに精米する
「変速かくはん式精米」

② 炊飯しやすく食べやすい、玄米とほぼ同じ栄養価の
「やわらか玄米」コース タイガーだけ

③ 使いやすく、お手入れしやすい
「一体取出し ぬかボックス」

【製品写真】

レッド<R>
RSF-A100

【製品概要】

商品名	品番	精米容量（約）g	希望小売価格	発売日
精米器（無洗米機能つき）	RSF-A100	玄米165～825g（付属の計量カップで1～5カップ）	オープン価格*	2016年9月1日

*オープン価格の商品は希望小売価格を定めていません。

1

❶ 特徴ダイジェスト

も、おいしいご飯を食べたいというこだわりを持った方のニーズがあり、年間3万～4万台（日本電機工業会加入社分のみ集計）が購入されています。

食品は私も詳しいジャンルですが、米は精米した瞬間から酸化が始まるので、炊く前に精米すると一番おいしく炊けます。また玄米は体の中で消化されづらいとされているため、糖質制限ダイエットの観点から愛好する女性も増加しており、こうした健康志向の高まりから、精米器はコンスタントに売れています。「炊飯ジャーも高価格のものが売れていて、購入する商品の平均単価は11年連続で上昇しています。外食などでぜいたくをするよりも、毎日食べるものをおいしく食べたいという思いがお客さまの間で強まっているようです」とソリューショングループ広報宣伝チームの林優紀さんは言います。

一方で「玄米は固くて食べづらい」という声もよく聞かれます。そこで玄米の表面に細かい傷をつけて水分を吸収し、軟らかく食べやすくしたのがリリースの商品です。これはタイガー独自の画期的な方法で、1年半かけて開発したそうです。

ではそのリリースを見てみましょう。**ポイント1** 3枚展開で、シンプルな全体構成が非常に分かりやすいです。本商品の特長を3つに絞り込み、1枚目ではダイジェストを、2枚目ではその詳細を、3枚目には商品データをまとめている、私の推奨する理想的な構成です。実は林さんも私が講師を務める宣伝会議主催「ニュースリリース作成講座」の受講生でしたが、そのつながりで取り上げたわけではありません。最近、よくできたリリースだなと思って取材に行くと偶然にも受講生に当たることが多く、嬉しいことです。

注目してほしいのは、このリリースにはほとんど本文がありません。**ポイント2** 6行のリードで開発の経緯から商品の特長までを簡潔に説明してしまっているのです。そして本文のスペースは写真や図解がメインで、文章はその説明だけという潔さです。

林さんによれば、リリースの構成は2015年から様々な形を試しており、

2枚目

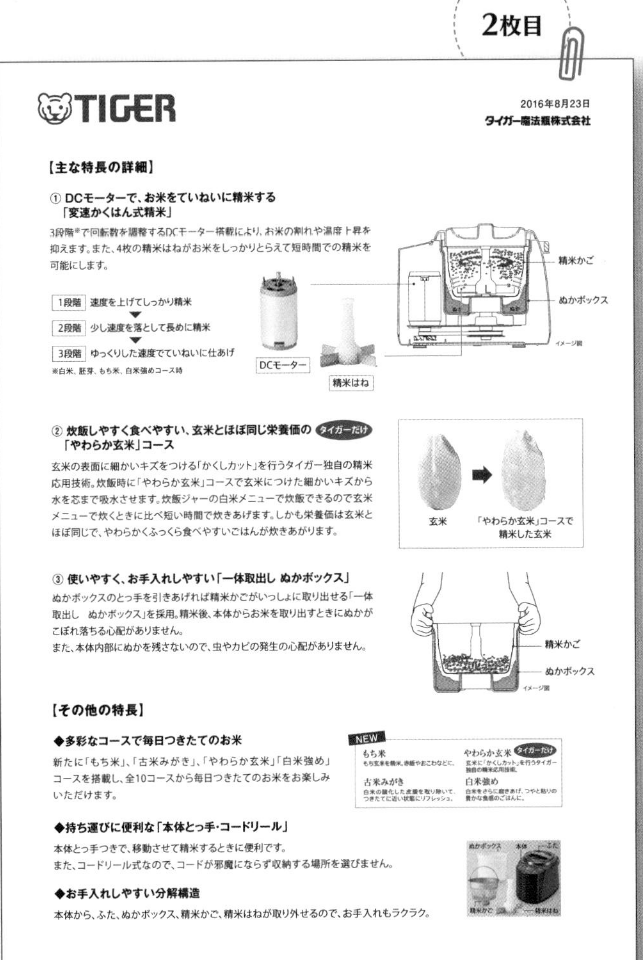

TIGER

2016年8月23日
タイガー魔法瓶株式会社

【主な特長の詳細】

① DCモーターで、お米をていねいに精米する「変速かくはん式精米」

3段階※で回転数を調整するDCモーター搭載により、お米の割れや温度上昇を抑えます。また、4枚の精米はねがお米をしっかりとらえて短時間での精米を可能にします。

1段階 速度を上げてしっかり精米
2段階 少し速度を落として長めに精米
3段階 ゆっくりした速度でていねいに仕あげ

※白米、胚芽、もち米、白米強めコース時

② 炊飯しやすく食べやすい、玄米とほぼ同じ栄養価の タイガーだけ 「やわらか玄米」コース

玄米の表面に細かいキズをつける「かくしカット」を行うタイガー独自の精米応用技術。炊飯時に「やわらか玄米」コースで玄米につけた細かいキズから水を芯まで吸水させます。炊飯ジャーの白米メニューで炊飯できるので玄米メニューで炊くときに比べ短い時間で炊きあげます。しかも栄養価は玄米とほぼ同じで、やわらかくふっくら食べやすいごはんが炊きあがります。

③ 使いやすく、お手入れしやすい「一体取出し ぬかボックス」

ぬかボックスのとっ手を引きあげれば精米かごがいっしょに取り出せる「一体取出し　ぬかボックス」を採用。精米後、本体からお米を取り出すときにぬかがこぼれ落ちる心配がありません。
また、本体内部にぬかを残さないので、虫やカビの発生の心配がありません。

【その他の特長】

◆多彩なコースで毎日つきたてのお米

新たに「もち米」、「古米みがき」、「やわらか玄米」「白米強め」コースを搭載し、全10コースから毎日つきたてのお米をお楽しみいただけます。

◆持ち運びに便利な「本体とっ手・コードリール」

本体とっ手つきで、移動させて精米するときに便利です。
また、コードリール式なので、コードが邪魔にならず収納する場所を選びません。

◆お手入れしやすい分解構造

本体から、ふた、ぬかボックス、精米かご、精米はねが取り外せるので、お手入れもラクラク。

2

2 特徴詳細

3枚目

TIGER

2016年8月23日
タイガー魔法瓶株式会社

【製品仕様】

レッド<R>
RSF-A100

品名	精米器（無洗米機能つき）
品番	RSF-A100
希望小売価格	オープン価格*
定格消費電力（W）	300
精米容量（約）g	玄米 165～825（付属の計量カップで1～5カップ）
サイズ 幅×奥行×高さ（約）cm	22.7×30.1×23.6
本体質量（約）kg	3.6
定格時間	10分
精米時間（白米5合コース）目安	2分45秒
色柄	レッド<R>
発売日	2016年9月1日

*オープン価格の商品は希望小売価格を定めていません。
製品写真は実際の色とは若干異なる場合があります。あらかじめご了承ください。

このリリースに関するお問合せ先
タイガー魔法瓶株式会社 広報室

3

3 商品概要

同年6月の新商品リリースは6枚で、今の倍の枚数がありました。前述のように、商品説明を詳しく入れて長くなってしまうパターンです。その後、改善して3枚に減らしたものの、1枚目の文字情報が多くなりすぎたといいます。そして今回、試みたのがこのパターン。ここまでスッキリしたリリースは（しかも機械製品で）あまり見たことがなく、長くなりがちなリリースのひとつの改善策といえます。

そうなると重要なのがビジュアルの使い方。**ポイント3** このリリースでは写真、イラスト、表組みなど様々なビジュアルを使いこなしており、しかも無駄がありません。よく見かけるのは、ビジュアルがうまく機能していないリリースです。ビジュアルはないよりもあった方が第一印象は数段いいのですが、文章とうまく連動しておらず、必要性を感じないビジュアルはかえってストレスになります。タイガーの場合は説明したいこととビジュアルが有機的に結びついており、すんなり腑に落ちます。

その理由として考えられるのが、タイガーの社内システムです。林さんらが在籍する広報宣伝チームは広報だけでなく広告やウェブ、印刷物全般も担当しています。商品カタログやパッケージ、取扱説明書も同じグループ内のチームが担当しているので連携も取りやすく、カタログ用につくったビジュアルなどをすべて把握しているので、リリースにも有効なビジュアルを選ぶことができるのです。

開発の段階から関わっているので、商品の完成間近に案件が降りてくるということはありません。しかも商品知識が豊富だという利点もあります。

「魅せランチ」という造語で訴求

2つ目に取り上げるのは、ステンレスカップと透明なカップを組み合わせた「LUNCH CUP」です。それぞれス

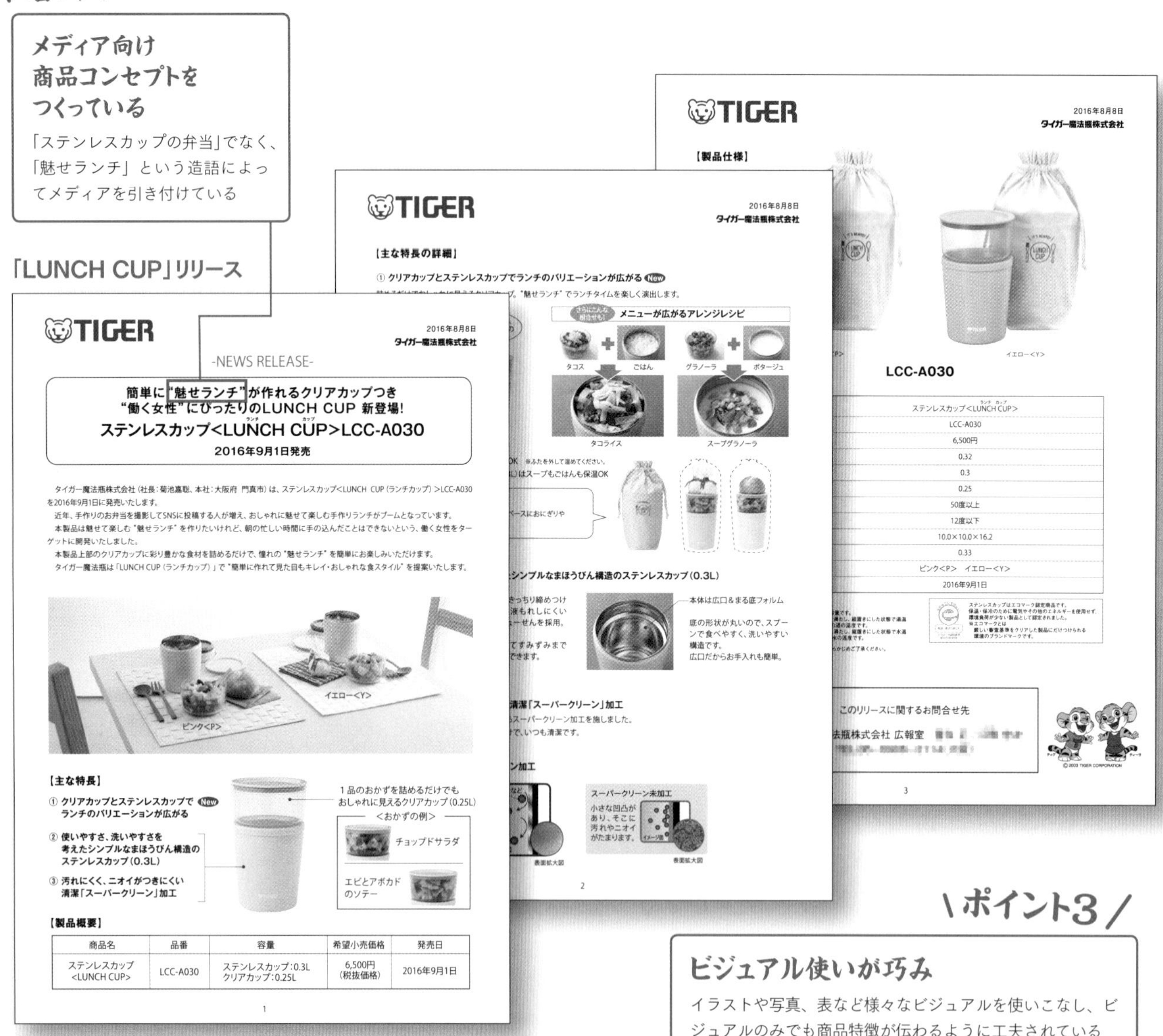

番外
メディア向け商品コンセプトをつくっている
「ステンレスカップの弁当」でなく、「魅せランチ」という造語によってメディアを引き付けている
「LUNCH CUP」リリース
ポイント3
ビジュアル使いが巧み
イラストや写真、表など様々なビジュアルを使いこなし、ビジュアルのみでも商品特徴が伝わるように工夫されている

TIGER

2016年8月8日
タイガー魔法瓶株式会社

-NEWS RELEASE-

簡単に“魅せランチ”が作れるクリアカップつき
“働く女性”にぴったりのLUNCH CUP 新登場!
ステンレスカップ<LUNCH CUP>LCC-A030
2016年9月1日発売

タイガー魔法瓶株式会社（社長：菊池嘉聡、本社：大阪府 門真市）は、ステンレスカップ<LUNCH CUP（ランチカップ）>LCC-A030を2016年9月1日に発売いたします。

近年、手作りのお弁当を撮影してSNSに投稿する人が増え、おしゃれに魅せて楽しむ手作りランチがブームとなっています。

本製品は魅せて楽しむ“魅せランチ”を作りたいけれど、朝の忙しい時間に手の込んだことはできないという、働く女性をターゲットに開発いたしました。

本製品上部のクリアカップに彩り豊かな食材を詰めるだけで、憧れの“魅せランチ”を簡単にお楽しみいただけます。

タイガー魔法瓶は「LUNCH CUP（ランチカップ）」で“簡単に作れて見た目もキレイ・おしゃれな食スタイル”を提案いたします。

ピンク<P>　イエロー<Y>

【主な特長】

① クリアカップとステンレスカップで New ランチのバリエーションが広がる
② 使いやすさ、洗いやすさを考えたシンプルなまほうびん構造のステンレスカップ（0.3L）
③ 汚れにくく、ニオイがつきにくい清潔「スーパークリーン」加工

1品のおかずを詰めるだけでもおしゃれに見えるクリアカップ（0.25L）
<おかずの例>
チョップドサラダ
エビとアボカドのソテー

【製品概要】

商品名	品番	容量	希望小売価格	発売日
ステンレスカップ <LUNCH CUP>	LCC-A030	ステンレスカップ：0.3L クリアカップ：0.25L	6,500円（税抜価格）	2016年9月1日

1

ープ類またはライス、野菜などを入れてお弁当にします。

数年前に不況の影響で外食を控えて弁当をつくる人が増えたり、お母さんが子どもにつくるキャラ弁が人気になったりとお弁当に対する意識が高まりました。一方で街中にスープ店が増えて、スープとおにぎり、あるいはスープとサンドイッチという食スタイルの人気も女性を中心に高まりました。タイガーでも他社に追随する形で2012年にステンレス製のカップを発売。朝の忙しい時間にスープのベースと食材を入れておくだけで、保温機能によって昼食のころにはおいしいスープができあがっているという「保温調理」がブームとなり、雑誌などでも紹介されました。現在では年間20万個の市場に成長しています。

やがてTwitterやFacebook、Instagramで自分の弁当を発表する場ができると、お弁当のお洒落化が加速。きれいに見せるために透明なクリアカップを付けたのが、この商品のポイントです。

リリースを見ると、タイトルの「魅せランチ」というキーワードが目に飛び込んできます。これは商品企画チームと広報チームが「何か仕掛けたい」と考えてアイデアを出し合い、10以上の候補の中から選んだもの。一見、プロのコピーライターが考えたかのような秀逸なコピーで、メディアもこのキーワードとセットで紹介し、若い女性に人気のキュレーションメディア「MERY」にも取り上げられました。日経MJでも他社製品と合わせて大きな記事になり、今後も何かきっかけさえあれば、もっと跳ねる力を持っていると思います。

製品の利用シーンも提案する

なお、電化製品に特有の事情として、商品名がなく、製品番号だけというケースが多くあります。電機ポットの「とく子さん」が有名なタイガーでもその状況に変わりはなく、「LUNCH CUP」は名前がありますが、精米器には特別な名前はありません。私はPRの観点から「商品名を付けるべき」と声を大にして言い続けていますが、付いていない場合は「魅せランチ」のようなキーワードを考案すると広報活動もスムーズになるでしょう。

このリリースでは、実際に「LUNCH CUP」を利用しているシーンの写真を使っています。消費者はよりニッチな機能に特化した調理家電を求めるようになりましたが、「機能だけで売れる時代ではなく、その商品を使ってどういう暮らしができるか、生活シーンを提案することが大切だと感じています」と林さん。メディアからもそんなイメージを想起させる写真素材を求められることが増えているそうで、近年「モノ消費からコト消費へ」といわれる現象が、ここにも表れています。

今回の教訓 新しい手法も柔軟に試してみよう！

林さんはタイガーに入社して2年目です。広報宣伝チームの8人を代表して私が担当した講座を受講し、学んだことを部内会議で報告、チーム全体で共有したそうです。フィードバックすることはとても重要です。よく広報部にもベテランのメンバーがいて、新しい手法があっても「私はずっとこれでやってきたので」と頑なに受け入れようとしない人もいます。けれどもタイガーでは新たなやり方も積極的に実践してみようというフレキシブルさを感じます。例えば新商品リリースの構成についても、伝統的に6枚程度で作成してきたところを、わずか1年半の間に試行錯誤を繰り返し、今までとはまったく異なる、かなりシンプルな体裁までたどり着きました。PRの世界も日々進歩しているので、新しいことを取り入れる柔軟さは失いたくありません。リリース配信は貴重な実験の場と捉えて、様々なパターンを試してみる姿勢も大切でしょう。

商品名がなければキャッチーなキーワードをつくってみよう！

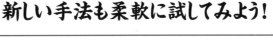

[DATA]
企業名：タイガー魔法瓶株式会社
資本金：8000万円
所在地：大阪府門真市速見町3番1号
代表者：代表取締役社長 菊池嘉聡
売上高：512億円（4月20日）
利益：非公表（未上場）
従業員数：762人（9月14日）
沿革：1923（大正12）年、創業者の菊池武範氏が大阪市に菊池製作所を創設。虎印魔法瓶の製造・販売を始める。1953（昭和28）年に社名をタイガー魔法瓶工業に改称。1963（昭和38）年、大阪府門真市に総合工場完成。
[広報戦略]
年間リリース配信数は20件程度、掲載数は600件。北米やヨーロッパ、中東などでも商品を販売しており、広報目標は「グローバル視点でのブランディング強化」。

BRONZE

航空会社なのにラーメン!? そのギャップで視線をキャッチ

ジェットスター・ジャパン 「ラーメン価格に挑戦セール」 「ガストのクーポン券プレゼント」

ビジュアルがタイトルと連動し
一目で内容が伝わるのが秀逸。
LCCらしいキーワードや
ビジュアル選定のセンスにも注目。

航空会社なのに、メインビジュアルがラーメン!? そんな卓越したインパクトのプレスリリースに惹かれて、ジェットスター・ジャパンを取材してきました。

アジア太平洋地域に路線を持つジェットスターグループ。日本ではジェットスター・ジャパン（以下、ジェットスター）が設立され、2012年に首都圏で初めて国内便をローコストで就航するなどLCC業界の牽引役です。現在も国内線の路線数は最大規模を誇っています。そんな同社が2017年2月に配信したのが、片道802円とラーメン一杯分の価格で16路線の航空券を販売するキャンペーンのリリースです。席数は100～200席に限りました。

「ラーメン価格に挑戦セール」リリース

1枚目

Jetstar

2017年2月2日

報道関係各位

ジェットスター・ジャパン株式会社

「ちゃっかり、おいしい、802円[*1]の空の旅」
"ジェットスター、ラーメン価格に挑戦セール"
～航空券がラーメン1杯の値段！？～

― セール期間：2月3日(金)18時～2月7日(火)18時 ―

URL：http://www.jetstar.com/jp/ja/deals

ジェットスター・ジャパン株式会社（本社：千葉県成田市、代表取締役会長：片岡優）は、2月3日(金)18時より国内全16路線を対象とした片道802円[*1]（座席数限定）の"ラーメン価格に挑戦セール"を実施いたします。

ジェットスターは、「日本の空を、かしこく、ちゃっかり。」をコンセプトに、ひとりでも多くのお客様に気軽に旅をしていただくため、日々お手頃な運賃で空の旅を提供しております。旅先での楽しみの一つはグルメ。なかでも気軽に楽しめるグルメといえば、今や日本の国民食として全国各地に広がるラーメン。そんな1杯のラーメンを食べるような気軽さで旅に出てほしいという想いから、「ラーメン1杯に払える値段」の全国平均である802円[*2]と同じ運賃で航空券を提供するセールを行います。2月3日(金)18時より4日間、毎日18時に4路線ずつ国内全16路線が曜日限定で片道802円[*1]となるこの機会をぜひご利用ください。

国内は北海道から九州・沖縄まで、国内LCCとして最大の国内路線網[*3]を持つジェットスターを利用し、ラーメン価格でふらっとご当地ラーメンの旅をするもよし、気になるあの地へさくっと行ってみるのもよし。2017年最初の「ちゃっかり、おいしい旅」へぜひ出かけてみてはいかがでしょうか。

国内外の空の旅をいつでも安く提供することをコンセプトにしている同社は、通常価格よりさらに安い“インパクトセール”にも力を入れています。2016年2月には、「777円セール」を実施して話題になりました。

今回のラーメン企画が動き出したのは2016年11月。「実は、同年6月に1111円セールを実施しましたが、あまりインパクトがありませんでした。そこで重要なのは数字ではない、と企画を考え直しました」とマーケティング&PR本部マーケティングマネージャーの古屋(ふるや)臣さんは振り返ります。

自社と好相性なキーワードを採用

何らかの関連付けが必要だと感じ、部員がリサーチしていく中で、「ラーメン1杯に払える値段の全国平均は802円」（ジェイ・キャスト調べ／2015年1月発表）という調査データに行きあたります。「ラーメンを食べに行くような気軽さで飛行機の旅に出てみませんか?」という同社らしいメッセージも伝えられるため、この価格を採用することにしました。他にもランチの代金などが候補に挙がりましたが、庶民的で親しみ深い点でラーメンに分があったようです。関係各部署と価格の妥当性などに関する検討を経て、実施する運びとなりました。席数が埋まった場合は別料金の席を勧めており、採算は取れているそうです。

リリースを作成したのはマーケティング&PR本部コンシューマーPRマネージャーの高橋里予さん。「読み流されず、記憶に残る内容」を意識し、「ラーメン」「802円」という2つの強い要素を前面に押し出す作戦としました。

販売開始前日にネットメディアを中心に配信し、記者クラブへの投げ込みも行いました。結果、約200件のメディア掲載となり、日経MJなど新聞掲載は6件に上りました。社会性のある話題ということで、「“安さ”と“ラーメン”。両方の切り口が揃っていたからここまで伸びたのでは」と高橋さんは分析します。

古屋さんによれば、ソーシャルメディアの反応からも消費者に好意的に受け止められたことが分かったといいま

「ガストのクーポン券プレゼント」リリース

1枚目

＼ポイント1／

タイトルのコピーに「ツカミ」がある

- 航空会社なのに「ちゃっかり、おいしい」って何?「ラーメン価格に挑戦」するの?といった、意外な想像を読み手に湧かせることで興味を喚起
- この1行で、キャンペーン内容が瞬時に分かる

＼ポイント2／

タイトル連動のビジュアルが秀逸

- 一目で内容が伝わる
- ビジュアルは社内で制作したオリジナル

Jetstar

2017年1月26日

ジェットスター・ジャパン株式会社

スマホひとつで旅に出て、おいしいクーポンでさらにおトクに

ジェットスター、モバイル搭乗券利用で「ガスト」のクーポン券プレゼント！

ジェットスター・ジャパン株式会社（本社：千葉県成田市、代表取締役会長 片岡 優、以下、ジェットスター・ジャパン）は、2017年2月1日（水）～4月30日（日）*1の期間、モバイル搭乗券をご利用いただいた方を対象に、クーポンをプレゼントするキャンペーンを実施します。

ジェットスター・ジャパンは現在運航する国内 LCC として唯一スマートフォンアプリ、モバイル搭乗券の運用を行っており、ご予約からご搭乗までのお手続きを全てアプリ上で行うことが可能です。今回のキャンペーンでは、モバイル搭乗券を使って、ジェットスター国内全就航都市で国内線を利用される方を対象に、搭乗口で発行される搭乗券の控えの裏に、全国の「ガスト」で使えるドリンクバー無料クーポンを印刷し、プレゼントします。

ジェットスターは、「日本の空、世界の空を、もっと身近に」というビジョンのもと、国内LCCとして最大となる年間500万人以上（注3）のお客様にご利用いただいています。そんな多くのお客様に、このクーポンのご利用で、ファミリーレストランとして唯一、全都道府県に店舗を構え、気軽に家族、友人との時間を楽しめる「ガスト」でちゃっかりおトクに楽しんでいただければと考えています。

■キャンペーン概要

1.提供期間
2017年2月1日（水）～4月30日（日）*1

2. クーポン内容
Café レストランガストで使えるドリンクバー無料クーポン*2

3. 対象
ジェットスター便が発着する国内全11空港から出発する国内線搭乗者で、モバイル搭乗券をご利用の方*3

1

す。「普段はLCCの安さや価格へのコメントがほとんどですが、今回は“企画が面白い”“飛行機でラーメンを食べに行きたい”といったコメントが多く、気軽に飛行機で旅に出てほしいというメッセージが響いたのかなと感じています」。

売れ行きも好調で、人気の札幌便などは販売開始から5分で完売になってしまったとのこと。多くの人は「安いからとりあえず買っておこう」と思い購入したと想像されます。「国内LCCが始まった際も“とりあえず買っておいて、旅の予定は後から考える”という方が多く、今回も同じ現象が起こりました。この企画は、空の旅を身近なものにしたいという私たちのコンセプトを伝えるためにも有効だったと思います」と高橋さん。

タイアップでサービスの普及

もうひとつ紹介するリリースは、モバイル搭乗券を利用するとガストのドリンクバー無料クーポンがもらえるというもの（2017年1月配信）。スマートフォンでチェックインの上、モバイル搭乗券を利用すると受付カウンターでの発券が不要で、スマホだけで搭乗手続きが可能になります。日本航空や全日空では採用していますが、国内LCCでの導入はジェットスターだけです。2016年1月にスタートし、現在ようやく利用者に活用され始めたとのこと。受付カウンターでの待ち時間が減れば利用者・航空会社双方にメリットがあるため、もっと普及・浸透させていこうと、この無料クーポンサービスを企画しました。

両者は「賢くお金を使いたい若年層」というターゲットが一致しているため、高橋さんが先方に働きかけたところ、順調に話は進み、実施に至りました。余談ですが、私はファストフード店にほとんど行きませんが、別のサービスでビッグマックのクーポン券をもらうとマクドナルドに足を運んでみようかなと思うことがあります。このようにクーポンは新規ユーザーの送客効果が

「ラーメン価格に挑戦セール」リリース　2枚目

Jetstar

■セール概要

【名称】　“ジェットスター　ラーメン価格に挑戦セール”

【対象路線】　国内全16路線

【セール運賃】　片道802円[*1]（毎日4路線ずつ18時に販売開始、各路線100〜200席、曜日限定）
片道3,590円[*1]〜（全16路線、期間中、常時販売）

【販売期間】　2月3日（金）18時00分〜2月7日（火）18時00分
※完売次第終了。販売期間は延長する場合があります。

【搭乗期間】　2017年4月5日（水）〜7月14日（金）
※2017年4月28日（金）-5月9日（火）を除きます。路線ごとに異なります。
上記搭乗期間内でも、路線によってはセール運賃が適用されない日・フライトがあります。

*1 エコノミークラス「Starter」片道運賃。支払手数料、空港使用料等が別途必要です。
受託手荷物の料金は含まれません。諸条件が適用されます。
*2 J-CAST 調べ（http://j-town.net/tokyo/research/results/199240.html?p=all）
*3 国内路線数において（2017年2月現在）

【ジェットスター・ジャパンについて】

「より多くのお客さまに、低運賃で安心・安全な楽しい空の旅をしていただきたい」というミッションを掲げ、ジェットスターグループは、日本に初めて就航した国際線LCCとして2007年3月に運航を開始しました。以来、幅広い層のお客さまにご利用いただいています。
また、より多くの日本のお客さまにLCCをご利用いただくべく日本の航空会社としてジェットスター・ジャパンが設立され、2012年7月に東京(成田)、大阪(関西)、札幌(新千歳)、福岡、沖縄(那覇)に就航し日本国内線の運航を開始しました。さらに名古屋(中部)、大分、鹿児島、松山、高松、熊本にも就航し、2015年2月からジェットスター・ジャパン就航以来初となる国際線として香港線を運航。同年11月には台北線、また2016年3月にマニラ線の運航を開始しました。
現在、年間500万人（注1）以上にご利用いただく日本国内最大のLCC（注2）として国内外14都市、24路線で1日最大92便を運航しています。より使いやすいカジュアルエアラインを目指し、お客さまが直接搭乗ゲートに向かうことができる国内LCC初のモバイル搭乗券を導入するなど、さらなる利便性を追求いたします。
ジェットスター・ジャパンは低運賃により、今後もより多くのお客さまに気軽に空の旅を楽しんでもらえる機会を創出してまいります。http://www.jetstar.com

（注1）2015年4月〜2016年3月の搭乗実績
（注2）国内線路線数(2017年2月現在)

「ガストのクーポン券プレゼント」リリース　2枚目

Jetstar

*1 期間内であってもクーポンは無くなり次第終了します。延長の可能性があります。
*2 搭乗券1枚につき1名様1回限り有効です。ステーキガスト・Sガスト・宅配・テイクアウトではご利用できません。オーナー様割引券、家族優待券との併用はできません。ガスト全店（石岡店を除く）でご利用いただけます。「搭乗券の控え」の表面に「Jetstar Boarding Pass」の表記および搭乗者名の記載がないもの、コピーは無効です。
*3 クーポンは搭乗の際に発行される「搭乗券の控え」の裏面に付いています。モバイル搭乗券を発行しても、搭乗されない場合はクーポンをお受け取りいただけません。ジェットスターカウンターにて座席変更をご希望の場合は、モバイル搭乗ができなくなりクーポン発券対象になりませんのでご了承ください。システム障害などのやむをえない事情でクーポンを発行できない場合があります。その場合の補償はされません。キャンペーンは予告なく変更・中止となる場合があります。

■参考 URL

1.企画詳細／スマホ旅 How to ムービーについて
URL : http://www.jetstar.com/jp/ja/app-guide

2.モバイル搭乗券について
URL : http://www.jetstar.com/jp/ja/help/articles/can-i-use-a-mobile-boarding-pass

■ジェットスターグループについて

「より多くのお客様に、低運賃で安心・安全な楽しい空の旅をしていただきたい」というミッションを掲げ、ジェットスターグループは、日本に初めて就航した国際線LCCとして2007年3月から運航を開始しました。以来、幅広い層のお客さまにご利用いただいています。
また、より多くの日本のお客さまにLCCをご利用いただくべく日本の航空会社としてジェットスター・ジャパンが設立され、2012年7月より東京(成田)、大阪(関西)、札幌(新千歳)、福岡、沖縄(那覇)に就航し日本国内線の運航を開始しました。さらに名古屋(中部)、大分、鹿児島、松山、高松、熊本にも就航し、2015年2月からジェットスター・ジャパン就航以来初となる国際線として香港線を運航。同年11月には台北線、また2016年3月よりマニラ線の運航を開始しました。
現在、年間500万人（注3）以上にご利用いただく日本国内最大のLCC（注1）として国内外14都市、24路線で1日約100便を運航しています。より使いやすいカジュアルエアラインを目指し、お客さまが直接搭乗ゲートに向かうことができる国内LCC初のモバイル搭乗券を導入するなど、更なる利便性を追求いたします。
ジェットスターは低運賃により、今後もより多くのお客さまに気軽に空の旅を楽しんでもらえる機会を創出してまいります。http://www.jetstar.com

（注1）国内線路線数(2016年9月1日現在)
（注2）2017年1月23日現在、大阪（関西）〜福岡の片道運賃
（注3）2015年4月〜2016年3月の搭乗実績

2

＼ポイント3／

企業概要を的確にまとめ
毎回、同じ内容で掲載

- 企業概要を、ミッション→歴史→実績→現状→今後の方針の順にまとめ、数字も効果的に用いている
- 毎回同じ内容を載せることでメディアへの認知促進を図っている

あると考えられます。

このリリースは、ウェブ上で約60の媒体が掲載。通常は配信していない飲食系のメディアにも送ったところ、関連メディアなどに掲載されました。また、お得情報を専門に集めているサイトにも転載されるなど、一定の反響が得られたようです。

タイトルと写真の効果的な連動

それではこの2つのリリースの注目点を見ていきましょう。まず **ポイント1** タイトルが、しっかり読み手の気を引き付ける「ツカミ」の役割を果たしています。航空会社なのに「おいしい」「ラーメン」という一見ミスマッチな言葉に驚かされ、興味をそそられます。「ラーメン価格に挑戦」という楽しそうな文言も、ユーモアのあるジェットスターの社風に合致しています。無料クーポンのリリースでは「スマホひとつで旅に出られる」「おトクなクーポン券をプレゼント」といった情報が過不足なく掲載され、一瞬で把握できます。

そして、何より秀逸なのは **ポイント2** ビジュアルがタイトルと連動し、一瞥しただけで内容が分かる表現になっている点です。ラーメンの企画では、ストックフォト（写真素材）から選んだラーメンの写真を使用しました。「シズル感（食欲や購買意欲が刺激される感覚）があり、脂が浮いていて上品すぎない。いい意味でジェットスターらしい写真を探しました」（古屋さん）というこだわりよう。私はこれを見て、機内食でラーメンが出てくるのかと思ってしまいましたが、その勘違いさせる驚きも含めて効果的です。クーポンのリリースはスマホと機体をコラージュした斬新なビジュアルです。これはキービジュアルにワンフレーズを組み合せるという海外のビジュアル事例を参考に、オーストラリア出身の社内デザイナーが作成したとのこと。オリジナルのビジュアルを出し続ければ、それもジェットスターらしさになります。

私はいつも、リリースの末尾に企業概要を載せることをお勧めしていますが、**ポイント3** ジェットスターのリリースには企業情報が的確にまとまっています。まずLCCのミッションから始まり、歴史、実績、現状、今後の方針と展開していて、改めてLCCについての情報を復習できます。

国内線においてLCCの旅客数シェアは約10%（2016年／国土交通省）に過ぎず、まだまだ伸びしろがあると言います。新たな市場を築きつつあることや、地方に観光客を誘致し社会に貢献している側面からも、メディアに取り上げられるチャンスは多いようです。「大手航空会社と現在ある市場を奪い合うのではなく、これまでほとんど空の旅を利用していなかった層を対象に、新たなニーズを開拓していきたい。気軽に利用してみようと思っていただける価値をPRしていきます」と、お二人の目標も明確です。

今回の教訓　企画から発信まで一貫したPRを

ジェットスターの特徴として挙げられるのは、企業情報を扱う「広報」と、メディアに積極的に話題を提供していく「マーケティングPR」の機能が分かれていることです。このような形態は他の企業でも時々見られますが、同社では「マーケティング&PR本部」として、企画の立案から外部への発信までを一貫して同じメンバーが遂行しています。これは、オーストラリアにあるジェットスター航空と同じ体制とのこと。一人ひとりの仕事量はとても多くなると思いますが、この体制の良さは、部署を横断することで起きる食い違いがないこと。企画の芯をブレることなく伝えられますし、自分たちで考えた企画なのでPRにも熱が入ります。また、メンバー同士の席が近いため「30分くらい打ち合わせしたいからちょっと集まって」と、すぐに相談することができるそうです。企業の規模にもよりますが、欧米で主流のこの体制が日本企業でも今後増えていくと思います。

商品・サービスの価値は驚きのあるビジュアルとストーリーで訴求せよ！

[DATA]
企業名：ジェットスター・ジャパン株式会社
資本金：410億円
所在地：千葉県成田市成田国際空港 第3ターミナル内
代表者：代表取締役会長　片岡 優
売上高：522億円（2016年6月期）
純利益：6300万円（2016年6月期）
従業員数：869人（2016年12月末現在）
沿革：2012年、首都圏初のLCCとして国内線を就航。2015年、初の国際線となる関西ー香港線を就航。国内LCCとして初めて累積搭乗者数1800万人を突破。
[広報戦略]
リリースを書く上では「社会的意義が高い内容となっているか。社会に変化をもたらす内容か」「ジェットスター・ジャパンとしてのユニークさがあるか」「問題提起を行っているか」などを意識している。

＊2017年7月号『広報会議』掲載（情報は取材当時のもの）

BRONZE

ニッチメディアを狙い撃ち！ SNS拡散を狙ったリリース

カレー総合研究所「カレー大學 銀座食堂」

個人で運営する情報サイトは
常にネタを探しています。
そこにリリースを配信することで
高い確率で掲載されるのです！

今回は、私が代表を務めるカレー総合研究所の一事業である「カレー大學」のリリースで、面白い動きを見せた案件があるので紹介したいと思います。

カレー業界では、毎年のように新しいトレンドが生まれています。最先端はスパイスカレー……と言ってもカレーに詳しくない方、しかも関西以外の方にはまだピンとこないかもしれません。大阪発のスパイスカレーは、カレーソースの上に多種のスパイスを大量に振りかけるなど、従来とは異なるスパイス使いのカレーです。その斬新な調理方法とスパイシー感が際立つ味わいで、大阪では一大ブームを呼んでいます。しかも料理の専門家ではなく、

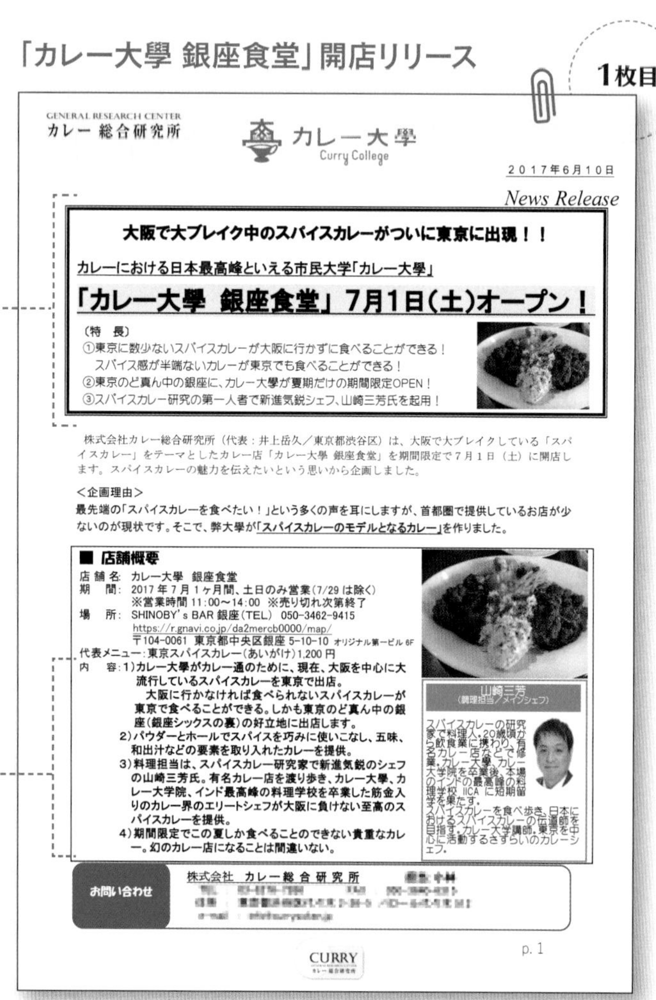

「カレー大學 銀座食堂」開店リリース

1枚目

GENERAL RESEARCH CENTER
カレー 総合研究所

カレー大學
Curry College

２０１７年６月１０日

News Release

大阪で大ブレイク中のスパイスカレーがついに東京に出現！！

カレーにおける日本最高峰といえる市民大学「カレー大學」

「カレー大學　銀座食堂」７月１日（土）オープン！

〔特　長〕
①東京に数少ないスパイスカレーが大阪に行かずに食べることができる！
　スパイス感が半端ないカレーが東京でも食べることができる！
②東京のど真ん中の銀座に、カレー大學が夏期だけの期間限定OPEN！
③スパイスカレー研究の第一人者で新進気鋭シェフ、山崎三芳氏を起用！

株式会社カレー総合研究所（代表：井上岳久／東京都渋谷区）は、大阪で大ブレイクしている「スパイスカレー」をテーマとしたカレー店「カレー大學 銀座食堂」を期間限定で７月１日（土）に開店します。スパイスカレーの魅力を伝えたいという思いから企画しました。

<企画理由>
最先端の「スパイスカレーを食べたい！」という多くの声を耳にしますが、首都圏で提供しているお店が少ないのが現状です。そこで、弊大學が「スパイスカレーのモデルとなるカレー」を作りました。

■ 店舗概要
店 舗 名：カレー大學　銀座食堂
期　　間：2017年7月1ヶ月間、土日のみ営業（7/29は除く）
　※営業時間 11:00～14:00　※売り切れ次第終了
場　　所：SHINOBY's BAR 銀座（TEL）050-3462-9415
　https://r.gnavi.co.jp/da2mercb0000/map/
　〒104-0061　東京都中央区銀座 5-10-10 オリジナル第一ビル 6F
代表メニュー：東京スパイスカレー（あいがけ）1,200円
内　　容：1）カレー大學がカレー通のために、現在、大阪を中心に大流行しているスパイスカレーを東京で出店。
　大阪に行かなければ食べられないスパイスカレーが東京で食べることができる。しかも東京のど真ん中の銀座（銀座シックスの裏）の好立地に出店します。
2）パウダーとホールでスパイスを巧みに使いこなし、五味、和出汁などの要素を取り入れたカレーを提供。
3）料理担当は、スパイスカレー研究家で新進気鋭のシェフの山崎三芳氏。有名カレー店を渡り歩き、カレー大學、カレー大学院、インド最高峰の料理学校を卒業した筋金入りのカレー界のエリートシェフが大阪に負けない至高のスパイスカレーを提供。
4）期間限定でこの夏しか食べることのできない貴重なカレー。幻のカレー店になることは間違いない。

山崎三芳
（調理担当／メインシェフ）
スパイスカレーの研究家で料理人。20歳頃から飲食業に携わり、有名カレー店などで修業。カレー大學、カレー大学院を卒業後、本場のインドの最高峰の料理学校 IICA に短期留学を果たす。
スパイスカレーを食べ歩き、日本におけるスパイスカレーの伝道師を目指す。カレー大学講師。東京を中心に活動するさすらいのカレーシェフ。

お問い合わせ
株式会社　カレー総合研究所

p. 1

CURRY
カレー総合研究所

＼ポイント1／

発信しやすいタイトル・本文

ウェブメディアやSNS発信者はセミプロも多いため、読んだ流れで文章を作成できるような、情報発信しやすい論理構成に配慮する。

バンドマンやクリエイターたちが副業や趣味として始めたものが人気を得て、地域文化にまで発展しつつあるユニークな成立過程も持っています。

カレー文化の第一人者である私としては、徐々に東京にも広まりつつあるこのスパイスカレーを、何とか後押ししたい思いがありました。すると、カレー好きの文化人が、所有する銀座のバーを貸してくれるという話が出たのです。そこで、カレー大學の期間限定アンテナショップという形で、東京のど真ん中でスパイスカレーを提供する「カレー大學 銀座食堂」をオープンしました。営業期間は7月の1カ月間、土・日の11～14時のみという、ある種、幻のようなお店です。シェフにはカレー大學の大学院を卒業した気鋭の山崎三芳氏を起用しました。

ただし、私もバーのオーナーも、テストマーケティングのような感覚がありました。なにせ営業日は土日だけで限定的だし、シェフも実力派とはいえまだ世間的には知られておらず、席数も20席ほどしかない小規模店舗。大手メディアが決して取り上げてくれない要件が揃っています。看板も出ていないし、オーナーと「ガラガラかもね」と冗談半分で話していたのです。

ところが、いざ蓋を開けてみると連日の大盛況。営業時間は14時までなのに、13時には品切れで閉店になってしまうことが多く、ときには12時で終了する日もあるほどでした。短い営業時間をめがけて、カレー業界や外食産業、グルメリーダーなど、多くの業界関係者が押し寄せたのです。広報的には悪条件が揃っていた中で、なぜ成功を収めることができたのか？ それが今回のテーマです。

拡散の鍵はニッチメディア

先に結論を言ってしまうと、新聞や

\ ポイント2 /

2～3枚目で詳細な情報を補完

リリース構成は1枚目を受け、さらに詳細な情報で文章の肉付けをするための情報を載せる。

2枚目

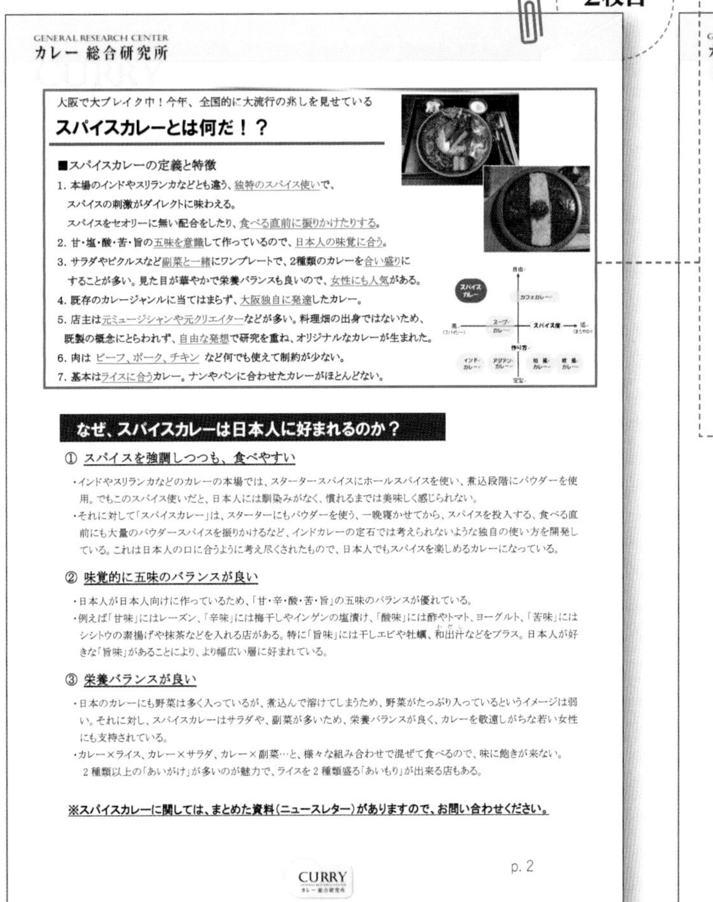

GENERAL RESEARCH CENTER
カレー 総合研究所

大阪で大ブレイク中！今年、全国的に大流行の兆しを見せている

スパイスカレーとは何だ！？

■スパイスカレーの定義と特徴

1. 本場のインドやスリランカなどとも違う、独特のスパイス使いで、スパイスの刺激がダイレクトに味わえる。スパイスをセオリーに無い配合をしたり、食べる直前に振りかけたりする。
2. 甘・塩・酸・苦・旨の五味を意識して作っているので、日本人の味覚に合う。
3. サラダやピクルスなど副菜と一緒にワンプレートで、2種類のカレーを合い盛りにすることが多い。見た目が華やかで栄養バランスも良いので、女性にも人気がある。
4. 既存のカレージャンルに当てはまらず、大阪独自に発達したカレー。
5. 店主は元ミュージシャンや元クリエイターなどが多い。料理畑の出身ではないため、既製の概念にとらわれず、自由な発想で研究を重ね、オリジナルなカレーが生まれた。
6. 肉は ビーフ、ポーク、チキン など何でも使えて制約が少ない。
7. 基本はライスに合うカレー。ナンやパンに合わせたカレーがほとんどない。

なぜ、スパイスカレーは日本人に好まれるのか？

① スパイスを強調しつつも、食べやすい

・インドやスリランカなどのカレーの本場では、スターター スパイスにホールスパイスを使い、煮込段階にパウダーを使用。でもこのスパイス使いだと、日本人には馴染みがなく、慣れるまでは美味しく感じられない。
・それに対して「スパイスカレー」は、スターターにもパウダーを使う、一晩寝かせてから、スパイスを投入する、食べる直前にも大量のパウダースパイスを振りかけるなど、インドカレーの定石では考えられないような独自の使い方を開発している。これは日本人の口に合うように考え尽くされたもので、日本人でもスパイスを楽しめるカレーになっている。

② 味覚的に五味のバランスが良い

・日本人が日本人向けに作っているため、「甘・辛・酸・苦・旨」の五味のバランスが優れている。
・例えば「甘味」にはレーズン、「辛味」には梅干しやインゲンの塩漬け、「酸味」には酢やトマト、ヨーグルト、「苦味」にはシシトウの素揚げや抹茶などを入れる店がある。特に「旨味」には干しエビや牡蠣、和出汁などをプラス。日本人が好きな「旨味」があることにより、より幅広い層に好まれている。

③ 栄養バランスが良い

・日本のカレーにも野菜は多く入っているが、煮込んで溶けてしまうため、野菜がたっぷり入っているというイメージは弱い。それに対し、スパイスカレーはサラダや、副菜が多いため、栄養バランスが良く、カレーを敬遠しがちな若い女性にも支持されている。
・カレー×ライス、カレー×サラダ、カレー×副菜…と、様々な組み合わせで混ぜて食べるので、味に飽きが来ない。2種類以上の「あいがけ」が多いのが魅力で、ライスを2種類盛る「あいもり」が出来る店もある。

※スパイスカレーに関しては、まとめた資料（ニュースレター）がありますので、お問い合わせください。

CURRY カレー総合研究所 p. 2

スパイスカレーの詳細

3枚目

GENERAL RESEARCH CENTER
カレー 総合研究所

カレー大學とは?!

カレーを体系的かつ実践的に学ぶことができ、カレーを理解する必要不可欠な知識全般を習得します。単なる知識としてだけでなく、ビジネスや家庭で実用的に実践できる「生きた学問」として学ぶことを目指しています。カレー界の第一人者である井上岳久が監修したテキストをもとにわかりやすく学べます。日本最高峰のカレー講座といえるでしょう。

カレー大學 Curry College

カレー大學ホームページ ▶ www.currydaigaku.jp

新しいスタイルで学ぶ!!

Eラーニング*で自分の好きな場所、時間で学ぶことができる

通学講座もあります。

◎講座形式は二つあり、ネットで好きな時間、場所で学ぶEラーニングと、通学して直接学ぶリアル講座（講座開催予定を確認して予約）があります。
◎全6講座／約5時間。Eラーニングは学習期間は1ヶ月です。
◎通学講座は一日集中講座が主となります。
◎カレー大學卒業後、認定試験に合格されますと「カレー伝導師」として認定されます。
また、OB会に入会すると様々な特典が受けられます。

カレー大學 講座内容
カレーがとことん学べる充実のプログラム

第1講座「カレー概論」 ～カレーとは何か～
①カレーの定義 ②スパイスの基礎知識 ③カレーの種類

第2講座「カレーの歴史」 ～カレー日本史とカレー世界史～
④カレー世界史 ⑤カレー日本史

第3講座「カレー社会学」 ～カレーに関する文化と社会現象～
⑥カレー社会学 ⑦カレーブーム ⑧カレーまちおこし

第4講座「カレー商品学」 ～売られているカレー商品たち～
⑨カレールウ ⑩レトルトカレー ⑪カレー粉についてほか

第5講座「カレー調理学」 ～カレー調理の基本～
⑫インドカレーの作り方 ⑬欧風カレーの作り方

第6講座「カレー食べ歩き」 ～正しいカレーの食べ歩き方～
⑭カレー食べ歩きの基本 ⑮カレー食べ歩き戦略立案法とそのツール ⑯日本カレー史総合年表

こんな人にオススメ！
・カレーが大好きで基本からカレーのことが学びたい方
・カレーをビジネスにしている、これからしたい方（カレーの商品開発、マーケティング担当者、カレーマーチャンダイザー、カレー町おこしプロデューサー、カレー店の経営者、料理教室主宰者など）
・カレー知識を深め、食文化を極めようとする方（料理研究家、フードライター、フードコーディネーターなど）
・カレー知識でビジネスしている方（編集者、企画会社、ライター、テレビディレクターなど）
・カレーを会話の潤滑剤としてコミュニケーションを図りたい方

そしてさらに！ 3段階でステップアップ！

STEP3 カレー博士インターン 「カレー博士」を取得
STEP2 カレー大學院 「カレープロデューサー」「カレーインストラクター」を取得
STEP1 カレー大學 「カレー伝導師」を取得

STEP1 カレー大學 「カレー伝導師」を取得

STEP2 カレー大學院 「カレープロデューサー」「カレーインストラクター」を取得
■カレー大學卒業生が受講することができます。
■通学で直接学ぶリアル講座のみです。
■全7講座 一日5時間×5日間 あります。
カレープロデューサー、カレーインストラクターとして活動でき、カレー大學講座にて講師をしたり、カレーイベント企画、カレー商品開発などのカレービジネスができるスペシャリストを養成いたします。

STEP3 カレー博士インターン 「カレー博士」を取得
■マンツーマン方式（通年）
■期間：一年 ■対象：カレー大學院 卒業生
■講座内容：実績に加え、論文審査形式
カレー大學院を卒業した方でさらにカレーの研究を行い、新たなカレーの世界を発見する研究員を育成します。さらなるカレー界の飛躍に貢献できることを目標に株式会社カレー総合研究所の研究員として日夜カレー研究をし、テレビや雑誌などのメディアで活動します。

〈カレー大學OBの会〉※カレー大學卒業生のみが入会できます。
最新のカレー情報が手に入る！カレーに関するお得がいっぱい！
・月1回のメール配信
・年2回の会報誌の発行
・年2回の最新カレーの頒布
・著名人によるフォローアップ講座の開催
・カレー大學認定のカレーの名店での割引サービス
・最新カレー試食会への優先参加
・カレー学園祭の開催
などなど

CURRY カレー総合研究所 p. 3

主宰するカレー大學について

テレビなどの大手メディアを狙うので なく、“ニッチメディア” を狙う作戦が当たったのです。大手メディアでの掲載が難しそうだからリリース配信を止めてしまうのではなく、小規模なメディアにアプローチすることでうまく情報が拡散していったのです。

具体的にはどんなメディアかというと、ウェブメディアと個人の情報発信サイトです。前者はメジャーではありませんが、一部の読者に特化しているぶん、その層には知られた存在です。その層とこちらの情報がミートすれば、直接的に大きな効果が得られます。後者は個人が発信しているブログやSNS、Facebook、LINE、Instagramなどのメディアです。軽く見られがちですが、数万人の読者を抱える発信者もいます。率直に言えばヘタな雑誌などに載るよりも、ずっと大きな効果が期待できるメディアなのです。

今回はそうしたメディアをメインターゲットにリリースを配信しました。特に個人の情報発信サイトは記事を書きたくてうずうずしており、常にネタを探しています。しかし個人レベルで活動しているので、ネタの収集力には限界があります。そこにまとまった形で情報が載ったリリースを配信するのです。彼らにとって、そのままネタにできるのでありがたい。だから高い確率で掲載に結びつくというわけです。

記事のまとめやすさを意識

では、そういうメディアにどんなリリースを配信すればよいのか、実物を見ながら解説していきましょう。まず心がけるのは、**ポイント1** 書き手が情報発信しやすい論理構成でタイトルと本文をつくることです。トレーニングを受けたプロの記者とは違い、セミプロが多いため、リリースの流れで記事を作成できるよう配慮するのです。このリリースでは、大阪でスパイスカレーが流行（起）→東京では食べられないので、カレー大學が銀座でアンテナショップをオープン（承）→ところでスパイスカレーとはどんなもの？（転）→この機会に本格的なスパイスカレーを東京で食べてみよう!（結）という流れで構成してあるので、記事としても非常にまとめやすいはずです。

1枚目で基本情報を理解させたら、2～3枚目では **ポイント2** 書き手が文章を肉付けする補完情報を載せます。2枚目は多岐にわたるスパイスカレーの特徴を簡潔にまとめています。書き手としてはやはり、スパイスカレーがどんなものか分かった上で書きたいでしょうし、ここを記事の肝にしたい人も

絶好調リリース

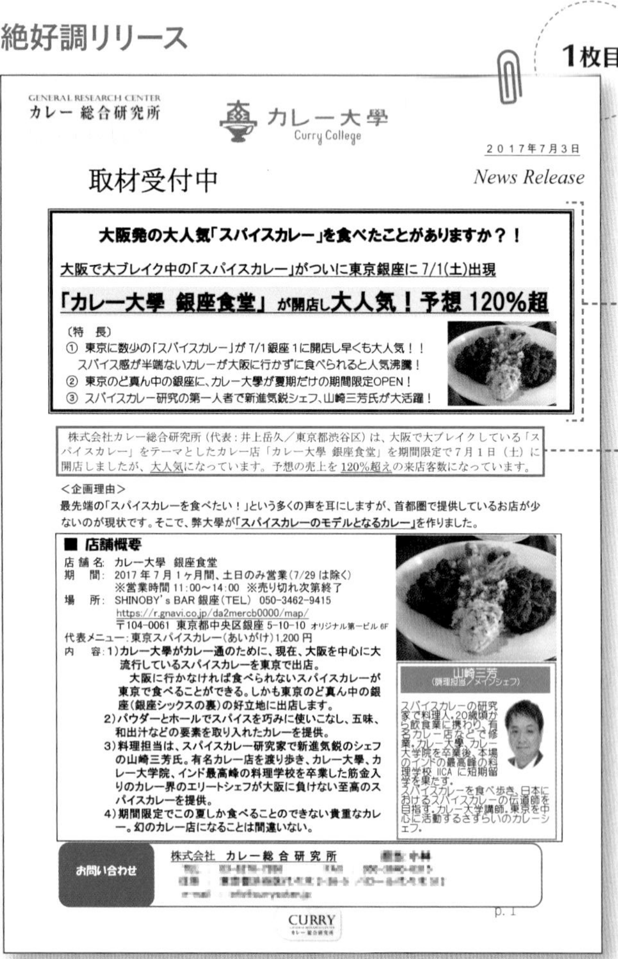
1枚目

GENERAL RESEARCH CENTER
カレー総合研究所

カレー大學 Curry College

2017年7月3日

取材受付中

News Release

大阪発の大人気「スパイスカレー」を食べたことがありますか？！

大阪で大ブレイク中の「スパイスカレー」がついに東京銀座に 7/1(土)出現

「カレー大學 銀座食堂」が開店し大人気！予想 120%超

〔特　長〕
① 東京に数少の「スパイスカレー」が 7/1銀座 1に開店し早くも大人気！！
スパイス感が半端ないカレーが大阪に行かずに食べられると人気沸騰！
② 東京のど真ん中の銀座に、カレー大學が夏期だけの期間限定OPEN！
③ スパイスカレー研究の第一人者で新進気鋭シェフ、山崎三芳氏が大活躍！

株式会社カレー総合研究所（代表：井上岳久／東京都渋谷区）は、大阪で大ブレイクしている「スパイスカレー」をテーマとしたカレー店「カレー大學 銀座食堂」を期間限定で7月1日（土）に開店しましたが、大人気になっています。予想の売上を120%超えの来店客数になっています。

<企画理由>
最先端の「スパイスカレーを食べたい！」という多くの声を耳にしますが、首都圏で提供しているお店が少ないのが現状です。そこで、弊大學が「スパイスカレーのモデルとなるカレー」を作りました。

■ 店舗概要
店舗名: カレー大學　銀座食堂
期　間: 2017年7月1ヶ月間、土日のみ営業（7/29は除く）
※営業時間 11:00～14:00　※売り切れ次第終了
場　所: SHINOBY's BAR 銀座（TEL） 050-3462-9415
https://r.gnavi.co.jp/da2mercb0000/map/
〒104-0061 東京都中央区銀座 5-10-10 オリジナル第一ビル 6F
代表メニュー: 東京スパイスカレー（あいがけ）1,200円
内　容: 1)カレー大學がカレー通のために、現在、大阪を中心に大流行しているスパイスカレーを東京で出店。
大阪に行かなければ食べられないスパイスカレーが東京で食べることができる。しかも東京のど真ん中の銀座（銀座シックスの裏）の好立地に出店します。
2)パウダーとホールでスパイスを巧みに使いこなし、五味、和出汁などの要素を取り入れたカレーを提供。
3)料理担当は、スパイスカレー研究家で新進気鋭のシェフの山崎三芳氏。有名カレー店を渡り歩き、カレー大學、カレー大学院、インド最高峰の料理学校を卒業した筋金入りのカレー界のエリートシェフが大阪に負けない至高のスパイスカレーを提供。
4)期間限定でこの夏しか食べることのできない貴重なカレー。幻のカレー店になることは間違いない。

山崎三芳
（調理担当／メインシェフ）
スパイスカレーの研究家で料理人。20歳頃から飲食業に携わり、有名カレー店などで修業。カレー大學、カレー大学院を卒業後、本場のインドの最高峰の料理学校 IICA に短期留学を果たす。
スパイスカレーを食べ歩き、日本におけるスパイスカレーの伝道師を目指す。カレー大学講師。東京を中心に活動するさすらいのカレーシェフ。

お問い合わせ
株式会社　カレー総合研究所

p. 1

CURRY

ポイント3

アトパブは省エネ型でも効果大！

売上好調につき、オープン後にアトパブリリースを配信。タイトル変更に伴い、リードと本文の一部を修正するだけの省エネタイプ。

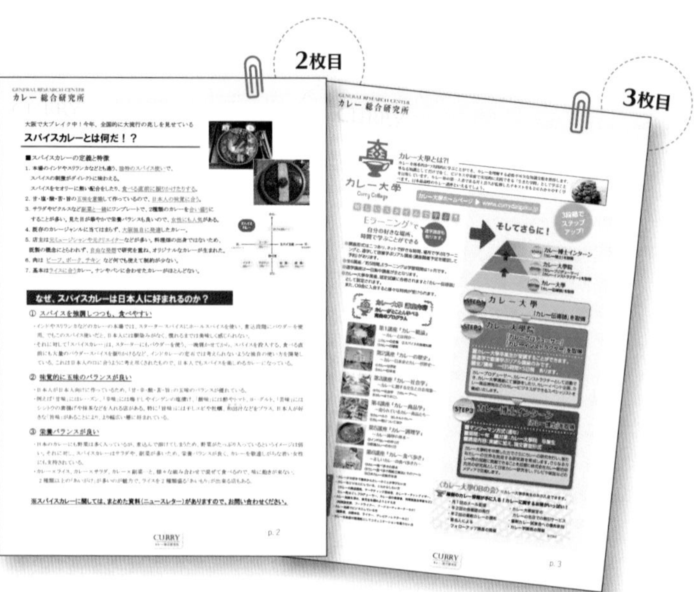

いるでしょう。3枚目はカレー大學の説明です。「カレー大學 銀座食堂」ですので、カレー大學自体も理解して書かないといけません。カレー総研やカレー大學を知らない人も多いでしょうから、活動内容を知らせることで信頼感を持ってもらいます。

また、この案件については、食堂を開設した直後の7月3日にアトパブ（山場のあとに再度パブリシティを狙うこと）のリリースを配信しました。先ほど書いた通り、オープン直後から予想の120%を超える来店があったからです。**ポイント3** アトパブはタイトルを変更し、リードと本文の一部を修正するだけの省エネでつくることができます。でありながら、最初のリリースで記事を書いた人が続報を書いてくれたり、書きそびれていた人に再度リーチできたりするので、省エネながら効果は大きく、ぜひ配信したいものです。

これらをリリースした結果、読者が累計で2万人もいる「日刊カレーニュース」というサイトに掲載されたり、資産管理の第一人者・内藤忍氏が配信する「SHINOBY'S WORLD」という読者3万人のメルマガに掲載されたりしました。また「有楽町.today」という出店地域にジャストミートしたウェブマガジンにも掲載されました。ラジオやBSテレビでの紹介もありましたが、集客効果はウェブメディアへの掲載が大きかったと感じています。ウェブは読者がSNSで発信してくれることが多く、拡散力が魅力です。

抜群の拡散力を誇るニッチメディアの活用は集客アップとビジネスに直結

実は今回、私の中ではニッチメディアだけでどれほど広報効果が得られるのかを実験する意味合いもありました。実際、私が運営するカレー総研や日本カレー機構、カレー大學、カレーパン通信などにも、日々たくさんのリリースが送られてきており、それらに触発された面もありました。実行に移してみたところ結果が出たので、私としては1店舗を運営する程度なら、ニッチメディアだけでも十分に回せるほどの効果があると手応えを得ました。

掲載率が著しく高い上に、拡散もしやすい。さらに特定の業界関係者が見ているメディアが多いので、見た人から問い合わせがくるなど、ビジネスに直結することも多いのです。

そして今回、成功した要因のひとつに「カレー大學 銀座食堂」というネーミングもあったかなと自負しています。このネーミングのポイントは、4月に松坂屋跡地に開業したGINZA SIXの裏という最先端の立地にありながら、「食堂」という古風な名前にしたミスマッチ感にあります。ある日、私が店に行ったら年輩の女性2人連れが来店していました。カレー店には珍しいお客さんだと思い、どこで知ったのか聞いてみたところ、銀ブラに来てお腹が空いたので「銀座」「食堂」で検索すると出てきたのだとか。名前のおかげで想定外の客層にも来ていただけたと同時に、年配の世代もスマホを操る人が多いことを実感した出来事でした。

今回の教訓　紙媒体のニッチメディアも活用を

ニッチメディアというと、ウェブばかりのように思われがちですが、紙媒体もあります。例えばJALなど飛行機の座席ラックに入っている機内誌。旅の暇つぶしに愛読している方も多いと思います。また、カード会社から利用明細が送られてくる際に、同封されてくる会報誌もありますね。そういった媒体は、実はものすごい部数を発行しているので、市販の雑誌に劣らない、あるいはそれ以上の影響力を持つものもあるのです。広告がらみの記事ばかりでなく、読み物コーナーのネタを探していたりもするので、アタックする価値はあります。そして、大きいのが行政の広報紙。酒造組合の知り合いが開催したイベントが掲載され、予想外の盛況になったことがあったそうです。来場者に聞いてみると皆、県の広報紙を見て来場していたのだとか。各施設で配られるほか、新聞にも折り込まれるので意外と多くの人が目を通しているのです。侮れませんよ。

[DATA]
企業名：株式会社カレー総合研究所
資本金：非公表
所在地：東京都渋谷区代々木2-26-5 バロール代々木
代表者：代表取締役社長　井上岳久
売上高：非公表
純利益：非公表
従業員数：10名（契約研究員を含む）
沿革：2006年開業、2008年法人化、2014年カレー大學を設立、2015年カレー大学院開校
[広報戦略]
広報担当者は2名。広報を通して新しいカレー文化を普及させ、カレー業界を発展させるのが目標。カレー業界を代表してカレー全般の情報を配信するとともに、メディアの皆さまのカレーの相談役、アドバイザーになることを心がける。年間のリリースの配信数は30本、広報イベント数は10回程度。

BRONZE

メディアが食いつく！ トレンド&初モノ&記念日の合わせ技

くらコーポレーション「くら寿司 糖質オフシリーズ」

メディアが持つ「糖質オフ」への関心を鮮やかに突いた好企画。「寿司なのに糖質制限」というギャップがポイントです！

今、食品業界で最注目ワードのひとつが「糖質オフ」です。中でも業界の人たちの間で話題なのが、くらコーポレーションが展開する「くら寿司」の糖質オフシリーズ。以前から、回転寿司なのにラーメン、カレーを出すなど大胆なメニュー開発をしてきた同社ですが、この糖質オフも❶シャリの代わりに大根の酢漬けを使う「シャリ野菜」❷麺の代わりに蒸し野菜を使う「7種の魚介らーめん　麺抜き」❸シャリを従来の半分にした「シャリプチ」という斬新なラインアップでした。

このプロジェクトが始まったのは2015年。当初は来店客の「サラダなども食べたい」という野菜を求める声に応え、焼き野菜をシャリにのせた寿司

1枚目

無添くら寿司

報道関係各位

2017年8月29日
株式会社くらコーポレーション

8.31「野菜の日」より発売

回転寿司チェーン初の“糖質制限メニュー”
「糖質オフシリーズ」
「シャリ野菜」「7種の魚介らーめん　麺抜き」「シャリプチ」
～全国のくら寿司にて8月31日(木)から販売～

“さび抜き”の次は“シャリ抜き！？”“麺抜き！？”

疑問

回転寿司チェーン「無添くら寿司」を運営する株式会社くらコーポレーション(代表取締役社長：田中邦彦　所在地：大阪府堺市)は、2017年8月31日(木)(野菜の日)より、昨今の“糖質制限意識”の高まりを受けて、糖質オフシリーズ「シャリ野菜」「7種の魚介らーめん　麺抜き」「シャリプチ」の3種(全10商品)を全国のくら寿司で販売します。

糖質オフシリーズ「シャリ野菜」「7種の魚介らーめん　麺抜き」「シャリプチ」

「シャリ野菜」は、シャリ(酢飯)の代わりに「大根の酢漬け」を使用した全く新しいお寿司になります。大根は、寿司ネタを邪魔せず、かつ食感も楽しめる、程よい厚さにカット。お酢をベースに砂糖・塩・醤油・ゆず胡椒を加えた特製合わせ酢で味付けしました。ベースに敷かれたサンチュで巻いて、そのままでも、お好みで醤油をつけても美味しくお召し上がりいただけます。また、大根の酢漬け、寿司ネタ、キュウリをサンチュで巻き、更にくら寿司自慢の海苔を使用した「シャリ野菜手巻き」も合わせて発売します。

回答

「7種の魚介らーめん　麺抜き」は、毎日店舗で作る「7種の魚介だし」で人気のラーメンスープに、麺の代わりに、ニンジン、チンゲン菜、モヤシ、キャベツの4種の蒸し野菜をたっぷりと使用。ラーメンスープの味を損なわないようにしつつ、食べ応えと彩りにこだわりました。キャベツとモヤシのシャキシャキとした食感は食べ応え十分。また、ニンジン、チンゲン菜で彩りを加え、ラーメンスープの魅力をさらに引き立てます。「シャリ野菜」「らーめん　麺抜き」ともに、厳選した“国産野菜”を使用しております。

「シャリプチ」は、「シャリが大きい」「他のお寿司も食べたいのにすぐにお腹がいっぱいになってしまう」等のお客様のニーズにお応えし、シャリを半分にしてご提供します。

【本リリースに関するメディアの皆様からのお問い合わせ先】
株式会社 くらコーポレーション　広報宣伝部

1

＼ポイント1／

目をひくワードのオンパレード！

トレンドの「糖質制限」や「回転寿司チェーン初」という初モノ、寿司なのに「シャリ抜き」などメディアが注目するワードを多用。

を試験販売しました。ところが「よく調べると、野菜をネタに使用した寿司はすでにたくさん存在していて、くら寿司らしいオリジナリティが乏しいと断念しました」と広報宣伝部東日本担当マネージャーの辻明宏さんは明かします。

「シャリにメスを入れなければ」と考えた結果、酢飯を別のものに替えることに。よく豆腐やこんにゃくが使われたりしますが、食感や食べ応えなど需要を加味して食材を検討した結果、「大根の酢漬け」が最適という結論になりました。もともと刺身にはツマがついており、魚介と親和性があったことも決め手のひとつ。従来の酢飯に使っていた合わせ酢をそのまま使うのではなく、ゆず胡椒を用いるなど大根に最も合う味つけを研究し、決定していきました。

他方で、「ダイエット中の消費者が回転寿司でシャリを残している」というニュースを社員が目に留めたのをきっかけに「シャリプチ」の開発も進んでいました。その間に世の中では「糖質オフ」への注目度が高まり、くら寿司でも糖質オフを企画の中心に据えることに。ラインアップの充実を図るため「らーめん 麺抜き」も加え、「糖質オフシリーズ」として、2017年8月末に販売を開始しました。

意外性が反響を呼ぶ鍵に

記者発表を行った8月29日は、あいにく北朝鮮のミサイル発射と重なってしまい、「ニュースがそれでもちきりになるのでは」と心配したそうです。取材に来たNHKの記者にも「ニュースで使うかどうか分からない」と言われたようですが、実際には『おはよう日本』などで紹介されるという結果に。TBSのニュースやYahoo!ニュースに出たこともあり、直後から大きな反響がありました。

私は「ご飯がつきものの寿司で糖質制限」という意外性やギャップが鍵だったと思います。辻さんは「メディアにはもともと『糖質オフ』を扱いたい潜在的な欲求があり、適当な素材がなかったところに当社がちょうど参入しました。当社を入り口に『糖質オフ』

\ポイント2/

タイトルの疑問を本文で解説

タイトルの「糖質オノ」で、「寿司＝米＝糖質なのにどういうこと?」と疑問を投げかけ本文で解説。すぐに内容を把握させている。

\ポイント3/

アイコンを使ってポイントを的確に伝える

「糖質○%オフ」というアイコンを、目立つようにメニューにつけることで、要点を一瞬で伝えている。

2枚目

無添 くら寿司

≪販売概要≫

商品名 / 価格: 「シャリ野菜」 / 100円(税込108円)
※全国の「無添くら寿司」(396店舗、8月29日現在)にて発売。

商品名 / 価格: 「7種の魚介らーめん 麺抜き」 / 370円(税込399円)
※全国の「無添くら寿司」(396店舗、8月29日現在)にて発売。
※一部店舗で価格が異なります。

商品名 / 価格: 「シャリプチ」 / 100円(税込108円)
※全国の「無添くら寿司」(396店舗、8月29日現在)にて発売。
※お持ち帰りも可能です。

■「糖質オフシリーズ」について

くら寿司は、更なる顧客満足度向上に向け、他社に先駆けてお客様のニーズに対応した商品開発を進めてまいりました。2015 年より、新商品開発に向けて「糖質制限」に注目。時代のニーズをかなえる、"野菜を使ったお寿司"を模索し、当初、焼き野菜をシャリに乗せたお寿司を開発、試験販売するも、「くら寿司らしい、オリジナリティがない」ことから断念。より"くら寿司らしさ"のあるお寿司を目指した結果、野菜をネタに使うのではなく、"野菜をシャリとして使う"方向で再度開発。結果、シャリの代わりに大根の酢漬け、麺の代わりに4種の蒸し野菜を使うなど、お寿司屋でも、「無理せず、美味しく糖質制限」というニーズに応えた、くら寿司らしい「糖質オフシリーズ」が完成しました。

■糖質オフシリーズ「シャリ野菜」(全4種) ／ 各100円(税込108円)

※「糖質○%オフ」は自社調べ(シャリ野菜:シャリと大根の酢漬けを比較　らーめん 麺抜き/シャリプチ:自社通常品と比較)

シャリ野菜 えび

シャリ野菜 ビントロ

シャリ野菜 まぐろ手巻き

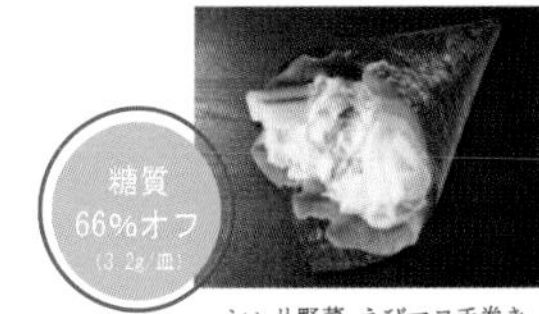

シャリ野菜 えびマヨ手巻き

2

の特集を組むメディアが多いです」と分析しています。糖質オフをきっかけに改めてくら寿司に注目し、企業自体を特集するメディアも出てくるなど、波及効果もありました。

消費者の反応もよく、10日間で100万食と社内予想の倍以上の出足を記録。「ダイエットをしているので、いつも私だけ家族と違うメニューを食べていたけど、今日は一緒にお寿司を食べられました。ありがとう」といったお礼のメールも届いているそうです。

現場で培ったテクニックを活用

リリースを見ていきましょう。まず **ポイント1** タイトルは、メディアが注目するワードのオンパレード。「糖質制限」という“トレンド”に「回転寿司チェーン初」という“初モノ”。8月31日の「野菜の日」もメディアが好む“記念日”で、私の知る範囲でもあやかろうとした企業は多数ありましたが、くら寿司のひとり勝ちでした。当初は9月1日発売の予定でしたが、広報が「野菜の日に合わせた方がいい」と提案し、1日早めた甲斐があったようです。寿司なのに「シャリ抜き」には“サプライズ”があります。しかもそれを「“さび抜き”の次は“シャリ抜き!?”」と、疑問形で面白みのある表現にしていて社風を感じさせます。

本文はその疑問に答える形になっています。**ポイント2** タイトルが疑問形なので、つい答えの本文まで読みたくなるという戦略が成功しています。

ポイント3 各メニューの左側に表示された、「△%オフ」という丸いアイコンも効果的です。単に数字や文章で示すと読み飛ばされてしまうところも、アイコンだとつい目が引き寄せられます。メニュー表や広告などで培われたテクニックが、リリースにも活用されているのでしょう。

さて、くら寿司は1977年に大阪で創業しました。これまでの沿革を見ていくと2011年までは子どもが楽しめるガチャガチャのような「ビッくらポン！」開発や「MYお箸キャンペーン」などサービス面に力を注いでいたのが、2012年の「7種の魚介醤油らーめん」から急激にサイドメニューの開発にシ

3枚目

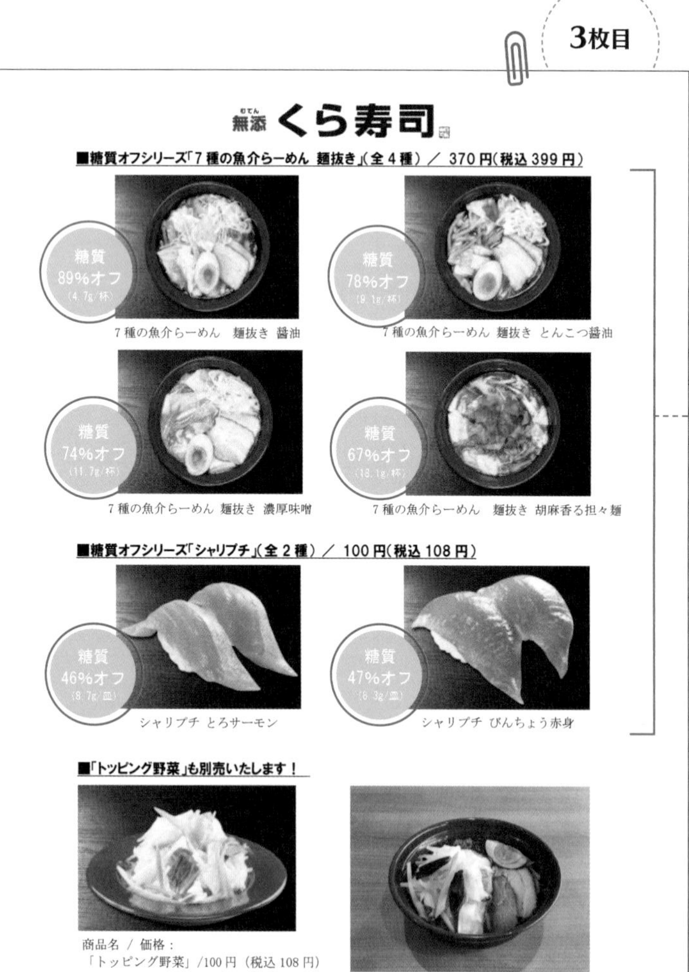

無添 くら寿司

■糖質オフシリーズ「7種の魚介らーめん 麺抜き」(全4種) ／ 370円(税込399円)

7種の魚介らーめん 麺抜き 醤油

7種の魚介らーめん 麺抜き とんこつ醤油

7種の魚介らーめん 麺抜き 濃厚味噌

7種の魚介らーめん 麺抜き 胡麻香る担々麺

■糖質オフシリーズ「シャリプチ」(全2種) ／ 100円(税込108円)

シャリプチ とろサーモン

シャリプチ びんちょう赤身

■「トッピング野菜」も別売いたします！

商品名 / 価格：
「トッピング野菜」/100円（税込108円）

「らーめん 麺抜き」の中に入っている野菜を「トッピング野菜」としても販売いたします。
「麺抜き」の上にトッピングをして「野菜倍盛」としても、通常のらーめんの上に、
トッピングして「野菜らーめん」としてもお楽しみいただけます。

3

ポイント3

フトしています。ご存じの方も多いと思いますが、「すしやのうな丼」「イベリコ豚丼」から「シャリコーラ」、期間限定の「キャラメルバナナ寿司」まで、「まさか回転寿司で!」と驚くようなメニューを次々に発表しています。「すしやのシャリカレー」や「シャリカレーパン」も発売しており、2016年には私が主催するカレー大學から「カレー大賞」も授与しています。

斬新なメニューの開発には、注文を受けた品だけを流す「オーダーレーン」や、皿を透明な蓋で覆う「鮮度くん」など、独自の提供システムが2011年までに完成したことも大きな影響を与えました。例えばラーメンなどは、誰も取る人がいなければどんどん伸びてしまうので、従来の回転レーンに流すのは不可能でしたが、オーダーレーンができたことで、温かいメニューも提供できるようになりました。常に競争が激しい回転寿司業界で、くら寿司が果敢に挑戦できるのは、他社とは一線を画した提供システムという強みがあったからなのです。

今回の教訓
手渡す情報は簡潔にまとめよ

このリリースでは「シャリ野菜」の前に「焼き野菜寿司」を断念していることを載せています。あえて失敗談を載せたのは、辻さんがメディアは開発物語を好むことを意識していたからです。メディアとしては記事が膨らむので、こうした深刻でなく、できればカワイイ失敗談があると望ましいものです。ただ私が推測するに、シャリ野菜に至るまでにはもっといろいろなトライ&エラーがあったはず。しかし、それをすべて書くと焦点がぼやけてしまうので、代表的なもの1点にまとめた方がいいのです。例えば某定食チェーン店も様々な改革をして成功に至りましたが、メディアには成功理由を「顧客アンケートを重視した」に集約して説明していました。それが分かりやすかったおかげで多くのメディアに取り上げられたのです。キーパーソンも複数より一人に絞るなど、情報を分かりやすく編集して手渡すことも広報のテクニックなのです。

顧客の声から生まれたメニューとシステムにリリースで驚きを加える

それにしても、なぜ寿司から離れたメニューをつくるのでしょう? ラーメンとお寿司を一緒に食べられるなんて贅沢だ、と感じる消費者がいる一方で、当初は邪道だという声もあったといいますが、そこには経営者の「みんなで楽しめる店にしたい」という思いがありました。例えば、家族で小さい子どもが生魚を食べられない場合、両親や祖父母は寿司を、子どもは天丼やラーメンを食べることができます。友人同士で、たまたま一人が前日に寿司を食べていた場合でも、その人は別メニューを頼めばいいわけです。「もちろん寿司には最大の力を入れつつも、『とりあえず、くら寿司に行けば何とかなる』という店でありたいと思っています」と辻さん。私も、せっかくの機会を損失せずに済む優れた戦略だと思います。というのは、私の専門であるカレーでも、同様の話はたくさん身に覚えがあるからです。「最近はお客さまからのサイドメニューに対する期待値も高まっていて、ハードルがどんどん上がっています」といいます。

お客さまを驚かせたい、エンターテインメントでありたいという根本の考え方は、やはり大阪の企業ならではなのでしょうか。今では年に3000種ものメニューが企画に挙がるものの、上層部からは「おもんない(面白くない)」の一言で却下されるものもあり、商品化するのは50点程度といいます。食べ終わった皿の受け入れ口があって、自動で皿が回収できるシステムは、女性客の「皿を積み上げているのは恥ずかしい」という声から生まれました。その受け入れ口で遊んでいる子どもを見て、どうせならゲームにしてしまおうと生まれたのが「ビッくらポン!」。店頭での顧客の声に耳を傾け、より楽しめる店にしています。これらの施策は広報との相性もピッタリで有効に機能していると思います。

[DATA]
企業名:株式会社くらコーポレーション
資本金:20億532万円
(数字はすべて28年10月期)
所在地:大阪府堺市中区深阪1-2-2
代表者:田中邦彦
売上高:1136億2600万円
純利益:経常利益68億800万円
従業員数:正社員1222名
沿革:1977年に持ち帰り寿司専門店として堺市に創業。84年回転寿司くらを開業。95年に株式会社くらコーポレーション設立。2001年ナスダックジャパン上場。04年東証二部上場。05年東証一部上場。09年にアメリカ、14年に台湾初出店。15年年間来店者数1億人突破。16年顧客満足度調査(JCSI)でレストランチェーン部門日本一を獲得。2017年現在、日本369店、アメリカ11店、台湾で5店舗を展開中。
[広報戦略]
非公開

*2018年1月号『広報会議』掲載(情報は全て取材当時のもの)

Part 4

ストラテジックリリースに挑戦しよう！

Part4では、「調査リリース」などのストラテジックリリース作成のノウハウを解説します。これまでと違うアプローチでメディアの関心を引くことができます。

この応用編まで
マスターすれば、あなたはもう
リリース作成の上級者！
基本のリリースが
つくれるようになった人は、
ぜひ挑戦してみてください。

＊編集部注
●各原稿は原則的に『広報会議』に掲載当時のまま転載しており、現在の状況と異なる場合があります。
●書籍化にあたり、一部加筆・修正した箇所もあります。
●出所となっている掲載号については、各事例の最終ページに記載。

調査リリース

メディアが思わず手を伸ばす 調査リリース作成のテクニック

世の中のトレンドや業界動向などを調べ、その結果を発表する「調査リリース」。パブリシティ獲得の一手段として定着する一方で、実はテクニックが必要な手法でもあります。ここではその企画・目的の設定、作成ノウハウを学びます。

毎日たくさんのプレスリリースを見る中で、私自身の肌感覚としても、調査リリースがかなり増加していると感じています。広報に力を入れている企業は必ずといっていいほど調査リリースを出しており、中には新商品より多い企業もあるほどです。

以前は、調査リリースに書かれているようなデータは、新聞や雑誌などのメディアが独自に調査して発表していました。その典型的なものが世論調査や選挙速報です。しかし、いくら大メディアといえど、多様な内容を細部にわたって調査することは不可能です。記事の信頼性を高めるためにもデータは欲しいところですが、オリジナルですべてのデータを網羅することは経費面でも労力面でも難しいのが実状です。

そこでメディアは、常時データを豊富に持つ外部からデータの提供を仰ぐようになります。大企業や研究機関、シンクタンク、大学、行政機関などです。こうしたメディアの要望がどんどん増えてくると、企業や機関も公開できるデータを整理して備えるようになります。さらには自ら積極的にリリースで公開するようになっていきます。これがいわゆる「調査リリース」です。

注意したいのは、調査リリースは商品をストレートに訴求するものではないので、すぐにマーケティング的な効果には結びつかないことです。それでも配信するのは、メディアとの人脈構築、シンパ形成、信頼感の醸成には絶大な効果を発揮するからです。私自身もカレーを専門分野とする立場から多くの調査リリースを手がけてきましたが、配信時に自然とコンタクトが生まれますし、「カレーのことなら、まず井上に問い合わせよう」という信頼感を得られたのは確かです。

メディアはすべてお見通し

けれども昨今の調査リリースブームを見ていると、「掲載されたい」がためのリリースが増えているように思えてなりません。本来の「社会に有用なデータを広く提供する」という目的を外れた調査リリースが目立ちます。調査リリースと思って読み進めていくと、最後は自社商品のPRに結びついているパターンで、読み手としては正直あまり良い印象を抱きません。

ネットリサーチの登場によって安価で手軽に調査を実施できるようになり、調査リリースは爆発的に増えました。でもメディア関係者は、「商品アピールが見え隠れした調査や、バイアスがかかったデータが多い」と、配信する側の手の内はすっかりお見通し。私自身、様々な企業からPRのアイデアを求められますが、「調査リリースは除く」と断り書きをしているところまであり、賢い企業は既にそのことに気づいているのです。

とはいえ、本来の公正で営利目的でないデータが多くのメディアに求められていることに変わりはありません。メディアが取り上げたくなるような調査リリースは作成が難しく、本当に極めようとすれば、上級者向けのテクニックが必要です。

井上流・調査リリースの奥義

ここからは、掲載に結びつくような井上流調査リリースの奥義を伝授していきます。まずはメディアが掲載したくなる5つのポイントから（図1）。

1「社会動向、人々の関心ごとと連動性があるデータ」は現代の社会情勢や時事的話題、景気動向などに関連のあるデータが好まれるということです。例えば、あなたの会社がコーヒーの販売をしている場合、その嗜好性をデータにしても普段なら掲載されにくいかもしれません。けれど、ブラジル・リオでの五輪開催が近づいている時期なら、他の年よりコーヒーに対する注目度とニュースを結び付けやすく、数倍チャンスは高まるかもしれません。

2「調査主体が業界全体を代表する中立的な視点のデータ」は調査主体に信用があることは大前提で、バイアスのかかっていないニュートラルなデータが求められます。だからこそ、営利に関係のない行政機関やシンクタンクの調査データは好まれるのです。

3「ナンバーワン、ランキングなど独自の格付けを示すデータ」は単純かつ普遍的な調査手法ではありますが、ランキング形式でデータを提供するとメディアが取り扱いやすく、また読者

図1 メディアが注目する調査リリース 5つのポイント

1 社会動向、人々の関心ごとと連動性があるデータ
2 調査主体が業界全体を代表する中立的な視点のデータ
3 ナンバーワン、ランキングなど独自の格付けを示すデータ
4 定点観測をしたデータ
5 驚きの要素があるデータ

も興味を持ちやすいのです。タイトルにも"ベスト10"などのキーワードが使えて効果的です。

4**「定点観測をしたデータ」**は毎年、半年おき、月ごとなどで調査データを公表する方法です。経過や変化度合が分かって興味深く、一度きりよりもニュース価値が増します。

5**「驚きの要素があるデータ」**は、どのリリースにもいえることですが、調査リリースもサプライズは必要です。驚きのないデータはネタにならないと心得ましょう。

以上、5つのポイントがなるべく多く入っている調査リリースほど、メディアが掲載する確率が高まります。

近年、メディアを賑わせた例としては日本創成会議が2014年5月に発表した「消滅可能性都市」に関する調査があります。2040年までに、出産する世代である20〜39歳女性の人口が5割以下となり、全体の49.8%にあたる896の市区町村が消滅する可能性があるという内容でした。一般的にはまったく認識されていなかった驚きのデータだったため、5のニュース性が高く、関連本も多数刊行されました。

ウェブ経由で広がる採用機会

続いて、上級者向けテクニックとポイントについても解説していきたいと思います（図2）。

まず1**「業界最大手orオンリーワン企業ほどデータ開示が求められる」**ですが、メディアは慣例として、必要なデータはまず業界最大手に問い合わせる傾向があります。大手企業であれば、これを想定して社内データをメディア向けに整理加工しておくことが不可欠です。

2**「利益誘導を目的としない、CSR的観点が必要」**は前述のポイントとつながってきますが、調査リリースは「自社の有用なデータをメディアに活用していただく」という社会貢献＝CSR的な姿勢が大前提です。自社に有利な結果を導こうとする内容はメディアに見透かされます。掲載に結び付けたいのなら、無理に単体の調査リリースにするのでなく、新商品＋調査リリースの体裁にするのがいいでしょう。

3は**「『全国で一番』などPRに有効な切り口を最大限に訴求する」**。ある調査結果を導き出したとき、それを情報加工する技術がPR担当者の腕の見せどころ。社会動向や景気と結びつけたり、ランキング形式にしたり、調査結果を魅力的にする方法はいくつもあります。見出しに具体的な数字を入れたり、「全国で一番」「プロが選んだ」など思わず引き付けられるキーワードを入れられるような切り口で編集したりと工夫したいものです。

4**「第三者のお墨付きの有無が説得力を左右する」**は学会、大学教授、政府、シンクタンクなどの知見を盛り込むことで信頼性が増すということ。調査結果は定量＝表組と、定性＝解説文の2つで厚みが生まれます。調査の際に協力してもらった専門家などがいれば、ぜひコメントを依頼しましょう。

5**「データは盛り込みすぎないよう注意！」**は、調査データは情報量が多いので取捨選択と優先順位の設定、編集技術が必要です。一見して何が言いたいか分からないとすぐにゴミ箱行きになりかねません。何でも載せるのでなく、情報の中からメディアが注目しそうな項目を選び出し、優先順位をつけます。枚数は10枚以内に収めたいところで、中でもエッセンスを1枚目に凝縮し、究極的には15秒で伝わるリリースを目指してシンプルに書きましょう。メディアが問い合わせたくなる余白があるくらいがちょうど良いのです。

そして最後に、誰もができるけど有効なテクニックを。もしその調査が時勢を問わない内容であれば、リリースのみで終わらせずウェブ上に置いておくといいでしょう。数年経っても問い合わせの来る思いがけぬ"ロングセラー"になることもあります。

図2 上級者向けテクニックとポイント

1 業界最大手orオンリーワン企業ほどデータ開示が求められる
2 利益誘導を目的としない、CSR的観点が必要
3 「全国で一番」などPRに有効な切り口を最大限に訴求する
4 第三者のお墨付きの有無が説得力を左右する
5 データは盛り込みすぎないよう注意!

調査リリース

CASE

コロナ下でメディアが求める調査データをいち早く提供

エクサウィザーズ「新型コロナに関するアンケート調査」

コロナ下で調査リリースへのニーズは高まっている！調査会社を使うだけではなく、アンケート方法も工夫してみよう。

前のページでお伝えした通り、企業などが出す調査リリースは年々、増加傾向にあります。調査リリースのメディアへの掲載率は決して高くはありません。というのも自社製品アピールの一環という目論見がみえみえであったり、調査対象が少なく安易につくられた内容だったりするケースが多いからです。

ただ、新型コロナウイルス感染症の問題が深刻化してからは、各メディアがニュースソースとして調査リリースを活用しています。社会や市場が急激に変化し、先行き不透明な状況を調査データで把握しようとメディアも考えており、調査リリースへのニーズが高まっているのです。

そのような背景から今回は、AIを活

新型コロナに関するアンケート結果 第1弾

News Release　　EXAWIZARDS

2020年5月11日
株式会社エクサウィザーズ

6割の企業が「新型コロナの会社への影響は1年以上続く」
業務のリモート化は進むが「本格的なDX推進・AI活用は2割」にとどまる
～115社157名回答 新型コロナに関するアンケート結果～

株式会社エクサウィザーズ（東京都港区、代表取締役社長：石山 洸、以下、エクサウィザーズ）は、同社が運営する「exaCommunity」（以下、エクサコミュニティ）のオンラインAIセミナー参加企業を対象にした新型コロナに関するアンケートを4月22日(水)に実施し、115社157名から回答を得ました。

Q. あなたの会社へのコロナの影響は感覚的にどの程度の期間続くと思いますか？

コロナの影響がどの程度続くかとの質問に対して、最も回答が多かったのは「2020年12月まで」で全体の33.8%となりました。次に多かったのが、「2021年6月まで」と「2021年12月まで」でそれぞれ21.7%となっています。全体としては、2021年以降（今後1年以上）影響が続くと回答された方が全体の59.9%を占めており、Withコロナは長期戦になるとの認識が広まっていることが分かります。

Q. With コロナ対策として新たに始めたことはありますか？（複数回答）

Withコロナとして新たに始めたことについては、50%以上の会社が「社外・社内会議のリモート化」を挙げていました。一方、「新規デジタルプロダクト立案・実行」「ビッグデータ解析・AI活用」「高度なDX」といった施策については20%以下の回答がほとんどとなっています。緊急事態宣言により業務のリモート化が半ば強制的にスタートする中、本格的なDX推進やAI活用などの施策まではまだ手が回っていないという傾向が見られます。

Q. アフターコロナに向けて取り組んでいること（取り組もうと思っていること）はありますか？（複数回答）

アフターコロナに向けた取組については、65%の会社が働き方の再設計（リモートワーク全面導入）を挙げており、緊急事態宣言により始まったリモートワークがこのまま定着する流れが見て取れます。その他の施策については、コスト削減や既存事業最適化といった「守り」の策よりも、新規事業開発やDXなどの「攻め」の策を挙げる会社が多いという結果となっています。

集計対象：DX 推進や AI 導入を実施中もしくは検討中の企業 115 社 157 名
集計日：2020 年 4 月 22 日(水)

1

EXAWIZARDS

2

＼ポイント1／

コンパクトにまとめて最大でも5枚におさめる

通常の調査リリースは10枚を超えるものがほとんど。その中で第1弾は2枚、第2弾は5枚、第3弾は3枚とコンパクトにまとめ、伝えやすくしている。

用して企業支援や社会課題の解決をするエクサウィザーズの調査リリースを紹介します。同社は、現実化しつつある超高齢化社会における介護問題や労働人口問題など、多くの課題を見据えている企業です。

調査内容を見ると、企業がコロナの影響がどのくらい続くと感じているか、その対策として取り組んでいる内容に加え、DX（デジタルトランスフォーメーション：ITの進化でビジネスチェンジを図ること）推進やAI活用への意識も調査している点が同社ならではといえます。

2020年10月時点で第３弾まで配信したうち、第１弾の調査は4月22日、配信を5月11日に行っています。同社では全国に緊急事態宣言が出される中、いち早く4月22日に、アフターコロナのDXやAI活用に関する無料オンラインセミナーを実施し、1400人が参加しました。アンケートは、このセミナー参加者を対象に実施したものです。「日ごろから付き合いのある企業に声をかけただけで、特に広告宣伝などはしませんでしたが、TwitterやSNSで広まり、予想をはるかに超える方にご参加いただけました」と広報部長の古屋涼さん。企業の「何かしなくては」という危機感の表れでしょう。

実は同社の調査リリースはこれが初めてですが、プロダクトだけでは案件に限界があるため、以前から一度配信してみたいと考えていたそうです。このアンケート調査も、当初は社内や営業資料に使うのが主目的で、メディアに対しては調査結果次第で配信するかどうか考える予定でした。ところが興味深い結果が出たため、すぐに配信を決定。できるだけ早く配信したいとGW中に休日返上でリリースをつくり、5月11日に配信したそうです。

欲しい結果を引き出す設問設定

セミナーで登壇したのはAI活用の専門家である同社役員で、アンケートもその方が分析しましたが、設問には広報の意向も盛り込まれました。古屋さんはその時点でメディアに出ている多くのアンケート調査に目を通し、当時すでに出ていた「売り上げが減る」「テレワークを導入している」といった結果と重複しないこと、読んだ人にとって「どう行動すべきか」の参考になる

新型コロナに関するアンケート結果 第2弾

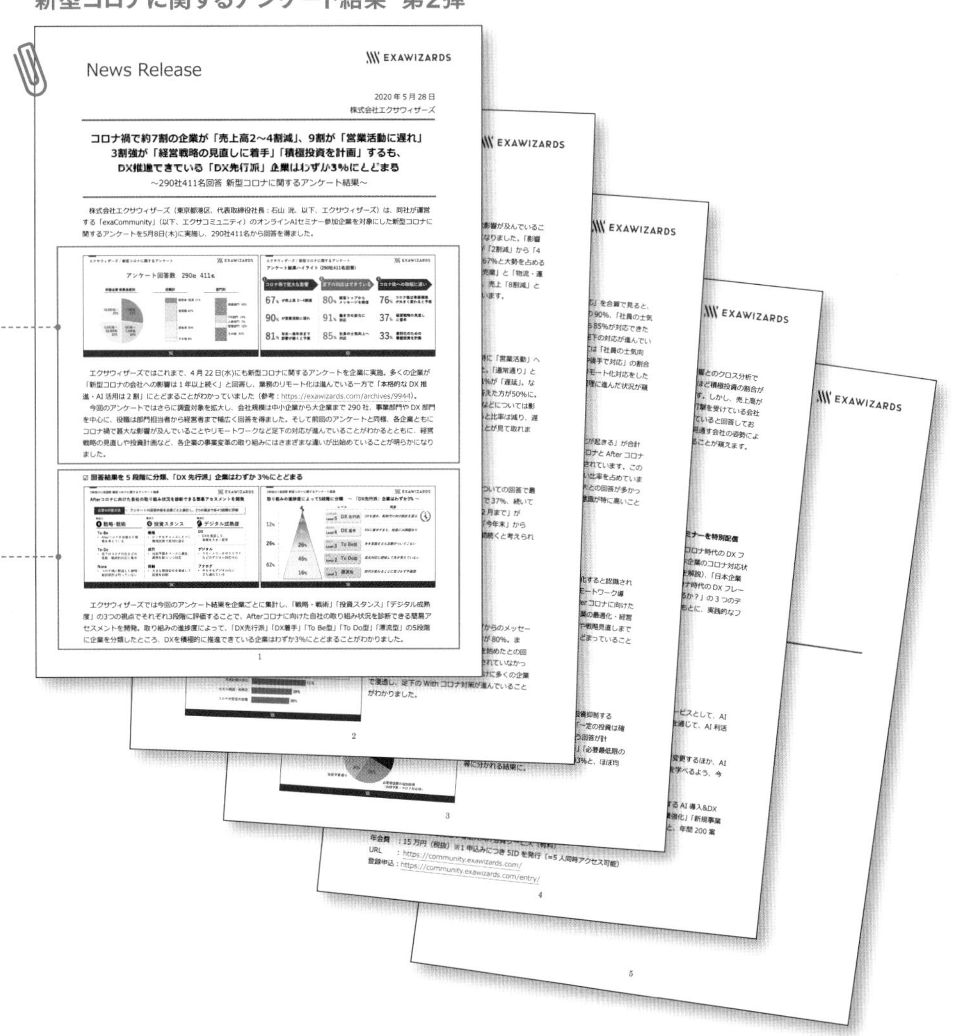
News Release

EXAWIZARDS

2020年5月28日
株式会社エクサウィザーズ

**コロナ禍で約7割の企業が「売上高2～4割減」、9割が「営業活動に遅れ」
3割強が「経営戦略の見直しに着手」「積極投資を計画」するも、
DX推進できている「DX先行派」企業はわずか3%にとどまる**
～290社411名回答 新型コロナに関するアンケート結果～

株式会社エクサウィザーズ（東京都港区、代表取締役社長：石山 洸、以下、エクサウィザーズ）は、同社が運営する「exaCommunity」（以下、エクサコミュニティ）のオンラインAIセミナー参加企業を対象にした新型コロナに関するアンケートを5月8日(木)に実施し、290社411名から回答を得ました。

エクサウィザーズではこれまで、4月22日(水)にも新型コロナに関するアンケートを企業に実施。多くの企業が「新型コロナの会社への影響は1年以上続く」と回答し、業務のリモート化は進んでいる一方で「本格的なDX推進・AI活用は2割」にとどまることがわかっていました（参考：https://exawizards.com/archives/9944）。

今回のアンケートではさらに調査対象を拡大し、会社規模は中小企業から大企業まで290社、事業部門やDX部門を中心に、役職は部門担当者から経営者まで幅広く回答を得ました。そして前回のアンケートと同様、各企業ともにコロナ禍で甚大な影響が及んでいることやリモートワークなど足下の対応が進んでいることがわかるとともに、経営戦略の見直しや投資計画など、各企業の事業変革の取り組みにはさまざまな違いが出始めていることが明らかになりました。

☑ 回答結果を5段階に分類、「DX先行派」企業はわずか3%にとどまる

エクサウィザーズでは今回のアンケート結果を企業ごとに集計し、「戦略・戦術」「投資スタンス」「デジタル成熟度」の3つの視点でそれぞれ3段階に評価することで、Afterコロナに向けた自社の取り組み状況を診断できる簡易アセスメントを開発。取り組みの進捗度によって、「DX先行派」「DX着手」「To Be型」「To Do型」「漂流型」の5段階に企業を分類したところ、DXを積極的に推進できている企業はわずか3%にとどまることがわかりました。

1

＼ポイント2／

リリースの1枚目にハイライトを入れる

リリースの枚数が多くなるときは、1ページ目にハイライトとして要約を入れている。要約も数字と一言コメントを組み合わせたシンプルで分かりやすい構成になっている。

＼ポイント3／

ひとつひとつの解説をパターン化している

調査データについての解説は、小見出しと図、そして簡潔な解説という構成でパターン化されている。ポイントごとにまとまっているのでメディアも引用しやすい。

結果を引き出す設問にすることを意識したそうです。

コロナ禍が経営に与える影響についても、既報では半年程度の短いスパンの調査結果しか出ていませんでした。しかし、社員の間ではリーマンショック時の経験から、企業活動に影響が出るのはさらにあとだという認識があったことから、より長いスパンに設定したところ、予想通りの回答が得られました。

では、そのリリースを見てみましょう。**ポイント1** 調査リリースは情報が多く、どうしても枚数が多くなりがちですが、第1弾は2枚、第2弾は5枚、第3弾は3枚と、多くても5枚でまとめています。あまり多くなると敬遠されてしまうので、少数精鋭の情報で構成するのが基本です。

ポイント2 私が面白いと感じたのは、冒頭に「ハイライト」として調査結果の主要な部分を載せているところです。よくテレビで、番組の冒頭に面白いシーンだけをいくつかダイジェストで流して期待をあおるのと同じ手法です。

古屋さんは以前、雑誌の編集やライターをしており、たくさんのプレスリリースを見ていた経験から「リリースはタイトルとともに、まず図に目が行く」と感じていたといいます。

その感覚をもとに、インパクトのあるビジュアルをハイライトにしているとのこと。これはSNSを意識したキービジュアルづくりにもつながっており、TwitterやFacebookでたまたま知った人にも興味を持ってもらうためです。それだけ公式ホームページからではなくSNSからアクセスする人が増えているということでしょう。

ポイント3 複数の調査結果を小見出し・図・解説と、3つの構成要素で統一しているのも見やすい工夫です。文字が長々と並ぶばかりで内容の切れ目が分からないと、読む気が失せてしまうのです。

配信先はウェブや新聞、雑誌、テレビなど約300メディア。古屋さんは前職で映像メディア会社の広報をしていたため、当時の付き合いも活かしています。掲載は第1〜3弾で各58件、34件、34件。やはり最初が一番多かったものですが、その後もコンスタントに掲載があり、「@DIME」(小学館)のように、配信内容をすべて載せてくれたメディアもありました。

同社の調査結果だけでなく、メディアが独自に取材した記事の中で調査結

新型コロナに関するアンケート結果　第3弾

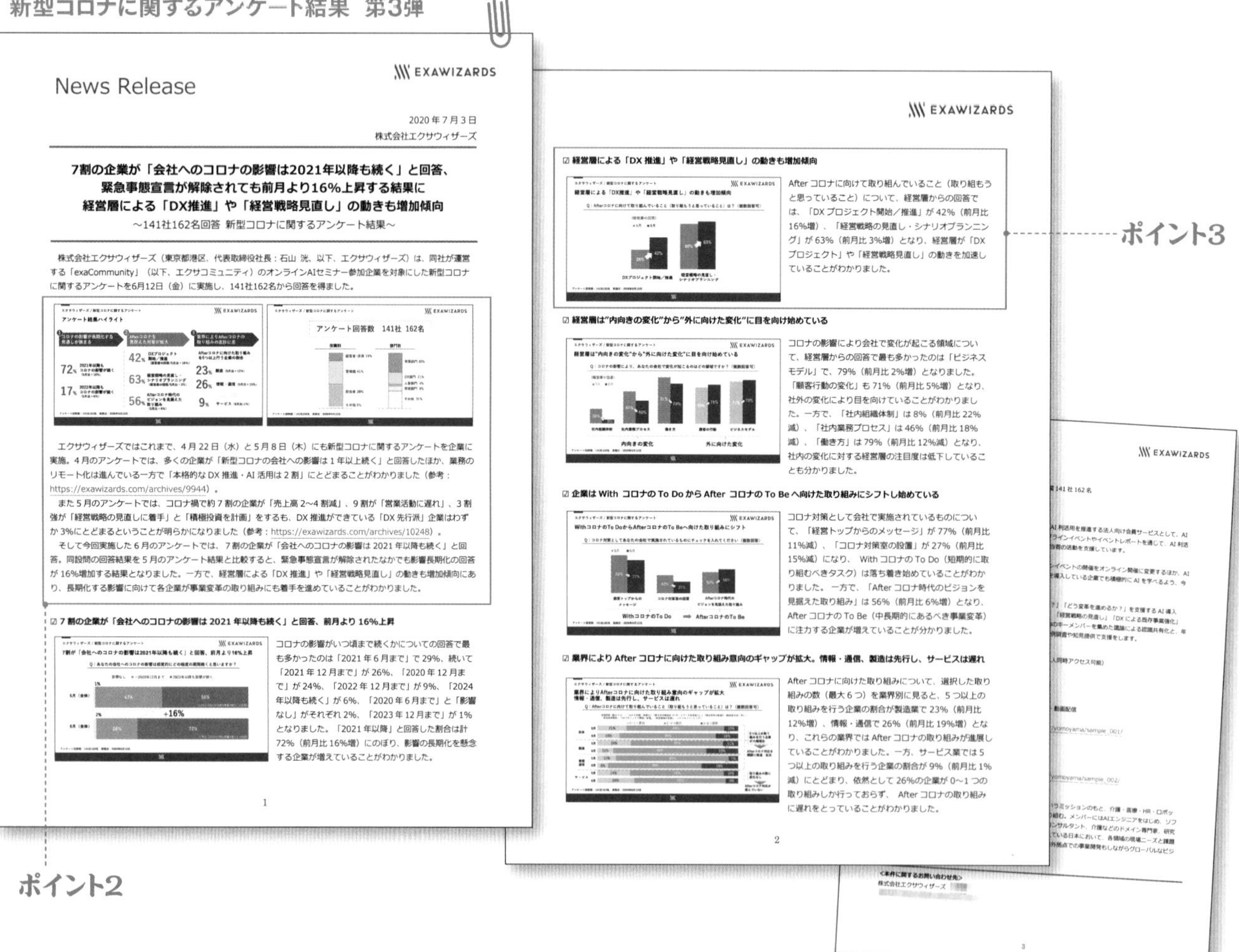

News Release

EXAWIZARDS

2020年7月3日
株式会社エクサウィザーズ

7割の企業が「会社へのコロナの影響は2021年以降も続く」と回答、緊急事態宣言が解除されても前月より16%上昇する結果に 経営層による「DX推進」や「経営戦略見直し」の動きも増加傾向

～141社162名回答 新型コロナに関するアンケート結果～

株式会社エクサウィザーズ（東京都港区、代表取締役社長：石山 洸、以下、エクサウィザーズ）は、同社が運営する「exaCommunity」（以下、エクサコミュニティ）のオンラインAIセミナー参加企業を対象にした新型コロナに関するアンケートを6月12日（金）に実施し、141社162名から回答を得ました。

エクサウィザーズではこれまで、4月22日（水）と5月8日（木）にも新型コロナに関するアンケートを企業に実施。4月のアンケートでは、多くの企業が「新型コロナの会社への影響は1年以上続く」と回答したほか、業務のリモート化は進んでいる一方で「本格的なDX推進・AI活用は2割」にとどまることがわかりました（参考：https://exawizards.com/archives/9944）。

また5月のアンケートでは、コロナ禍で約7割の企業が「売上高2～4割減」、9割が「営業活動に遅れ」、3割強が「経営戦略の見直しに着手」と「積極投資を計画」をするも、DX推進ができている「DX先行派」企業はわずか3%にとどまるということが明らかになりました（参考：https://exawizards.com/archives/10248）。

そして今回実施した6月のアンケートでは、7割の企業が「会社へのコロナの影響は2021年以降も続く」と回答。同設問の回答結果を5月のアンケート結果と比較すると、緊急事態宣言が解除されたなかでも影響長期化の回答が16%増加する結果となりました。一方で、経営層による「DX推進」や「経営戦略見直し」の動きも増加傾向にあり、長期化する影響に向けて各企業が事業変革の取り組みにも着手を進めていることがわかりました。

☑ 7割の企業が「会社へのコロナの影響は2021年以降も続く」と回答、前月より16%上昇

コロナの影響がいつ頃まで続くかについての回答で最も多かったのは「2021年6月まで」で29%、続いて「2021年12月まで」が26%、「2020年12月まで」が24%、「2022年12月まで」が9%、「2024年以降も続く」が6%、「2020年6月まで」と「影響なし」がそれぞれ2%、「2023年12月まで」が1%となりました。「2021年以降」と回答した割合は計72%（前月比16%増）にのぼり、影響の長期化を懸念する企業が増えていることがわかりました。

1

EXAWIZARDS

☑ 経営層による「DX推進」や「経営戦略見直し」の動きも増加傾向

Afterコロナに向けて取り組んでいること（取り組もうと思っていること）について、経営層からの回答では、「DXプロジェクト開始／推進」が42%（前月比16%増）、「経営戦略の見直し・シナリオプランニング」が63%（前月比3%増）となり、経営層が「DXプロジェクト」や「経営戦略見直し」の動きを加速していることがわかりました。

ポイント3

☑ 経営層は"内向きの変化"から"外に向けた変化"に目を向け始めている

コロナの影響により会社で変化が起こる領域について、経営層からの回答で最も多かったのは「ビジネスモデル」で、79%（前月比2%増）となりました。「顧客行動の変化」も71%（前月比5%増）となり、社外の変化により目を向けていることがわかりました。一方で、「社内組織体制」は8%（前月比22%減）、「社内業務プロセス」は46%（前月比18%減）、「働き方」は79%（前月比12%減）となり、社内の変化に対する経営層の注目度は低下していることも分かりました。

☑ 企業はWithコロナのTo DoからAfterコロナのTo Beへ向けた取り組みにシフトし始めている

コロナ対策として会社で実施されているものについて、「経営トップからのメッセージ」が77%（前月比11%減）、「コロナ対策室の設置」が27%（前月比15%減）になり、WithコロナのTo Do（短期的に取り組むべきタスク）は落ち着き始めていることがわかりました。一方で、「Afterコロナ時代のビジョンを見据えた取り組み」は56%（前月比6%増）となり、AfterコロナのTo Be（中長期的にあるべき事業変革）に注力する企業が増えていることが分かりました。

☑ 業界によりAfterコロナに向けた取り組み意向のギャップが拡大。情報・通信、製造は先行し、サービスは遅れ

Afterコロナに向けた取り組みについて、選択した取り組みの数（最大6つ）を業界別に見ると、5つ以上の取り組みを行う企業の割合が製造業で23%（前月比12%増）、情報・通信で26%（前月比19%増）となり、これらの業界ではAfterコロナの取り組みが進展していることがわかりました。一方、サービス業では5つ以上の取り組みを行う企業の割合が9%（前月比1%減）にとどまり、依然として26%の企業が0～1つの取り組みしか行っておらず、Afterコロナの取り組みに遅れをとっていることがわかりました。

2

EXAWIZARDS

<本件に関するお問い合わせ先>
株式会社エクサウィザーズ

ポイント2

果が引用される例もあり、「メディアが必要とする情報を提供できたことが嬉しい」と古屋さん。メディア以外の企業からも社内資料として使いたいと要望があり、快諾しているそうです。

ニュースソース化を意識

古屋さんは第1弾配信の時点から、同内容の設問による定点観測データを定期的に出していくことで中長期的な視点でのニュースソースとして活用されることを狙っていました。

実際、リリースが進むにつれて、コロナの影響が長引くと答える企業やDXに取り組む企業が増える一方、業種による意識の差が見られるなど興味深い結果が表れています。

その成果もあってか、これまでリリースを配信してもなしのつぶてだったメディアからの反応もあったそうです。私もよく言いますが、出しているリリースは、たとえ掲載されなくてもムダにはなっていません。私が顧問を務める企業でも、ずっと配信していたメディアから取材依頼があった際、先方がすべてのリリースをファイルしており、いつか取材しようと注目してくれていたことがありました。価値あるリリースを配信し続ければ、見る人は見てくれているものなのです。

このリリースを配信後、それまで月に1～2度しか開催していなかったセミナーを、月に10回程度開催するようになったといいます。同社のクライアントは医療関係や飲食関係など業種が幅広いため、業種ごと、あるいは職種ごとの、より細分化したセミナーへの需要が高まっているからです。メディアへの掲載数も、前年の同時期と比べ2.5倍に伸びているそうで、広報としても手ごたえを感じているようです。

今、古屋さんが意識しているのは、調査リリースの回を重ねるごとに内容がどうしても深まってしまうため、初見の人に難しくなりすぎないようにすることだといいます。

私の印象でいうと、AI関連でリリースに力を入れている企業はあまり見かけません。けれどメディアとしては興味があり、記事も載せたい分野でしょう。世の現状はAIに対して期待感を持つと同時に、過剰な恐怖感を抱いている面もあります。

だからこそ今の段階から同社が積極的にリリースを配信し、一般の人には敷居が高いAIについて啓蒙する立場になれば、「AIについてはエクサウィザーズに聞こう」とマスコミに思われるポジションも狙えるでしょう。今後ますますの成長が楽しみです。

たとえ掲載されずとも価値あるリリース配信の継続は無駄にあらず!

今回の教訓 オンラインの場を調査に活用

今回のリリースを見て、コロナ禍の状況でアンケートを取るのは難しいと感じた人もいるでしょう。けれど本文で触れたように、オンラインセミナーの参加者向けにアンケートを用意し、セミナーの合間にも回答をしてくれるよう促す方法もあります。参加者もセミナーを受けながら回答することができたため、多くの回答を得ることができました。

私も以前の職場でアンケート調査を実施したことがありますが、調査会社に依頼すると、数十万円から数千万円と馬鹿にならない費用がかかるものです。けれどもエクサウィザーズのような方法を取れば、費用をかけアンケートを取ることができます。

これは今の時代ならではの新しい調査リリースのつくり方だといえます。これからオンラインイベントを開催する企業も増えると思うので、その際にはぜひアンケートをセットにして活用しましょう。

それに加えて、エクサウィザーズの場合は行動が早かったことも勝因だと思います。

[DATA]
企業名：株式会社エクサウィザーズ
資本金：1億円
所在地：東京都港区浜松町1-18-16 住友浜松町ビル5階
代表者：石山 洸
売上高：非開示
利益：非開示
従業員数：230人
簡単な沿革：2017年10月、AIベンチャーの株式会社エクサインテリジェンスと静岡大学発ベンチャーのデジタルセンセーション株式会社が経営統合し設立。
[広報戦略]
広報人員は2人。基本方針は「ひとつひとつの広報活動をなぜなんのためにやるのかを徹底的に考えながら広報する」。目標は「認知と顧客の拡大」「プロダクトの成長」「人材採用」に貢献すること。

*2020年12月号『広報会議』掲載（情報は取材当時のもの）

共同リリース

成功すれば相乗効果大！共同リリース作成のポイントは？

共同リリースとは、2社あるいは複数社の共同事業について発信するリリースのことです。複数社で共同で作成することになるので、独特のコツやポイントがあります。その作成手順を具体的に学んで行きましょう。

企業間コラボレーションが定着し、それに伴って共同でリリースの件数も増えています。共同リリースは、一社単独のリリースに比べて確認項目は多いものの、早めに準備すれば安心です。相手企業の広報担当者としっかり打ち合わせし、万全な準備のもと、配信日を迎えましょう。

3種類の作り方がある

共同リリースには、❶「同一リリース」❷「一部共通リリース」❸「別々リリース」の3種類があります。❶は全く同じリリースを両社が配信するもので、企業名の順番など交渉ごとが非常に多くなります。❷は一部の内容を両社で統一しておき、そのほかは企業によって自由に作成するものです。❸は同じ企画について、それぞれの企業がそれぞれの立場や切り口でリリースを作成して配信します。

それぞれの成功のコツを見ていきましょう。❶の同一リリースについては、何度も話し合う、これに尽きます。違う2社間では、使う言葉もリリースの書式も違えば、広報体制も全部違いますので、このすり合わせは大変です！唯一の解決方法が「何度も話し合う」ことですが、時間切れになるケースをこれまで多数見てきました。時間切れになり妥協の産物となったリリースが世に出た結果、どこにも取り上げられず、もう共同リリースは出したくないと思う…という悪い結果を招かないためにも、時間を長く取ってこまめに打ち合わせをしましょう。いつもの感覚で1週間で出そうと思うと失敗しますから、1カ月は取りましょう。

❷の一部共同リリースについては、基本的な文言やビジュアルを揃えて、あとは各社で力点を入れる項目を設定して、各社の書式で出します。コツは、お互いに内容をチェックして把握しておくことです。

❸の別々リリースは、それぞれの企業から出すことで、規模感が生まれます。組む相手先の企業に有名企業や自治体があれば、メディアに対して強みが生まれます。こうした組み先がある場合は、その名前をうまく使わせてもらいましょう。さらに言えば、こうした組み先と戦略的にタイアップを組むことで、いい結果につなげることもできるのです。

私自身は❸が多く、ときどき❷を採用していました。❶は交渉や調整が大変ですし、文章を直すうちにお互いが何を言いたいか分からなくなってしまうことすらありました。その点❸は各社の要点が不満なく盛り込め、相乗効果も得られやすいのです。ただし両社間で商品名やイベント名を統一するのはもちろん、写真やグラフはどれを使うか（使わないか）、目標数値やコラボの意義など、コンセンサスを取っておくことが必要です。

配信先は棲み分けて！

次に配信先ですが、例えば食品メーカーとアミューズメントパークのような異業種コラボであれば、同じ新聞に配信してもそれぞれ「製品」「施設」と担当が違うわけで、目に留まる率が高まります。同じリリースが2通届くと

図1　共同リリースの3つの種類

1 同一リリース	全く同じリリースを両社が配信
2 一部共通リリース	一部の内容を両社で統一し、そのほかは企業によって自由に作成する
3 別々リリース	同じ企画について、それぞれの企業がそれぞれの立場や切り口でリリースを作成して配信

おすすめは、❸の別々リリース。各社の要点が不満なく盛り込め、規模感を出しやすいので相乗効果も得られやすい。

図2　共同リリースの作成手順とタイムライン

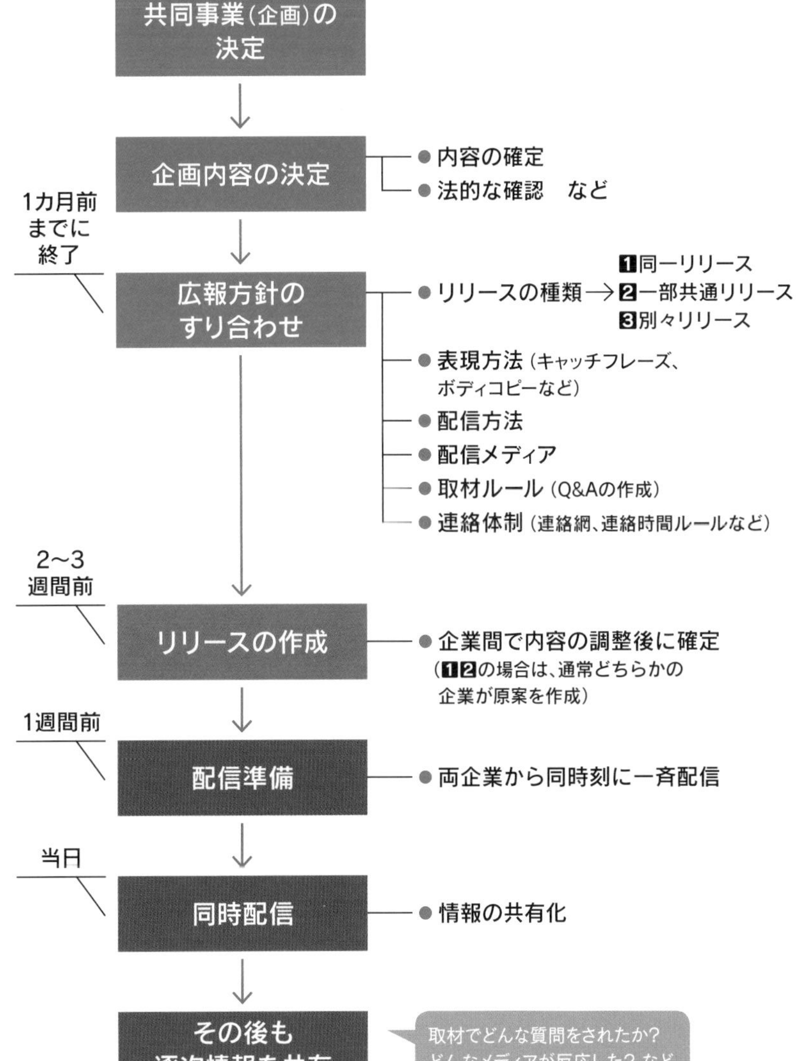

受け手が嫌がるので、両社のリストを突き合わせて、ダブりをなくすのがベストです。「うちはテレビに強い」など得意メディアがある場合は、メディアをタイプ分けする方法もあります。

そして重要なのは配信後の取材ルールです。想定問答集を用意しておくほか、どちらを主体として取材を受けるのか、相手先の企業についてはどこまで答えるのかなども決めておきましょう。取材するうちに、もう片方の話も聞きたくなるのはよくあることです。でも相手が9時〜17時しか広報に電話がつながらない場合、この案件に関してだけは特例にしてもらうのか、緊急の連絡網はどうするのかなども確認が必要です。

そして取材の状況も報告し合いましょう。「こんな質問をされて答えに困った」という情報はぜひ共有したいですし、取材を受けているメディアの違いが把握できれば「男性誌が少ないのでもっと攻めてみましょうか」などの相談もできます。始まりから終わりまで、両社の歩み寄りが必要なのが共同リリースなのです。

共同リリースが生む相乗効果

大変そうなことばかり伝えてしまいましたが、うまく機能すれば2倍どころか3倍、4倍に効果があるのが共同リリースです。

関わる企業が2社になることで社会性や影響力が著しく増しますし、互いのネームバリューも上がります。いろいろな面で強みを作りやすいのです。例えば、私の関わった事例で、埼玉県加須市のいちじくカレーの商品開発の例をご紹介しましょう。加須市はいちじくが特産品で、このいちじくを使ったご当地レトルトカレーを、加須市、市内の高校、私が代表を務めるカレー総合研究所の3者で開発しました。商品名は「アスメシカレー」で、タンパク質強化が売りの、アスリート用カレーです。共同リリースは❸の別々リリースの形式で発信したのですが、様々なメディアがそれぞれの切り口（自治体の取り組み、スポーツ、産学連携、食トレンド、グルメなど）で取り上げてくれたおかげで、一時在庫の確保ができなくなるほど好評を博しました。

このように共同リリースは、各自が得意分野に発信することで、単体ではリーチできない層に届く可能性を持った手法です。メディアの掲載率も高まる傾向があります。ぜひチャレンジしてみましょう。

共同リリース

CASE

息の合ったコンビネーションでメディアへのアプローチに成功！

東洋×カレー総合研究所「とれたてキャッチャー」

コラボ企画のリリースで
最も大事なのは、コラボする理由。
納得感のあるストーリーで
メディアをひきつけよう！

企業同士のコラボレーションは注目度が高まります。中でも、一見つながりのなさそうな業種間のコラボが多くの人の興味を喚起することは、皆さんもご存じの通り。今回は、ゲームセンター業界を牽引する東洋（埼玉県北本市）と、私・井上岳久が代表を務めるカレー総合研究所がコラボした例を紹介したいと思います。

東洋はクレーンゲームの設置台数世界一を誇るゲームセンター「エブリデイ」を運営するエンターテインメント企業です。代表取締役の中村秀夫さんはクレーンゲームで、私はカレーで、ともに『マツコの知らない世界』（TBS）に出演した仲間であり、かねてから懇意にしていました。ネットゲーム

メイン企業（東洋）のリリース

1枚目

News Release

ギネス認定！クレーンゲーム台数世界一のゲームセンター

2018/08/13
株式会社東洋

EVERYDAY UFO CATCHER AMUSEMENT　EVERYDAY UFO CATCHER AMUSEMENT　EVERYDAY UFO CATCHER AMUSEMENT

1/2ページ

「ゲーム業界」×「食品業界」の奇跡のコラボで誕生!!
ゲームセンター内での食事問題を解決をする新しい取り組み
取った景品をその場で調理して食べられる!!

【とれたてキャッチャー】

8/11～8/19 入手困難なプレミアムカレーで先行導入テストを実施

株式会社東洋（本社：埼玉県北本市/代表取締役　中村秀夫）が経営する、1店舗当たりのクレーンゲーム設置台数がギネス世界記録に認定されている「世界一のゲームセンター　エブリデイ行田店（埼玉県行田市、以下当社）」は、2018年9月上旬から正式稼働予定の『とれたてキャッチャー』を、8月11日（土）～8月19日（日）までの9日間、先行テストとして、期間限定で稼働致します。景品には、現在入手困難なプレミアレトルトカレー【カレー大學IICAチキンコルマカレー】を採用しました。

業界初！とれたてキャッチャーって何？

とれたてキャッチャーは、クレーンゲームで取った食品を、その場で調理して、店内で食べることの出来る、ゲームセンター業界初（※日本クレーンゲーム協会調べ）となる、新しい取り組みです。

多くのゲームセンターには、店内で食事が出来る設備などがなく、有っても、パンや菓子などの自動販売機が置いてあるなどが一般的でした。その為、当社でも、**『長く遊びたいけれど、空腹になり施設外へ食事をとりに行く』**という顧客の声を多く耳にしてきました。

そこで、当社では、電子レンジや紙皿、プラスチック製スプーンなどを用意し、店内に自由に使って頂ける調理コーナーを設置しました。これにより、取った景品を自ら温め、休憩コーナーで食事をすることが出来るようになりました。これがとれたてキャッチャー誕生のきっかけでした。

UFO CATCHER AMUSEMENT　EVERYDAY UFO CATCHER AMUSEMENT　EVERYDAY UFO CATCHER AMUSEMENT　EVERYDAY UFO CATCHER AMUSEMENT

【ご連絡・お問い合わせはこちら】

＼ポイント1／

それぞれの立ち位置からのアプローチ

東洋は、エンタメ系メディアへ向けた新しいゲームセンターの取り組みとして、カレー総合研究所は画期的なレトルトカレーの第3弾企画という切り口で、それぞれ紹介。

隆盛の近年、ゲームセンター市場は年々縮小傾向にあり、「何か話題になるような企画をしたい」という話を聞き、私も一肌脱ぎたいと思いました。

私がコラボできることといえばカレーです。ただし、クレーンゲームでレトルトカレーをつり上げるものはこれまでもたくさん存在しました。そこで東洋が思いついたのは、ゲームセンター内に電子レンジを設置し、そこで温めてカレーが食べられる「とれたてキャッチャー」というアイデア。

ゲームセンターではこれまで、「もっと長く遊びたいけれど、途中でお腹が空いて外の飲食店へ食べに出かけなくてはいけない」という利用者の声があったそうです。

それはゲームセンターにとっても機会損失にほかならず、とれたてキャッチャーは利用者と運営者双方にメリットがあります。しかも日本クレーンゲーム協会に確認したところ、これまでゲームセンター内で調理できる店はなく、意外にありそうでなかった“日本初”のサービスで、私も面白いと感じました。

肝心なのは景品のカレーです。普通にスーパーマーケットで販売しているようなレトルトカレーなら、スーパーで買えば済む話。既存のカレークレーンがそれほどヒットしなかった理由もそこにあると思われます。そこで私が白羽の矢を立てたのが、当時カレー総合研究所で開発したばかりの「IICAチキンコルマカレー」でした。

コルマカレーとは北インドのムガール料理に端を発し、インドでは多くの家庭でつくっている定番のカレーです。カレー総合研究所ではインド最高峰の料理学校「IICA」と提携して、このコルマカレーを開発することにしたのです。IICAは5つ星ホテルに約4000人の料理人を輩出した実績があり、私が運営する「カレー大學」ではIICAへの短期留学を行うなど、以前から付き合いもありました。

コルマカレーは決められた手順を踏まないとまったく別物の味になってしまいますが、IICAで教わった通りにつくると目からうろこが落ちるほどおいしいのです。IICAにもさすがのこだわ

2枚目

EveryDay　News Release　ギネス認定! クレーンゲーム台数世界一のゲームセンター　2018/08/13 株式会社東洋

EVERYDAY UFO CATCHER AMUSEMENT　EVERYDAY UFO CATCHER AMUSEMENT　EVERYDAY UFO CATCHER AMUSEMENT

2/2ページ

とれたてキャッチャーの景品について

とれたてキャッチャーの景品は、店内で食事をとるという目的を果たすため、食品である必要があります。その上で、併設の調理コーナーに設置の、電子レンジという限られた調理器具だけで、食べられるように出来るものでなければなりません。

当社では、過去に、①国民食であるという理由と、②衛生面や賞味期限など管理上の観点からゲームセンターの景品としてでも扱いやすいという理由で、受験シーズンに、記憶サポート成分DHAの入った**オリジナルカレーの景品『合格祈願キャッチャー　受(う)カレー』を作成したこともあります。**

そこで、国民食であると理由と、管理上の観点から、カレーに目が向き、レトルトカレーと電子レンジで調理出来るパックご飯が1つの台に一緒に景品として入っていれば、ゲームセンターでカレーライスが食べられる！！と考えました。

↑現在設置中の「とれたてキャッチャー」の写真
左側の景品がパックご飯で、右側の景品がレトルトカレー

現在、入手困難なプレミアムカレー！　IICAチキンコルマカレー　とは？

景品に採用すべく、レトルトカレーを探していたが、量販店などで市販されているものをただクレーンゲームの景品に入れるだけでは、面白味が欠け、頭を抱えていた際に、当社の代表・中村が、**TBS「マツコの知らない世界」の出演仲間**である、カレー大學の学長、井上岳久氏に相談。

中村の熱意に、「食」でゲーム業界を盛り上げましょう！と、一肌脱ぐことを決意した井上氏により、カレー業界では注目され、話題騒然の、出せばすぐに完売してしまう、入手が難しい高級レトルトカレーを景品として使うことを企画頂きました。それがIICAチキンコルマカレーです。

日本最高峰の
カレー専門家育成機関
カレー大學
Curry College
井上 岳久
いのうえ たかひさ

IICAチキンコルマカレーは、日本で本場インドの真のカレーを！をテーマに、インドの一流シェフを輩出する、最高峰料理学校IICAのレシピと、インドの一流シェフの厳しい指導の下、インドならではのスパイス調理法と、複雑かつ職人技の秘伝のスパイステクニックで、30回以上の試行を繰り返し、インド人のこだわる絶妙なスパイス感の、極上の味を実現したカレーです。インターネットで先行発売された際は即完売、楽天市場カレーデイリーランキングNO.1を獲得した商品価値の高い、カレー業界も話題騒然のプレミアムレトルトカレーです。

UFO CATCHER AMUSEMENT　EVERYDAY UFO CATCHER AMUSEMENT　EVERYDAY UFO CATCHER AMUSEMENT　EVERYDAY UFO CATCHER AMUSEMENT

【ご連絡・お問い合わせはこちら】

＼ポイント2／

コラボ相手の強みをしっかり訴求！

自社を手前味噌で自慢するのではなく、他社から客観的に訴求することで強みの信憑性を高めている。

＼ポイント3／

企画背景と理由を共通事項として掲載

今回の企画に至った理由、市場の背景などを、それぞれのリリースにおいて同じ文脈で訴求する。

りがあり、30回以上の試作を重ねた末、ようやくインド人がこだわるスパイス感を表現した力作ができあがったのでした。試食してもらった料理のプロも皆、口をそろえて「絶品だ!」と評価してくれました。

ネットでトライアル販売したところ税込700円もする高価格商品ながら、いきなり楽天市場のカレーデイリーランキングで1位を獲得。ヤマダ電機の会員向けサイトの掲載商品に選ばれたり、テレビ通販のベストセレクションに選ばれたりと次々に引き合いがある「幻の人気商品」となりました。一般の商店では手に入らない稀少価値と、700円の商品が100円のゲームで取れるかもしれないお得感。まさにクレーンゲームにぴったりの商品だと直感したのです。導入は2018年8月、エブリデイ行田店と決まり、PRに向けて動き出しました。

こうしたコラボ企画の場合、リリースには3つのパターンがあります。

❶統一リリースを2社で出す
❷一部分共通で、それ以外は各社独自のリリースを出す
❸2社それぞれにリリースを出す

私は、これまでの多くの経験から❶と❷は難しいと感じていました。❶は企業文化が異なる上、上層部や関係部署から各企業ならではの厳しいチェックもあり、配信までに疲れきってしまうのです。

しかも苦労するわりに、あれもこれも載せられず中身がスカスカのリリースになってしまい、メディアにもほとんど注目してもらえません。❷は❶よりもハードルは低いものの、各社のリリースには独自のカラーがあり、共通でつくった部分が逆に浮いてしまうこともあります。そこで私が推奨しているのは❸です。もちろん互いのリリースに目は通しますが、チェックするのは事実確認や表現の統一なので負担はぐっと減ります。

切り口の異なるリリースを配信

それでは両社のリリースを見ていきましょう。タイトルでは **ポイント1** 同じ企画に対して、それぞれの業界からの視点でアプローチすることに気を配りました。東洋はエンタメ業界なので、「ゲームセンター内で飲食ができるという新しい取り組み」が目玉です。対してカレー総合研究所の目玉は、「ネット通販で話題のカレーがゲームセンターに登場する」こと。それぞれの業

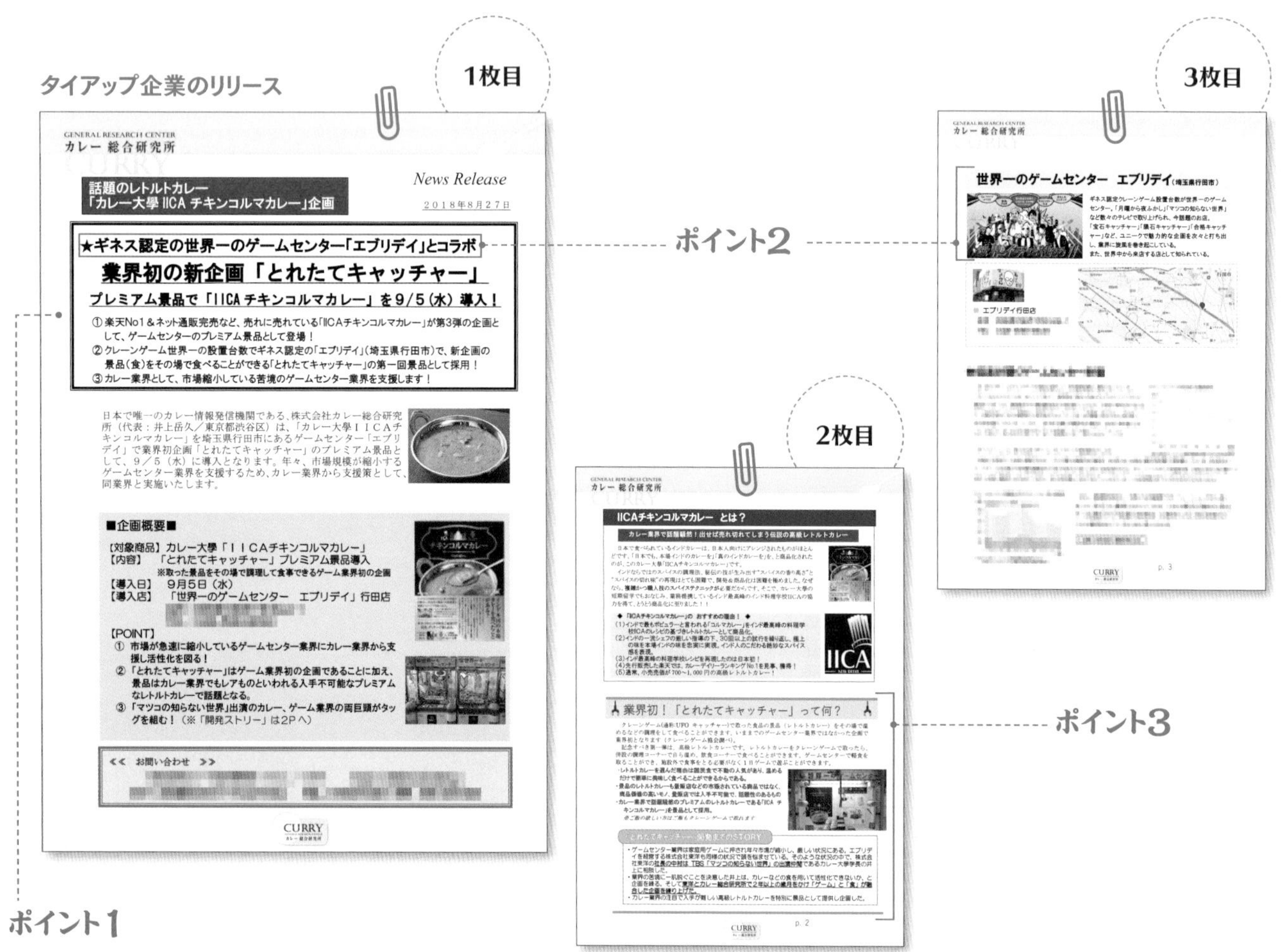

界に響く切り口でリリースをつくれるのも❸のいいところです。

ポイント2 相手方の企画を強く訴求するのも、コラボ企画のリリースならでは。例えば東洋のリリースでは、「インド最高峰の料理学校」や「入手困難なプレミアムカレー」といった表現でIICAチキンコルマカレーのよさをアピールしてくれていますし、カレー総合研究所のリリースでは「ギネス認定」「世界一のゲームセンター」などの文言で、東洋がいかにゲームセンター業界で先進的かをアピールしています。自社のことだけを手前味噌で自慢するよりも、こうして互いが相手方を客観的に評価する方が受け取り手の信憑性も高まるのです。

両社がコラボすることになった理由は、双方のリリースに共通事項として掲載しました。**ポイント3** コラボする場合、なぜコラボをするのかという理由がメディアにとっては最も大事だからです。その理由に納得感があるほど、メディアは興味を持って取り上げてくれるものです。苦戦するゲーム市場の背景と、それを活性化するためにカレー総合研究所が一肌脱いだという文脈は共通で、それぞれの表現で掲載しました。

配信数はカレー総合研究所から350通、東洋から150通ほど。すると日経新聞本紙が「豪華になるクレーンゲームの景品」という切り口で早速取り上げてくれたのには驚きました。続いて東洋の地元紙である埼玉新聞で、紙面とウェブに掲載がありました。そしてなんと、これを見たフジテレビから連絡があり、人気テレビ番組『関ジャニ∞クロニクル』で関ジャニ∞のメンバーが取材に来てくれたのです。ウェブメディアにも多数の掲載がありました。

他業種メディアとの接点にも

PRの観点から見てコラボ企画のいいところは、二つの業界メディアに配信することで掲載の可能性が高まることと、お互いに付き合いのなかったジャンルのメディアと知り合いになれることです。今回もカレー総合研究所が配信した食関係のメディアから問い合わせがあり、東洋に10件ほど紹介しました。

おかげさまで初回納品分のカレーは短期間で品切れとなり、同店の中でも人気上位のゲームになっています。実際に店舗に行ってみると、テーブルにパイプ椅子が置いてあるだけのスペースですが、利用者には便利なようで、すぐにテスト導入から本格導入へと移行しました。今回は東洋が「テスト導入」のリリースを、2週間後にカレー総合研究所が「本格導入」のリリースを時差配信したことも、ネタの鮮度が長続きした理由のひとつです。

今回の教訓　多生の縁を大切にしよう

本文でも触れたように、東洋の中村社長と私は、ある席で会ったときに、ともに「マツコ仲間」ということで意気投合。その縁があって、とれたてキャッチャーでのコラボにいたりました。こうしたケースはこれだけではありません。2018年、このコーナーで取材したトラストバンクとも、それが縁でお声がけをいただき、ふるさと納税のレトルトカレー特集で、おすすめカレーの選定やPRイベントへのゲスト出演など広報展開に協力させていただきました。まさに「袖振り合うも多生の縁」という言葉が当てはまります。実は、やり手の広報にはこうした少しの縁を逃さずに活かし、広報を展開している共通点があります。広報がうまく機能している企業では、広報担当者はみんな、縁を活かして話題づくりやメディア掲載に結びつけているのです。「ネタがない」と嘆く広報担当者も多いですが、ちょっとした縁を無駄にしないよう心がけたいものです。

各業界の視点を活かすとインパクトや訴求力に相乗効果が生まれる!

[DATA]
企業名：株式会社東洋
資本金：9670万円
所在地：埼玉県北本市中丸9-211
代表者：中村秀夫
売上高：19億3700万円（2017年度）
利益：非公開
従業員数：101人（2018年4月末現在）
簡単な沿革：1987年創業。1990年に家電ディスカウント店を開店。1992年にクレーンゲームを導入。2001年ごろからクレーンゲーム専門店を開店。2011年に行田店、2014年に太田店を再開。
[広報戦略]
広報人員は3人。元カメラマンも採用しており、今後はYouTubeなどにも力を入れていく。年間のリリースの配信数は30〜50件。専門用語を使わず、誰にでも分かりやすい表現を心がけている。

ニュースレター

自社を深く知ってもらうためのツール ニュースレターを上手に活用しよう！

ニュースレターとは、PR・広報業界で「期間やテーマでまとめた資料」のことを指します。つまり、単発で情報発信するニュースリリースと違って、企業の商品や活動を体系的に捉えてもらうためのツールということです。うまくつくれば、メディアにも重宝してもらえます。

図1　プレスリリースとニュースレターの比較

プレスリリース	ニュースレター
● 2～3枚が相場	● 10枚以上になることが多い
● タイムリーさが大事	● 数カ月ごとの企業活動を整理しまとめて発信する
● ストレートニュース狙い	● 雑誌の特集やテレビの特番を狙う
● 自社サイトで公開するorリリース配信サービスを使って展開	● メディアに直接郵送するのがスタンダード

日頃からプレスリリースを書いている広報担当者なら肌感覚でイメージできるかと思いますが、プレスリリースの枚数は大抵2～3枚が相場。ここにタイトルや画像、担当者の連絡先まで盛り込むわけですから、書けることには限りがあります。また、プレスリリースは商品発売のお知らせやイベントの告知など、基本的にタイムリーなものを扱うため、例えば百貨店など1カ月の間にいくつもの催事を行う企業の場合は、その都度プレスリリースを配信していてはキリがありません。次々にプレスリリースが送られてくるメディア側もそれは負担です。

そこで活用できるのが、数カ月間の企業活動を整理し、まとめて送るニュースレターです。上手く活用できれば、自社の活動を体系的に知ってもらうためのいいツールになります。

プレスリリースとの違いは？

まずニュースレターとは何かというと、PR広報業界で使われる用語で「期間やテーマでまとめた資料」のことを指します。先述の通り、プレスリリースは単発の情報発信であることから、メディアはその企業の商品や活動を体系的に捉えづらいという側面があります。しかし企業活動の総合的な情報を十分なボリュームを割いて伝えることができるニュースレターを活用することで、こうしたプレスリリースの弱点をカバーできるのです。プレスリリースが企業の情報を「点」で伝えるものだとすると、ニュースリリースはそれらをつなげて「線」として発信できるツールだと言えます。

私もこれまで数々のニュースレターを目にしてきましたが、その活用方法もさまざまです。例えば春夏秋冬で長期休暇などのかき入れ時が到来するテーマパークでは、四半期に一度「ニュースレター 春号」などとしてシーズンごとに目玉となるイベント情報をまとめています。ほかにも、アパレルや食品業界ならば、「今年のブーム予測」といったテーマも考えられます。プレスリリースでは採用が難しいネタも、ニュースレターであればその根拠となる

図2　ニュースレターのテーマ例

事 例	● 月ごとのニュースレター（百貨店など） ● 四半期ごとのニュースレター（テーマパーク、ハウスメーカーなど） ● 新ブランド展開のニュースレター（アパレル、食品業界など）
応用テーマ	● 最先端の業界事情　● 海外の最新事情 ● 誰も知らないお得な情報　● トレンド情報

図3　ニュースレターの書式とポイント

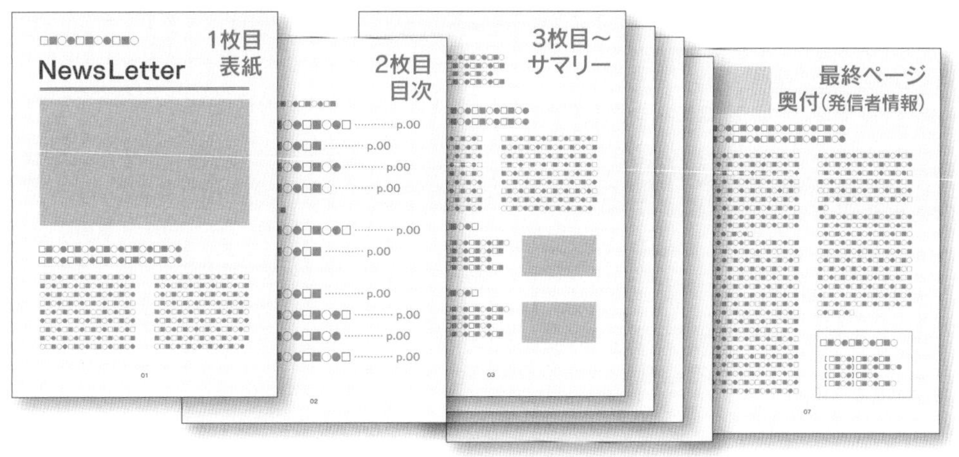

10枚以上にわたることが多いニュースレターは、目次をつけ、どこに何が書いてあるかを明確にする必要がある。また、忙しいメディアの人間向けに冒頭にサマリーをつけるのが通例。必ず最初に章立てを考えてから執筆を始めることがポイント。

エビデンスや識者コメントも盛り込みながら、伝えることができるのです。

このようにプレスリリースとは目的がそもそも違うものなので、ターゲットも異なります。送付先がメディアであることには変わりありませんが、例えば雑誌の特集記事担当者や、テレビで10〜20分ほどの枠を割くような特番コーナーの企画者を第一にイメージするのがいいでしょう。また、ニュースレターはある程度のボリュームを持たせることができますから、例えば新薬についての情報など、医療分野のように一般人の知識では簡単に理解ができないような情報も、開発経緯など含め説得力を持たせてまとめられます。

情報量が多いからこその工夫を

次はニュースレターの体裁についてご説明します。ニュースレターは書式が決まっているわけではなく、各社独自のレイアウトや章立てで一冊の冊子を仕上げますが、全てのニュースレターには4つの共通点があります。ひとつは、1枚目に必ず表紙がついていること。ふたつ目が、目次がついていること。3つ目が、冒頭にサマリーがついているということ。そして最後が、内容に信憑性を持たせるために発信者が誰かという奥付を載せることです。

ニュースレターはプレスリリースと比べてボリュームが大きく、一部が10枚以上になることも珍しくないため、目次をつけ、どこに何が書いてあるのかを明確にする必要があります。また、「こんなに読む時間はない」というメディアに向けて半ページ〜1ページほどでニュースレターの要約となるサマリを添えることも、読まれるニュースレターづくりには欠かせません。

作成時のポイントとしては、必ず最初に章立てしてから執筆を始めることです。枚数の多いニュースレターでは、着地点を考えずに書き始めてきれいにラストまで収めることはほぼ不可能。必ず全体のドラフトを考えてから執筆に着手します。また、プレスリリースよりも必然的に長い文章を書くことになりますので、構成力をはじめとした文章力もある程度求められます。日頃から文章スキルを上げる訓練を欠かさないようにしましょう。

「存在感が出る」副次的効果も

では、「読まれるニュースレター」とはどのようなものなのか。そう問われれば、私は“よくできたフリーペーパーのようなもの”と答えます。第一に大切なのは扱うテーマです。読み手がこれまで知らなかった世界を覗けるようなものであったり、世の中の常識とはちょっと違った角度のテーマ設定は、読みたいと思わせる大きな動機になります。他にも、読みやすさに直結するレイアウトや分かりやすいタイトル、全体を通して一つの筋がきれいに通るような章立ても必要です。

このように、プレスリリース以上に執筆者に求められるスキルやセンスが問われるニュースリリースは、確かに一つ仕上げるにもある程度の労力がかかります。しかし、プレスリリースを出す企業はたくさん存在しますが、ニュースレターを作成している企業は少なく、メディアに送ればまず目立ちますし、ネタを持っている会社だと認知してもらえるという副次的な効果もあるのです。分かりやすく業界の動向や、トレンドのバックグラウンドを説明してくれる企業の存在は、自分たちの知らないテーマでも扱わねばならないメディアの人々にとってもありがたい存在になるに違いありません。

ニュースレターはプレスリリースと違い、自社サイトに公開したり、プレスリリース配信サービスに展開したりはせず、メディアに直接郵送するのがスタンダード。メディアの手元に到着した時、つい読み込んでしまいたくなるような工夫を凝らしましょう。

ニュースレター

CASE

世の中の認識を覆す啓蒙啓発型の情報発信

ウエニ貿易「アクアシャボン／日本人の香り」

日本人はあまり香水好きでない民族と言われ、香水の匂いが強すぎると「香害」などとも言われます。

そんな我が国においてリピート率80%以上、10年間ずっと右肩上がりの成長を続けている「アクアシャボン」という商品があるのをご存じですか? 今回はこのヒット商品を展開するウエニ貿易のリリースに注目します。

同社執行役員コスメティック事業部統括部長の小渕清次さんがアクアシャボンの開発を始めたのは2007年ごろのこと。ウエニ貿易は社名の通り、海外商品を輸入して日本代理店になるとともに、独自商品の開発もしています。

営業部員にして開発も手がけていた小渕さんは当時、ロフトの商品部から「これからはブランドものの香水とア

商品の10周年リリースを
“日本人の好む香りの新説発表”
のニュースレター形式で発信。
メディアに多数掲載されました。

日本人の好む香りに関するリリース

1枚目

UENI TRADING CO.,LTD.

2019年3月15 日

News Release

化粧品ご担当者様

AQUA SAVON series

日本人には”香水が定着しない”というイメージは間違い。
日本人にも愛する香りがあった！それは「せっけん」だった！

欧州の人々に比べて、日本人は香水を使わないイメージが強い傾向にありますが、様々な研究や調査の結果によると、それは間違っていたことが判明。新説を発表。

フレグランス、時計、ファッション雑貨等のブランドを取り扱う専門商社である株式会社ウエニ貿易（本社：東京都台東区　代表取締役社長：宮上光弘）は日本人の好む香りに関する新たな発見について発表します。日本人は長い間、香りをつけることや香水に抵抗があると言われてきましたが、最新の研究者の研究成果や業界の各種調査データ、商品の市場動向から日本人は一部の香りが好きであり、その好む香りは「せっけんの香り」であることがわかりました。

日本人が「せっけんの香り」を好む理由

①香り研究の第一人者である大学教授 業界のオーソリティにより、「日本人の好む香り＝せっけん」と判明。
日本の化粧文化研究者である駒沢女子大学教授の石田かおり先生などによる研究成果より検証。

②各所、様々な調査データより日本人の好む香りがせっけんと発表されている。
日本人が「せっけんの香り」を好む傾向は、数々の調査結果でも実証されています。

③日本人が自身の香りに気付き、せっけん及びその香水の商品売上が年々増加。
「せっけんの香り」を好む日本人。これまで自分に似合う香りを模索してきた人々は、「せっけんの香り」こそが、自分が好きな香りであることに気づき始めたため、商品の売上が急増しています。

目次

P2　要点
P3　日本人の好む香りは、なぜ「せっけん」なのか？《背景と理由》
P4-5　日本人が「せっけんの香り」を好む理由①　香り研究の第一人者による研究と検証（1）（2）
P6　日本人が「せっけんの香り」を好む理由②　調査結果での実証
P7　日本人が「せっけんの香り」を好む理由③　国内市場について
P8　商品紹介
P9　キャンペーン概要
P10　会社概要

AQUA SAVON series
アクア シャボン シリーズ

プレスリリースに関するお問い合わせ

株式会社ウエニ貿易

＼ポイント1／

これまでの認識を覆して興味を誘引

「○○は間違い」「新説を発表」など、タイトルまわりにメディアが興味を抱く断定表現を活用。次の文章でその理由を簡潔に説明している。

ロマの中間に位置する商品が売れると思うが、何か考えはないか」と聞かれました。ジバンシイのプチサンボンなど、海外でせっけんの香りの商品に人気があり、バイヤーの感触もよかったため、小渕さんはすぐに「せっけんの香りがする香水」の開発に着手します。

最初に着手したのは部下の女性社員とともに、当時出回っていたボディソープやシャンプーをかき集めること。先入観が入らないようラベルのない小瓶に移し替え、テイスティングを繰り返し、どういう方向性の香りでいくかを決めていきました。

難しいのは、せっけんそのものだと工業系の独特なニオイがしてしまうこと。また当時は、香水といえば丸みのあるボトルがもてはやされていたのを、あえて縦長の流線型デザインにすることで差別化。ボトルの中にガラス玉を入れ、振ると軽い音がすることで、せっけんの清涼感を演出しました。

せっけん人気を裏づける材料

香りの名称はお洒落にしすぎず、「ホワイトコットンの香り」など素直に感じた印象をつけました。今ではストレートな商品名がもてはやされていますが、当時には珍しく、「せっけんの香り」という素朴さをあらゆる方面から打ち出しました。こうして2年間の開発期間を経て、2009年に発売にこぎつけたのです。

いざ発売すると、アクアシャボンは予想をはるかに上回る売れ行きをみせます。年間の想定売上本数を3カ月で売り切り、半年の欠品期間を経て復活。バイヤーの間では取り合いになり、OEM業者も自社でリスクを背負い多めに自発的に生産するようになったといいます。そして、香り市場に「ライトフレグランス」という新たな分野を生み出すまでに至ったのです。

「ずっと無香料の時代が続いていたのが、ちょうどそのころにP&Gのダウニーなど海外の強烈な香りの柔軟剤に人気が出たりして、タイミングが合ったんでしょうね。私はラッキー商材だと思っています」と小渕さんは謙遜しますが、当時は戦略的なPRを行わず、店頭での展開だけでここまで売れたのです。PR展開をしていたらもっとすごいことになっただろうなと思わずにいられません。

2枚目

UENI TRADING CO.,LTD.

要点

◆日本人の好む香りは、なぜ「せっけん」なのか？《背景と理由》

日本人は集団、コミュニティを重視するため、
和を乱さないこと（協調性）が香りに影響を及ぼしている！
風呂文化の影響が大きく、入浴後の
「自然な香り」=「せっけんの香り」を好む傾向にある

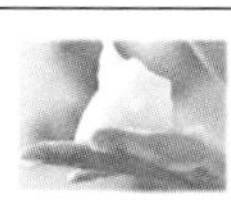

◆香り研究の第一人者による研究と検証（1）

文化的な意味での清らかな美しさがせっけんと結びつくことで
「せっけんの香り」は日本人が好む代表的な香りになった

日本の化粧文化研究者であり、駒沢女子大学教授の石田かおり氏は、
日本と西洋の香りに対する美的感覚の違いや文化の違いに着目。
日本人が「せっけんの香り」を好むようになった理由を述べています。

◆香り研究の第一人者による研究と検証（2）

体臭を個性と考える外国人。それに対し清潔感を好む日本人。
親しみがあり、ほのかに香るせっけんの香りは、日本文化の香り

香水評論家であり、香りの専門誌『パルファム』で編集長を務める
平田幸子氏は、「せっけんの香り」は日本文化の香りと説いています。
また、日本に香水が根付かない理由として「風呂文化の定着」を挙げています。

◆日本人が「せっけんの香り」を好む傾向は、数々の調査結果でも実証されている

好きな香りは、男女共に「せっけんやシャンプーの香り」がトップ

2014年4月18日から20日に行われた楽天リサーチ株式会社の調査結果によると、「好きな香りの種類」を聞いたところ、男性では「せっけんやシャンプーの香り」（46.5%）が最も高く、次いで「柑橘系の香り（レモンなど）」（37.8%）、「フルーツ系の香り（アップルなど）」（25.3%）。女性でも「せっけんやシャンプーの香り」（60.0%）が最も高く、次いで「柑橘系の香り（レモンなど）」（53.0%）、「フラワー系の香り（ローズなど）」（44.8%）と回答しています。

香り付き商品で好きな香りの系統は「せっけん」が最多

2015年5月1日～5月6日に行われたマイボイスコム株式会社の調査結果によると、香り付き商品で好きな香りの系統は「せっけん」が35.3%と最も多く、「無香・無臭」「フローラル系」「森林」「バラ、ローズ」「シトラス系」と続きました。せっけん＝清潔感というイメージにもつながりやすく、多くの人々が好感をもつ香りであることが分かりました。

◆「せっけんの香り」の国内市場が急成長

「アクア シャボン」シリーズの累計出荷数は順調に推移。
2019年は600万本以上の累計出荷数になる見込み

「せっけんの香り」を好む日本人からの支持を得て、「アクア シャボン」の累計出荷本数は右肩上がり。
購入者の満足度は90%以上と高く、リピート率も80%を超えています。

ボディソープ市場や紙おむつ市場でも「せっけんの香り」が高需要

＼ポイント2／

ダイジェストとして
概要を1枚に凝縮

リリース5ページにわたって解説している「日本人がせっけんの香りを好む理由」の要点を1ページにまとめ、短時間で内容を把握できるように配慮。

発売から10年を迎えた2019年、小渕さんたちは満を持してPRを展開することにしました。同社では事業部ごとにPR担当者がおり、今回指揮したのはコスメティック事業部PRマネージャーの昆沙賀泰丈さんです。

単に「10周年」ということでリリースを配信する企業もありますが、世に無数の商品がある中で、何かしら付加情報がなければメディアの目に留まることはできません。そこで「一般的に香水文化が定着しないといわれている日本でも、せっけんの香りは愛されている」という新たな"気づき"を盛り込んだ啓蒙啓発型のリリースをつくることにしました。ここからは実際のリリースを見ていきましょう。

まず、タイトルで「香水が定着しないというイメージは間違い」と断定。**ポイント1** 世の中の認識を覆すことで、メディアの関心を集めています。いつもお伝えしていることですが、タイトルは読み手の心をつかむ部分。自分が記者だったら、どんなタイトルなら先を読みたくなるかを考えてつくることが大切です。

本文は充実の内容です。まず「日本人がせっけんの香りを好む理由」を香りの専門家2人が学術的に分析。それを実証するような、民間企業が調査したアンケート結果も掲載しています。すでに世に出ている調査結果でも引用許可が下りないなど、ここが一番苦労したといいますが、調査結果を探す中で、せっけんの香りが本当に愛されていると再認識できたそうです。さらに化粧品以外の分野では、紙おむつなどでもせっけんの香りの商品が人気を集めている現象を紹介し、せっけん人気を裏づけています。

これらの要素をフルで盛り込むと大変なボリュームになってしまうので、**ポイント2** 2枚目はダイジェストで掲載して、多忙な記者が短時間で内容を把握できるようにしています。

3枚目では、**ポイント3** 専門家たちの分析を、図や表を入れながら分かりやすく解説しています。その要点を説明すると、次の2点です。

❶個を重視する欧米人が香りで自己主張するのに対し、和を尊ぶ日本人は香りの強くないせっけんを好む

❷昔から風呂文化になじんでいる日本人には、せっけんが身近な香りにな

3枚目

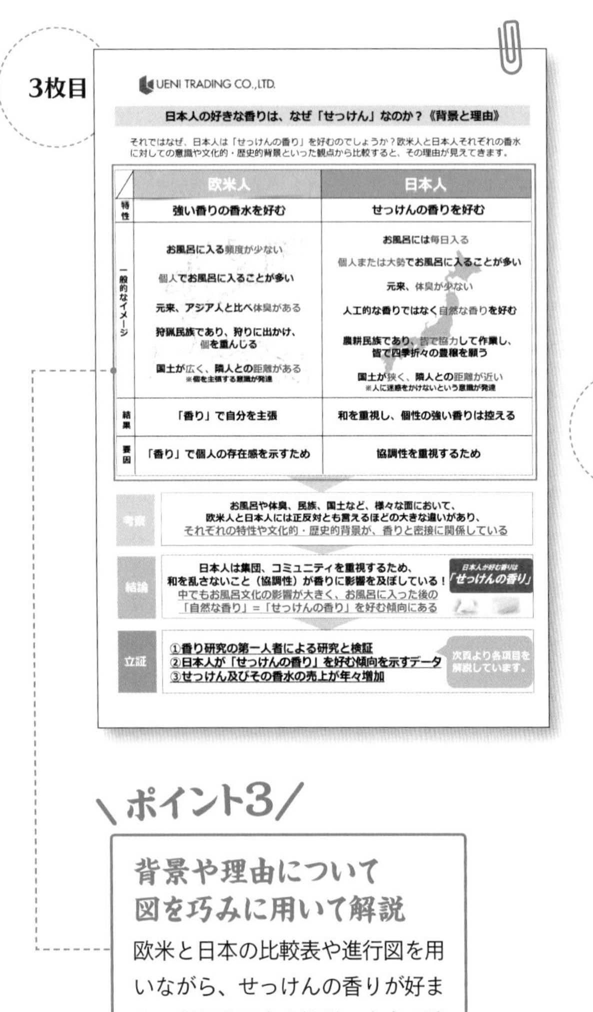

UENI TRADING CO.,LTD.

日本人の好きな香りは、なぜ「せっけん」なのか？《背景と理由》

それではなぜ、日本人は「せっけんの香り」を好むのでしょうか？欧米人と日本人それぞれの香水に対しての意識や文化的・歴史的背景といった観点から比較すると、その理由が見えてきます。

	欧米人	日本人
特性	強い香りの香水を好む	せっけんの香りを好む
一般的なイメージ	お風呂に入る頻度が少ない 個人でお風呂に入ることが多い 元来、アジア人と比べ体臭がある 狩猟民族であり、狩りに出かけ、個を重んじる 国土が広く、隣人との距離がある ※個を主張する意識が発達	お風呂には毎日入る 個人または大勢でお風呂に入ることが多い 元来、体臭が少ない 人工的な香りではなく自然な香りを好む 農耕民族であり、皆で協力して作業し、皆で四季折々の豊穣を願う 国土が狭く、隣人との距離が近い ※人に迷惑をかけないという意識が発達
結果	「香り」で自分を主張	和を重視し、個性の強い香りは控える
要因	「香り」で個人の存在感を示すため	協調性を重視するため

考察
お風呂や体臭、民族、国土など、様々な面において、欧米人と日本人には正反対とも言えるほどの大きな違いがあり、それぞれの特性や文化的・歴史的背景が、香りと密接に関係している

結論
日本人は集団、コミュニティを重視するため、和を乱さないこと（協調性）が香りに影響を及ぼしている！
中でもお風呂文化の影響が大きく、お風呂に入った後の「自然な香り」=「せっけんの香り」を好む傾向にある

立証
①香り研究の第一人者による研究と検証
②日本人が「せっけんの香り」を好む傾向を示すデータ
③せっけん及びその香水の売上が年々増加

\ポイント3/

背景や理由について図を巧みに用いて解説

欧米と日本の比較表や進行図を用いながら、せっけんの香りが好まれる背景や理由を解説。文字を読み込まずとも把握しやすい。

\ポイント4/

リリースの後半でブランド・商品を紹介

今回のテーマをメディアが紹介する際に商品面でもアプローチできるよう、解説のあとに自社ブランドや商品を丁寧に紹介している。

8枚目

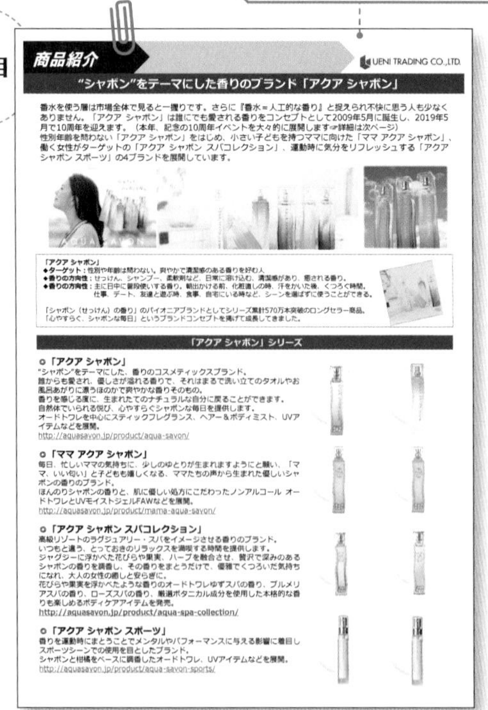

商品紹介　UENI TRADING CO.,LTD.

"シャボン"をテーマにした香りのブランド「アクア シャボン」

香水を使う層は市場全体で見ると一握りです。さらに『香水＝人工的な香り』と捉えられ不快に思う人も少なくありません。「アクア シャボン」は誰にでも愛される香りをコンセプトとして2009年5月に誕生し、2019年5月で10周年を迎えます。（本年、記念の10周年イベントを大々的に展開します☞詳細は次ページ）
性別年齢を問わない「アクア シャボン」をはじめ、小さい子どもを持つママに向けた「ママ アクア シャボン」、働く女性がターゲットの「アクア シャボン スパコレクション」、運動時に気分をリフレッシュする「アクア シャボン スポーツ」の4ブランドを展開しています。

「アクア シャボン」
◆ターゲット：性別や年齢は問わない。爽やかで清潔感のある香りを好む人
◆香りの方向性：せっけん、シャンプー、柔軟剤など、日常に溶け込む、清潔感があり、癒される香り。
◆香りの方向性：主に日中に普段使いする香り。朝出かける前、化粧直しの時、汗をかいた後、くつろぐ時間、仕事、デート、友達と遊ぶ時、食事、自宅にいる時など、シーンを選ばずに使うことができる。

「シャボン（せっけん）の香り」のパイオニアブランドとしてシリーズ累計570万本突破のロングセラー商品。「心やすらぐ、シャボンな毎日」というブランドコンセプトを掲げて成長してきました。

「アクア シャボン」シリーズ

○「アクア シャボン」
"シャボン"をテーマにした、香りのコスメティックスブランド。
誰からも愛され、優しさが溢れる香りで、それはまるで洗い立てのタオルやお風呂あがりに漂うほのかで爽やかな香りそのもの。
香りを感じる度に、生まれたてのナチュラルな自分に戻ることができます。
自然体でいられる悦び、心やすらぐシャボンな毎日を提供します。
オードトワレを中心にスティックフレグランス、ヘアー＆ボディミスト、UVアイテムなどを展開。
http://aquasavon.jp/product/aqua-savon/

○「ママ アクア シャボン」
毎日、忙しいママの気持ちに、少しのゆとりが生まれますようにと願い、「ママ、いい匂い」と子どもも嬉しくなる、ママたちの声から生まれた優しいシャボンの香りのブランド。
ほんのりシャボンの香りと、肌に優しい処方にこだわったノンアルコール オードトワレとUVモイストジェルFAWなどを展開。
http://aquasavon.jp/product/mama-aqua-savon/

○「アクア シャボン スパコレクション」
高級リゾートのラグジュアリー・スパをイメージさせる香りのブランド。
いつもと違う、とっておきのリラックスを満喫する時間を提供します。
ジャグジーに浮かべた花びらや果実、ハーブを融合させ、贅沢で深みのあるシャボンの香りを調香し、その香りをまとうだけで、優雅でくつろいだ気持ちになれ、大人の女性の癒しと安らぎに。
花びらや果実を浮かべたような香りのオードトワレゆずスパの香り、プルメリアスパの香り、ローズスパの香り、厳選ボタニカル成分を使用した本格的な香りも楽しめるボディケアアイテムを発売。
http://aquasavon.jp/product/aqua-spa-collection/

○「アクア シャボン スポーツ」
香りを運動時にまとうことでメンタルやパフォーマンスに与える影響に着目しスポーツシーンでの使用を目としたブランド。
シャボンと柑橘をベースに調香したオードトワレ、UVアイテムなどを展開。
http://aquasavon.jp/product/aqua-savon-sports/

っている

どちらも、言われてみると“なるほど”と思わせる説得力があります。

ポイント4 8枚目でようやく自社商品のアクアシャボンを紹介。こうした構成にすることで、「日本人はせっけんの香りが好き」という記事や番組を企画する際に、アクアシャボンも取り上げてもらうことができます。

昆沙賀さんたちは、通常の4倍近い約800のメディアにリリースを配信。結果、ウェブを中心に約250のメディアに掲載され（ニュース配信サイトによる転載を含む）、力の入れようが伝わります。

記念日を制定しイベント開催

リリースから約3週間後には4月8日を「シャボン（せっけん）の香りの日」と制定し、先述の専門家を招いてシンポジウムを開催。せっけんの香りが似合う有名人＝ベストシャボニストも選出しました。PRの甲斐あって、イベントには約20社のメディアが参加しました。配信していなかった業界紙が情報を見つけて取材に訪れ、かなり突っ込んだ質問をするなど、盛会となりました。

さらに3月から5月にかけて、アクアシャボンを噴霧すると写真映えするコーナーを横浜・八景島シーパラダイスの水族館に設営。これが好評を博し、他社からも同じ企画を実施してほしいと申し込みがありました。今回のプロジェクトには、若い女性の間で「アクアシャボン」の知名度を高めたいという狙いもあったので、それに対しても一定の効果を収めたようです。

バイヤーたちの反応も好意的で、ドン・キホーテでは額縁に入れた4月8日の記念日証書を全店で飾るという協力も得られました。5～6月の売上は前年比112%を記録しています。

こうした一連の10周年プロジェクトが終了し、今は少し脱力状態だと声を揃える小渕さんと昆沙賀さん。それぞれの本業はマーケティングと営業。PRは本業と並行で実施していたのですから、負荷も大きかったはずです。

「我々はPRを試行錯誤しながら常に上を目指し展開していきます。今後は、PRをさらに加速させるため専門の広報人員を充実させます」と話しており、PRの効果は十分感じているようです。「正直、他社から後追い商品なども多数出ていますが、結局のところ、先行商品としてお客さまの信頼を得ているのを感じます。これからは『ママレモン』や『バーモントカレー』のようなポジションを目指し、ロングセラーブランドに育てるPRを進めていきたいですね」と小渕さんは話していました。

今回の教訓

営業担当こそPRを経験すべし

本文でも触れたように、ウエニ貿易の広報の特徴は事業部ごとに広報をしており、コスメティック事業部のように営業が中心となって展開しているところもあることです。それゆえの苦労も多々あるでしょうが、実際問題、営業経験者には広報の適性がある人が多いのです。その最たるところが打たれ強いところ。

アクアシャボンのプロジェクトに関しても、八景島シーパラダイスに果敢にアタックしてあまり前例のないイベントを成功させ、ハードルが高そうに思われがちなテレビにもガンガン電話をかけて結果につながっています。

メディアには、つっけんどんな人もいますが、へこたれないのがいいところ。小渕さんの話で印象的だったのは「PRを担当した人間は、営業するときに語る言葉も違ってきます。それを営業の現場に持ち帰り、ぜひフィードバックしてほしい」ということ。営業担当がPRを経験するメリットは多いはずです。

香りに関する新たな気づきを データで解説することで メディアに響きやすくなる！

[DATA]
企業名：株式会社ウエニ貿易
資本金：8800万円
所在地：東京都台東区池之端1-6-17
代表者：宮上光弘
売上高：484億円
利益：非公開
従業員数：468人（グループ全体）
簡単な沿革：1950年、上野で靴の販売を始める。1985年から輸入販売の事業が成功し、1989年にウエニ貿易を設立。2000年にコスメティック事業部設置。

[広報戦略]
広報は2017年に開始。広報部は事業部ごとに配置。コスメティック事業部の広報担当者は兼務で2～3人。広報目標はBtoBでは『日本経済新聞』『日経MJ』に常時掲載。BtoCはテレビへの月1回程度の定期的な露出。リリース配信数は年間30本程度（同事業部）。リリースで心がけているのは分かりやすさとインパクト。

＊2019年11月号『広報会議』掲載（情報は取材当時のもの）

これで採用率アップ間違いなし！本書の活用法アドバイス

この本は雑誌『広報会議』で私が連載している「実践！ プレスリリース道場」をまとめ、より内容を充実させてアップデートしたもので、2016年に第一弾が発売されました。前回の読者からは「プレスリリースのいろはを教えてもらった」「いつも参考にしている」という嬉しい声も届いており、なかには常にデスクの上において、ボロボロになるまで辞書のように使いこんでいる人もいるとのこと。そこで本コーナーでは、この本を手に取っているすべての人に最大限に本書を活用いただくため、初心者、中級者、上級者のそれぞれに向けて、この本の活用方法をアドバイスしたいと思います。

初心者はまず「型」を叩き込む

まずは、おそらくもっとも本書の読者層に多いであろう、プレスリリース初心者に向けたアドバイスをお届けします。ここでいう初心者とは、初めてリリースを書く人、少ししか書いたことない人、書き方を習ったことがない人を対象にしており、おおむねこれまで書いたプレスリリースの数が20本以下の読者をイメージしています。

そんな初心者におすすめしたい使い方は3つ。ひとつは「バイブル的使用」です。先述の通り、以前発行した第一弾の読者のなかには本書を熟読し、何ページのどこに何が書いてあるかまで頭に入っているヘビーユーザーもいました。それほどまでに熟読すると、必然的にプレスリリースの型が頭の中に刻み込まれますから、「書く」というそのもののハードルを下げることができます。

ふたつ目は「図鑑的使用」です。本書ではさまざまな企業のプレスリリースを事例として紹介していますから、今あなたが書いているプレスリリースと似たテーマやスタイルの事例が必ずあるはずです。行き詰まったら、これらの事例を積極的に真似しましょう。私もこれまで数えきれないほどの企画書を書いてきましたが、いい企画書はどんどん真似をして、常にアップデートを繰り返してきました。真似をすることは悪いことではなく、「学ぶより真似ろ」というのが私の持論。少しずつでも自分自身のスキルとして体得していきましょう。

そして最後は「参考書的使用」です。本書で紹介しているプレスリリースには新商品の発表やイベントのお知らせなどさまざまな切り口のものがあり、必要な時にその切り口ごとに参照することができる仕組みになっています。また、プレスリリースとしての切り口だけでなく、今後の広報の展開そのものを考えるヒントにもなるはずですから、ぜひ広報の参考書として活用してみてください。

基本的使い方としては、まずは必ず入門編からスタートし、ここを何度も読み込んで基本書式のポイントをしっかりマスターしましょう。そして次のステップとして、事例となっているプレスリリースの真似をしながら自社用にプレスリリースを一度作成してみることをおすすめします。とにかくプレスリリースは書いた分だけ上手くなります。本書をプレスリリースのネタ帳として頭の中に叩き込み、何本も書いてみてベストなものに成長させていきましょう。

「取り上げられない」理由を知る

続いてはこれまでだいたい21〜50本のプレスリリースを書いてきた中級者向けの使い方です。これくらいの本数をこなしてくると、ある程度プレスリリースの型は体得できているかと思いますが、なかには「書いても書いてもメディアに取り上げられない」という悩みを抱えている人もいるはずです。

こうした広報担当者のプレスリリースには、採用されない“理由”が必ず存在します。そこで本書を活用し、どういうものが良いプレスリリースなのか、採用されるプレスリリースの視点を養ってほしいのです。例えばタイトルひとつにしても、採用率の高いプレスリリースには必ず言葉選び、文字数などポイントがあります。「うちの会社はなぜかいつも一行でタイトルをまとめてしまっている」など、いつの間にか根付いた自社の癖を見直し、良いプレスリリースとの違いを徹底的に比較してはいかがでしょう。

また中級者向けのアドバイスとしては、本書の随所で紹介しているプレスリリースのテクニックを自社のリリースに応用してみるという使い方もおすすめです。レイアウトの仕方をはじめ、メインビジュアルを活用した世界観の表現の仕方など、本書にはすぐにでも真似できるテクニックがちりばめられています。ちなみに、度々プレスリリースが話題になる近畿大学ですが、ここでは常に「今のリリースの完成度はまだ7～8割程度だ」とストイックな姿勢を貫き続け、新しいプレスリリースのスタイルを追求しながらさまざまなテクニックを取り入れているのだそう。この姿勢はぜひ多くの中級者にも持っていただきたいものです。

また、本書ではプレスリリースの応用編である「ニュースレター」などについても補足しています。ニュースレターはプレスリリースよりも枚数が多く、章立てをして、しっかりと仕上げる必要がありますが、企業の動きを体系的にメディアに伝えることができるツールとして役立ちますから、ぜひ挑戦してみてください。

上級者は広報戦略に立ち返る

最後に、さらに高いレベルを目指す上級者向けのアドバイスを。上級者は実績でいうと執筆本数51本以上で、掲載実績もそれなりにある人をイメージしています。

まず、原点に立ち返ってのアドバイスにはなりますが、プレスリリースを発信するには、そのバックグラウンドとして必ずベースとなる自社の経営戦略に基づいた広報戦略があるはずです。上級者の広報担当者には、改めてこの部分を意識したプレスリリースづくりに励んでもらいたいと思います。顧客にどの層を見据えているのか、どこのメディアに配信しどのような文脈での露出を狙っているのか、本書で紹介している事例も参考にしながら、再度客観的に自社のリリースを見直してみてはいかがでしょうか。

また、プレスリリースは書式やテクニックだけでなく、リリース自体の配信戦略も重要です。例えばP70で紹介した藤田観光の事例では、同社が運営する「新宿ワシントンホテル」で、2019年から制定された新元号「令和」にちなんだキャンペーンを展開しました。こうしたキャンペーンは決して珍しいものではありませんが、藤田観光では新元号の発表があった30分後にはこのキャンペーンのリリースを発表し、その速さに多くのメディアから問い合わせがあったといいます。本書ではプレスリリースの配信タイミングや配信した後、広報担当者がどう次のアクションを起こすべきかもまとめていますから、こうした＋αのテクニックも活用しながら、より採用に結びつくようなリリースづくりにチャレンジしてみてください。

加えて、本書はプレスリリースやPR企画の開発ブレストの素材にすることもできます。事例として取り上げているプレスリリースから「我が社でも同じ切り口で戦略を立てるなら」と考えてみるのもいいかもしれません。

初心者レベル
- 初めてリリースを書く人、経験の浅い人、書き方を習っていない人
- これまでの作成本数めやす：0本～20本

1. バイブル的使用：熟読・暗記するくらい読みこなす
2. 図鑑的使用：本書にあるリリースを自社の情報に置き換えてリリースを作成する
3. 参考書的使用：リリースの切り口ごとに必要に応じて参照する

中級者レベル
- ある程度リリースを書いているが、採用率が高くないことに悩んでいる人
- これまでの作成本数めやす：21本～50本

1. リリースの選考眼を養う：採用されるリリースの視点を養う
2. テクニックを学ぶ：随所に出ているテクニックを自社のリリースで取り入れてみる
3. 応用リリースに挑戦してみる：ニュースレターなど応用型のリリースを試す

上級者レベル
- リリースを書きなれており、さらに上を目指す人
- これまでの作成本数めやす：51本以上

1. リリースの背景にある企業の広報戦略を学び、生かす
2. リリース自体の配信戦略を参考にする
3. リリース企画やPR企画自体の開発ブレストの参考にする

今回本書で紹介している事例はこれまで私が『広報会議』の連載で取り上げた中から厳選したものをピックアップしていますが、本誌の連載ではこれからもどんどん注目のリリースを紹介していきます。プレスリリースはタイムリーに自社の情報を発信できるツールだからこそ、その時々の時勢を反映したものとなり、リリースの形そのものも少しずつではありますが変化をしています。先述の近畿大学のプレスリリースに対する姿勢にも通ずることですが、従来の型にとらわれることなく、常に新しい手法や表現方法を受け入れ、しなやかに適応していこうという気持ちを忘れないでください。

採用率を上げていく近道とは

繰り返しになりますが、プレスリリースの上達には、兎にも角にも量をこなすことが第一です。ただ、中級者へのアドバイスでも触れましたが、どんどんリリースを書いていくと、余程のセンスがない限り「なかなか掲載につながらないのはなぜだろう」という壁に一度はぶつかるものです。

しかし、いいプレスリリースかどうかは、何も採用率の高さだけで判断すべきものでもありません。例えば、掲載に繋がらなくとも、問い合わせが多く来るリリースはいいリリースと言っていいと思います。問い合わせが来るということは、少なくともメディアの人が目に留め、興味を抱いたことの証です。採用率だけでなく、問い合わせの件数も把握しておくことで、どのプレスリリースが好感触だったかを分析することができるはず。手応えのあったものをさらにブラッシュアップし、新しいプレスリリースづくりにチャレンジしていくのが、採用率の高いリリースづくりへの近道です。

「我が社には問い合わせすらこない……」と嘆いているのであれば、いっそのこと、その原因を外部の人に尋ねてみるのも手。プレスリリースを何本も書いていると、どうしても自社のリリースを客観的に見ることができなくなってしまいます。ある程度関係性を構築できているメディアの人がいるならば、そうした人に「我が社のリリースのどこがいけないと思うか」と単刀直入に聞いてみてはいかがでしょう。もしかすると、専門用語が多すぎて内容を理解するのに時間がかかるといった意見や、テーマが多すぎるためどれにフォーカスしていいのか分からないというフィードバックをもらえるかもしれません。

ほかにも、社内の広報担当者以外の人間にプレスリリースを手渡してみるのもおすすめ。同じ社内の人間にすら中身が伝わらないようなリリースは実はたくさん存在します。プレスリリースは読み手に内容をしっかりと理解してもらった上で興味を持ってもらい、そこから取材や掲載へのアクションにつなげてもらうためのツールですから、まずは内容そのものがしっかりと伝わるかどうかは非常に重要なポイントなのです。ちなみに、ある企業では作成したプレスリリースを他の部署の人間に見せ、1分で理解し興味を持ってもらえるかどうかを基本のルールとしているのだそう。広報担当者内だけでリリースを完成させず、ぜひ全社員を巻き込む気持ちでプレスリリースづくりに励んでもらいたいと思います。

「なかなか掲載につながらない…!」そんな時はこう乗りこえよう

① 採用率だけでなく、問い合わせの件数も見直してみよう

➡問い合わせがあることは、好感触の証。問い合わせがあったリリースをブラッシュアップしていこう。

② メディアの人に聞いてみよう!

➡問い合わせすら来ない…そんな時は、メディアの人に直接意見を聞くのが早道かもしれません。

③ 社内の広報以外の人に意見をもらおう

➡リリースとして魅力的か以前に、内容そのものが伝わるのか? 社内の人に協力を仰いで検証しよう。

この本を使い倒して、
プレスリリースの
達人を目指そう!

井上岳久（いのうえ・たかひさ）

1968年生まれ。井上戦略PRコンサルティング事務所 代表。カレー業界を牽引する業界の第一人者でもあり、カレー総合研究所所長。横濱カレーミュージアム・プロデューサーを経て現職に至る。同ミュージアムでは年間300本以上のリリースを配信するなどの独自の手法で成功に導いた。2006年独立。2007年から『広報会議』誌上で企業のプレスリリースに関する取材活動をスタートし、これまで約170社への取材を敢行。『広報・PRの実務 組織づくり、計画立案から戦略実行まで』（日本能率協会マネジメントセンター）、『最強のビジネス文書 リリースの書き方・使い方』（宣伝会議養成講座シリーズ）など10冊以上の著書がある。事業創造大学院大学客員教授、昭和女子大学現代ビジネス研究所研究員。中小企業診断士、日本広報学会会員。株式会社宣伝会議が主催する全国の広報担当者向け講座での講師実績も多数。

イラスト／浜畠かのう
執筆・編集協力／古沢 保、国分美由紀、田代くるみ
撮影／杉能信介
デザイン／大悟法淳一、武田理沙、
秋本奈美（ごぼうデザイン事務所）

記事出典
月刊『広報会議』
2016年9～10／12月号
2017年1／3／6～8／11～12月号
2018年1／3／5／7／9～10月号
2019年1～4／6～12月号
2020年2～6／8～10／12月号
2021年1月号

原則的に掲載当時のまま転載しておりますが、
再録にあたり、一部修正を加えた箇所があります。ご了承ください。

月刊広報会議
MASTER SERIES

新 プレスリリース道場

発行日 2021年3月28日 初版第一刷発行

著者 井上岳久

発行者 東 彦弥
発行所 株式会社宣伝会議
〒107-8550
東京都港区南青山3丁目11番13号
新青山東急ビル9階
TEL：03-3475-3010（代表）
URL：https://www.sendenkaigi.com/
印刷・製本 萩原印刷

ISBN 978-4-88335-512-9